# WOLFGANG SCHORLAU
# CLAUDIO CAIOLO

# FALSCHE FREUNDE

## COMMISSARIO MORELLO
## ERMITTELT IN VENEDIG

Kiepenheuer & Witsch

2. Auflage 2023

© 2023, Verlag Kiepenheuer & Witsch, Köln
Alle Rechte vorbehalten
Covergestaltung: Sabine Kwauka
Covermotiv: © lookphotos / age fotostock;
© shutterstock / gyn9037
Lektorat: Lutz Dursthoff und Nikolaus Wolters
Karte: Oliver Wetterauer
Gesetzt aus der Minion Pro und der Trade Gothic
Satz: Buch-Werkstatt GmbH, Bad Aibling
Druck und Bindung: GGP Media GmbH, Pößneck
ISBN 978-3-462-00303-1

# INHALT

*Für Alvise – und alle, die*
*für ein lebenswertes Venedig kämpfen*

# FIGUREN

## DAS TEAM

*Antonio Morello,* Commissario
*Anna Klotze,* Ispettrice Sostituta Commissario
*Ferruccio Zolan,* Vice Commissario
*Alvaro Camozzo,* Bootsführer
*Mario Rogello,* Assistente Capo
*Viola Cilieni,* Sekretärin
*Felice Lombardi,* Vice Questore, Morellos direkter Chef
*Dottoressa Luisa Gamba,* Gerichtsmedizinerin
*Attilio Perloni,* Questore, und seine Frau *Elvira Masi*
*Claudio,* ehemaliger Taschendieb
*Elena Parisi,* Journalistin von *La Voce della Laguna*

## WICHTIGE FIGUREN

*Paolo Salini,* Buchhalter, stirbt in der ersten Szene
*Filiberto Gabbia,* genannt: der Architekt, Nachkomme eines Dogen,
vermietet Palazzi und Luxussuiten an reiche Leute
*Giulio Scarpa,* Nachkomme des Dogen, der nur einen Tag regierte
*Rita Ferretti,* CEO Banca Italiana, Mailand

## WEITERE AUFTRITTE

*Carla Bellomi,* Zeugin, findet die Leiche
*Eine Blumenhändlerin*
*Renato Tabian,* ein Weinhändler
*Maria Polia,* Salinis Putzfrau
*Eine kleine vietnamesische Frau*
*Ein böser Boxer*
*Ein junger Mann,* der schnell rennen kann
*Afrore Bregu,* Küchenhilfe bei Filiberto Gabbia
*Area,* ihre siebenjährige Tochter
*Aurelio,* der Mann im Bademantel
*Padre Maurizio,* der Priester der Kirche San Sebastiano
   (Dorsoduro)
Ein junger Priester namens *Lorenzo*
*Antonella Salini,* Schwester des Opfers Paolo Salini
*Ilaria Michetti* und *Manuela Bini,* haben Salinis Steuerberatungs-
   büro übernommen
*Franco Zanca,* Fraktionsvorsitzender der Partei LIGA im
   Regionalparlament von Venetien

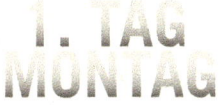
# 1. TAG
## MONTAG

### DORSODURO, VENEDIG, IM OKTOBER 2022

An dem Tag, an dem der Buchhalter Paolo Salini ermordet wird, streckt der Winter zum ersten Mal in diesem Herbst seine eisigen Finger nach Venedig aus. Er bläst kalten Wind über die Kanäle, der vor dem wärmeren Wasser zurückschreckt und tief hängende Nebelschwaden aufsteigen lässt, die den wenigen die Sicht nehmen, die sich, aus welchen Gründen auch immer, morgens um fünf Uhr durch die Stadt bewegen.

Einer von ihnen ist Paolo Salini. Zielstrebig schreitet er durch die nebelverhangenen Gassen. Sein Schritt ist ausgreifend, wie dies nur langjährigen Bewohnern Venedigs zu eigen ist. Das Gesicht des Buchhalters ist gelblich und zerfurcht, als wäre es niemals durch ein Lachen erwärmt worden. Die Augen glänzen kalt, sein Blick wandert unablässig von rechts nach links und wieder zurück.

Die Gestalt Salinis ist lang und mager, er läuft etwas vornübergebeugt. Es scheint, als würde er nur von dem eng anliegenden grauen Anzug zusammengehalten, dessen teurer Stoff auf der flachen Brust spannt. Seine rechte Schulter hängt etwas tiefer. Auf dieser Seite trägt er einen burgunderroten Lederkoffer. Das rechte Handgelenk und der Griff des Koffers sind mit graumetallenen Handschellen über eine kurze Stahlkette verbunden.

Salini hält auch nicht inne, als er an seinem Ziel, dem Uferweg Fondamenta de la Pescaria, angelangt ist. Er umgeht die mit einem roten Band gesicherte Baustelle, registriert mit einem kurzen Blick die mit groben Holzlatten verdeckte Grube und steuert zielsicher auf die kleine Grünanlage neben dem Gebäude der Guardia di Finanza zu, wischt mit einem Taschentuch die Parkbank vor der hohen Mauer der Behörde trocken, setzt sich an den rechten Rand, drückt den Rücken durch, wie es seine Art ist, und wartet. Nach einer Weile sieht er auf seine Armbanduhr. Wie immer ist er auch jetzt eine Viertelstunde zu früh. Den Pilotenkoffer hat er neben sich im Gras abgestellt. Die Handschelle zieht den rechten Arm herunter, eine Körperhaltung, die er als äußerst unangenehm empfindet.

So sitzt er, bis er erschlagen wird.

## IM POLIZEIBOOT

Im Dunst des Nebels glimmt der Scheinwerfer eines Vaporettos auf und erlischt sofort wieder. Das Blaulicht des Polizeibootes beleuchtet für den Bruchteil einer Sekunde eine Häuserwand, die Pfähle einer Anlegestelle und festgezurrte Gondeln. Sicherheitshalber lässt Alvaro Camozzo hin und wieder das Nebelhorn ertönen, während das Boot, das eine beachtliche Bugwelle vor sich herschiebt, in den Kanal Rio di Santa Margherita einbiegt. Aus einem offenen Fenster weht ein Fetzen Musik zum Boot: das Klingen der Kasse aus Pink Floyds *Money*.

Commissario Antonio Morello, der Leiter der Abteilung für Gewaltverbrechen der Polizia di Stato in Venedig, zieht den Reißverschluss seiner dunkelgrünen Steppjacke bis zum Kinn hoch. Die feuchte Kälte kriecht ihm bis auf die Knochen. Für einen Sizilianer ist der Herbst in dieser Stadt ein unerklärliches und vor allem ein unangenehmes Phänomen. Venedig im Nebel ist für Morello nicht schaurig, romantisch oder gar geheimnisvoll. So hat er es bei einigen Schriftstellern und Reisejournalisten gelesen. Für ihn ist Venedig Ende Oktober scheußlich. Nass und kalt. In seiner Heimatstadt Cefalù im Norden von Sizilien zeigt das Thermometer tagsüber manchmal noch 28 Grad, die Nächte sind lau und schön, und ein Pulli ist eine ausreichende Oberbekleidung.

Der stellvertretende Commissario Ferruccio Zolan scheint ähnlich zu empfinden. Mit verkniffenem Gesicht und mahlendem Kiefer sitzt er auf der Bank an der Steuerbordseite und starrt mürrisch auf einen nicht identifizierbaren Punkt in der Mitte des Polizeibootes. Mit den Fingern seiner rechten Hand trommelt er einen unhörbaren nervösen Rhythmus auf das lackierte Holz.

Um die Stimmung zu lockern, sagt Morello: »Scheußliches Wetter, Ferruccio, nicht wahr? Und dann noch ein Mord am frühen Morgen.«

Zolan schaut nicht auf. »Das Wetter ist hier immer so, wenn der Winter kommt, Commissario«, knurrt er. »Und der Beruf? Haben wir uns den nicht selbst ausgesucht?«

»Wenn dir die Kälte nichts ausmacht und die kommende Morduntersuchung für dich nur Routine ist – warum bist du heute Morgen so mies drauf?«

Zolan steht schwerfällig von seinem Sitz auf, dreht sich um, starrt in den undurchdringlichen Nebel, als läge dort der Grund seiner schlechten Laune verborgen.

Morello stellt sich neben ihn und legt ihm einen Arm um die Schulter.

»Was ist passiert, Ferruccio?«, fragt er leise.

»Nichts.«

Und nach einer kleinen Pause: »Jedenfalls nichts Dienstliches.«

Ferruccio Zolans Hände krampfen sich dabei so fest um das Geländer der Reling, dass die Knöchel weiß hervortreten.

»Rede mit mir.«

»Mir wurde die Wohnung gekündigt«, sagt Zolan so leise, dass Morello ihn kaum versteht. »Meine Vermieter setzen mich und meine Familie auf die Straße. Wie einen Hund.« Er dreht den Kopf zu Morello. »Wie einen Hund«, wiederholt er und blickt wieder ins trübe Wasser des Kanals.

»Hast du schon eine neue Wohnung gefunden?«

»In Venedig? Mit dem Gehalt eines Polizisten? Aussichtslos.«

Er dreht sich um, und Morello schaut in ein verbittertes Gesicht.

»Den Aufzeichnungen zufolge lebten meine Vorfahren seit dem

15. Jahrhundert in Venedig. Ich werde der Erste in der Familie sein, der den vielen anderen Venezianern nach Mestre oder Marghera folgt. Was für eine Schande.«

Wieder wendet er sich dem nebeligen Kanal zu.

Morellos Blick gleitet ebenfalls über das Wasser. »Ich will versuchen, dir zu helfen. Doch jetzt haben wir einen Mordfall. Wenn wir ihn gelöst haben, kümmern wir uns um deine Wohnungsfrage. Ich rede mit deinem Vermieter. Mit der ganzen Autorität eines Commissarios. Wem gehört die Wohnung?«

Zolan verzieht das Gesicht zu einer Grimasse. »Sehr reichen Leuten, Commissario, Nachfahren von Dogen. Diese Leute verfolgen ihre Stammbäume bis Kain und Abel zurück. Sie haben nicht nur mir gekündigt, sondern dem halben Viertel.«

»Wer immer es ist: Ich spreche mit diesen Leuten. Versprochen.«

»Danke, Commissario – aber gegen die Leute, die Venedig kontrollieren, haben Menschen wie Sie und ich keine Chance. Geld regiert die Welt. Und dagegen kann die beste Polizei nichts ausrichten.«

»Wir sind da!«, ruft Alvaro vom Steuerrad aus und drosselt den Motor.

## AM TATORT, FONDAMENTA DE LA PESCARIA

Als das Polizeiboot am Ufer der Fondamenta de la Pescaria anlegt, springt Commissario Morello als Erster ans Ufer. Hinter einer kleinen Mauer spannt sich rotes Absperrband um eine Grasfläche. Grelles weißes Licht fällt aus drei hoch aufragenden Scheinwerfern auf den Tatort. Die Kollegen haben bereits den Trampelpfad abgesteckt, auf dem die Beamten der Spurensicherung zu dem Toten gelangen können. Das gleißende Licht fällt auf einen männlichen Körper, der zusammengesackt auf einer Bank sitzt, schlaff, der Kopf auf die Brust gesunken, der Oberkörper seitlich weggekippt. Der Polizeifotograf hebt gerade die Kamera über einer klaffenden Wunde auf dem Hinterkopf des Mannes. Eine Serie von Blitzlichtern zuckt in den Nebel, der sie sofort verschluckt.

»Commissario!« Ferruccio Zolan zupft Morello am Ärmel. »Das ist unheimlich. Ein Gewaltverbrechen in dem Stadtviertel, das Athena vorhergesagt hat.«

Morello nickt. »Stimmt: Dorsoduro. Wie sie es angekündigt hat.«

»Wie kann so etwas sein, Commissario? Das ist ein Rätsel.«

»Ich verstehe das genauso wenig wie du, Ferruccio.«

Eine hochgewachsene Polizistin steht vor ihnen. Ohne sich mit Begrüßungsformeln aufzuhalten, gibt Anna Klotze, Morellos zweite Stellvertreterin, ihnen einen kurzen Überblick.

»Der Mann wurde ermordet. Jedoch kein Raubmord. In der Gesäßtasche des Toten habe ich eine Brieftasche gefunden. Ausweispapiere, Kreditkarten und 150 Euro Bargeld. Alles unberührt. Auch sein Handy haben wir sichergestellt.«

»Name?«

»Paolo Salini. 56 Jahre. Hat in der Calle de l'Avogaria gewohnt, nur ein paar Minuten von hier. Wir checken gerade, ob er vorbestraft ist oder in einer unserer Datenbanken auftaucht.«

Morello folgt Anna Klotze auf dem Trampelpfad zu dem Toten und beugt sich über ihn. »Tatwaffe?«

»Wir haben neben der Leiche ein Stück Abflussrohr, genauer gesagt: einen Rohrbogen sichergestellt. Außerdem haben wir einen Holzpfosten aus dem Kanal gefischt. Beides gehört wohl zu der Baustelle.« Sie deutet auf einen roten Bauzaun. »Hier ist das Abwasserrohr erneuert worden, und jetzt werden neue Bodenplatten verlegt. An diesen Pfosten wird das rote Absperrband befestigt. Einer dieser Pfosten schwamm im Kanal. Vielleicht wurde das Opfer damit erschlagen.«

Sie hebt zwei große durchsichtige Beweissicherungsbeutel in die Höhe. In einem pendelt der Rohrbogen, aus dem anderen ragt der nasse Holzpfosten.

Morello beugt sich über das gebogene Rohr. »Was sind das für Fäden am Gewinde?«

»Ich vermute: venezianischer Hanf. Damit dichtet man den Anschluss zum nächsten Rohr ab.«

»Und diese dunklen Flecken auf dem Metall?«

»Vielleicht Blut. Aber das muss die Spurensicherung ...«

Morello nickt. »Wer hat die Leiche gefunden?«

»Eine Mitarbeiterin der Müllabfuhr. Sie sammelt jeden Morgen an dieser Stelle die Mülltüten ein. Ihr Name ist Carla Bellomi. Sie wartet an der kleinen Steinbrücke auf Sie.«

»Sehr gut. Ist die Gamba schon da?«

»Natürlich ist die Gamba schon da.« Eine kleine, ältere Frau in einem weißen Kittel steht plötzlich neben ihm. »Die Gamba war lange vor Ihnen am Tatort«, sagt sie munter. »Guten Morgen, Commissario. Nicht ganz Ihre Zeit, vermute ich.«

»Guten Morgen, Dottoressa«, knurrt Morello. »Weiß Gott, nicht meine Zeit, aber Sie scheinen ja eine begeisterte Frühaufsteherin zu sein. Was sagt die Gerichtsmedizin zu dem Toten?«

»Die Gerichtsmedizin wundert sich, dass Verbrechen neuerdings vorhergesagt werden können. Es freut mich aber auch, denn das wird meinen Terminkalender enorm entlasten.« Sie verzieht das Gesicht. »Entschuldigen Sie, ich muss Ihre anregende Party leider jetzt schon verlassen. In einer halben Stunde wird jemand umgebracht werden, und ich will rechtzeitig am Tatort sein.«

Morello stöhnt. »Haben sich die Zauberkräfte von Athena schon bis zur Gerichtsmedizin herumgesprochen?«

Dottoressa Gamba lacht. »Natürlich. Jeder im Kriminaldienst von Venedig redet über Athena. Leider rekonstruiert sie noch keinen Tathergang. Das müssen wir noch selbst machen. Die Todesursache bei diesem Mord ist die Einwirkung stumpfer Gewalt. Das Opfer wurde von zwei mit großer Kraft ausgeführten Schlägen mit einem stumpfen Gegenstand auf der linken hinteren Kopfseite getroffen. Schauen Sie«, die Gerichtsmedizinerin beugt sich über den Toten und weist mit dem Zeigefinger auf die Wunde am Genick, »hier können Sie sehr schön die Abdrücke sehen.«

»Etwa fünf Zentimeter breit.«

»Gut geschätzt. Es sind viereinhalb. Doch den ersten Schlag hat der Mann vermutlich überlebt. Ein zweiter Schlag traf ihn an den unteren Halswirbeln und führte zu einer vollständigen Fraktur. Die Knochen wurden durch die enorme Wucht des Schlages komplett

zertrümmert. Bei der Obduktion werde ich sicher mehrere Bruchstücke finden. Das Gehirn wurde vermutlich nicht verletzt.«
»Was ist die Tatwaffe? Der Pfosten oder dieses gebogene Rohr-
stück?«
»Eher der Rohrbogen.«
»Der Mann hat, als er zum ersten Mal getroffen wurde, den Kopf
abgewendet?«
Die Dottoressa nickt. »Die Leiche zeigt keinerlei Abwehrverletzungen. Normalerweise müsste der Mann den Arm gehoben
haben, um das Gesicht und den Hals vor dem zweiten Schlag zu
schützen. Das würde ich tun. Sie vermutlich auch. Dann wäre er am
rechten Unterarm getroffen worden. Doch da ist nichts zu sehen,
nicht das kleinste Hämatom. Nur unterhalb des Handgelenks ein
ringförmiger Abdruck, als hätte er einen engen Armreif oder etwas
Ähnliches getragen.«
»Er hat den Arm nicht gehoben, um den zweiten tödlichen Schlag
abzuwehren?«
»Das würde jede kluge Frau tun. Dieser Mann tat es nicht.«
»Todeszeitpunkt?«
»Er ist noch ganz frisch, der Herr. Um es Ihnen genauer zu sagen,
werde ich jetzt seine Körpertemperatur im Mastdarm messen.«
»Sie haben einen interessanten Beruf, Dottoressa.«
»Ich weiß, aber unterbrechen Sie mich nicht mit irrelevanten Be-
merkungen. Wie Sie während Ihrer Polizeiausbildung hoffent-
lich gelernt haben, bleibt die Temperatur aufgrund des Wärme-
austauschs im Körper zwei oder drei Stunden konstant, erst dann
fällt sie um ein Grad pro Stunde, bis die Leiche die Umgebungs-
temperatur angenommen hat. Das ist noch nicht geschehen. Die
Außentemperatur an diesem Tatort habe ich mit zehn Grad ge-
messen. Die Leiche ist noch deutlich wärmer. Das ist der erste Hinweis, dass der Mann höchstens drei Stunden tot ist. Den zweiten
Hinweis sehen Sie hier …«
Die Dottoressa bückt sich und krempelt dem Toten das Hosenbein
hoch. Auch Morello geht in die Hocke.
»Sehen Sie sich die Wade an.«

Sie deutet auf einen kleinen blauen Fleck, kaum größer als ein Stecknadelkopf.

»Aha. Die ersten Totenflecken bilden sich«, sagt Morello. Sie sieht ihn an. »Sie wissen, warum Totenflecken entstehen?«

»Jawohl, Dottoressa, ich beweise Ihnen gern, dass ich ein aufmerksamer Polizeischüler war: Wenn das Herz nicht mehr schlägt, stoppt der Blutkreislauf. Infolge der Schwerkraft sinkt das Blut in die am tiefsten gelegenen Körperteile und füllt die dort liegenden Blutgefäße, bis sie prall und erweitert sind. Von außen nehmen diese Stellen eine grau-violette Färbung an. Das sind die Totenflecken. Sie entstehen immer in dem Teil des Körpers, der dem Boden am nächsten ist. Sie sind zunächst kleinfleckig, wie an dieser Wade, und weiten sich nach und nach aus. Sie sehen, ich habe in meiner Ausbildung aufgepasst und nichts vergessen.«

Die Rechtsmedizinerin gähnt und nickt. »Bin total beeindruckt und hingerissen ob so viel sizilianischer Fachkenntnis. Schauen Sie: Bei dieser Leiche beginnt die Senkungsblutfülle gerade. Das Blut ist noch dünn. Hier ...«

Sie presst ihren Daumen auf den Totenfleck. »Ich kann das Blut in den Gefäßen leicht wegschieben. Es ist nicht verdickt oder zersetzt, sondern noch sehr flüssig.«

Sie steht auf. »Ich schätze: Er ist vor maximal drei, vielleicht vor zwei Stunden gestorben. Näheres kann ich Ihnen sagen, wenn ich ...«

»Ich weiß«, sagt Morello und tritt zurück.

»Ich muss die Obduktion immer noch mit den eigenen Händen durchführen«, sagt Luisa Gamba spöttisch. »Im Gegensatz zu euch habe ich keine Athena, die mir hilft.«


## PALAZZO GABBIA (1)


Im Schlaf haben sich die beiden oberen Knöpfe des hellblauen Seidenpyjamas gelöst und geben den Blick auf einen trainierten Oberkörper frei. Allerdings bewundert niemand diesen Anblick, seine Frau liegt auf der anderen Seite des Bettes, die Decke über den Kopf gezogen, und schläft tief und fest. Filiberto Gabbia atmet ruhig ein und aus, und in seinem Traum rennt er als Kind mit seinem Freund Giulio Scarpa durch die verwinkelten Gänge des Palazzo Gabbia. Er legt den Zeigefinger über die Lippen, denn sie verstecken sich vor den Eltern hinter der Lehne der langen Couch in der Empfangshalle. Als Mama und Papa endlich ins Boot steigen, spähen sie hinter dem Vorhang hervor, sehen zu, wie die Eltern ablegen und wie das Boot auf dem Canal Grande immer kleiner wird. Nun haben sie endlich den Palazzo für sich allein. Jubelnd rennen sie die Treppe hinunter in die große Küche im Erdgeschoss, reißen die Türen zu der Vorratskammer auf, wo die Karaffen mit der Zitronenlimonade stehen.

Wenn er träumt, gehört der ganze Palazzo Gabbia immer noch seiner Familie.

Gabbia lächelt im Schlaf. Seine Hand schiebt sich auf die andere Bettseite und findet die Hüfte seiner Frau. Die Berührung beruhigt ihn. Der Traum ist beendet.

Das Schlafzimmer der Familie liegt ihm obersten Stock des Palazzo Gabbia. In diesem alten Bau wurde er geboren, hier spielte er mit Zinnsoldaten und holzgeschnitzten Galeeren, an deren Ruderstangen kleine schwarze Sklavenfiguren saßen. Mit Ausnahme seiner Studienjahre in Stanford lebte er immer innerhalb dieser prachtvollen Mauern direkt am Canal Grande. Für ihn ist es unvorstellbar, in irgendeinem anderen Haus zu leben, nicht einmal in dem noch größeren Palazzo seines Freundes Giulio Scarpa.

Denn er ist ein direkter Abkomme von Francesco Gabbia, der von 1752 bis 1762 als Doge in Venedig regierte. Dieser Herkunft – und dem kleinen Park von Brust- und Beinpressen, die er im Sportzimmer installieren ließ – verdankt er seine aufrechte Haltung. Seine Herkunft und seine Haltung machen ihn stolz und sichern ihm Respekt in den besseren Kreisen Venedigs. Bis heute. Die Leute zogen den Hut vor seinem Vater, und noch immer wird er jedes Jahr zum jährlichen Ballo del Doge eingeladen.

Doch leider ist heutzutage mit edler Herkunft kein gesichertes Einkommen verbunden. Die größte Schmach seines Lebens war es, als er Erdgeschoss und die erste Etage des Palazzos an eine internationale Immobiliengruppe verkaufen musste. Seine Eltern hatten ihm den Bau und einige ertragreiche Aktienfonds hinterlassen. Doch leider hatte er nach Abschluss seines Architekturstudiums diese Vermögenswerte mit zwei seiner großangelegten Projekte im Softwarebereich in der IT-Blase nach der Jahrhundertwende pulverisiert, und plötzlich stand er mitsamt seiner Familie vor dem Ruin. Alles, was er retten konnte, war das oberste Stockwerk, keine 400 Quadratmeter, die er jetzt mit seiner Frau und den beiden Kindern bewohnt. Von dieser Schmach hat er sich immer noch nicht erholt, und seine Träume erinnern ihn Nacht für Nacht daran.

Im wachen Zustand ist er stolz auf seinen gesunden Schlaf, und oft genug hat er verständnislos den Kopf geschüttelt, wenn ihm Kollegen, Kunden oder Freunde von ihren Rezepten und Tricks gegen die Schlaflosigkeit berichteten.

Kurz nach sieben reißt ihn die Weckfunktion seines Handys aus dem Schlaf. Er steht auf, geht in sein Umkleidezimmer und schaltet das Radio ein. Gerade werden Nachrichten gesendet. »Nach einem schwierigen Start wird die neue Regierung heute vereidigt ...« »La, la, la, la«, singt Gabbia auf die Melodie von Hey Jude und schlüpft in ein neues T-Shirt. Den Sieg der Neofaschisten von Giorgia Meloni bei der letzten Wahl hatte er ausgiebig gefeiert. Giulio Scarpa war mit zwei Flaschen besten französischen Champagners bei ihm aufgetaucht. Sie hatten beide geleert.

Der Nachrichtensprecher berichtet von den Verlusten der Versicherungen in Mailand. Die extreme Hitze des Sommers habe in der Poebene weite Teile der Ernte vernichtet. Nun seien die Bilanzen großer Versicherungskonzerne in Gefahr. Dann wendet er sich den Lokalnachrichten zu. Franco Zanca, Fraktionsvorsitzender der Partei LIGA im Regionalparlament von Venetien, gibt ein Interview: »Gestern haben wir beschlossen, dass wir mit der Stimme der Fraktion der LIGA den Ausbau des Flughafens Marco Polo in Venedig ermöglichen. Wir wollen den Weg für große, ich möchte sagen sehr große, internationale Investitionen ebnen, die Venedig und die gesamte Region Venetien in den kommenden Jahren sicher in eine gute Zukunft führen werden ...«

Sein Handy klingelt in dem schrillen Ton, den er eingestellt hat, wenn eine wichtige Person anruft. Auf dem Display liest er: Franco Zanca. »Franco«, sagt er munter, »gerade habe ich dich mit großer Freude im Radio gehört.« Dann hört er der verärgerten Stimme des Politikers zu. Er setzt sich. »Das kann nicht wahr sein«, stößt er hervor. »Ich kümmere mich sofort darum.«

## AM TATORT (2)

Morello geht zu der Zeugin, die die Leiche des Buchhalters gefunden hat. Als sie ihn kommen sieht, drückt sie eine Zigarette auf der Brüstung der schmalen Brücke über den Rio Angelo Raffaele aus. Ihre Hand zittert. Sie stößt die Zigarette immer wieder auf den Stein, obwohl die Glut bereits erloschen ist. Mario Rogello, der neben ihr steht, schnippt seine Kippe ins Wasser und reicht Morello eine Kladde mit der Aussage der Zeugin. Der Commissario überfliegt die handschriftlichen Notizen.

»Signora Bellomi«, sagt Morello. »Carla Bellomi?« Sie nickt. Dann deutet er auf den Pappbecher, den sie in der linken Hand hält.

»Man hat Ihnen bereits einen Kaffee gebracht. Das ist gut. Ich bin froh, dass Sie sofort die Polizei gerufen haben, als Sie die Leiche entdeckt haben. Vielen Dank dafür! Ich bin Commissario Antonio Morello.«

Die Zeugin blickt auf. Sie ist nicht groß, etwa 1,55 Meter. Füllige Statur. Rundes Gesicht mit straffen, rosig glänzenden Wangen. Interessierter Blick. Kräftige Hände. Kurze, orange gefärbte Haare mit zwei blauen Strähnen. Tunnelohrringe. Kräftiger Lippenstift in der Farbe einer frischen Chilischote. Etwas davon klebt auf einem ihrer Schneidezähne. Sie trägt eine dunkelgrüne Latzhose aus grobem Stoff, aus deren Hosentasche ein Paar beige Arbeitshandschuhe hängen. Unter der Latzhose ein rot kariertes Männerhemd.

»Geht es Ihnen gut? Können Sie ein paar Fragen beantworten?«
»Alles, was ich weiß, habe ich dem da bereits erzählt.«
Mit einer Kopfbewegung weist sie auf Mario Rogello.
Morello nickt und blickt in die Aufzeichnungen. »Sie arbeiten bei
der Müllabfuhr. Wahrscheinlich sind Sie jeden Morgen um die
gleiche Zeit hier an diesem kleinen Platz?«
Sie nickt. »Jeden Morgen, den Gott erschaffen hat, bin ich kurz
nach sechs Uhr hier und leere diesen Papierkorb.«
Sie deutet zum Tatort, ohne jedoch in diese Richtung zu schauen.
Morello nickt ihr aufmunternd zu.
Sie zieht die Augenbrauen zusammen. »Es war nicht viel Müll drin.
Eine leere zusammengeknüllte Tüte, eine Zeitung, Pizzakartons,
Orangenschalen und ...«
»Und da sahen Sie den Mann?«
»Er saß so komisch auf der Bank und starrte zu mir herüber. Dachte,
das sei vielleicht so einer, der ... Sie wissen schon.«
»Nein, weiß ich nicht.«
Sie spuckt aus. »So einer, der seine Hosen runterlässt und einen ...
erschrecken will.« Sie lacht rau. »Mich erschreckt nichts mehr in
diesem Leben.«
Sie trinkt einen Schluck Kaffee. »Aber der ließ keine Hose runter.
Der rührte sich nicht. Der Kopf hing komisch zur Seite. Wirkte
irgendwie eigenartig. Nicht wie ein Besoffener. Dachte, der schläft
vielleicht. Aber wie ein Penner sah er auch nicht aus. Hatte einen
Anzug an und einen Schlips. Auch egal, dachte ich. Kümmere mich
nicht um andere Leute, solange sie mich in Ruhe lassen. Früh mor-
gens hab ich immer meine Ruhe. Also packe ich den Müll in einen
Beutel und gucke den Kerl noch einmal an. Der rührt sich nicht.
Also rief ich: ›Buongiorno, nebelig ist es heute.‹ Das rief ich. Daran
kann ich mich genau entsinnen. Aber er reagierte null.«
»Und dann?«
»Da dachte ich, das ist mal ein seltsamer Vogel. Ich ging näher hin.
Vorsichtig. Dann sah ich die Wunde am Kopf, all das Blut. Da war
mir die Sache klar. Ich zog das Handy aus der Tasche und rief die
Polizei an.«

»Haben Sie die Leiche angefasst?«

Carla Bellomi lacht erneut ein raues Lachen, das dann unvermittelt in ein bellendes Husten übergeht. Sie greift in die Tasche ihrer Latzhose und zieht eine Schachtel Marlboro heraus. Sie klopft eine Kippe heraus und hält sie Morello unter die Nase.

»Danke. Habe aufgehört.«

»Schlau. Hab ich nicht geschafft. Bin wohl ein Suchtcharakter.«

Sie schwenkt die Schachtel zu Mario Rogello. Der schüttelt den Kopf. Carla Bellomi steckt sich die Zigarette in den Mund und zündet sie an. Morello wartet, bis sie den ersten Zug genommen hat und ein weiterer Hustenanfall abgeklungen ist.

»Also, die Leiche«, erinnert er sie. »Haben Sie die Leiche berührt? Falls es DNA-Spuren von Ihnen am Tatort gibt, müssen wir das wissen. Jetzt.«

Sie schüttelt den Kopf, und ein Zittern fährt durch ihren Körper.

»Nichts habe ich angefasst. Nichts.«

»Haben Sie den Toten vorher schon einmal gesehen?«

Sie sieht Morello erstaunt in die Augen. »So einen feinen Typen! Nein, solche Leute kenne ich nicht. Nicht mehr.«

Ihre Stimme ist fest und klar. Der Blick ist offen. Morello registriert ihre Augenfarbe. Es ist ein dunkles, schon ins Schwarze übergehendes Braun. Diese Augenfarbe verwandelt sie. Sie gibt ihr plötzlich eine gewisse Tiefe. Wie hat das Leben wohl dieser Frau mitgespielt? Er nimmt ihren Geruch wahr. Der abstoßend-süßliche Geruch von Abfall und der dominante Gestank einer starken Raucherin. Er steigt aus ihren roten Haaren in seine Nase.

»Morgens um sechs Uhr, wenn Sie den Müll einsammeln – sind da schon Leute unterwegs?«

Sie schüttelt den Kopf. Nimmt einen tiefen Zug von der Zigarette.

»Ich bin morgens fast immer allein. Ich sehe keinen Menschen. Das ist das Gute an meinem Beruf. Keine Menschen. Niemand. Manchmal ein paar Fischer, die in der Lagune Fische fangen. Venedig schläft. Sie kommen erst aus ihren Löchern, wenn ich weg bin.«

»Und heute Morgen haben Sie auch niemanden gesehen?«

Ganz kurz flackert ihr Blick hin und her. Sie senkt den Kopf. Nimmt noch einen Zug und schnippt die Kippe in den Kanal. Verschafft sich einen Moment Zeit, um die Antwort zu überlegen. Hustet. »Wen haben Sie gesehen?«, fragt Morello sanft. Sie dreht sich um und sieht Morello in die Augen. Strafft sich. »Niemanden«, sagt sie leise. »Hier ... hier war keiner. So früh morgens ist nie jemand da. Außer mir.« Ihre Stimme klingt gepresst. Sie senkt den Blick auf den Boden, als suchte sie dort nach weiterem Müll, den sie entsorgen müsste. Morello sieht sie eine Weile schweigend an, nickt fast unmerklich mit dem Kopf und wendet sich ab.

## KOMMISSARIAT, BESPRECHUNGSRAUM

Commissario Antonio Morello steht von dem langen Besprechungstisch auf und sieht jeden und jede in seinem Team kurz an. »Wir befinden uns ab sofort in einer Mordermittlung. Das bedeutet eine Menge kriminalistische Arbeit, also fünf Prozent Kriminalistik und 95 Prozent Arbeit. Ab sofort gilt eine Urlaubssperre. Es kommt jetzt auf jede und jeden von uns an.«

Morello macht eine Pause. Fünf erwartungsvolle Gesichter starren ihn an. Gespannte Gesichter. Anna Klotzes Miene ist konzentriert. Sie hat ein Notizbuch vor sich aufgeschlagen. Ihre rechte Hand liegt schreibbereit auf einem Kugelschreiber.

Viola Cilienis Augen glänzen. Sie nickt heftig, als Morello sagt, es komme jetzt auf jede und jeden an. Morello weiß, dass sie sich als Abteilungssekretärin unterfordert fühlt. Nichts wünscht sie sich sehnlicher, als ein gleichberechtigtes Mitglied in seinem Team zu sein.

Mario Rogello hat seinen im Fitnessstudio gestärkten Körper gestrafft. Er trägt ein kurzärmliges T-Shirt in Militäroliv, unter dessen Bund am Ärmel seine Bizepse herausquellen. Aufrecht und gespannt sitzt er in seinem Stuhl, als wäre er bereit, jederzeit aufzuspringen und Haltung anzunehmen.

Der junge Alvaro Camozzo, Bootsführer der Abteilung für Gewaltverbrechen, streicht sich nervös eine Strähne aus dem Gesicht.

Vielleicht träumt er von kommenden Verfolgungsjagden durch die Lagune. Morello vermutet, dass er sich gerade im Führerstand seines Schiffes sieht, vor sich das chancenlose Boot des Mörders.

Ferruccio Zolan, Morellos Stellvertreter, sitzt etwas zurückgelehnt auf seinem Stuhl, aufmerksam, aber auch mit einem skeptischen Lächeln im Gesicht. Vor ihm liegt ein schwarzes Notizbuch. Er hat bei den beiden zurückliegenden Fällen immer wieder gegen Morello gearbeitet. Er wäre gern selbst Commissario geworden. Wer weiß, vielleicht hält er sich noch immer für den besten Polizisten der Abteilung. Doch das ist sein Team – und Morello weiß, dass er sich auf jeden Einzelnen verlassen kann.

Plötzlich springen alle auf. Die Tür ist aufgegangen, der Vice Questore Felice Lombardi steht im Rahmen und mustert mit einem schnellen Blick jeden Einzelnen. Er gibt Morello ein kurzes Handzeichen, zieht einen Stuhl heran und setzt sich an den Besprechungstisch. »Machen Sie weiter, Commissario.«

Lombardi ist ein kräftiger, hochgewachsener Mann, der allein durch seine Statur Autorität und Kompetenz ausstrahlt. Er trägt einen sorgfältig gestutzten Kinnbart, dessen schwarze Haare bereits ins Graue übergehen.

»Ich formuliere eine Arbeitshypothese«, sagt Morello. »Diese ist nur vorläufig. Wir werden sie fortlaufend überprüfen. Wir verändern sie, wenn wir weitere Informationen gewinnen. Wir verwerfen sie, wenn sie sich als falsch herausstellt.« Er macht eine kurze Pause und fährt dann fort: »Ich gehe zunächst von einer Zufallstat aus. Das ist unsere vorläufige Arbeitshypothese. Der Grund für meine Meinung ist: Der Mörder trug den Rohrbogen, den er als mutmaßliche Tatwaffe verwendete, nicht bei sich, sondern griff spontan nach etwas, was am Tatort gerade herumlag. Mit anderen Worten: Dieser Mord war nicht geplant. Paolo Salini wurde mit zwei wuchtigen Schlägen mit diesem Rohrbogen getötet, Schläge, die mit großer Kraft ausgeführt wurden. Deshalb gehen wir zunächst von einem männlichen, jungen oder mittelalten, jedenfalls aber einem kräftigen Täter aus. Wir schließen eine Frau als Mörderin nicht absolut aus, doch bei der Wucht der Schläge ist eine Täterin eher unwahrscheinlich. Auffallend ist: Das Opfer hat sich weder aktiv noch passiv gewehrt noch versucht zu fliehen, sondern hat die tödlichen Schläge anscheinend ohne Gegenwehr hingenommen. Das ist überraschend, aber wir können daraus schlussfolgern: Täter und Opfer haben sich gekannt.«

Ferruccio Zolan hebt die Hand.»Commissario, selbst wenn sich Opfer und Täter gekannt haben – das erklärt nicht, warum der Mann nicht bei dem zweiten Schlag abwehrend die Arme gehoben hat, um seinen Kopf zu schützen. Nach dem ersten Schlag musste er doch spätestens wissen, dass der Täter es ernst meint – selbst wenn es die heilige Muttergottes gewesen sein sollte.«

Morello nickt.»Guter Einwand, Ferruccio, dieses Verhalten ist vorläufig nicht zu erklären. Wir müssen diesen Umstand im Auge behalten.«

Zolan lächelt. Jetzt ist er zufrieden. Nun hat er auch etwas zur Besprechung beigetragen. Immer glaubt er, er müsse seine Rolle als erster Stellvertreter des Commissario unterstreichen und sich auf diese Weise von Anna Klotze absetzen. Sie, das weiß Zolan genau, hält sich für eine bessere Polizistin, als er es ist.

Morello fährt fort:»Stellen wir uns das folgende Szenario vor: Der Täter könnte jemand sein, der die Angewohnheit hat, frühmorgens im leeren Venedig herumzustreifen. Er trifft auf Salini und tötet ihn. Es ist wahrscheinlich, aber nicht völlig sicher, dass er das Opfer gekannt hat. Täter, die spontan eine Straftat verüben, achten auf dem Weg zum Tatort nicht auf die Spuren, die sie hinterlassen. Wenn unser Täter den Buchhalter Paolo Salini im Streit getötet hat, dann hat er vor dem Mord nicht darauf geachtet, dass ihn niemand sieht. Für uns heißt das: Ein wichtiger Ermittlungsstrang wird die Phase vor der Tat sein. Ferruccio, du bist unser erfahrenster Mann. Ich will, dass du diese Aufgabe übernimmst.«

Ferruccio Zolan sieht kurz auf. Er notiert etwas. Dann nickt er.

Morello sagt:»Beachte dabei auch, dass bei einer spontanen Tat der Mörder nicht geplant hat, die Spuren der Tat zu beseitigen. Auch hat er keinen Fluchtweg geplant. Konzentriere dich auf die Phase vor der Tat, aber achte auch auf die Nachtatphase.«

Zolan nickt und schreibt.

Morello fährt fort: »Ungewöhnlich ist der Tatzeitpunkt. Aufgrund der vorläufigen Analyse der Gerichtsmedizinerin Dottoressa Gamba wurde Salini zwischen vier und sechs Uhr morgens erschlagen. Es stellen sich zwei Fragen: Erstens, warum bewegt sich der Täter zu dieser nachtschlafenden Zeit durch die Stadt? Dieselbe Frage stellt sich für das Opfer. Warum war Salini zu einer Uhrzeit unterwegs, zu der man üblicherweise noch schläft? War dieser frühe Spaziergang Routine? Oder hatte er ein Ziel? Wenn es für ihn Routine war, dann kann der Täter von dieser Gewohnheit gewusst haben. Wir müssen dringend herausfinden, ob Salini Frühaufsteher war.«

Morello schweigt für einen Augenblick und mustert die vor ihm sitzenden Polizisten. Sobald er sicher ist, dass sie ihm aufmerksam folgen, fährt er fort. »Wir können auch eine vorläufige These über den Täter aufstellen. Erstens: Es ist wahrscheinlich jemand, der spontan und willkürlich mordet. Vielleicht ist er aufbrausender, unkontrollierter als jemand, der seine Tat kühl im Voraus plant. In der Regel sind aufbrausende, unkontrollierte Täter weniger intelligent als sorgsam planende. Auch diese Einschätzung ist zunächst nur eine Hypothese.

Zweitens: Wissen wir etwas über das Tatmotiv? Der Täter hatte vermutlich Streit mit Salini. Dabei muss es um etwas Wesentliches gegangen sein. Etwas, das dem Täter wichtig war, etwas, das ihn emotional tief berührt hat, so tief, dass es eine enorme Wut in ihm hervorgerufen hat. Diese Wut war so groß, dass der Mörder spontan diesen Rohrbogen aufgehoben und damit zugeschlagen hat. Gehen wir also zunächst davon aus, dass der Täter jemand ist, der etwas Wichtiges von Salini wollte. Ich stelle mir die folgende Szene vor: Plötzlich und unerwartet begegnen sich die beiden Streithähne am frühen Morgen. Der Täter will etwas. Salini verweigert es ihm. Ein Wort gibt das andere. Dann eskaliert der Streit. Salini bleibt hart. Der Täter greift in großer Wut zu dem nächstmöglichen Gegenstand – dem Rohr – und erschlägt Salini. Es war zwar eine spontane Tat, aber der Täter hatte ein starkes Motiv. Wenn wir dieses Motiv finden, finden wir auch den Täter.«

Mario Rogello hebt die Hand. »Commissario – wo sollen wir das Motiv suchen?«

»Wir finden es, wenn wir die Lebensumstände des Opfers durchleuchten. Wen hat Salini so verärgert, verletzt oder betrogen, dass er zu dieser Tat fähig ist? Deshalb will ich alles über das Opfer wissen. Anna, du befragst sofort nach unserer Besprechung die Nachbarn Salinis. Wir müssen wissen: Wer war dieser Mann? Mit wem hatte er Streit? War es eine Angewohnheit von ihm, frühmorgens durch Venedig zu gehen? Heute Nachmittag wird die Spurensicherung seine Wohnung öffnen. Sobald die Kollegen ihre Arbeit getan haben, werden wir beide uns sein Zuhause genauer anschauen. Viola, du schaust dir die Bankkonten des Opfers an und legst mir die Ergebnisse vor.«

Der Vice Questore hebt die Hand, rückt den Stuhl zurück, stützt sich mit einer Hand auf dem Tisch ab, steht auf und reibt sich mit einer Hand sein breites Kreuz.

»Ich unterbreche die kriminalistischen Ausführungen des Commissario nur ungern, doch ich habe euch eine wichtige Mitteilung zu machen. Ich habe vor einer halben Stunde mit dem Questore Perloni telefoniert. Er will ein schnelles Ergebnis in dieser Mordermittlung. Außerdem ist er sehr zufrieden, mehr noch, er ist begeistert, dass Athena diesen Mord vorhergesagt hat. Sicher, Athena kannte die Uhrzeit nicht, lag aber mit Ort und der Schwere der Tat genau richtig. Aus diesem Grund möchte der Questore den Einsatz von Athena in Zukunft ausweiten. Er will mit ihrer Hilfe endlich die Taschendiebplage in Venedig ausrotten. Ab sofort wird uns diese künstliche Intelligenz Ort und Zeitpunkt des nächsten Taschendiebstahls in Venedig vorhersagen. Perloni will, dass trotz der Mordermittlung jemand rechtzeitig am Tatort ist und den Taschendieb festnimmt.«

»Sollen wir uns vierteilen?«, ruft Anna Klotze. »Wir werden mit der Mordermittlung genug zu tun haben!«

Der Vice Questore zuckt mit den Schultern. »Das habe ich ihm auch gesagt. Doch er besteht darauf, dass zukünftig jedem Hinweis von Athena nachgegangen wird. Für ihn ist das ein Prestigeprojekt. Ihr lest alle Zeitung und habt das Interview des Questore studiert. Ich weiß nicht, *wie* ihr das macht, aber ihr müsst es tun. Sobald Athena eine Tat vorhersagt, müssen zwei Leute zum wahrscheinlichen Tatort und den Taschendieb abführen. Der Questore möchte, dass Venedig in einem halben Jahr frei von Taschendieben ist.«

»Das ist unmöglich«, sagt Ferruccio Zolan ruhig und kratzt sich am Kopf. »Venedig ist seit jeher …«

Mit einer schnellen Handbewegung schneidet ihm Lombardi das Wort ab: »Das ist ein Befehl. Nicht von mir, sondern von ganz oben.«

»Noch hat Athena nichts von Taschendieben orakelt«, sagt Morello und klatscht in die Hände. »Alle an die wirklich wichtige Arbeit.«

## CALLE LONGA SAN BARNABA

Anna Klotze marschiert in ausgreifenden Schritten die Calle Longa San Barnaba entlang. Ihre Absätze knallen wütend auf das Pflaster der längsten Gasse Venedigs.

Und warum darf sie nicht allein in die Wohnung von diesem Salini? Wieso muss sie warten, bis der ruhmreiche Herr Commissario, den jeder den freien Hund nennt, ihr die Gnade gewährt, sie mitzunehmen, als wäre sie eine Polizeischülerin? Im Grunde kein Wunder. Dieser sizilianische Macho hat ein Problem mit Frauen. Je besser und je stärker die Frauen sind, desto größer sein Problem. Sie stellt fest, dass ihr diese Erklärung eine gewisse Erleichterung verschafft – aber ihre Wut nicht mindert. Dieser Macho! Immer behandelt er mich, als wäre ich eine Anfängerin.

Und die Nacht auf dem Segelboot hat er auch vergessen. Wie kann er einfach ausblenden, dass sie einmal etwas zusammen hatten? An ihren Unterarmen kribbelt eine Gänsehaut.

Sie lacht rau. Aber er hat ja keine Ahnung, was wirklich gespielt wird.

Es ist frisch in dieser engen Gasse. Dunkel ist es hier auch.

Ein süßer Duft steigt ihr in die Nase. Sie bleibt stehen. In dieser Gasse zeigen einige der besten Konditoreien Venedigs die berühmten Baicoli und Zaéti-Kekse in den Auslagen ihrer Schaufenster. Die Tür eines Geschäftes steht offen, und heraus strömt das Aroma von frischer Sahne, von Schokolade und kandierten Früchten. In der Auslage türmen sich mit frischer Crema gefüllte Krapfen. Für einen kurzen Augenblick vergisst Anna Klotze ihren Zorn. Doch als sie weitergeht, ist die Wut wieder da, frisch und kräftig wie zuvor. Ist diese schmale Gasse denn nie zu Ende?

Zolan, der Beamte mit der meisten Erfahrung! Lächerlich! Sie würde laut lachen, wenn es nicht so blöd wäre. So ungerecht. Sie soll die Nachbarn des Opfers befragen. Das ist lächerlich! L-ä-c-h-e-r-l-i-c-h! Jeder Streifenpolizist könnte das erledigen. Immer schmiert der Commissario Zolan Honig ums Maul wie einem Zirkusbären. Hat er vergessen, dass er *mir* den Posten der Stellvertreterin versprochen hat? Hat er vergessen, dass *ich* ihm das Leben gerettet habe? Damals, als die Killer in die Polizeistation von Palma di Montechiaro eingedrungen sind. Als er hilflos in der Gefängniszelle saß.* Als er sich vor Angst in die Hose gepisst hat.

Dann denkt sie wieder an die Nacht auf dem Segelboot. Sie hastet die Treppe zur Brücke de l'Avogaria hinauf. Elf Stufen. Komisch, dass ich immer noch die Stufen zähle. Immer – wenn ich eine Treppe hochgehe. Mein Gott – seit diesem Tag mache ich das. 98 Stufen bis zur Wohnung. 77 Stufen bis zum Klassenzimmer. Ich wollte mir das Treppenstufenzählen schon so oft abgewöhnen. Ohne Erfolg. Aber zum Glück weiß das ja niemand.

Auf der Brücke bleibt sie stehen und legt die Hände auf das Geländer. Sie spürt die Rauheit des Steins und die beruhigende Kälte. Sie schließt die Augen. Vorsichtig reibt sie die Handflächen auf dem rauen Untergrund. Erst langsam, dann schneller. Sie genießt die kühle Frische, das plötzlich auftretende Gefühl von Wachheit, das diese Reibung auslöst.

Sie öffnet die Augen. Da, das Haus! Das zweite in der Calle. Über

---

* Siehe dazu: »Der Tintenfischer. Commissario Morello ermittelt in Venedig«.

der im dunklen Grün gestrichenen Haustür die Hausnummer: Nummer 1587. Da ist es, das Haus von Salini.

In drei langen Schritten steigt sie die Brücke auf der anderen Seite hinunter, vergisst die Stufen zu zählen, und in acht Schritten steht sie vor der grünen Eingangstür. Hier hat das Mordopfer gewohnt. Im zweiten Stock. Nicht schlecht. Geld hat er wohl gehabt, der Herr Salini. Offenbar ein vornehmer Mann. Genutzt hat es ihm nichts. Sie drückt gegen die Tür. Erst mit der Hand, dann mit der Schulter. Doch sie bleibt verschlossen. Die Spurensicherung ist also noch nicht da. Sie tritt zwei Schritte zurück und legt den Kopf in den Nacken. Der zweite Stock hat vier Fenster. Einen kleinen Balkon gibt es auch. Gusseiserne Schnörkel am Geländer, aber keine Blumen. Die Fassade ist mit rauem rotem Sand verputzt, jedoch nur bis zu dem Balkon. Das Stockwerk, das Salini bewohnte, ist unverputzt.

Nun gut, dann werde ich also die Nachbarn befragen und die Hilfsarbeiten für den Commissario Obermacho erledigen. Unschlüssig sieht sie sich um. Dort drüben ist ein Blumenladen. Ob Salini jemand war, der sich Blumen auf den Küchentisch gestellt hat?

## BLUMENLADEN

Vor der Tür des Blumengeschäftes stehen in einem Halbkreis sechs kleine Olivenbäume in grauen Plastiktöpfen, ein Korb mit getrockneten Wildblumensträußen, zwei silbern glänzende Eimer voll gelber und roter Rosen und ein kleines Holzregal mit mehreren Kräutertöpfchen. Als Anna die Tür aufdrückt, erklingt eine helle Glocke. Blumenduft schlägt ihr entgegen.

Der Laden ist kaum größer als zwanzig Quadratmeter. Jeder Zentimeter ist genutzt und vollgestopft mit Blumen aller Arten, blühende Astern und getrocknete ockerfarbene Blüten, deren Namen sie nicht kennt. Auf dem Boden stehen Eimer mit gelben Chrysanthemen und roten Dahlien, Vasen, in denen Bartblumen mit einem nahezu himmlischen Blau protzen.

An den dunkelgrün gestrichenen Wänden ringsum strecken sich

dunkle Holzregale bis zur Decke, deren Böden sich in der Mitte gefährlich durchbiegen unter dem Gewicht eleganter Terracottatöpfe voller gelber Lilien und roter und weißer Rosen, üppiger Orchideen, Margeriten und knallgelben Sonnenblumen. In dem Regal über einer mit langen Perlenschnüren verhängten Tür, die ins Innere des Hauses führt, wechseln sich bunte Tischdekorationen mit weißen Brautsträußen ab. An einigen Bünden mit Nelken hängt ein schmaler schwarzer Trauerflor.

Vor dieser Tür, nur zwei Schritte von ihr entfernt, steht eine Holztheke, deren Frontseite fast vollständig mit einem Plakat bedeckt ist, das ein Konzert von Gianna Nannini in Padua ankündigt. Die Sängerin reckt die rechte Faust in den beleuchteten Nachthimmel, die linke hält ein Mikrofon dicht vor die geöffneten Lippen. Darüber wache Augen in einem schweißüberströmten, lachenden Gesicht.

Auf der Theke liegen eine Blumenschere, eine Rolle mit grünem Draht, einige grüne grasartige Zweige, daneben stehen zwei Vasen mit gelben und weißen Dahlien. Neben einer kleinen elektronischen Kasse entdeckt Anna Klotze eine silberne Klingel. Sie schlägt zweimal energisch auf den kleinen Knopf und lauscht dem schrillen Läuten.

Kurz danach hört sie Schritte aus dem Hinterraum. Eine junge Frau schiebt die in der Tür angebrachten Perlenschnüre zur Seite, bleibt stehen und lächelt. Die Polizistin registriert ihren verträumten Blick, der erst etwas auf dem Boden zu suchen scheint, sich dann der Polizistin zuwendet. Doch Anna Klotze befällt dabei das merkwürdige Gefühl: Diese Frau schaut mich an, aber sie sieht mich nicht. Sie hat ein schmales, langes Gesicht mit erstaunlich entspannten Zügen. Sie trägt eine große, runde Brille aus einem braunen Drahtgestell. Das feste schwarze Haar trägt sie kurz, mit einem Pony, der bis in die Mitte der Stirn reicht und Anna Klotze entfernt an eine französische Chansonsängerin erinnert, deren Name ihr gerade nicht einfällt. Zwei dünne silberne Fäden hängen an leicht behaarten Ohrläppchen und halten zwei Perlen, die sachte nach rechts und links pendeln. Anna Klotze schätzt die Frau auf 1,70 Meter, Kleidergröße 36, vielleicht auch 38, Gewicht 55 Kilo.

Die Blumenhändlerin trägt hellblaue verwaschene Destroyed-Jeans mit einem Riss über dem rechten Knie und ausgefranstem Beinabschluss über weißen Turnschuhen. Unter der dunkelgrünen Gärtnerschürze prangt der Schriftzug von Emporio Armani auf einem verrutschten weißen T-Shirt. Nun bindet sie die Schürze mit einer Langsamkeit hinter dem Rücken zusammen, als hätte sie alle Zeit dieser Welt.

Dann hebt sie den Kopf und fragt: »Wie kann ich Ihnen helfen? Sie wollen Blumen?«

»Nein«, sagt Anna Klotze hart. »Informationen.«

»Informationen? Gern. Ich helfe immer gern. Natürlich auch der Polizei. Was wollen Sie wissen?«

Die Blumenfrau greift zur Gartenschere, zieht zwei Dahlien aus der Vase, schneidet die Enden der Stiele ab, legt sie auf die Theke, greift nach den grasartigen Pflanzen, hebt sie hoch, begutachtet sie mit einem langen Blick und kürzt sie mit der Schere auf die Länge der Dahlien. Anna Klotze registriert ihre trainierten, muskulösen Unterarme. Die Hände sind groß genug, um einen Rohrbogen zu fassen und hochzuheben.

Die Frau hebt den Kopf und sieht Anna Klotze fragend an.

»Es geht um einen Ihrer Nachbarn. Er heißt Paolo Salini.«

Anna Klotze kann zusehen, wie die Entspannung aus dem Gesicht der Frau weicht. Die runden braunen Augen hinter der runden Brille werden starr. Die Pupillen ziehen sich zusammen. Das Kinn reckt sich nach vorne. Die linke Hand fährt sich schutzsuchend an den Hals.

Ein Schatten fällt über die Gesichtszüge der Frau. »Jesus und Maria – nicht schon wieder.«

»Sie kennen ihn?«

»Jeder in der Straße kennt ihn.«

Sie macht eine kleine Pause. Dann steht ein bitteres Lächeln in ihrem Gesicht. »Leider.«

Anna Klotze zieht ihr schwarzes Notizbuch und einen Bleistift aus der Tasche. Sie klappt das Buch auf und stellt eine Frage, die bereits eine Feststellung ist. »Sie mögen ihn wohl nicht? Wie heißen Sie?«

»Mein Name ist Chiara Valle.«

»Alter?«

»29. Aber das wissen Sie doch schon alles, nicht wahr?«

»Wieso? Sind Sie vorbestraft?«

Chiara Valle schüttelt den Kopf. »Noch nicht. Aber vielleicht schafft Salini das noch. Dieser Mann ist krank.«

»Sie liegen im Streit mit Salini?«

»Ich nicht mit ihm. Er mit mir.«

»Sie hassen ihn?«

Mit einem Ruck reißt Chiara Valle den Kopf hoch. »Jeder hasst ihn. Jeder, jeder, jeder. Er tyrannisiert …«

Sie schluchzt.

Anna Klotze reicht ihr ein Taschentuch. Die Blumenfrau nimmt es, dreht sich zur Seite und reibt sich die Augen trocken.

Dann wendet sie sich wieder Anna Klotze zu. »Aber wieso sind Sie jetzt schon da? Ich habe heute noch keine Blumen gegossen!«

»Blumen gegossen? Ich verstehe nicht.«

Ohne den Blick von Anna Klotze zu wenden, nimmt Chiara Valle die Rolle mit dem grünen Draht in die Hand und schneidet ein kleines Stück davon ab.

Schnipp. Das Drahtstück spritzt von der Rolle und fällt irgendwo im Laden auf den Boden.

Chiara Valles Mund ist nun zusammengekniffen und schmal. Ihre rechte Hand drückt mit Kraft und Schwung die Blumenschere zweimal kurz hintereinander zusammen.

Schnipp, schnapp.

Zwei Drahtstücke fliegen durch den Raum.

»Schon fünf Mal hat er die Stadtpolizei auf mich gehetzt«, stößt sie hervor.

»Mit Ihnen ist es das sechste Mal. Und jetzt macht er es, bevor ich draußen überhaupt die Blumen gegossen habe. Das ist doch nicht normal!«

Anna Klotze hebt die Hände. »Stopp! Langsam! Niemand hat mich auf Sie gehetzt. Ich gehöre nicht zur Stadtpolizei. Ich brauche lediglich einige Informationen über ihn.«

»Er ruft im Rathaus an, wenn ich Wasser draußen auf der Straße verschütte. Wenn ich beim Blumengießen nur einen Tropfen verschütte, geht es los. Er lauert regelrecht hinter seinen Vorhängen. Ich passe immer schon auf wie ein Luchs. Trotzdem passiert es manchmal.«

Schnipp, schnapp.

Ein Drahtstück landet auf Anna Klotzes Ärmel und fällt zu Boden.

»Paolo Salini beschwert sich, weil die Straße nass wird?«, fragt sie.

»Ja. Vor zwei Wochen stand ein Kollege von Ihnen in meinem Laden. Er sagte, Herr Salini ruiniere sich vor meinem Laden seine teuren Schuhe. Wegen ein bisschen Wasser auf dem Gehweg. Stellen Sie sich das nur einmal vor! Er soll aus Venedig wegziehen, habe ich gesagt. Bei Regen und Hochwasser werden seine teuren Schuhe an hundert Tagen im Jahr nass und schmutzig. Er sollte nach Afrika oder sonst wohin umziehen! Die Wüste Gobi wäre ideal für seine Schuhe.«

Anna muss lachen. »Ich bin nicht wegen Paolo Salinis Beschwerde hier. Ich brauche einige Informationen über Paolo Salini. Alles, was Sie mir über ihn erzählen können, ist wichtig.«

Die junge Frau schaut Anna Klotze irritiert an. »Informationen? Hat er jemanden umgebracht? Ich wusste es! Solche Männer sind pervers. Paolo Salini sieht aus wie ein typischer Psychopath. Er hätte die Hauptrolle im ›Schweigen der Lämmer‹ spielen können. Ist er ein Serienkiller?«

Anna Klotze lacht. »Nein. Er ist kein Serienkiller und hat niemanden getötet. Soweit ich weiß. Aber Ihr Eindruck von ihm interessiert mich. Was meinen Sie mit ›solche Männer‹?«

»Der Mann ist verrückt. Er ist unsympathisch, arrogant, eitel. Stellen Sie sich vor: Er hat noch niemals Blumen bei mir gekauft. Haben Sie seinen trostlosen Balkon gesehen? Diese Einöde im zweiten Stock? Kein einziger Blumentopf steht da. Keine Farbe, kein Leben. Nichts! Ich schätze, er hat niemals etwas mit einer Frau zu tun gehabt.«

. Schnipp, schnapp.

Anna Klotze hebt den Kopf. »Mit Männern?«

»Keine Ahnung. Wissen Sie, in dieser Straße gibt es einen Bäcker, einen Lebensmittelladen, ein Theater, zwei Bars und meinen Blumenladen. Aber glauben Sie, dieser scheußliche Mensch hat jemals etwas in einem der Läden hier gekauft? Er geht nicht ins Theater. Er geht nicht in den Lebensmittelladen. Er geht nie in eine Bar. Nicht einmal zum Frühstücken. Stellen Sie sich das vor. Aus Geiz frühstückt er zu Hause. Das Einzige, was er kauft, sind teure Weine in dem Laden nebenan. Dieser Paolo Salini ist nicht nur ein perverser Psychopath, sondern auch ein Alkoholiker.«

»Sie hassen ihn wohl sehr?«

Mit einem leichten Geräusch schieben sich die Perlenvorhänge zur Seite, und eine dunkelblonde, etwa fünfundvierzig Jahre alte Frau schaut in den Laden.

»Chiara, wen hasst du? Du scheinst mir etwas verschwiegen zu haben.«

Die Blumenfrau antwortet mit einer wegwerfenden Handbewegung. »Die Polizei sammelt Informationen über Salini. Er ist …«

»Du meinst den Perversen, der dich wegen der Wasserflecken auf dem Bürgersteig tyrannisiert?«

»Genau diesen dämlichen Sch…«

»Kennen Sie den Mann?«, fragt Anna Klotze schnell dazwischen.

Die Frau schüttelt den Kopf. »Nein, ich kenne ihn nur aus Chiaras Erzählungen. Ich wohne nicht hier. Hier bin ich nur zu Besuch. Ich helfe Chiara hin und wieder im Geschäft. Amore, ich gehe jetzt.«

Schnipp, schnapp.

Ein Drahtstück landet auf Anna Klotzes Arm. Sie wischt es mit einer Handbewegung auf den Boden.

Die Frau schiebt den Vorhang ganz zur Seite, tritt in den Laden, zögert einen Augenblick und umarmt Chiara Valle.

»Frau Valle«, sagt Anna Klotze, »ich muss Sie fragen: Wo waren Sie heute Morgen zwischen vier und sechs Uhr?«

Die beiden Frauen starren sie an und brechen dann gleichzeitig in Gelächter aus.

»In meinem Bett war ich«, sagt die Blumenfrau.

»Und dafür gibt es Zeugen?«

»Allerdings, es gibt eine Zeugin. Mich«, sagt die dunkelblonde Frau, stellt sich neben Chiara Valle und stemmt die Fäuste in die Hüfte.

Schnipp.

Ein Drahtstück verfängt sich in Anna Klotzes Gürtel.

»Ich heiße Dora Fonda«, sagt die Frau, lächelt und reicht Anna Klotze die Hand. »Ich war heute Morgen auf dem Blumengroßmarkt in Treviso und habe eingekauft.«

Mit einer Handbewegung zeigt sie stolz auf die Blumen im Laden.

»Das meiste, was Sie hier sehen, habe ich heute Morgen zuerst mit meinem Auto und danach mit meinem Boot hierhergebracht. Ich habe es ausgeladen und in den Laden gestellt. Dann bin ich in die Wohnung, und was sehe ich da? Dieser Engel liegt tief schlafend da.«

Ihre Stimme senkt sich um eine halbe Oktave. »Und, stellen Sie sich vor, die Bettdecke hatte sie fast ganz weggestrampelt.«

»Um wie viel Uhr haben Sie diese Beobachtung gemacht?«

»Ziemlich genau um sechs Uhr.«

»Was haben Sie dann gemacht?«

Dora Fonda lacht kehlig. »Was ich dann gemacht habe? Ich bin zu ihr unter die Decke geschlüpft und habe sie … nun ja, sagen wir, ich habe sie geweckt. Ich habe dann geschlafen. Chiara ist aufgestanden, hat die Blumen so dekoriert, wie Sie es jetzt sehen. Ich habe bis vor einer halben Stunde geschlafen. Und jetzt gehe ich.«

Schnapp.

Anna Klotze sieht dem Metallsplitter nach, der auf einem Regal landet.

»Frau Valle hätte also das Bett und das Haus verlassen können, als Sie auf dem Großmarkt waren?«

Die dunkelblonde Frau schüttelt den Kopf und lacht in einem tiefen, gutturalen Ton. »Nein, glauben Sie mir, sie hat tief geschlafen, als ich kam.«

Sie schüttelt den Kopf und verlässt den Blumenladen.

Die Blumenfrau sieht ihr nach.

»Salini«, sagt sie. »Hassen? Das wäre zu viel Gefühl verschwendet an jemanden, der ein Gefühl nicht wert ist. Verachten ist vielleicht das bessere Wort.«

»Wissen Sie, ob Signor Salini Frühaufsteher ist? Pflegt er morgens um fünf oder sechs Uhr durch die Straßen zu laufen?«

Die Verkäuferin hebt überrascht den Kopf. »Frühaufsteher? Der Salini? Ich bin jeden Morgen um acht in meinem Laden. Bereite die Auslagen vor. Gieße die Blumen. Da sind seine Fensterläden noch zugeklappt.«

»Wissen Sie, ob Paolo Salini sich auch mit anderen Nachbarn gestritten hat?«

Die Blumenverkäuferin schüttelt den Kopf. »Der Mann hasst Blumen. Und mich auch. Mehr weiß ich nicht. Aber das genügt mir.«

Anna Klotze klappt ihr Notizbuch zu. Chiara Valle legt die Drahtrolle und die Schere zur Seite.

»Salini ist tot«, sagt Anna Klotze und beobachtet die Reaktion der Blumenfrau. Ihre linke Hand tastet erneut zur Drahtrolle. Ihr Mundwinkel zuckt zweimal. Einen Augenblick scheint sie um ihre Fassung zu ringen.

»Tot?«, sagt sie. »Sie meinen: gestorben?«

Dann erhellt sich ihr Gesicht. »Der Besitzer des Weinladens wird Trauerblumen kaufen. Doch glauben Sie mir: Sonst wird hier niemand aus dieser Straße zur Beerdigung kommen.«

Ihre rechte Hand tastet nach der Schere.

Schnipp, schnapp.


## VOR DEM WEINLADEN

Der Weinladen ist kaum mehr als zwanzig Schritte entfernt. Vor der kunstvoll geschnitzten Tür bleibt Anna Klotze stehen. Chiara Valle hat den Ermordeten gekannt. Sie hat ihn gehasst, weil er sie wegen der Wasserflecken auf dem Bürgersteig tyrannisiert hat. Doch ist das ein Mordmotiv? Wohl kaum. Und doch ist folgendes Szenario denkbar: Sie kann nachts nicht schlafen. Sie ist allein, denn ihre Freundin ist auf dem Großmarkt. Vielleicht haben sie ein Beziehungsproblem. Vielleicht treiben sie Geldsorgen aus dem Bett. Oder es gibt irgendeinen anderen Grund, weshalb sie so früh aufsteht. Sie streift durch Venedig und denkt nach. Da trifft sie zufällig auf Salini. Sie stellt ihn zur Rede wegen seines Verhaltens. Ein Wort ergibt das nächste. Er beleidigt sie. Die Situation eskaliert. In ihrer Wut greift Chiara zum nächstliegenden Gegenstand, einem gebogenen Rohr. Salini lacht. Da schlägt sie zu.

So könnte es gewesen sein. Das Alibi der Blumenfrau ist dünn. Chiara Valle hat das Bett heimlich verlassen, als Dora Fonda zum Großmarkt fuhr, kam nach dem Mord zurück, wusch sich das Blut von den Händen und schlüpfte wieder unter die Bettdecke.

So könnte es gewesen sein. Sie wird dem Commissario melden, dass die Blumenfrau tatverdächtig ist.

Kaum denkt sie an Morello, steigt die Wut wieder hoch. Sie rackert sich hier ab, hat schon eine Mordverdächtige identifiziert, und der feine Herr im Kommissariat legt die Füße auf den Tisch und lässt sich von Viola Cilieni einen doppelten Espresso servieren.

Sie dreht sich mit einem Ruck zur Tür des Weinladens. Sie klemmt. Anna Klotze nimmt ein paar Schritte Anlauf und wirft sich mit der Schulter dagegen.


## MORELLOS BÜRO

Er hasst diesen Teil seines Jobs.

Die Angehörigen benachrichtigen: Hinfahren. An der Tür klingeln. Ein ernstes Gesicht machen. Sich ausweisen. Der Frau oder den Kindern sagen, er bringe eine schlechte Nachricht. Ob er hereinkommen dürfe. Warten, bis alle Platz genommen haben. Und dann ohne Umschweife zu ihnen sagen: Ihr Mann bzw. Ihr Vater ist tot. Dabei äußerst wachsam sein, jede ihrer Reaktionen genau beobachten. Und immer bereit sein, sie zu stützen, ihnen ein tröstendes Wort zu sagen, vielleicht ein Taschentuch zu reichen oder einfach nur still dazusitzen und ihren Schmerz auszuhalten.

Er muss jetzt möglichst rasch den schwarzen Engel geben. Viola ist dabei, die Daten zu ermitteln. Anna Klotze befragt die Nachbarn. Er will nicht, dass jemand von ihnen Salinis Verwandtschaft informiert. Das ist Chefsache. Daran gibt es nichts zu rütteln. Er ist der schwarze Engel. Wieder einmal.

Außerdem ist er davon überzeugt, dass er den Täter fassen wird, wenn er genügend Informationen über das Opfer sammeln kann.

Ein kurzes und lautes Klopfen an der Tür schreckt ihn aus seinen Gedanken. Ohne Morellos »Pronto« abzuwarten, stürmt sein Chef, der Vice Questore Lombardi, mit großen Schritten ins Büro, bleibt vor seinem Schreibtisch stehen, sieht sich um, zieht einen Stuhl heran, setzt sich und legt die rechte Hand auf die Brusttasche seines Hemdes, unter der sich deutlich eine Packung Zigaretten abdrückt. Seine Finger berühren kurz die Schachtel und ziehen sich sofort wieder zurück.

Morello lächelt. »In meinem Büro dürfen Sie rauchen, Signor Vice Questore.«

»Ich rauche nicht mehr.«

»Aha – und was ist das?« Morello deutet auf Lombardis Brusttasche.

»Die ist nur zur Motivation da. So habe ich den Feind immer im Blick.« Seine Finger schieben sich langsam von seinem Bauch aufwärts. Der Zeigefinger zittert ein wenig.

»Seit wann sind Sie Nichtraucher?«

»Seit gestern, 20:32 Uhr. Meine Frau hat mich am Abend zur Gemüsehändlerin geschickt. Es fehlte Knoblauch. Als ich zurückkam, musste ich auf dem ersten Treppenabsatz stehen bleiben. Da stand ich und keuchte. Bekam keine Luft mehr. Keine Kippe mehr, ab sofort, sagte ich mir.«

»Soll ich die Schachtel in den Papierkorb werfen?«

»Das brauchen Sie nicht. Ich bin auch nicht hier, um mit Ihnen über mein Nikotinproblem zu reden.«

Er beugt sich vor. »Ich habe einen Anruf aus dem Innenministerium

bekommen. Abteilung für Personalplanung bei der Polizei. Das Ministerium plant angeblich Ihre Versetzung zurück nach Sizilien.«
Mit einem Ruck setzt sich Morello in seinem Sessel aufrecht.
Lombardi: »Man hat mich gefragt, ob ich mit Ihrer Versetzung einverstanden sei.«
»Und? Ich hoffe, Sie haben sofort zugesagt.«
Lombardis Daumen und Zeigefinger schieben sich langsam in Richtung der Brusttasche.
»Um ehrlich zu sein: Ich habe abgelehnt.«
Lombardis Hand ist nun nur wenige Zentimeter von den Zigaretten entfernt.
»Das ist nicht Ihr Ernst!?«
»Doch, das ist es«, sagt Morellos Vorgesetzter und schiebt zwei Finger von oben in die Brusttasche. »Sie stehen nach wie vor auf der Todesliste der Cosa Nostra. In Sizilien wäre Ihr Leben gefährdet, selbst wenn Sie dort wieder in einer Kaserne stationiert wären. Vor allem aber lasse ich einen guten Polizisten ungern gehen. Sie haben zwei schwierige Fälle gelöst. Vor allem aber haben Sie die Abteilung zu einem richtigen Team zusammengeschweißt. Wenn Sie gehen, fällt hier alles auseinander, und das will ich auf keinen Fall.«
Lombardis Zeigefinger bohrt sich in die Öffnung der Zigarettenpackung.
»Signor Vice Questore, ich bin gegen meinen Willen nach Venedig versetzt worden. Sicher, das war zu meinem eigenen Schutz. Aber ich will zurück. Die Cosa Nostra hat meine Frau in die Luft gesprengt. Sie hat mein ungeborenes Kind getötet. Ich will Francesco Domenico Marino jagen. Ich will ihn hinter Gittern sehen. Verdammt noch mal …« Er schlägt mit der Faust auf den Tisch. »Rauchen Sie endlich. Wenn Sie das brauchen, dann rauchen Sie.«
Lombardis Hand zuckt erschrocken von der Brusttasche zurück.
Morello springt auf. Er stützt beide Fäuste auf den Schreibtisch, und sein Gesicht ist dicht vor dem von Lombardi. Leise und mit unterdrückter Wut sagt er: »Ich will zurück nach Sizilien. Verstehen Sie mich: Ich will zurück nach Sizilien.«
Der Vice Questore antwortet ebenso gefährlich leise: »Setzen Sie

mich nicht unter Druck, Commissario. Sonst bleiben Sie bis zu Ihrer Pensionierung hier in dieser wunderschönen Stadt. Meine Geschichte ist noch nicht zu Ende.«

Antonio Morello setzt sich wieder. Er verschränkt seine Arme vor der Brust und lehnt sich in seinem Stuhl zurück.

»Das Innenministerium hat auf Ihrer Versetzung bestanden. Ich sagte weiterhin Nein. Wir kamen nicht zusammen. Am Ende schlossen wir einen Deal.«

»Einen Deal? Über meinen Kopf hinweg?«

»Ja, verdammt noch mal. Einen Deal. Über Ihren Kopf hinweg. Aber Sie werden zufrieden damit sein. Das Ministerium sitzt immer am längeren Hebel.«

Lombardis rechte Hand greift zittrig in die Brusttasche und zieht eine Zigarette hervor.

»So wird das nix mit Ihrem Nichtrauchen«, murmelt Morello kopf-schüttelnd.

Wütend stößt Lombardi die Kippe in die Schachtel zurück. »Hören Sie, Commissario, die Vereinbarung mit dem Innenministerium besagt, dass Sie nach Sizilien versetzt werden, sobald Sie Salinis Mörder gefasst haben. Wenn Sie Ihre Arbeit hier erledigt haben, können Sie am nächsten Tag wieder zurück zu Ihrer Mafia.«

Er streckt Morello die Hand entgegen. Seine Stimme ist nun wei-cher. »Gratulation, Commissario, Sie haben erreicht, was Sie woll-ten. Ich verliere einen guten Polizisten, aber Sie kehren dorthin zurück, wo Sie hingehören – zum Kampf gegen das organisierte Verbrechen. Dort sind Sie besser aufgehoben als bei uns.«

Morello steht auf und bemerkt, dass seine Knie leicht zittern. Feier-lich nimmt er Lombardis Hand. »Ich danke Ihnen, Signor Vice Questore. Ich danke Ihnen herzlich. Sie haben mir zweimal das Leben gerettet.[*] Wer ist mein Freund im Innenministerium?«

»Ach, vergessen Sie es. Das war nur einer, der seine Anweisungen ausführt – wie wir alle.«

---

[*] Das erste Mal rettete Lombardi Morellos Leben in »Der freie Hund. Commissario Morello ermittelt in Venedig«.

Sie schütteln sich die Hände.

Ehe sie begreifen, was mit ihnen geschieht, liegen sie sich in den Armen.

Lombardi klopft Morello sanft auf die Schulter. »Passen Sie auf sich auf, Commissario.«

»Das werde ich, Signor Vice Questore. Sie werden mir fehlen.«

»Sie mir auch, Commissario. Sie mir auch.«

Dann drückt Lombardi Morello sanft von sich weg. »Kein Grund, gleich so persönlich zu werden«, sagt er.

Er geht zur Tür und dreht sich noch einmal um. »Und im Übrigen rauche ich, wann ich will.«

Er zieht die Schachtel Zigaretten aus der Tasche und geht.

Morello bleibt einen Augenblick betäubt stehen. Er streicht sich eine Strähne aus der Stirn. Geschafft. Er kann Venedig verlassen. Zurück in sein altes Leben. Die Mörder seiner Frau jagen. Francesco Domenico Marino, dem Boss der Bosse, Handschellen anlegen. Es wird nicht einfach werden, darüber ist er sich völlig im Klaren. Die Polizei weiß nicht, wie Marino heute aussieht. Es gibt von ihm nur ein altes Foto, aufgenommen vor einigen Jahrzehnten. Heute ist der Mann ein Phantom. Ein lebendes Phantom. Ein Phantom, das er verhaften wird, wenn er wieder in Sizilien ist.

Er seufzt erleichtert und lässt sich in den Sessel fallen.

Heute ist ein besonderer Tag. Heute ist sein Tag. Er wird Salinis Mörder fassen und zurück nach Sizilien gehen. Es lebe der unbekannte Beamte.

Der innere Jubel verebbt plötzlich wie ein Sturm, der seine Kraft verliert.

Wieso interessiert sich das Innenministerium für ihn? Glaubt schon wieder jemand, er könne ihn nach Belieben hin und her schicken?

An welchen Drähten hängt er? Und vor allem: Wer zieht an ihnen? Instinktiv streicht er sich mehrmals mit der Hand über die Schulter, als könnte er unsichtbare Spinnweben abstreichen. Doch zuerst muss er diese schwere Aufgabe erledigen. Er ist der schwarze Engel.

Antonio Morello richtet sich auf, zieht die Luft tief in seine Lungen und greift zum Hörer. »Viola, hast du schon Daten der nächsten Verwandten des Mordopfers ermitteln können? Gibt es eine Adresse, eine Telefonnummer?«

## WEINLADEN

Mit einem Knall springt die Tür auf. Anna Klotze kippt vornüber, macht einen Ausfallschritt, um das Gleichgewicht wiederherzustellen, und steht mit einem Satz im Weinladen. Ein Glockenspiel klingelt hektisch, als wollte es gegen diesen brachialen Auftritt protestieren. Hell ist es hier. Klar strukturiert. Dunkelbraune Holzregale stehen an jeder Wand, alle baugleich vom selben Schreiner. Sie reichen bis zur Decke. Glänzend. Vermutlich poliertes Kirschholz. Hier steckt mehr Geld im Inventar als bei der Blumenhändlerin im ganzen Laden. Also wird hier auch mehr verdient. Hunderte Weinflaschen strecken ihre Hälse Anna Klotze entgegen. Alle im gleichen Abstand. Kein einziges Staubkorn auf ihnen. Die elektronische Kasse in der Mitte der Verkaufstheke ist aus mattem schwarzem Metall. Daran drängt sich der Kartenleser aus dem gleichen Material. An der von Tür und Fenster abgewandten Seite des Geschäfts steht das Prunkstück des Ladens: eine beleuchtete, verriegelte Vitrine, in der die Etiketten teurer Rotweine funkeln.

Hinter der Theke richtet sich ein Mann etwas mühsam auf. Anna Klotze schätzt ihn auf knapp über fünfzig, schmale Schultern, sorgfältig gestutzter grauer Kinnbart, Designerjeans, edles T-Shirt, hellgraue Sneakers und das zu alldem passende professionelle Lächeln.

»Buongiorno«, sagt er. »Stürmen Sie nur herein. Ich freue mich, wenn auch die Polizei einen guten Wein zu schätzen weiß.«

Anna Klotze mag keine Männer, die nur mit dem Mund lächeln, deren Augen jedoch kalt wie die eines Fisches bleiben. Sie beschließt, dieses falsche Lächeln sofort auszuknipsen.

»Ich habe gehört, der Buchhalter Salini sei ein guter Kunde von Ihnen. Dazu befrage ich Sie jetzt offiziell und dienstlich.«

Zufrieden beobachtet sie, wie die Gesichtszüge des Mannes entgleisen. Der falsch lächelnde Gesichtsausdruck wandelt sich in Fassungslosigkeit, dann in Verwunderung.

»Wie heißen Sie?«, blafft sie ihn an und zieht ihr Notizbuch hervor.

»Tabian, Renato Tabian«, stößt der Mann hervor. »Mir gehört dieses Geschäft.«

Mit beiden Armen beschreibt er einen Kreis, der den ganzen Weinladen umfasst.

»Wie ist Ihre Beziehung zu Paolo Salini?«

»Beziehung? Wie meinen Sie das? Er ist einer meiner Kunden. Was ist mit ihm? Warum fragen Sie …?«

»Ich stelle die Fragen, Herr Tabian. War Herr Salini ein Frühaufsteher?«

Auf der Stirn des Weinhändlers bilden sich tiefe Runzeln. »Ein was? Ich verstehe nicht …«

»Rede ich Suaheli? Kantonesisch? Ein Frühaufsteher. Ging er frühmorgens spazieren?«

»Paolo? Frühmorgens? Äh, das weiß ich nicht. Vermutlich eher nicht. Davon hat er mir nie etwas erzählt.«

»Ihre Beziehung war also rein professionell?«

»Er war ein Kunde. Ein guter Kunde allerdings.«

»Hatten Sie öfter Streit mit ihm?«

»Ich? Streit? Mit Paolo? Nein. Nie! Warum sollte ich … Wie kommen Sie auf diese Idee?«

»Welche Weine kaufte er bei Ihnen?«

Nun löst sich die Verwirrung im Gesicht des Weinhändlers, und seine Züge glätten sich. Vorsichtig breitet sich ein erleichtertes Lächeln auf dem Gesicht aus. Das Gespräch bewegt sich auf ein Terrain, auf dem er sich auskennt. Diesmal lächeln auch die Augen.

»Ah, Paolo. Er ist ein wahrer Genießer. Ein Weinkenner. Er sagt, für seine Arbeit brauche er einen klaren Kopf. Deswegen trinkt er nur Weinsorten, die sehr, sehr gut sind …«

»Und teuer?«

Renato Tabian seufzt. »Ja, er hat leider eine Vorliebe für teure Weine. Gern nimmt er eine Flasche Amarone mit, seinen Lieblingsrotwein.«

»*Leider* eine Vorliebe für teure Weine? Was ...«

»Sehr teure Weine. Er wählt häufig eine Flasche, die über 200 Euro kostet.«

»Wieso ›leider‹? Das ist doch gut – gut für Ihr Geschäft?«

»Nun ja, nicht ganz.«

Tabian sieht sich zweimal um, als wollte er sich vergewissern, dass niemand ihrem Gespräch lauscht.

»Es ist ja nicht direkt illegal«, sagt er flüsternd. »Falls Sie deshalb hier sind.«

»Was ist nicht illegal? Sagen Sie es mir. Offen und vollständig.«

Tabian sieht auf den Boden, als läge dort die Lösung für diese unangenehme Situation. »Wir haben diese kleine Abmachung.«

»Sie haben eine kleine Abmachung? Der Herr Salini und Sie? Hören Sie: Wenn ich Ihnen jetzt jede Information aus der Nase ziehen muss, nehme ich Sie lieber gleich mit aufs Kommissariat. Glauben Sie mir: Da komme ich ganz schnell an die Informationen, die ich brauche.«

Der Weinhändler zieht die Luft zischend in seine Lunge.

»Schon gut, schon gut! Es ist so: Ich kaufe meine Weine von Verstorbenen.«

Anna Klotze lässt überrascht den Schreibblock sinken. »Sie kaufen Weine von Verstorbenen?«

»Ja, und ich wäre Ihnen dankbar, wenn Sie meine Sätze nicht dauernd wiederholen.«

»Schließen Sie den Laden ab. Sie kommen mit aufs Kommissariat. Strecken Sie die Hände nach vorne.«

Mit einem Ruck zieht Anna Klotze ein paar Handschellen hervor.

»Nein, nein! Ich erzähle Ihnen doch alles. Wenn reiche alte Leute sterben, haben sie oft einen vollen Weinkeller. Die Erben können die vielen Kisten meist gar nicht wegschaffen. Ich frage Sie, wer hat heute noch einen geeigneten Keller? Die wenigsten. Da trete ich auf den Plan.«

»Da treten Sie auf den Plan?«

»Bitte wiederholen Sie mich nicht immer. Ja, da trete ich auf den Plan. Ich spreche mein Beileid aus, erkläre, was ich beruflich tue, schätze die Hinterlassenschaften des verehrten Verstorbenen und mache den Trauernden ein Angebot. Dann hole ich den Wein ab und dann … Voilà!«

Renato Tabian weist mit ausholenden Armbewegungen auf die Regale in seinem Laden.

»Das sind alles Weine von Verstorbenen? Sie betreiben also eine Art Entrümpelungsfirma?«

»Für Weine. Ja, das ist mein Geschäftsmodell. Aber Gerümpel ist das nicht, was Sie hier sehen.« Er greift hinter sich und zieht aus einem Regal eine Flasche Rotwein heraus. »Das ist ein Barolo aus dem Jahr …« Zärtlich streicht er mit der Handfläche über den Bauch der Flasche.

»Das interessiert mich nicht. Was ist mit Salini? Was hat er damit zu tun?«

»Paolo ist Steuerberater.« Erneut fährt seine Handfläche sanft über das Etikett des Barolo.

Anna Klotze wedelt mit den Handschellen.

Tabian fügt schnell hinzu: »Er gibt mir Tipps.«

»Er gibt Ihnen Tipps?«

»Ja, aber bitte wiederholen Sie mich nicht andauernd. Ich wusste nicht, dass das die Polizei interessiert. Wirklich, ich dachte, das sei legal.«

Jetzt bleibt seine Hand auf der Flasche liegen.

»Was hier legal oder illegal ist, werden wir noch prüfen«, sagt Anna Klotze. »Woher wusste Salini …?«

»Ich sagte doch, er ist Steuerberater. Er kennt viele Leute mit großer Weinsammlung. Stirbt einer von ihnen, ruft er mich an. Manchmal spricht er auch vorab mit den Erben. Er kündigt meinen Besuch an.«

Erneut streichelt er das Etikett.

»Wie nett von ihm«, sagt Anna Klotze. »Was bekommt er von Ihnen als Gegenleistung?«

»Er darf sich dafür Wein aus meinem Laden aussuchen.«

»Und er nimmt immer den teuren Amarone?«

Renato Tabian nickt.

»Verstehe. Und sonst bekommt er nichts von Ihnen?«

»Nein. Sonst nichts. Das ist unser Deal.«

Anna Klotze sieht dem Weinhändler in die Augen. Sie flackern. Sie sagt: »Der Deal ist gut für Sie beide? Win-win oder so?«

Eine Unruhe erfasst den Weinhändler. Eine Unruhe, die sich in kaum spürbaren Körperbewegungen und den Augen ausdrückt. Anna Klotze entgehen sie nicht. Gefährlich leise sagt sie: »Reden Sie, Tabian, reden Sie jetzt, sonst wird es Ihnen leid tun.«

»Er plündert mich aus«, schreit der Mann. Plötzlich zittert er. Die Hände flattern. Der Brustkorb hebt und senkt sich. »Immer nur Amarone und Barolo. Immer nur das Teuerste. Er kommt und nimmt und nimmt und nimmt. Und einen Tipp habe ich von ihm nicht mehr bekommen, seitdem er sein Büro aufgegeben hat und nur noch von zu Hause arbeitet. Ich verstecke manchmal die guten Flaschen. So sieht es hier aus. Er läuft in meinem Laden herum wie ein Jagdhund, schnüffelt mit seiner langen, dünnen Nase. Ich könnte ihn ...«

»Ja«, sagt Anna Klotze. »Sagen Sie mir, was könnten Sie?«

Tabian sackt in sich zusammen. »Hausverbot. Ich träume davon, ihm Hausverbot zu erteilen.«

»Ist er verheiratet?«, fragt Anna Klotze.

»Nein. Er ist ledig.«

»Also lügen Sie.«

»Ich lüge? Wieso?«

»Sie wissen doch etwas über ihn. Gibt es eine Frau in seinem Leben?«

Der Weinhändler schüttelt den Kopf. »Nicht, dass ich wüsste.«

»Einen Mann?«

Renato Tabians Hand zuckt von der Flasche weg. »Das dachte ich auch eine Zeit lang. Aber dann habe ich mir etwas anderes überlegt.«

»Ich kann es nicht erwarten, es zu hören.«

»Er ist asexuell. Das gibt es ... Ich habe einen Artikel in der *Corriere della Sera* über asexuelle Männer gelesen. Das gibt es. Ich meine, mein Ding ist das nicht, doch es gibt Menschen, die auf diesem Gebiet keinerlei Bedürfnisse haben. Sie brauchen keinen Sex. Keine Zärtlichkeit. Nichts dergleichen. So sehe ich Paolo. Er liebt Zahlen, Menschen nicht so sehr.«

Er dreht sich um und stellt die Flasche Barolo zurück ins Regal.

Anna Klotze zieht ihr Notizbuch aus der Tasche ihrer Uniform und schreibt.

Der Weinhändler atmet tief ein, als wollte er Mut tanken, und fragt: »Warum fragen Sie dies alles?«

»Paolo Salini wurde heute Morgen tot aufgefunden.«

»Um Himmels willen! Paolo ist tot?«

»Ja. Wo waren Sie heute Morgen zwischen vier und sechs Uhr?«

»Zwischen vier und sechs Uhr?«

»Wiederholen Sie meine Worte nicht! Beantworten Sie meine Frage.«

»Im Bett. In meiner Wohnung. Hier in Dorsoduro.«

»Gibt es dafür Zeugen?«

»Äh, ja. Meine Freundin.«

Angewidert sieht Anna Klotze, wie sich das Gesicht des Mannes verzieht.

»Sie wird sich sicher erinnern«, sagt Tabian und leckt sich die Lippen.

»Die Adresse.«

Er diktiert ihr eine Adresse und eine Telefonnummer aus Mestre.

»Was wissen Sie sonst noch über ihn? Hatte er Gewohnheiten?«

»Gewohnheiten? Eigentlich nicht. Ach so, ja, doch: Er lässt seine Wäsche in die Wäscherei bringen. In die asiatische Wäscherei, in der Fondamenta San Sebastiano. Das macht seine Putzfrau – die habe ich ihm vor Jahren mal vermittelt.«

»Der Name?«

»Von der Putzfrau?«

»Nein, von der Wäscherei.«

Sie notiert die Adresse, dreht sich um und öffnet die Ladentür.

## MORELLOS BÜRO

Antonio Morello sitzt auf einem Stuhl im großen Konferenzraum, den er in ein Lagezentrum umfunktioniert hat, und blickt nachdenklich auf die große Tafel vor ihm. Die Füße hat er auf den Tisch gelegt. Die Tür geht auf, und Viola Cilieni tritt ein. Sie trägt ein oranges Viskosekleid mit einer Knopfleiste, die bis zur Hüfte reicht. Dazu trägt sie strahlend weiße Sneaker. Wie immer leuchten ihre Augen. In der rechten Hand balanciert sie eine Tasse mit einem doppelten Espresso. In der linken Hand trägt sie eine Zuckerdose. Beides stellt sie mit einem bezaubernden Lächeln neben dem Commissario auf den Tisch. Dann legt sie ein DIN-A5-Blatt vor Morello.
»Die gewünschten Daten, Commissario. Das Mordopfer war nicht verheiratet. Der Mann hat auch keine Kinder. Die nächste Angehörige ist seine Schwester Antonella Salini. Sie ist drei Jahre jünger als er. Sie lebt in Perugia. Unten sehen Sie ihre Adresse und die Telefonnummer.«
Dann blickt sie auf die Tafel an der Wand.
»Ah, Sie sortieren unseren Fall nach den großen sieben ›W‹ der Kriminalistik.«
Auf die Tafel hatte Morello mit einem Filzstift eine Tabelle mit sieben Spalten gezeichnet. Jeder hatte er eine Überschrift gegeben.

| Wer? | Was? | Wann? | Wo? | Wie? | Womit? | Warum? |
|------|------|-------|-----|------|--------|--------|
| Täter | Straftat? | Tatzeit? | Tatort | Tather-gang | Tatwerk-zeug | Motiv |
| | | | | | | |

Morello hebt überrascht den Kopf. »Du interessierst dich für Kriminaltheorie?«
Viola Cilieni verdreht die Augen. Sie überlegt einen Augenblick, dann setzt sie sich ihm genau gegenüber. Morello ist gezwungen, seine Füße vom Tisch zu nehmen.

»Commissario …«

Morello kippt Zucker in den Espresso und rührt um. »Ich muss nachdenken, Viola.«

»Keine Sorge, ich verschwinde gleich. Doch wenn Sie nachdenken, dann bitte auch einmal über Folgendes: Sie bitten mich, Kontoauszüge zu beschaffen. Oder Sie wollen andere Informationen von mir. Komplizierte Computerrecherchen. Ich beschaffe Ihnen alles. Meistens sogar sehr schnell.«

Der Commissario nimmt einen Schluck. »Das stimmt. Vielen Dank dafür. Und jetzt muss ich …«

»Ich weiß, Sie müssen Ihre Füße wieder auf den Tisch legen und nachdenken. Nur noch eine Frage.«

»Bitte.«

»Glauben Sie ernsthaft, ich könnte das alles herbeischaffen ohne Kenntnisse? Ohne Erfahrung? Ohne Ausbildung? Sie sehen in mir eine Sekretärin, die Ihnen Ihren geliebten doppelten Espresso zubereitet, sonst nichts.«

Morello setzt die Tasse abrupt ab. Ich bin so ein Idiot, denkt er. Viola hat natürlich vollkommen recht. Er weiß längst, wie ambitioniert sie ist. Aber hat er ihr jemals geholfen oder sie nach ihren Plänen gefragt? Er bittet sie um dies und das – sie beschafft es. Meistens erledigt sie alles weitaus früher als erwartet. Er erinnert sich an ihr umfangreiches Dossier über die kriminellen afrikanischen Organisationen, die Menschenhandel betreiben. Alle Informationen, blitzschnell zusammengestellt. Noch nie hat er darüber nachgedacht, wie sie das macht. Er weicht ihrem Blick aus, ringt um Fassung – und will etwas sagen.

»Dein Caffè ist jedenfalls der beste in ganz …«

»Geschenkt, Commissario. Seit drei Jahren studiere ich an der Abendschule Jura und Kriminalistik. In drei Wochen lege ich die Aufnahmeprüfung bei der Polizia di Stato in Mailand ab. In aller Bescheidenheit: Ich bin die beste Schülerin des Jahrgangs. Ich wollte immer zur Polizei. Als vollwertige Polizistin, nicht als Kaffeekocherin. Vielleicht habe ich es bald geschafft. Wenn Sie also in Zukunft einen guten Caffè wollen – mein Rat: Kochen Sie sich ihn selbst.«

Sie springt auf. Morello sieht, wie ihr Brustkorb sich hebt und senkt. Er steht auf.

»Viola, ich entschuldige mich. Wahrscheinlich hältst du mich für den größten Ignoranten auf diesem Erdball.«

Er sieht, wie ihre Augen feucht werden. »Sie sind zumindest in den Top Ten.«

»Setz dich einen Augenblick.«

Sie zaubert irgendwo ein Taschentuch her und schnäuzt ihre Nase. Dann nimmt sie die leere Tasse.

»Viola, bitte.«

Sie blickt zur Tür. Dann zu Morello. Dann wieder zur Tür. Dann setzt sie sich. Vorsichtig und nur knapp auf den vorderen Teil der Sitzfläche des Stuhls. »Was gibt's? Ich muss dringend los, Ihre Kaffeetasse spülen.«

»Viola, bitte entschuldige mein ignorantes Verhalten. Weißt du, es ist so …«

Morello rudert mit den Armen in der Luft und weiß nicht, wie er beginnen soll. Verlegen kratzt er sich am Kopf.

»Ich bin von Sizilien nach Venedig versetzt worden. Gegen meinen Willen. Ich kenne hier fast niemanden außer den Leuten aus dem Team. Ich will auch nicht hier sein. Ich komme mir manchmal vor wie der einzige Mensch in Venedig, der nicht in Venedig leben will.«

»Glauben Sie, ich wüsste nicht, dass Sie sich auf den Posten des Vice Questore von Cefalù beworben haben?«

»Cazzo – ist das im Team bekannt geworden?«

Viola Cilieni schüttelt den Kopf. »Ich bin die Einzige, die davon weiß.«

Sie sitzt noch immer ganz vorne auf der Kante des Stuhls; bereit, sofort aufzuspringen und zu gehen.

»Ich habe mich nicht beworben. Man hat mir diese Aufgabe vorgeschlagen. Der entsprechende Antrag an die hiesige Dienststelle wurde jedoch abgelehnt – man will, dass ich hierbleibe.«

Morello blickt zum Fenster. »Ich weiß nicht, warum ich hier bin. Ständig höre ich: Morello, alles nur zu deinem Schutz. Morello, du stehst auf der Todesliste der Cosa Nostra. Morello, wir müssen dich in Sicherheit bringen. Ständig diese Leier. Mittlerweile weiß ich, dass der Mann, der mich angeblich zu meinem eigenen Schutz hierher versetzt hat, selbst sehr, sehr nahe an der Mafia war.«

»Dieser Vice Questore Bonocore?«

»Ja. Und jetzt dieser Antrag, mich wieder zurückzuholen. Wer hat das initiiert?«

Morello wendet sich wieder Viola zu. »Was ich sagen will, Viola, ist: Ich weiß nicht, warum ich hier bin. Ich weiß nicht, was hinter den Kulissen verabredet wird. Ich kam hierher und fand ein völlig zerstrittenes Team vor. Es gab nur eine einzige Person, die mich in Venedig mit einem Lächeln begrüßt hat. Das warst du. Du warst der einzige Sonnenstrahl in dieser Schlangengrube. Dafür werde ich dir immer dankbar sein.«

Viola Cilieni wirft ihre langen Haare zurück. Dann steht sie auf.

»Hier hat sich vieles geändert, seitdem Sie da sind. Heute ist das Team wirklich ein Team«, sagt sie. »Alle gehören dazu – alle, außer mir.«

Sie streckt die Hand nach der leeren Tasse aus.

Morello hält sie am Handgelenk fest.

»Nicht«, sagt er. »Eine angehende Kommissarin macht das nicht. Das erledigt ab jetzt der sizilianische Ignorant selbst.«

## WÄSCHEREI

Das Firmenschild der Wäscherei ist dunkelgrün gestrichen, darauf steht *Traditionelle venezianische Wäscherei*. Um den Rand tanzen LED-Lichter in Rot, Gelb, Weiß und Blau, die in kurzen Intervallen nervös blinken.

Anna drückt eine verwitterte Holztür auf und tritt in einen schlauchartigen Raum, der aussieht, als wäre er früher ein Flur gewesen. Links und rechts stehen mehrere lang gezogene Metallständer, auf denen sich Kleiderbügel mit Wäsche drängen. Auf dem linken Ständer hängen ausschließlich Herrenhemden, alle weiß oder blau. Das Weiß scheint immer der gleiche gebleichte Farbton zu sein, nur die blaue Farbe variiert von einem hellen, in Banken und Versicherungen beliebten Blau bis zu einem satten Marine- oder einem vornehmen Dunkelblau bei einigen wenigen Hemden. Auf der gegenüberliegenden Seite tragen die Bügel buntere Farben: Pullover in Gelb und Rot, Sommerkleider mit Blumenmustern, deren Zeit wohl zu Ende geht und die zur Wäscherei gebracht worden sind, bevor sie den venezianischen Winter in Schränken und Truhen verbringen. Dann folgt eine kleine Theke, die kaum Platz bietet für eine elektronische Kasse und ein Lesegerät für Kredit- und Bankkarten. Dahinter steht ein dreibeiniger Hocker aus grobem Holz.

Am Ende des Raums stapelt sich in weißen Regalen frisch gewaschene Wäsche, in durchsichtige Plastikfolie verpackt. Auf jeder Folie ist auf einem kleinen gelben Zettel handschriftlich etwas vermerkt. Am Ende des Schlauchs versperrt ein dunkler, etwas eingerissener Vorhang die Sicht.

Die Luft ist feucht und warm. Der Geruch erinnert Anna Klotze an ihre Kindheit. Zu Hause, wenn ihre Mutter in der Küche mit dem Dampfbügeleisen hantierte, verbreitete sich auch diese feuchte Wärme. Hinter dem Vorhang hört sie den monotonen Sound sich drehender Trommeln großer Waschmaschinen, übertönt von hellen Männerstimmen, die laut rufen und lachen in einer Sprache, die sie nicht versteht. Chinesisch, vermutet Anna Klotze.

Plötzlich, ohne dass sie sie hat kommen sehen, steht eine Frau hinter der Theke. Das üppige schwarze Haar fällt Anna Klotze zuerst auf. Es ist bewundernswert voll, stufig geschnitten und auf der linken Seite gescheitelt. Die Ohren sind zur Hälfte bedeckt. Im Nacken berührt das Haar die Schulterlinie. Das Gesicht ist oval. Mund und Nase scheinen zunächst zu groß für dieses Gesicht. Doch diese Disharmonie gibt der Frau etwas Besonderes und unterstreicht ihre Schönheit, die vollendet wird von *Occhi a Mandorla*, Mandelaugen. Als sie lächelt, gibt ihr Mund zwei Reihen gerader und weißer Zähne frei. Doch Anna Klotze entgeht nicht, dass die Augenpartie starr und vom Lächeln unberührt bleibt. Mit der flachen Hand reibt die Frau ihre rechte Hüfte.

Anna Klotze löst den Blick von dem Gesicht der Frau und kramt ihren Notizblock und den Bleistift aus der Tasche. »Buongiorno.« »Banjono.« Die Frau nickt, ohne dass ihr Lächeln sich verändert. Dann dreht sie den Kopf zur Seite und ruft etwas in einer asiatischen Sprache in Richtung des Vorhangs.

Hinter dem Vorhang verstummen die Stimmen schlagartig, so als hätte jemand den roten Notknopf einer Maschine gedrückt.

»Sind Sie die Besitzerin dieser Wäscherei?«

Die Frau reibt die Handfläche etwas schneller über ihre Hüfte und schüttelt dreimal den Kopf. Auch ihr Mund lächelt nun nicht mehr. Auf ihrer Stirn stehen plötzlich drei Schweißperlen.

»Sie haben es sehr warm hier drin!«

»Ja. Vier große Maschinen. Waschen und trocknen ...«, sagt die Frau und reibt über ihre Hüfte.

»Im Winter brauchen Sie bestimmt keine Heizung. Nicht wahr?« Anna versucht, mit einem Lächeln die Situation zu entspannen, aber das Gesicht der kleinen Frau bleibt ernst und wachsam. »Sie haben sicher viele Kunden, richtig? Also, ich meine viel Arbeit?«

»Unsere Papier, alles in Ordnung. Viel Arbeit, viel Steuer zahlen. Venedig teuer! Miete teuer! Bürgermeister teuer. Wir alle aus Vietnam. Mein Mann ist Besitzer, ich Leiter. Gehört alles Familie. Aber wir alles zahlen pünktlich, und wir wollen keine Probleme.«

»Das glaube ich Ihnen. Hören Sie mal, mir ist es egal, woher Sie kommen und auch wem Sie was zahlen müssen. Ich freue mich für Sie, dass der Laden gut läuft. Mir geht es um was anderes. Ich möchte wissen, ob Sie die Wäsche von Paolo Salini waschen.«

Die kleine Frau ist nun völlig verunsichert. »Interessiert Sie nicht, dass wir Ausländer sind?«

»Nein. Ich bin auch keine Venezianerin. Ich komme aus Triest, also bin ich hier auch Ausländerin.«

Die kleine Frau zieht verwundert ihre Augenbrauen hoch.

»Ausländer aus Italien?«

»Gewissermaßen, ja«, sagt Anna Klotze schmunzelnd.

Die Mundwinkel der kleinen Frau heben sich leicht, und um ihre Augen bilden sich kleine Lachfältchen.

»Ich möchte wissen, ob Sie Paolo Salini kennen. Er wohnt in der Calle de l'Avogaria Nummer 1587.«

Die Frau schüttelt den Kopf. »Nein, Paolo Salini kenne nicht. Nie gesehen.«

»Aber Renato Tabian, der Besitzer des Weinladens, hat mir gesagt, dass Paolo Salini seine Wäsche hier waschen lässt, stimmt das?«

»Ja, das stimmt. Jeden Tag waschen wir Signor Salinis Hose, Hemde, Socken, Unterhose, Bettwäsche. Aber nicht er bringen die Wäsche hier. Signora Maria Polia, Putzfrau von Signor Salini, bringen und holen Wäsche hier.«

»Kennen Sie die Adresse von Frau Polia?«

»Ja, schon, aber ich möchte lieber nicht ... keinen Ärger! Wirklich nicht.«

»Eine Hausdurchsuchung und anschließende Prüfung Ihrer Bücher durch die Guardia di Finanza gefällt Ihnen sicher nicht, oder?«

Ihre Hand reibt erneut die Hüfte. »Calle de l'Avogaria, da, wo kleine Corte mit dem Brunnen in der Mitte steht. Gelbe Haustür. Eine Minute von meiner Haustüre aus.«

Während Anna sich Notizen macht, beugt die kleine Frau sich nach vorne, sieht sich um und fährt im Flüsterton fort: »Ich glaube, Signor Salini nicht ganz normal.« Mit dem Zeigefinger tippt sie gegen ihre rechte Schläfe. »Verstehen Sie?«

Anna nickt und klappt das Notizbuch zu. Dann streckt auch sie den Kopf vor, bis sich ihre beiden Nasen fast berühren. »Warum glauben Sie, dass Signor Salini verrückt ist?«

»Aber Sie schwören mir, dass niemand sagen werden?«

»Ich schwöre es.« Anna hebt zwei Finger an den Mund und küsst sie.

»Die Wäsche ist immer sauber!«, flüstert die Frau.

»Sie meinen die Wäsche von Paolo Salini?«

»Ja!« Die Hand dreht sich nun schnell auf der Hüfte.

Anna runzelt die Stirn. »Ich verstehe nicht ... Sie meinen, Sie reinigen seine Wäsche sehr schnell?«

Die kleine Frau nimmt die rechte Hand von der Hüfte und fährt sich durchs Haar. »Nein, nein! Sie nicht verstehen! Ich meine die

Wäsche von Signor Paolo Salini, Hosen, Hemde, Unterhose, Socken, Bettwäsche: Alles, was jeden Tag hier Frau Maria Polia zum Waschen bringen, ist meistens schon sauber! Noch nicht benutzt oder nur einmal benutzt.«

»Ah, verstehe. Paolo Salini lässt seine Wäsche waschen, obwohl sie nicht schmutzig ist?«

»Ja! Ist doch verruckt, oder? Aber ich beschwere nicht. Signor Paolo Salini ist meine beste Kunde. Seine Wäsche brauchen weniger Waschmittel. Weniger Wasser. Alles weniger. Wenige Arbeit und trotzdem gut verdienen. Gut für mich! Für uns.« Sie weist auf den Nebenraum, in dem immer noch geschäftige Stille herrscht.

Anna lacht auf.

»Haben Sie mal etwas Ungewöhnliches in der Wäsche von Paolo Salini gefunden? Ich meine so was wie Blutflecken oder Lippenstiftflecken oder Löcher in der Hose oder in den Hemden?«

»No. Wie ich gesagt habe: Wäsche ist immer sauber und wie neu! Ich glaube, Paolo Salini immer nur einmal anziehen und dann sofort waschen! Einmal schlafen, dann neue Bettzeugs. Und viele Klamotte sogar nicht angezogen und trotzdem waschen! Verruckt, oder?«

»Ja. Das ist schon ziemlich verrückt.«

## HAUS DER PUTZFRAU

Sieben Reihen abgetretener Steinplatten in der Calle de l'Avogaria ermöglichen es vier, sicherlich aber drei erwachsenen Personen, nebeneinander zu gehen. Die Häuser rechts und links sind meist zweistöckig. Nur hin und wieder reckt sich ein dreistöckiger Bau etwas höher in den venezianischen Himmel. Der erste Stock ist meist unverputzt und gibt den Blick auf nackte, rote Backsteine mit abgebröckeltem Mörtel frei. Die Fenster entmutigen mit tief eingelassenen, wehrhaften Gittern aus Eisen jeden Einbrecher. Die Türen, meist aus Holz und mit dunkelgrüner Lackfarbe gestrichen, werden stolz umrahmt von Einlassungen aus weißem Stein, über denen Elektrodrähte baumeln. Der zweite Stock ist weiß, gelb oder ockerfarben verputzt. Die grünen Fensterläden stehen um diese Zeit offen. Mit grünen Hängepflanzen künden die Besitzer von Dachterrassen von ihrem Privileg.

In der Mitte des kleinen, rechteckigen Platzes, des Corte, steht ein halbhoher eiserner Wasserspender, einer der vielen Brunnen, die früher Venedig mit Trinkwasser versorgt haben, aber schon lange trockengelegt sind und heute nur als Erinnerung an eine frühere Zeit dienen. An einem Haus sieht Anna Klotze neben einigen ungelenken Graffiti eine unscheinbare gelbe Holztür, unter deren abgesplitterter Farbe brüchiges braunes Holz zu sehen ist.

Auf dem Klingelschild entdeckt Anna Klotze den Namen, den sie sucht: *Maria Polia.*

Sie drückt den Klingelknopf, tritt einen halben Schritt zurück und wartet. Als sich nichts regt, klingelt sie erneut. Diesmal dreimal.

»Che cosa vuole? Was wollen Sie?«

Aus welcher Richtung kam diese Frauenstimme? Und: Weiß die Frau etwa schon, wer vor der Tür steht? Hat sie mit mir gerechnet? Normalerweise fragt man doch erst einmal: Chi è? Wer ist da?

»Was wollen Sie?«, fragt die Stimme noch einmal.

»Ich bin Anna Klotze. Ispettrice Sostituta Commissario. Polizistin. Ich muss Sie dringend sprechen.«

»Dass Sie Polizistin sind, sehe ich. Was wollen Sie?«

Jetzt kann Anna Klotze die Herkunft der Stimme orten: Sie kommt aus dem kleinen, vergitterten Fenster neben der Holztüre.

Es steht offen, doch dahinter wölbt sich ein Moskitonetz im schwachen Wind. Anna Klotze legt beide Hände vor die Augen, um das Sonnenlicht abzublenden. Sie sieht hinter dem Netz die Kontur eines Menschen, aber das Gesicht der Frau kann sie bestenfalls erahnen.

»Maria Polia? Sind Sie Frau Polia?«

»Was wollen Sie von mir?« Die Stimme der alten Frau klingt energisch auf die Art, die Ängstlichkeit mit einer kräftigen Prise Trotz zu überspielen versucht.

»Frau Polia, keine Sorge. Ich führe eine Routinebefragung durch.

Es geht um Ihren Nachbarn. Sie kennen doch den Herrn Paolo Salini. Ich weiß, dass Sie seine Wohnung putzen und seine Wäsche in
die Wäscherei bringen. Öffnen Sie bitte die Tür.«
»Nein. Ich verlasse meine Wohnung nicht! Sie werden mich nicht
auf die Straße setzen! Die Miete wurde dieses Jahr schon wieder
erhöht. Ich habe bisher immer pünktlich bezahlt. Ich arbeite morgens, mittags, abends, um diesen Haifisch mit Geld zu füttern. Ich
stopfe ihn und stopfe ihn, und nie gibt er Ruhe. Sagen Sie ihm, er
bekommt sein Geld noch in diesem Monat.«
Anna Klotze beugt sich näher zum Fenster hin. »Signora Polia, ich
verstehe Ihren Ärger und Ihre Angst, aber ich komme nicht im
Auftrag des Hausbesitzers.« 59
Sie wartet einen Moment, bis sie sicher ist, dass die Frau die Nachricht verstanden hat »Ich komme auch nicht vom Finanzamt. Mir
ist es egal, ob Sie für Ihre Nebenjobs Steuern zahlen. Darum geht
es nicht.«
Sie wartet einen weiteren Moment. »Haben Sie mich verstanden?«
»Woher weiß ich, dass Sie die Wahrheit sagen?«
»Mir geht es ähnlich wie Ihnen. Ich bin auf Ihrer Seite. Diese Stadt
ist unbezahlbar geworden, und hier weiterhin als normaler Bürger
zu leben, wird bald unmöglich. Ich verstehe Ihre Sorgen. Doch ich
bin aus einem anderen Grund bei Ihnen. Ich bin hier, um etwas
über Paolo Salini zu erfahren. Signor Salini wurde heute Morgen
tot aufgefunden.«
Die Antwort ist ein Schrei. Er ist so laut und markerschütternd,
dass Anna Klotze instinktiv etwas zurückweicht. Als sie wieder
auf das Fenster zugeht, ist die Kontur hinter dem Moskitonetz
verschwunden. Kurz darauf dreht sich ein Schlüssel zweimal im
Schloss der Tür. Mit einem gequälten Quietschen öffnet sie sich.
»Signor Salini ist tot? Ich, ich …«
Vor Anna Klotze steht eine Frau, deren Gesicht, Körper und Leben
von harter Arbeit gezeichnet ist. Doch jetzt ist in dieser Frau keine
Kraft mehr. Keine Energie. Ihr Oberkörper bebt. Die Augen braun
und feucht. Das Gesicht ist voll, die Haare grau, mit einem blauen
Tuch zurückgebunden, ordentlich, aber haben schon lange keinen

Friseursalon mehr gesehen. Maria Polia trägt eine verwaschene, ehemals dunkelblaue Kittelschürze mit weißem Blumenmuster, die kräftige Oberarme freigibt. Als die Frau wankt, legt Anna Klotze ihr einen Arm um ihre Schulter, fasst sie unter dem Oberarm und stützt sie. Keine Sekunde zu früh. Ein Weinkrampf erschüttert die Frau. Ihr Oberkörper und die Arme beginnen unkontrolliert zu zittern. Doch als Anna Klotze sie in das Wohnungsinnere führen will, schüttelt Maria Polia den Kopf, greift an die Kante der Tür und bleibt stehen.

»Ich will nicht«, sagt sie. »Keine Polizei in meiner Wohnung.«

Nachdem sie sich vergewissert hat, dass die Frau Kraft genug hat, um an der Tür stehen zu bleiben, zieht Anna Klotze ihr Notizbuch und den Bleistift aus der Uniformtasche. »Sie haben für Salini gearbeitet. Was genau war Ihr Job?«

»Was soll ich schon gemacht haben? Ich habe sauber gemacht. Ich putze bei ihm und koche ihm das Mittagessen.«

»Das weiß ich, Frau Polia. Ich will es genauer wissen. Wie viele Stunden haben Sie bei ihm geputzt? Hat er Sie fair bezahlt? War er Ihnen sympathisch? Was für ein Mensch war Salini?«

»Sympathisch? Salini? Ich weiß nicht. Dank ihm kann ich meine Miete bezahlen. Auch den Rückstand. Wenn er jetzt tot ist, ich weiß nicht, wie ich …«

Ein Beben schüttelt den mächtigen Körper. »Ich bin 69 Jahre alt. Wie soll ich denn jetzt …«

Sie schwenkt die Arme in einer Kreisbewegung, die ihren Körper, aber auch Venedig und die ganze Welt umschreibt. Dann kreuzt sie die Arme vor der Brust, legt die rechte Hand auf das linke Schultergelenk und die linke Hand auf die rechte Schulter. Überraschend große, kräftige Hände. Die Fingernägel sind brüchig. Am rechten Zeigefinger zwei entzündete Hautrisse. Anna Klotze mustert ihre Oberarme. Könnten sie die Kraft aufbringen, Salini mit irgendeinem Gegenstand das Genick zu zertrümmern?

Kraft genug, die beiden Schläge auszuführen, notiert sie in ihr Notizbuch.

»Besitzen Sie einen Schlüssel zur Wohnung von Salini?«

Maria Polia schüttelt den Kopf und drückt das Taschentuch erst auf das rechte, dann auf das linke Auge. »Der Schlüssel liegt immer im Briefkasten. Und jeden Tag lege ich den Schlüssel dorthin wieder zurück. In den Briefkasten legt er jeden Tag einen Umschlag mit 35 Euro.«

»Er gibt Ihnen das Geld nicht persönlich?«

Die Putzfrau schüttelt den Kopf.

»Waren Sie täglich bei ihm?«

Tränenumflorte Augen schauen Anna Klotze an; Augen, die tief in den Höhlen liegen und durch buschige Augenbrauen geschützt werden.

Maria Polia nickt heftig und schnieft. »Jeden Tag. Jeden Tag der gleiche Ablauf.«

Anna Klotze senkt den Bleistift auf die Seite ihres Notizbuches.

Die alte Frau zieht ein Taschentuch hervor und schnäuzt sich geräuschvoll. »Ich gehe jeden Morgen um halb neun zu ihm. Wenn ich den Schlüssel in seiner Wohnungstür umdrehe, steht er auf und geht ins Bad. Ich mache dann zuerst das Schlafzimmer. Dann ...«

»Sie machen sein Bett?«

Maria Polia nickt. »Ich zieh es ab. Ich beziehe es neu. Und ich lüfte natürlich. Seine Wäsche und das Bettzeug kommen in einen Beutel. Dann wische ich Staub und putze den Boden. Anschließend gehe ich in die Küche ...«

»Herr Salini wechselte jeden Tag die Bettwäsche?«

Maria Polia: »Jeden Tag.« Sie hebt den Kopf. Auf Anna wirkt es, als wäre sie selbst stolz auf Salinis keimfreie Welt. »Er ist sehr reinlich.« Sie dreht das Taschentuch in beiden Händen vor ihrem Bauch.

»Mmh. Und dann?«

»Dann gehe ich in die Küche, bereite den Cappuccino vor, schneide Brot auf, stelle die Butter und den Aufstrich auf den Tisch. Dann gehe ich in das Zimmer, in dem der Computer steht, wische den Boden, staube alles ab, sodass Herr Salini, wenn er mit dem Frühstück fertig ist, arbeiten kann. Ist er am Schreibtisch, putze ich den Rest der Wohnung, bringe die Bettwäsche und seine Hemden in die Wäscherei. Jeden zweiten Tag kaufe ich ein. Es ist dann meist schon Mittag. Dann koche ich, und er ruht sich aus. In dieser Zeit räume ich die Küche auf, spüle das Geschirr. Wenn er wieder arbeitet, ziehe ich die Tür hinter mir zu und gehe.«

»Jeden Tag?«

»Jeden Tag. Außer dem heiligen Sonntag.«

»Sie sahen Herrn Salini täglich?«

»Manchmal sehe ich ihn nicht. Ich muss ihn auch nicht sehen. Ich putze immer in dem Raum, in dem Herr Salini gerade nicht ist. Jeden Tag. Aber ich höre ihn. Die Dusche. Herr Salini duscht sehr gründlich.«

»Und vermutlich lange?«

»Sehr lange. Auch die Zähne behandelt er jeden Morgen mit Zahnseide. Ich muss ihn nicht sehen.«

Sie dreht das Taschentuch in beiden Händen, als wollte sie es auswringen.

Kräftige Hände, notiert Anna Klotze. Hände, die Arbeit gewohnt sind. Sie stellt sich das absurde Ballett vor, das der Tote und diese Frau jeden Morgen aufgeführt haben.

»Ich weiß nicht, was ich ohne Signor Salini machen soll«, sagt Frau Polia, und sofort fließen wieder Tränen. Sie faltet das feuchte Taschentuch auseinander und reibt sich die Augen trocken. Dann schnäuzt sie sich wieder. Das Taschentuch wandert zurück zwischen ihre beiden Hände, wieder dreht sie es vor dem Bauch und drückt es so fest, als wollte sie den Stoff auspressen.

Dann erstarrt sie inmitten der Bewegung. Ihre Augen sind plötzlich klein. Die Stimme lauernd. »Haben Sie schon das Testament des Herrn Salini gefunden?«

Anna Klotze hebt überrascht den Kopf. »Das Testament? Nein. Warum?«

Wieder wringt sie das Taschentuch.

»Signor Salini war sehr sparsam. Der Stundenlohn war … nicht sehr hoch. Als ich ihn darauf ansprach, sagte er mir, wenn er stürbe, hätte ich ausgesorgt. Ausgesorgt – genau das hat er gesagt. Und dabei gelacht. Ich dachte, er macht sich vielleicht lustig über mich. Das machte er manchmal.«

Anna Klotze sieht instinktiv auf ihre Hände, die nun das Taschentuch regelrecht würgen.

Frau Polina sagt in unterwürfigem Ton: »Er hat mich bestimmt in seinem Testament erwähnt. Die Polizei wird mich doch sicher…«

»Das wird sie. Ich notiere es mir. Ich werde Sie persönlich informieren.«

Dann schreibt Anna Klotze in ihr Notizbuch. »Testament prüfen. Putzfrau hat Motiv.«

## EIN GARTEN IN PERUGIA

63

Das letzte Blütenblatt der weißen Kletterrose gibt auf. Es taumelt von dem hohen, gebogenen Stängel der Pflanze, wiegt sich noch einmal im schwachen Wind und landet dann auf den harten, braunen, verdorrten Grashalmen, die sich wie Miniaturspeere dem Himmel entgegenrecken.

Der Garten ist in einem elenden Zustand. Von Dezember bis in den Juli hat er kaum einen Regentropfen gesehen. Die Stadtverwaltung hatte die Bürger gebeten, Wasser zu sparen und die Gärten nicht zu bewässern. Jetzt sehen die Rosen aus, als hätten sie jede Lust am Leben verloren. Wo im letzten Jahre noch volle, duftende Blüten stolz an dem Zaun entlangrankten, ist nun nur noch ein kahles Gerippe aus Zweigen zu sehen.

Zumindest die weiße Kletterrose wollte sie durch den heißen Sommer bringen, den die Meteorologen im Fernsehen einen »Jahrhundertsommer« nennen. Der Po führt kaum noch Wasser. Die Risotternte dieses Jahres ist verdorrt. Der wievielte »Jahrhundertsommer« ist es bereits in diesem Jahrhundert, von dem noch nicht einmal ein Viertel vergangen ist?

Sie steht hilflos vor der Kletterrose. In der rechten Hand die Gießkanne mit der abgesplitterten grünen Farbe, mit der bereits ihre Mutter die Blumen im Hof ihrer Wohnung in Venedig gegossen hatte. Aus dem Erbe der Eltern ist ihr diese Gießkanne das liebste Stück. Als vor fünf Jahren der Boden durchgerostet war, hat sie ihn von einem

Handwerker herausnehmen und durch einen neuen ersetzen lassen. Das war teurer gewesen, als eine neue Gießkanne zu kaufen. Aber diese Kanne wegzuwerfen, das hat sie nicht über sich gebracht. Als sie durch die offene Tür ihres Hauses das Telefon klingeln hört, geht sie hinein.

»Pronto.«

»Spreche ich mit Frau Antonella Salini?«

»Sì.«

»Ich bin Commissario Antonio Morello von der Polizia de Stato in Venedig. Ich muss Ihnen …«

»Was ist mit meinem Bruder?«

Der Mann am anderen Ende der Leitung schweigt verblüfft. Dann sagt er: »Ihr Bruder wurde heute Morgen gegen sechs Uhr tot aufgefunden. Frau Salini, es tut mir sehr leid, Ihnen diese Nachricht überbringen zu müssen. Ich leite die Ermittlungen …«

»Ich muss mich setzen.«

Ohne die Kanne abzustellen, geht sie zu dem Sessel am Fenster und hebt die Gießkanne auf ihren Schoß.

»Frau Salini, sitzen Sie?«

Sie nickt, als könnte der Polizist dies durchs Telefon sehen, und streicht mit der rechten Hand über den grünen Lack. Ein Stück davon zerbröselt unter ihrer Hand. Vielleicht sollte sie doch eine neue Gießkanne kaufen? Hatte sie nicht neulich eine günstige gesehen? In der Anzeige des Gartencenters an der Straße nach Magione?

»Frau Salini, hören Sie mich?«

»Ich höre Sie gut.« Eine Gießkanne aus Plastik wäre sicher nicht so schwer wie diese alte ihrer Mutter. Rostfrei wäre sie auch.

»Ich muss Ihnen einige Fragen stellen. Diese Fragen sind dringend. Ihr Bruder wurde Opfer einer Straftat. Glauben Sie mir, sonst würde ich Sie in dieser Situation nicht damit behelligen. Sind Sie in der Lage zu antworten?«

Sie nickt wieder.

»Frau Salini, brauchen Sie Hilfe? Soll ich …?«

»Fragen Sie.« Sie registriert, wie tonlos ihre Stimme klingt. Was wird der Polizist von ihr denken? Paolo ist tot. Aber eine Gießkanne aus Plastik ist nicht so schön wie die alte aus Blech. Sie legt beide Arme um die Kanne, um den aufkommenden Schwindel zu unterdrücken.

»Es ist verrückt«, sagt sie.

»Was ist verrückt?«, sagt der Polizist.

»Mein Bruder … Paolo … Er wollte immer dazugehören. Verstehen Sie? Das war für ihn das Wichtigste. Dazugehören. Dafür hat er gearbeitet. Mit seinen ganzen Zahlen. Seiner Intelligenz. Dazugehören – das war für ihn das Wichtigste.«

»Signora, ich verstehe Sie nicht ganz. Wozu wollte Ihr Bruder dazugehören?«

Sie presst beide Arme um die Kanne und drückt, so fest sie kann. 65

»Zu den vornehmen Leuten. In Venedig. Er hatte es fast geschafft. Dann stirbt er. Es ist verrückt.«

Die Gießkanne hält dem Druck ihrer Arme stand. Eine Kanne aus Plastik hätte sicher schon nachgegeben. Die Seitenteile wären sicher mit einem lauten Plopp eingedrückt. Das Geräusch hätte den Polizisten am Telefon irritiert. Vielleicht hätte es wie ein Schuss geklungen.

»Wie ist mein Bruder gestorben?«

»Leider muss ich Ihnen sagen, dass ihn jemand getötet hat.«

Sie nickt. Sie löst die Arme von der Kanne.

»Es war ein Fehler«, sagt sie.

»Ein Fehler? Bitte, Frau Salini, was meinen Sie?«

Mit einem Ruck stellt sie die Gießkanne auf den Boden. Sie wird keine neue kaufen. Der Entschluss steht für sie fest. Sie drückt ihr Kreuz durch.

»Mein Bruder … Es ist so … Wir standen uns nicht nahe. Als Kinder schon. Da waren wir immer zusammen. Da gehörten wir noch zusammen. Er war der ältere Bruder. Ich bin drei Jahre jünger, müssen Sie wissen. Er kümmerte sich um mich. Ich war stolz auf meinen großen Bruder.«

»Und das änderte sich – wann?«

»Als er zwölf wurde. Als Onkel Alfredo ihn förderte. Als er im Gymnasium gut wurde. Da änderte sich alles. Er hatte keine Zeit mehr für seine kleine Schwester. Er verachtete Mädchen plötzlich. Mich auch.«

Sie schlägt mit der flachen Hand auf den zersplitterten Lack der Gießkanne. Ein winziger Metallsplitter bohrt sich in die Kuppe ihres Daumens.

»Ich verstehe.«

»Nein, Sie verstehen gar nichts. Auch meine Eltern wollten immer dazugehören. Sie hatten einen Gemüseladen in Dorsoduro. Sie arbeiteten jeden Tag und sie arbeiteten hart. Auch sonntags. Der Vater ist um vier Uhr aufgestanden und zum Großmarkt gefahren. Die Mutter schloss um halb acht die Tür des Ladens auf und stand dann bis abends hinter der Theke. Sie war immer freundlich. Zu jedem Kunden. Auch wenn sie ihn nicht mochte. Mein Bruder und ich mussten auch immer ›Guten Morgen, Herr Conti‹, ›Auf Wiedersehen, Frau Galli!‹ sagen. Den ganzen Tag. Es hat nichts genutzt.«

Sie schweigt. Der Splitter in ihrem Daumen schmerzt. Sie hebt die Hand und betrachtet sie. Dann streift sie mit dem Daumen über ihr Kleid, um den Splitter abzustreifen. Es gelingt ihr nicht.

Morello wartet.

»Die Supermärkte. Die Supermärkte haben das Geschäft meiner Eltern ruiniert. Die Supermärkte waren billiger. Man konnte dort gleich auch noch Rasierschaum und Slipeinlagen kaufen.«

»Sie klingen verbittert.«

Sie klemmt den Hörer zwischen Schulter und Kopf. Nun hat sie die linke Hand frei. Mit den Fingernägeln von Daumen und Zeigefinger versucht sie, den Splitter zu fassen.

Sie sagt: »Es war bitter. Sehr bitter. Am schlimmsten war für sie, dass sie die Wohnung verkaufen mussten. Dass sie Venedig verlassen mussten, weil sie kein Geld mehr hatten, um eine andere Wohnung zu kaufen. Nicht genug Geld, um die hohen Mieten in Venedig bezahlen zu können. Sie eröffneten einen kleinen Laden in Marghera. Aber ihr Ziel war immer, nach Venedig zurückzukehren. Sie haben es nicht geschafft.«

Der Fremdkörper in ihrem Daumen ist zu klein. Ihre Nägel bekommen ihn nicht zu fassen.

Morello sagt: »Aber Ihr Bruder, der hat es geschafft.«

»Paolo hat die Träume unserer Eltern nicht nur übernommen. Er hat sie auf die Spitze getrieben. Geld, Geld, Geld – das war ihm wichtig. Seine riesige Wohnung in Dorsoduro, nur wenige Schritte von der früheren Wohnung der Eltern, das war ihm wichtig. Irgendwann zur feinen Gesellschaft dazugehören, das war sein Ziel.«

»Er war Steuerberater.«

»Er machte die Buchhaltung für das feine Venedig. In unserem letzten Gespräch redete er davon, dass er bald das ganz große Geschäft abschließen und sich aus dem Berufsleben zurückziehen werde.«

»Wissen Sie mehr über dieses große Geschäft?«

Nun versucht sie die Haut um den Spleiß fest zuzudrücken, um ihn so herauszudrücken. In einem kleinen Kreis um den Splitter herum färbt sich die Haut rot.

»Nein. Ich habe mich nie für seine Geschäfte interessiert. Wenn er davon anfing, habe ich weggehört. Schon lange sprach er mit mir nicht mehr über seine Angelegenheiten. Bis vor Kurzem. Aber auch das war nur eine knappe Bemerkung. Wissen Sie, ich hatte mich in der Familie immer gegen den Wahn gewendet, irgendwann zurückzukehren nach Venedig. Meine Mutter wollte, dass ich einen reichen Mann heirate. Aus Protest nahm ich einen armen. Wir haben hier in Perugia ein kleines Haus mit einem Garten. Mein Mann fährt zur Arbeit. Wir haben zwei Töchter. Eine studiert in Bologna Jura. Die andere wird bald folgen. Sie werden den Mann heiraten, den sie wollen. Ich habe nicht zugelassen, dass der Wahn unserer Familie an sie weitergegeben wurde.«

»Ich verstehe. Wissen Sie, ob Ihr Bruder Feinde hatte? Ich meine: wirkliche Feinde. Personen, die ihn so hassten, dass sie bereit waren, ihn zu töten. Vielleicht jemand, dem er irgendwann mal einen erheblichen Schaden oder eine große Ungerechtigkeit zugefügt hat?«

Der Splitter hat sich für einige Millimeterbruchteile aus der Haut geschoben. Sie hebt den Daumen zum Mund und versucht, ihn mit den Vorderzähnen zu packen.

»Frau Salini, sind Sie noch da?«

Sie gibt auf und nimmt den Hörer wieder in die Hand.

»Feinde?«, sagt sie und lacht ein trauriges Lachen. »Ich kenne nicht
einmal seine Freunde. Falls er überhaupt welche hatte. Nein, ich
kenne meinen Bruder nicht mehr als einen Fremden.«
»Noch eine wichtige Frage: War Ihr Bruder Frühaufsteher?«
Sie lacht. Alles bricht aus ihr heraus in einem einzigen, verrückten
Lachen.
Dann sagt sie: »Paolo? Nein, er schlief immer, so lange es ging.«
»Frau Salini, Sie werden nach Venedig kommen müssen. Sie müs-
sen Ihren Bruder identifizieren. Bitte melden Sie sich dann bei mir
im Kommissariat.«
»Wo ist Paolo jetzt?«

»In der Gerichtsmedizin ...«
»Mein Gott, Paolo wird aufgeschnitten. Was für ein Ende!«
Sie legt auf. Sie nimmt die grüne Gießkanne und drückt sie an die
Brust. Niemals wird sie diese Kanne gegen eine aus Kunststoff ein-
tauschen. Ihr Kopf fühlt sich leer und betäubt an. So als wäre im
Inneren ihres Schädels ein Vakuum. Mühsam steht sie auf und geht
ins Bad. Im Spiegelschrank über dem Waschbecken kramt sie nach
einer Pinzette. Als sie diese hinter der Packung mit den Brillen-
putztücher gefunden hat, zieht sie vorsichtig den Splitter aus dem
Daumen und spült ihn in den Abfluss. Sie stützt sich mit der rechten Hand auf den Rand der Badewanne. Etwas Schweres steigt aus
ihrer Brust auf. Und endlich kann sie weinen.


## PAOLO SALINIS WOHNUNG
—

Auf dem Weg zum Kommissariat lässt Anna Klotze sich das Gespräch mit Maria Polia durch den Kopf gehen. Ihr tut die alte Frau
leid. Schlecht bezahlt, und nun hat sie auch noch ihren Zusatzver-
dienst verloren, um ihre überteuerte Miete zu finanzieren. Was wird
sie jetzt tun?
Anna Klotze blickt auf: Sie hat in der Calle de l'Avogaria das Haus
von Paolo Salini erreicht. Und bleibt abrupt stehen.
Die Haustür steht einen Spalt weit offen.

»Cavolo! Die Kollegen der Spurensicherung. Sind die Herrschaften also mittlerweile eingetroffen. Heute sogar mal einigermaßen pünktlich«, sagt Anna halblaut und blickt sich um. Doch von den Kollegen ist niemand zu sehen. In der Gasse ist es still. Sie drückt die Tür einige Zentimeter auf und lauscht. Aus dem Treppenhaus dringt kein Laut.

Vielleicht sollte sie nachschauen, ob alles in Ordnung ist? Anna tritt ein paar Schritte zurück, zieht ihr Handy aus der Jackentasche und wählt die Nummer des Commissarios. Sie hört das Besetztzeichen. Die Mailbox springt an. Sie hinterlässt eine kurze Nachricht, dann greift sie nach dem Türknauf. Was hatte Maria Polia gesagt? Die Hausschlüssel von Salinis Wohnung habe sie immer an derselben Stelle in Empfang genommen, zusammen mit ihrem Geld, 35 Euro: in dem Briefkasten draußen neben der Haustür, für den sie einen kleinen Schlüssel besitzt. Und dorthin habe Maria Polia die Hausschlüssel auch jedes Mal zurückgelegt, wenn sie mit ihrer Arbeit fertig war. Anna prüft den kleinen grünen Metallkasten: Er ist unversehrt und verschlossen.

Sie blickt sich noch einmal um. Ein paar Passanten mit Einkaufstüten sind nun am anderen Ende der Gasse zu sehen, sonst niemand. Sie holt tief Luft und schiebt sich durch die Tür in den dunklen Hauseingang.

Drinnen riecht es leicht modrig und nach Reinigungsmitteln. Seltsam. Normalerweise müssten hier die Gerätschaften der Spurensicherung stehen, silberfarbene Kisten mit Chemikalien, Lampen. Vor allem: Der Flur wäre mit rot-weißem Absperrband gesichert. Jemand von der Straßenpolizei würde den Ort bewachen. Offensichtlich sind die Kollegen von der Spurensicherung heute recht nachlässig.

Eine lange und schmale Treppe aus Stein führt in die oberen Stockwerke. Langsam nimmt sie eine Stufe nach der anderen, bis sie auf einen Treppenabsatz gelangt. Von hier aus führt eine Metalltür mit Glasfenster in die Räume des ersten Stocks: offenbar ein Lager mit Regalen, in einigen Fächern stehen geöffnete Kartons. Die Tür ist abgeschlossen. Vom Absatz aus führt die Treppe im rechten Winkel zum zweiten Stock: zu Salinis Wohnung. An einem schwachen Lichtschein erkennt Anna, dass oben die Wohnungstür einen Spaltbreit geöffnet ist. Sie geht weiter. 27 Stufen – vom Hausflur bis hier oben.

Sie drückt die Tür einige Zentimeter weiter auf. »Hallo? Ist da jemand?«

Anna zieht ihre Waffe aus dem Halfter, lädt durch und entsichert sie. Vorsichtig drückt sie die Tür mit dem Ellenbogen auf und betritt Paolo Salinis Wohnung. Sie steht in einem dunklen Flur, an einer Garderobe hängen zwei elegante Jacken der Marke Cordon. Auf dem Boden stehen akkurat aufgereiht verschiedene Paar Schuhe. Das sind wohl die teuren Stücke, die von ein bisschen Blumenwasser kaputtgehen. Anna Klotze hört sich noch mal um und geht dann ein paar Schritte weiter durch die große Tür auf der linken Seite des Flurs. Beide Flügel dieser Türe stehen offen. Das lichtdurchflutete Zimmer mit dem großen Esstisch, dem Flachbildfernseher und dem edlen Ledersofa ist wohl Paolo Salinis Wohnzimmer. Niemand ist hier. Die beiden Fenster – sie gehören zu denen, die man von der Straße aus sehen kann – sind verschlossen. Die Luft im Wohnzimmer riecht frisch, aber als Anna tief einatmet, nimmt sie einen leichten Zigarrengeruch wahr. Der Raum: schlicht und modern eingerichtet, Designerleuchten, Designerregale und -sideboards, alles edel und teuer. Die weißen Wände: kahl. Fast lautlos bewegt sich Anna durch den Raum und blickt nach links und rechts und immer wieder in Richtung der Tür zum Flur.

Das ist nicht nur Salinis Wohnzimmer, sondern auch sein Arbeitszimmer: Auf dem großen Edelstahltisch mit dicker Glasplatte in der Mitte des Raumes steht ein silberfarbener Rechner, rechts davon liegen ein paar Akten. Auf der linken Seite des Rechners ein schwerer Aschenbecher aus Kristall, unbenutzt. Drei Büroklammern liegen in der Vertiefung.

Ein Apple iMac 27! Anna Klotze unterdrückt einen anerkennenden Pfiff. Einer der teuersten Computer von Apple. Von so einem Rechner können Normalsterbliche mit Polizistengehalt nur träumen.

Mit vorgehaltener Waffe – die Mündung auf die große Wohnzimmertür gerichtet – geht sie rückwärts an dem Schreibtisch vorbei, um die Akten zu betrachten. Mit der linken Hand öffnet sie die oberste Akte auf dem akkurat ausgerichteten Stapel und wirft einen raschen Blick auf die erste Seite: »Firma Enjoy Venice SrL. Geschäftsführer Filiberto Gabbia«. Sie schiebt die Akte zur Seite und öffnet die zweite: »Firma Enjoy Collection SrL. *Miete Luxusappartements in Venedig*«. Auch in der dritten Akte ist *Filiberto Gabbia* als Geschäftsführer angegeben: »Enjoy, Buy and Sell SrL. *Kauf und Verkauf von Immobilien*«.

Auf einem Sideboard an der rückwärtigen Wand steht ein Plattenspieler: trotz seines Retrodesigns modernste Technik. Auf der Plexiglashaube kein Stäubchen. Respekt, Maria Polia! Die anderen Komponenten der Musikanlage scheinen hinter den Schranktüren verborgen, mehrere Fernbedienungen liegen neben dem Plattenspieler. In dem Regal rechts bewahrt Salini seine Schallplattensammlung auf. Ausschließlich klassische Musik, wie die Cover der hochwertigen Vinyl-Gesamtausgaben erkennen lassen: *Pergolesi, Beethoven, Mozart, Chopin, Verdi* und *Puccini*. Daneben steht ein großer und moderner Aktenschrank aus glattem, dunklem Metall, er verdeckt teilweise eine alte, sorgfältig restaurierte Holzvertäfelung, die bis zur linken Seite der Flügeltüre reicht. Beide Schranktüren sind geschlossen, aber die Schlüssel stecken im Schloss.

Anna zuckt zusammen. War da ein Geräusch? Sie wartet regungslos, immer noch beide Hände an der vorgehaltenen Waffe.

Dann lässt sie die Waffe sinken. Kam wahrscheinlich von draußen. Muss mich beeilen, bevor die Kollegen von der Spurensicherung hier aufkreuzen. Wer auch immer die Wohnungstür geöffnet hat, ist sicher längst weg.

In dem Bücherregal aus Kirschholz am anderen Ende des Raumes steht überwiegend Reiseliteratur, etliche Bände. Sie überfliegt die Titel der Buchrücken: *Griechenland, Thailand, Marokko, Philippinen, Albanien, Ägypten*. Salini mochte wohl warme, sonnige Länder. Wie der Commissario. Wobei der ja am liebsten immer nur auf Sizilien wäre. Anna fährt mit einem Finger über das Regalbrett. Auch hier kein Körnchen Staub. Anna nickt bewundernd. »Maria Polia, du bist eine echte Perle.«

Vor den letzten Bänden in der oberen Reihe steht ein Silberrahmen mit einem Foto. Auf dem Bild: ein Mann im grellen Sonnenlicht, vermutlich Paolo Salini. Sein Gesichtsausdruck ist ernst, doch seine Körperhaltung wirkt entspannt. Er trägt Safari-Shorts und ein schlichtes weißes T-Shirt, dazu einen hellen Strohhut. An den Füßen braune Slipper. Hinter ihm kann man mehrere Kinder in schmutziger, teilweise zerrissener Kleidung erkennen. Die Landschaft auf dem Foto sieht karg und felsig aus, die Vegetation dürr und vertrocknet. Keine Häuser oder Gebäude zu sehen. Hat Salini an diesem Ort Urlaub gemacht?

Anna wendet sich von dem Bild ab und drückt langsam eine der beiden geschlossenen Türen an der linken Seite des Wohnzimmers auf, immer noch die Waffe im Anschlag. Das Zimmer dahinter ist groß, aber leer. Anna lässt die Tür offen und öffnet die zweite Tür: eine Abstellkammer mit Regalen voller Aktenordner. Wirklich sehr ordentlich, dieser Salini. Alle Aktenordner sehen gleich aus, nur Datum, Jahrgang und Firmenname variieren. Alle alphabetisch sortiert. Die Abstellkammer hat einen weiteren Zugang – vom Flur aus. Dort stehen Staubsauger, Besen, Eimer und andere Putzutensilien.

Anna zieht die Tür zur Abstellkammer wieder zu und betritt das leere Zimmer. Das Sonnenlicht strömt durch das große Fenster. Nur ein paar Stühle stehen an der Wand. Wie kann man so ein schönes Zimmer leer stehen lassen? Anna Klotze durchquert das Zimmer, öffnet den Raum auf der gegenüberliegenden Seite: Salinis Schlafzimmer. Der Raum mit den hohen Decken und dem kleinen Balkon – wie aus einer Hotelbroschüre, denkt Anna, aber die Einrichtung eher unpersönlich. Das große Bett mit den stramm gezogenen Laken und den schlichten weißen Kissen: unbenutzt. Keine einzige Delle in den Kissen deutet darauf hin, dass letzte Nacht jemand hier geschlafen hat. Neben dem Bett: ein kleiner Nachttisch, darauf eine Nachttischlampe aus Weißglas und ein Digitalwecker. Ein großer, weiß lackierter Kleiderschrank steht gegenüber dem Bett. Auch das Schlafzimmer wird vom Licht durchflutet, das durch die geschlossene Balkontür hereindringt. An der gegenüberliegenden Wand befindet sich eine kleinere Tür, die zum Bad führt, das wie die Abstellkammer auch vom Flur erreichbar ist. Anna öffnet den Kleiderschrank und sieht mehrere Anzüge, Jacken, Hosen und Mäntel. Alles akkurat aufgehängt und von edler Qualität. Paolo Salini konnte sich gute Kleidung leisten – und diese ganze wunderbare Wohnung.

Anna verlässt das Schlafzimmer, durchquert den leeren Raum und geht durch das Wohnzimmer wieder zurück in den Flur, Richtung Küche. Diese ist etwas dunkler und auch kühler als die restlichen Zimmer, das kleine Fenster führt auf den Innenhof. Mit den weißen Möbeln und den weißen Bodenfliesen wirkt der Raum fast klinisch. Die Arbeitsflächen: sauber und leer, nicht einmal eine Kaffeekanne steht auf dem Herd oder ein Töpfchen mit Kräutern auf der Anrichte.

Das Einzige, was hier die Ordnung stört, ist ein halb volles Glas Wasser, mitten auf dem Küchentisch, in einer kleinen Lache rund um das Glas. Anna beugt sich vor und sieht, wie ein Tropfen Wasser ganz langsam die Glaswand hinabläuft. Das Glas wurde eben erst hier abgestellt. Sofort hebt Anna ihre Waffe wieder.

Anna Klotze wendet sich Richtung Küchentür. Im Türrahmen hält sie kurz inne, die Waffe jetzt mit beiden Händen umklammert, lauscht konzentriert in die Stille hinein. Und jetzt hört sie ein deutliches Knarzen. Als hätte jemand eine Schranktür geöffnet oder sich auf dem Dielenboden bewegt. Muss aus dem Wohnzimmer kommen. Auf Zehenspitzen durchquert Anna den Flur.

## KOMMISSARIAT, BESPRECHUNGSRAUM

»Commissario, das sind die ersten Fotoausdrucke des Tatortes Salini. Gerade reingekommen.« Viola Cilieni steht in der Tür des Konferenzraumes und reicht ihm einen grauen Umschlag.

»Und der Bericht?«

»Da sind die noch dran. Am späten Nachmittag käme alles, haben sie mir versprochen. Commissario – wünschen Sie einen Espresso? Einen Doppio?«

»Das wäre fantast… Ach nein! Den mache ich mir ja ab jetzt selbst, Viola.«

Sie lächelt und schließt hinter sich die Tür.

Morello greift nach dem großen Filzschreiber und geht zur Flipchart. Er öffnet den Umschlag und entnimmt die Fotos, zwei befestigt er mit Magneten auf der Flipchart.

| Wer? | Was? | Wann? | Wo? | Wie? | Womit? | Warum? |
|---|---|---|---|---|---|---|
| Täter | Straftat? | Tatzeit? | Tatort | Tathergang | Tatwerkzeug | Motiv |
|  |  |  |  |  |  |  |

Als er »vermutlich männlich« in das erste Feld schreiben will, vibriert sein Handy auf dem Schreibtisch, dann ertönt der Klingelton.

»Ja, bitte?«

»Du willst nichts mehr von mir wissen, ich habe verstanden! Kein Gruß zu meinem Fünfzigsten. Nur wenn du mein Boot brauchst, um hier wilde Kämpfe und Schießereien mit der Mafia anzuzetteln und großes Chaos zu produzieren, dann meldest du dich.«

»Hallo? Wer ist denn …« Dann muss Morello lachen. »Sag mal, bist du das, Michele?«

»Ja, du freier Hund, ich bin's. Michele Macillo höchstpersönlich. Vom Bootsverleih für durchgedrehte Polizisten. Früher mal dein Kollege bei der Polizei in Cefalù.«

»Und jetzt der neue Vice Questore von Cefalù. Meinen Glückwunsch! Ich hab von deiner Beförderung gehört. Minister Prenzano hat dich zum Nachfolger von …«

»Ja, denn der berühmte freie Hund formerly known as Antonio Morello hat ja diesen Job zu meinen Gunsten großmütig abgelehnt. Und der gute Minister ist nun leider nicht mehr im Amt.«

»Ja, sehr bedauerlich«, sagt Morello.

»Wie geht es denn dieser rattenscharfen Braut, mit der du auf meinem Boot ...?«

»Das ist meine Kollegin. Und nur meine Kollegin, okay?«

»Ja, sicher, ganz bestimmt. Ich verstehe. Hör zu, eine Frage!«

Morello setzt sich auf die Kante seines Schreibtisches. Es klopft. Viola tritt ein und stellt den Doppio neben ihn. Morello artikuliert ein stummes »Grazie«, zeigt aufs Telefon und lächelt ihr dankbar zu.

»Was willst du wissen?«, fragt Morello, als Viola das Zimmer wieder verlassen hat.

»Hier gibt's Gerüchte. Jede Menge! Wie immer. Kennst du ja. Aber jetzt meldet der Flurfunk, du kämst sehr bald nach Sizilien zurück?«

»Nicht zu fassen! Das spricht sich ja wahnsinnig schnell rum.«

»Und?«, fragt Michele, »also ist da was dran?«

»Ich weiß es nicht. Ganz ehrlich. Wäre schön, wenn. Aber das hängt von etlichen Faktoren ab. Falls ja, gebe ich dir sofort Nachricht.« Morello greift mit der linken Hand nach der Kaffeetasse, nimmt einen kleinen Schluck. »Ich hab da auch eine Frage: Benutzt ihr in euren Dienststellen eine Software, die Verbrechen voraussagt?«

Er hört Michele seufzen. »Hör mir bloß auf damit! Das wurde hier angepriesen wie das achte Weltwunder. Da war ich noch nicht Vice Questore, als das losging. Riesenpläne für Umstrukturierungen. Endlose Besprechungen. Das Programm sagt Einbrüche voraus. Bei uns in Neapel wurde dieses Programm zum ersten Mal in der Praxis getestet. Es gab ein paar verblüffende Ergebnisse, gebe ich zu – aber was die Leute nicht kapieren, ist, dass man keinen Computer braucht, um zum Beispiel einen Einbruch vorherzusagen in einem Stadtviertel, wo unsere Statistik tagtäglich etliche Einbrüche verzeichnet: die gute alte Beschaffungskriminalität, you know? Die Vorhersage ist nicht das Problem, glaub mir. Den Leuten wäre viel mehr geholfen, wenn sie ihre Wohnungen besser sichern würden.«

Er macht eine Pause. »Lass uns über etwas anderes sprechen, sonst kriege ich wieder Magenprobleme. Wie geht es deiner Familie? Vor allem: deiner Mutter?«

## PAOLO SALINIS WOHNUNG (2)

Der Schlag in den Bauch trifft sie unerwartet. Sie stolpert rückwärts über die Türschwelle der Flügeltür und schlägt mit dem Hinterkopf gegen den Metallschrank. Anna Klotzes Blick verschwimmt, und ihre Pistole poltert hinter ihr auf den Boden. Anna versucht sich aufzurappeln. Ihr Kopf schmerzt, und ihre Augen tränen. Der Angreifer will sich an ihr vorbeidrücken. Mit einer schnellen Bewegung wälzt sie sich ihm in den Weg. Er bückt sich und greift nach der am Boden liegenden Waffe. Annas Blick wird wieder scharf. Sie sieht ein Paar schwarze Turnschuhe und den Lauf ihrer eigenen Pistole, der auf sie gerichtet ist.

Anna hebt langsam beide Hände in die Luft.

»Sie können nicht entkommen, meine Kollegen sind gleich hier. Legen Sie die Waffe weg und verschlimmern Sie Ihre Situation nicht.«

Der Blick des Mannes flackert kurz Richtung Tür, dann sieht er Anna in die Augen. In seiner Hand ihre Pistole. Sie ahnt, was jetzt kommt.

Er stürzt sich auf Anna und will ihr mit der Waffe ins Gesicht schlagen, aber sie blockt seinen Arm mit einer schnellen Handbewegung ab. Mit der anderen Hand schlägt sie mit aller Kraft gegen sein Handgelenk. Mit einem dumpfen Aufprall landet die Waffe außerhalb ihrer Reichweite auf dem ovalen Teppich, der unter dem gläsernen Schreibtisch liegt.

Anna springt auf und hebt die Fäuste, nimmt Kampfhaltung ein. Ihr Körper ist angespannt. Der Verstand ist noch nicht ganz klar. Sie hat dröhnende Kopfschmerzen, die Ohren klingeln in unterschiedlichen Laustärken und sie spürt, wie warmes Blut ihren Nacken herunterläuft.

Der Mann, der vor ihr steht, ist deutlich kleiner als sie, vielleicht 1,65, aber weitaus muskulöser. Sein Gesicht ist rundlich und die Nase flach. Die typische Statur eines Boxers. Viel Kraft, wenig Hirn lautet ihre Kurzanalyse. Diesen Typ Mann kennt sie nur zu gut. Der Boxer blickt sie aus kleinen, dunklen Augen an. Seine Fäuste sind geballt, vor seinem Gesicht. Bereit für einen Kampf.

Der Boxer nähert sich Anna mit kleinen rhythmischen Schritten und tänzelt abwechselnd nach rechts und links. Hämisches Grinsen. Sie bleibt stehen, die Arme schützend vor ihrem Kopf, und lässt ihn näher kommen. Das Grinsen wird dir noch vergehen. Sobald er direkt vor ihr steht, schlägt Anna eine Gerade in Richtung des Kopfs ihres Gegners. Mit einer geschmeidigen Drehung nach links weicht dieser dem Schlag aus und kontert mit einem üblen rechten Haken. Doch Anna ist längst zur Seite gesprungen. Der Schlag geht ins Leere. Der Boxer verliert für eine Sekunde das Gleichgewicht, taumelt, Anna greift an. Sie wirft sich mit ihrem ganzen Körpergewicht gegen den Mann, um ihn zu Boden zu bringen. Dieser umklammert sie jedoch mit beiden Armen und drückt zu. Kurz lässt er los und schlägt ihr mit aller Kraft in den Bauch.

Annas Atmung stoppt jäh. Sie würgt und röchelt wie eine Erstickende. Pulsierende Schmerzen in ihrer linken Hüfte.

Zeit! Sie braucht Zeit, um wieder zu Atem zu kommen. Mit aller Kraft zieht sie ihr Knie an und stößt es zwischen die Beine des Mannes. Mit einem heulenden Aufschrei schleudert der Boxer Anna von sich fort, das Gesicht schmerzverzerrt. Wie ein Profiboxer, der mit dem Rücken zu den Seilen steht, lehnt sich Anna Klotze an die Wand und wölbt ihren Körper gerade so weit vor, dass sie ihre Wangen mit den Fäusten und ihre Hüften mit den Ellbogen schützen kann.

Der Mann schlägt rasend vor Wut abwechselnd mit beiden Fäusten in einem gleichmäßigen Rhythmus auf Anna ein, ganz so, als wäre sie ein Boxsack.

Anna spürt nichts mehr außer den Schmerz in ihren Armen. Ihr wird immer wieder schwarz vor Augen. Aber sie hält durch. Ist nicht das erste Mal, dass sie sich in einer solchen Situation befindet. Ihre Beine zittern und werden sie nicht mehr lange halten. Die Schläge prasseln auf sie ein, und sie findet keinen Weg, einen Gegenangriff zu starten. Einatmen, ausatmen. Er wird den Rhythmus nicht lange durchhalten.

Tatsächlich wird der Boxer müde, die Schläge werden unpräziser und verlieren nach und nach an Intensität. Darauf hat sie gewartet! Anna atmet tief durch, füllt ihre Lungen mit Luft. Ihre Beine, die noch vor wenigen Sekunden wacklig waren, sind wieder stabil. Sie spürt, wie der Sauerstoff in ihre Lungen fließt und ihr neue Kraft verschafft. Anna duckt sich seitlich weg, genau in dem Moment, als der Boxer mit seiner rechten Faust zuschlägt. Mit einem dumpfen Knall schlagen seine Knöchel gegen die Holzvertäfelung, das alte Holz splittert, und wieder heult der Boxer vor Schmerz auf. Das ist der Moment! Das Gesicht des Mannes befindet sich nun schutzlos vor ihr. Mit voller Kraft schlägt Anna mit ihrer rechten Faust zu. Volltreffer! Der Boxer sinkt zu Boden. K. o.!

Anna entfernt sich einige Schritte, senkt ihre schmerzenden Arme und lehnt sich mit dem Rücken an die Wand. Einatmen, ausatmen. Kurz entspannen.

Nur für einen kurzen Moment. Rasend vor Wut springt der Boxer wieder auf die Beine. Wie ein Stier, der den Stierkämpfer zerfetzen will, geht er auf sie los. Anna bleibt keine Zeit, ihre Waffe zu erreichen, die unter dem Schreibtisch liegt.

Der Boxer packt Anna Klotze mit beiden Händen, will sie zu Boden werfen wie ein Wrestler. Hängt jetzt seitlich hinter ihr, zerrt an der Uniformjacke wie von Sinnen, knurrt wie ein Terrier. Doch Anna Klotze umgreift blitzschnell seinen Hals und Nacken mit beiden Händen, lässt den Körper des gedrungenen Mannes im Fall einknicken. Ineinander verkrallt gehen sie zu Boden.

Anna landet hart auf dem Rücken und schlägt mit dem Hinterkopf auf. Sie keucht, atmet in kurzen Stößen. Der Boxer liegt seitlich auf ihr. Ihr Körper hat seinen Aufprall gedämpft. Deshalb reagiert er schneller. Mit einer raschen Bewegung wirft er sich auf sie. Seine Hände packen ihre Kehle. Er drückt zu. Hart. Instinktiv umklammert Anna Klotze seine Handgelenke und versucht, sie von ihrem Hals wegzuziehen. Es gelingt nicht. Doch immerhin kann sie den Druck seiner Pranken mindern. Nun steht Kraft gegen Kraft. Der Boxer drückt. Anna Klotze zieht. Über sich sieht sie die schwitzende Fratze des Mannes, der sie mit all seiner Wut würgt.

Sie zerrt an seinen Gelenken. Doch seine Hände ziehen sich einen Millimeter weiter zu. Er ist in der besseren Position. Seine Arme sind gestreckt. Er kann seine Kraft besser zur Wirkung bringen als sie.

Noch ein Millimeter.

Sie keucht.

Zieht.                                                                    79

Noch ein halber Millimeter.

Noch einer.

Luft! Sie kann kaum noch atmen.

Sie sieht das höhnische Grinsen über sich.

Sie fühlt, wie ihre Augen aus den Höhlen herausquellen. Ein unerträglicher Hustenreiz erschüttert ihre Brust.

Der Boxer drückt ihre Kehle noch einen Millimeter weiter zusammen.

Sie wird diesen Kampf verlieren.

Sie kann kaum mehr atmen.

Plötzlich sieht sie ihre Situation ganz klar: Sie wird den Griff des Boxers nicht lockern. Ihr bleiben nur noch wenige Sekunden. Dann hat er ihre Luftzufuhr abgeschnürt. Sie muss ihre Kampftechnik ändern. Wenn sie es nicht tut, wird sie das Bewusstsein verlieren und sterben.

Sie schließt die Augen.

Dann lässt sie die Hände des Mannes los. Sofort pressen seine Pranken ihr die Luftröhre ab.

Wie sie es oft trainiert hat, packt sie mit der rechten Hand den Hinterkopf des Mannes. Mit der Linken greift sie nach seinem Kinn.

Training und Wirklichkeit sind zwei völlig verschiedene Dinge.

Ihr wird schwarz vor Augen.

Mit letzter Kraft reißt sie den Schädel des Boxers herum. Es gelingt. Sein Kopf zeigt nach links. Er ist überrascht. Für den Bruchteil einer Sekunde lässt der Druck an ihrem Hals nach. Sie kann einen Zug kostbaren Sauerstoffs einatmen. Dann drückt der Kerl wieder zu, und ihre Atmung versagt.

Mit aller Kraft zieht sie an seinem Kopf.

Vergebens.

Sein trainierter Stiernacken hält ihrem Druck stand.

Das ist ihr Ende.

Sie spürt die nahende Ohnmacht aufsteigen.

Sie mobilisiert ihre letzten Abwehrkräfte. Entweder es gelingt, oder sie wird sterben. Sie reißt seinen Kopf zur Seite.

Nichts.

Noch einmal.

Doch sie hört das trockene, knackende Geräusch seines brechenden Genicks nicht mehr. Sie fühlt nur noch, wie die Hände an ihrem Hals erschlaffen.

Als sie wieder zu sich kommt, richtet sie sich auf und lehnt sich mit dem Rücken gegen die Wand. Ihre linke Seite schmerzt höllisch. Ebenso ihr Rücken. Ihre Arme. Alles schmerzt. Sie schaut in das Gesicht des toten Mannes. Die Augen sind weit aufgerissen, sein Mund ist offen, als ob er immer noch nach Luft schnappen will. Mit einer sanften, fast liebevollen Bewegung fährt sie über sein Gesicht und schließt seine Augenlider.

Ja, sie kennt solche Typen wie ihn.

Es ist vorbei, denkt Anna. Plötzlich nimmt sie an der Eingangstür eine Bewegung wahr. Ein junger Mann steht in der Tür. Statur und Aussehen – wie ein Fußballer, einer dieser arroganten Nationalspieler, denkt Anna. Er sieht ihr ins Gesicht, sein Blick flackert zu der Leiche am Boden – blitzartig wendet er sich um, springt in den Flur, ins Treppenhaus. Anna hört das Schlagen der Tür.

Anna bückt sich, greift nach ihrer Waffe, steckt sie in das Halfter und taumelt zur Wohnungstür. Sie stolpert die Treppe hinab, erreicht den Hauseingang, blickt sich um – und sieht gerade noch, wie der junge Mann losläuft. Anna folgt ihm mit unsicheren Schritten. Er ist schnell, aber Anna Klotze bleibt dran.

Sie tastet nach ihrem Handy, entsperrt das Display und drückt im Telefonmenü die zuletzt gewählte Nummer. Wieder meldet sich Morellos Mailbox. Anna stößt einen Fluch aus. Und sieht, wie der junge Mann nach der Steinbrücke Ponte de San Sebastiano nach rechts läuft, dann nach links zum Campiello San Sebastiano. Er rennt an der Kirche San Sebastiano vorbei und biegt links in die Calle dei Frati ein. Anna atmet in keuchenden Stößen, und ihr unsicherer Schritt wird immer mehr zu einem Hinken, während der Abstand zwischen den beiden sich nach und nach vergrößert. Anna gibt noch nicht auf. Dann verschwindet der junge Mann nach rechts in der Salizada San Basegio. Anna ist völlig außer Atem, das Seitenstechen ist so heftig, dass ihr schwindelig wird. Als sie ebenfalls die Salizada San Basegio erreicht, muss sie stoppen, um Luft zu holen. Inzwischen hat der junge Mann das Ende der Salizada erreicht, bleibt stehen und dreht sich um. Zwischen Anna Klotze und dem Mann liegen fünfzig, vielleicht sechzig Meter. Dennoch kann sie sein Grinsen erkennen. Anna atmet immer noch schwer, ihre Hände hat sie in die Seiten gestemmt, während sie sich nach einer Sitzgelegenheit umsieht. Alles schmerzt, und ihr Puls scheint sich nicht beruhigen zu wollen. Sie beugt sich keuchend nach vorn. Resigniert blickt sie dem Mann nach, den sie nicht mehr einholen wird. Anna Klotze sinkt auf eine kühle Steinstufe. Sie richtet das Handy auf den jungen Burschen, um ihn zu fotografieren.

## VERFOLGUNG

Der Fußballertyp steht immer noch da und telefoniert. Als er das Smartphone auf sich gerichtet sieht, dreht er sich um, steckt sein Handy in die Hosentasche und steigt die Stufen hinauf und verschwindet aus Annas Blickfeld.

Die aufkommende Wut gibt ihr neue Kraft. Sie steht auf und quält sich die Stufen hinauf. Der Mann entfernt sich immer weiter aus

Annas Blickfeld. Er schlendert in aller Ruhe davon. Anna Klotze nimmt ihr Handy und tippt mit einer Hand eine SMS an Morello: *Wurde angegriffen. Angreifer k. o. Verfolge weiteren Verdächtigen. Komm zur Calle Dietro Ai Magazzini.* Sie steckt ihr Handy wieder in die Tasche und läuft los. Der junge Mann geht weiter, ohne zu bemerken, dass Anna ihm folgt.

Sie hat den Mann fast erreicht, als ihr Handy klingelt. Der Mann dreht sich nach ihr um, erschrickt – doch bevor Anna ihn packen kann, sprintet er los.

Anna flucht. Die Straße wird jetzt enger, rechts und links sind lange Metallzäune, der linke trennt den Kai, wo sich der Schiffsanleger befindet, von der Straße. Anna kennt die Straße, sie führt zur Hafenbehörde.

Nach einer langen Kurve sieht Anna auf der linken Seite den Eingang des Gebäudes der Hafenbehörde.

»Hilfeee! Hier ist die Polizei! Ich benötige Hilfe!« Sie ringt um Atem und muss gebückt stehen bleiben.

Der junge Mann klettert eine Mauer hoch, die sich gegenüber der Hafenbehörde befindet. Zwei Männer in weißer Uniform kommen aus dem Gebäude gelaufen.

»Helfen Sie mir!«, schreit Anna Klotze keuchend.

»Was ist los?«, fragt ein junger Mann mit Brille erstaunt, als er die lädierte Polizistin sieht. »Sie bluten ja! Ich rufe sofort einen Krankenwagen.« Der andere, ein älterer bärtiger Mann, greift nach seinem Handy.

»Nein, nein! Verhaften Sie diesen Mann dort!«, sagt Anna und deutet auf die Wand, wo der junge Mann gerade den Mauerrand erreicht hat. »Der da!«

Die beiden Männer sehen gerade noch, wie die Gestalt hinter der Mauer verschwindet.

»Das können Sie vergessen. Den sehen Sie nie wieder. In das Viertel hinter der Mauer gehen wir besser nicht rein«, sagt der Bärtige und winkt ab.

»Kommen Sie rein! Wir haben einen Arzt hier«, sagt der jüngere Mann.

Beide Männer stützen Anna Klotze und begleiten sie in das Gebäude.

## HAFENBEHÖRDE

»Offenbar ein starker Schlag, aber ich denke nicht, dass es innere Blutungen gibt. Aber was ich denke, ist nicht wichtig: Sie gehen jetzt sofort in eine Klinik und lassen sich richtig durchchecken. Vielleicht haben Sie ein Schädel-Hirn-Trauma, das sollte man zur Sicherheit abklären.«

In der winzigen Praxis der Hafenbehörde sitzt Anna Klotze auf einem Behandlungsstuhl vor dem Arzt, der gerade einen Verband angelegt hat. Antonio Morello steht mit besorgtem Gesicht neben Anna Klotze.

»So, fertig, das war's. Sie müssen sich jedoch, wie gesagt, eingehend untersuchen lassen, möglichst bald.«

»Danke«, sagt Anna Klotze.

»Kein Problem«, sagt der Arzt und verlässt den Raum.

»Alvaro bringt dich ins Krankenhaus«, sagt Morello.

»Nein, nein, lass gut sein. Mir geht es gut.«

»Du hast es doch gehört. Die sollen Röntgenaufnahmen oder so etwas machen, um zu sehen, ob dein Kopf einen Schaden genommen hat.«

»Ein Schaden an meinem Kopf?«, fragt Anna Klotze, während sie aufsteht.

Morello grinst sie an. »Na ja, ich habe gehört, dass manche Menschen nach einem Schlag auf den Kopf verrückt geworden sind. Ich weiß, dass du einen Dickschädel hast, aber das Gehirn ist immer noch ein faszinierendes Mysterium ...«

»Hör auf, so schwachsinnige Witze zu reißen. Ich habe leichtes Kopfweh, sonst geht es mir gut«, faucht Anna.

»Scusa. Ich wollte nur sagen, dass ich mich freue, dass es dir gut geht«, sagt der Kommissar mit einer entschuldigenden Geste.

Vor der Hafenbehörde warten Alvaro Camozzo, Mario Rogello und Ferruccio Zolan.

»Wir haben nach dem Mann gesucht, aber …«, sagt Ferruccio Zolan kopfschüttelnd.

»Die Beschreibung, die uns Anna gegeben hat, ist eindeutig: Mitte zwanzig, kurze dunkle glatte Haare. Etwa 1,70 groß, braune Hose, schwarzes T-Shirt und Turnschuhe. Aber niemand hat mit uns geredet«, sagt Mario Rogello.

»Wie meinst du das, Mario?«, fragt Morello.

»Ich meine da, in diesem Viertel – da wohnen komische Leute …« Alvaro Camozzo unterbricht Mario Rogello. »Das sind keine komischen Leute! Commissario, in diesem Viertel wohnen Leute, die mitunter ernste Probleme haben und argwöhnisch sind gegenüber staatlichen Institutionen. Teilweise zu Recht – sage ich.«

»Was erzählst du da für eine Scheiße? Wir sind Polizisten! In diesem Viertel wohnen eine Menge Verbrecher. Und Verbrecher helfen sich untereinander! Das ist die Wahrheit!«

»Mario, das stimmt nicht, was du sagst. Ich wohne auch in Santa Marta – hast du das vergessen? In diesem Viertel wohnen auch Menschen, die Schwierigkeiten haben, am Ende des Monats etwas auf den Teller zu bringen. Viele schaffen es nur dank des Bürgergeldes. Das ist nicht viel: höchstens 750 Euro monatlich! Und hast du gehört, die neue Regierung unter Führung der Faschisten will es wieder abschaffen. Was erwartest du denn von diesen Leuten? Dass sie der Regierung vertrauen?«

Bevor Mario Rogello antworten kann, unterbricht Morello die Streitenden.

»Basta! Cazzo! Anna ist angegriffen worden, und ihr streitet euch! Wir suchen weiter nach diesem Mann, aber jetzt gehen wir alle zu der Wohnung des Opfers! Die Spurensicherung ist schon unterwegs.«

### SALINIS WOHNUNG

»Die Leiche! Wo ist denn jetzt die Leiche?«
Morello ist bis zur Wohnzimmertür vorgelaufen. Anna, Mario, Ferruccio und Alvaro warten im Treppenhaus vor der Wohnungstür.

Anna Klotze folgt Morello. Sie ist völlig aufgelöst. »Aber er war hier …« Anna zeigt auf den Boden. »Ich habe ihm das Genick gebrochen, und er ist hier, genau hier, zu Boden gegangen!« Morello geht auf die Knie und sieht sich die Stelle genauer an. »Blutspuren.« Er steht wieder auf und betrachtet die Wand. »Auch hier sind Blutspuren. Warten wir auf die Spurensicherung. Ich denke, das ist nicht nur Annas Blut. Leute, bleibt dort, wo ihr seid, wir rühren hier nichts an …«

»Er hat mich mit aller Gewalt gestoßen, ich bin gegen diesen Schrank gefallen und war fast ausgeknockt …« Sie stutzt und blickt sich um. »Das kann nicht wahr sein … hier ist alles aufgeräumt worden! Wie auch immer: Ich habe ihn getötet, sonst hätte er mich getötet.«

»Das glaube ich kaum. So etwas schaffst du nicht. Da braucht man eine spezielle Ausbildung. Vielleicht bist du gestürzt, hast dir den Kopf angeschlagen – und dir dann nur eingebildet, dass dich jemand umbringen wollte«, sagt Mario Rogello.

»Eingebildet?« Anna Klotze knöpft ihr Uniformhemd auf und zeigt die Blessuren an Armen, Bauch und Rippen. »Denkst du, diese blauen Flecke habe ich mir selbst zugefügt? Und die Wunden an meinem Kopf?«

Anna schaut ihre Kollegen an. Ihr entgeht nicht, dass Mario Rogello und Ferruccio Zolan skeptische Blicke wechseln.

»Ihr denkt, dass ich mir alles eingebildet habe?«, fragt Anna Klotze wütend.

»Vielleicht war der Mann noch gar nicht tot …«, sagt Alvaro Cammozzo.

»Nein, er war tot. Ich habe ihn getötet«, erwidert Anna.

»Und wie hast du ihn getötet?«, fragt Mario Rogello.

»Ich habe ihm das Genick gebrochen. Es war Notwehr.«

Mario schüttelt den Kopf und lacht. Doch als er dafür vorwurfsvolle Blicke der Kollegen erntet, verstummt er.

Auch Morello schaut ihn unwillig an. Er wendet sich um: »Gut. Jetzt lassen wir die Spurensicherung ihre Arbeit erledigen. Wir gehen ins Kommissariat und besprechen in aller Ruhe die Situation.«

Als Morello und seine Leute das Haus verlassen, kommen ihnen auf der Calle de l'Avogaria drei Gestalten in weißen Overalls entgegen. Alle drei tragen glänzende Metallkoffer.

»Buongiorno, Signor Commissario«, sagt der Älteste mit weißem Bart und Brille.

»Buongiorno. Die Wohnung ist im zweiten Stockwerk. Die Türen stehen offen. Bitte untersucht die Schlösser, ob sie mit Gewalt aufgebrochen wurden. Im Flur oben sind Blutspuren. Ich brauche so schnell wie möglich die Ergebnisse. Und ich möchte wissen, ob es Fingerabdrücke in der Wohnung gibt. Sobald Sie fertig sind, rufen Sie mich bitte umgehend an.«

»Machen wir, Signor Commissario.«

»Danke.«

Die drei Männer verschwinden im Hausflur.


## KOMMISSARIAT, KONFERENZRAUM

Anna Klotze, Antonio Morello, Ferruccio Zolan, Mario Rogello, Viola Cilieni und Vice Questore Felice Lombardi sitzen am großen Tisch im Besprechungsraum. Anna Klotzes Gesicht ist noch geschwollen. Morello fragt sie besorgt, ob sie tatsächlich an der Besprechung teilnehmen könne, aber sie gibt ihm höflich, aber bestimmt zu verstehen, er solle sich um seine eigenen Angelegenheiten kümmern.

»Was Salinis Wohnung betrifft, werden wir auf die Ergebnisse der Spurensicherung noch warten müssen – ich möchte hören, was wir bisher über das Opfer wissen. Anna?«, fragt Morello.

Anna Klotze legt ihr Notizbuch auf den Tisch. Sie atmet schwerer als sonst. Eine Hand hält sie vor ihren Bauch. Sie konzentriert sich und sagt dann: »Alle, mit denen ich gesprochen habe, zeichneten ein ziemlich klares Bild von Paolo Salini: Er war ein Einzelgänger, ein Misanthrop. Schien nicht sehr beliebt in der Nachbarschaft gewesen zu sein. Er hatte einen Ordnungs- und Hygienewahn. Seine Wohnung wurde täglich geputzt und die Bettwäsche gewechselt. Getragen hat er elegante Schuhe und Kleidung im gehobenen Preissegment. Seine Wohnung ist gut eingerichtet, modern, sauber und perfekt geordnet. Er war auch ein Liebhaber teurer, luxuriöser Dinge. Hat klassische Musik gehört, Vinyl-Schallplatten, und ausschließlich guten Wein genossen. Davon abgesehen widmete er sich voll und ganz seiner Arbeit.« Mit den Fingerspitzen massiert Anna ihre Schläfen und registriert besorgte Blicke in der Runde. »Alles in Ordnung, Leute … nur leichtes Kopfweh«, sagt sie abwehrend.

Morello sagt: »Wer dich niedergeschlagen hat, hat etwas in der Wohnung gesucht. Das heißt: Paolo Salini ist getötet worden, weil er etwas besitzt, was der Mörder haben wollte.«

»Die Haustür sowie die Wohnungstür oben waren offen, wurden aber nicht aufgebrochen. Als ich in die Wohnung kam, gab es keinen Hinweis auf Einbruch oder Diebstahl oder dass irgendetwas durchsucht worden war. Dieses Glas Wasser in der Küche – das war das einzige Indiz dafür, dass vor mir jemand die Wohnung betreten hat«, sagt Anna Klotze.

»Der Mann war vermutlich noch nicht lange da und hatte noch keine Gelegenheit zu suchen. Dann kamst du. Er hat sich versteckt. Und als du ihn gehört hast, hatte er keine andere Möglichkeit, als dich niederzuschlagen.«

»Irgendeine Idee, was die gesucht haben?«, fragt der Vice Questore Felice Lombardi.

»Was weiß ich! Dokumente, Wertpapiere, Geld, Juwelen. Vielleicht elektronische Datenträger.«

»Oder einen Koffer oder eine Tasche?«, fragt Lombardi. »Der Computer wurde ja nicht gestohlen …«

»Nein«, sagt Morello, »der teure PC stand auf dem Schreibtisch. Ich warte noch auf den Bericht der Spurensicherung.« Er wendet sich an Ferruccio Zolan. »Ferruccio, habt ihr Zeugen zur Tatzeit gefunden?«

»Nichts, Commissario. Die Anwohner haben alle geschlafen und nichts Verdächtiges gehört.«

Morello wendet sich an Viola. »Hast du etwas über Paolo Salini rausgefunden?«

»Er ist nicht in unseren Dateien. Das heißt: Salini ist nicht vorbestraft. Er hat niemals etwas mit der Polizei, mit den Carabinieri oder mit der Guardia di Finanza zu tun gehabt. Nicht mal einen Strafzettel … absolut nichts.«

»Also ein seltsamer, aber in jeder Beziehung korrekter Mensch.« Morello hat das Foto aus der Ermittlungsakte genommen und betrachtet es mit zusammengepressten Lippen.

Viola Cilieni sagt: »Sieht ganz so aus, Signor Commissario. Wegen des Bankkontos des Opfers: Das dauert etwas länger. Sie müssen bis morgen Geduld haben, Signor Commissario. Sie wissen ja, wie das ist: Venedig, Banken, Geld … Datenschutz.«

»Verstehe. Ich habe mit Antonella Salini telefoniert und ihr vom Tod ihres Bruders berichtet. Offenbar hatten sich die beiden schon lange nicht mehr gesehen.«

Viola Cilieni blättert in ihren Unterlagen. »Paolo Salini war Steuerberater und Buchhalter. Er führte ein eigenes Büro, das er vor einiger Zeit an zwei seiner Mitarbeiterinnen verkauft hat. Danach arbeitete er exklusiv für einen sehr bekannten Venezianer …« Sie hält für einen kurzen Moment inne, dann spricht sie den Namen vorsichtig, fast ehrfurchtsvoll aus: »… für Signor Filiberto Gabbia.«

»Auf dem Tisch in Salinis Wohnzimmer lagen mehrere Akten. Ich habe einen kurzen Blick darauf geworfen: Es handelt sich um diverse Firmen von diesem Filiberto Gabbia«, sagt Anna Klotze.

»Diese Akten will ich auf meinen Schreibtisch haben. Viola – da kümmerst du dich drum.«

»Certo, Signor Commissario.«

»Filiberto Gabbia …« Mit einem Räuspern erhebt sich Vice Questore Lombardi von seinem Stuhl. »Signor Filiberto Gabbia gehört zu den Venezianern, die Signor Questore Attilio Perloni sehr schätzt … sagen wir: nahezu verehrt. Das heißt: Hier ist in jedem Falle Fingerspitzengefühl und größte Sensibilität angebracht – wenn Sie verstehen, Commissario, was ich meine?«

Morello verdreht die Augen. »Ich habe noch nicht einmal mit den Ermittlungen begonnen, und Sie fangen schon an, mir Vorschriften zu machen.«

»Nein, keine Vorschriften. Nur eine Warnung. Ich rufe den Signor Questore besser an, um ihn zu informieren und zu beruhigen, bevor jemand anderes ihn alarmiert.«

Der Vice Questore öffnet die Tür, dann hält er inne. »Ach – und, Commissario, vergessen Sie nicht, dem Team die Neuigkeiten bezüglich Athena mitzuteilen.« Hinter ihm fällt die Tür ins Schloss.

Morello schließt die Augen und atmet tief durch. Athena! Das hatte er fast vergessen.

Als er die Augen wieder öffnet, sieht er, dass alle ihn erwartungsvoll anstarren.

»Also. Leider keine gute Nachricht, die ich euch mitteilen muss …«

Die Tür geht auf, und Alvaro Camozzo tritt ein.

Morello: »Komm und setz dich, ich muss euch etwas Wichtiges sagen.«

Alvaro Camozzo setzt sich neben Anna Klotze.

»Il Signor Questore hat beschlossen, dass die Software, die Athena heißt, dauerhaft in das Programm dieses Kommissariats aufgenommen werden soll.«

Es ist still im ganzen Raum. Morello betrachtet seine Mitarbeiter und sieht die Verwirrung in ihren Gesichtern.

»Ich bin natürlich dagegen, aber unsere Vorgesetzten …« Morello zuckt mit den Achseln.

»Das bedeutet, dass Athena auch für leichtere Straftaten eingesetzt wird?«, fragt Ferruccio Zolan.

Morello seufzt. »Ja. Sieht ganz so aus.«

»Und was bedeutet das für uns? Werden wir jetzt alle überflüssig oder was?«, fragt Alvaro Camozzo.

»Nein, Alvaro, natürlich nicht. Vielleicht werden einige von uns woandershin versetzt. Das ist zu befürchten.«

»Das kann nicht wahr sein! Sie wollen uns versetzen wegen einer bescheuerten Software? Und das alles weswegen? Um Geld zu sparen? Ich habe gekämpft, um hier in Venedig meinen Platz zu finden – und jetzt wird mir gesagt, dass das alles umsonst war? Und Sie?«

Anna Klotze wendet sich an Morello. »Sie teilen uns diese schreckliche Nachricht mit, ohne sich für uns einzusetzen! Ja, sicher: Sie

sind froh, dass Sie endlich wieder nach Sizilien zurückkehren können – nicht wahr?«

Anna Klotze steht auf und läuft hin und her. Sie drückt den rechten
Arm auf ihren Bauch und hustet.

Morello senkt den Kopf. Er muss zugeben, dass Anna nicht ganz
unrecht hat.

Mario Rogello steht auf. »Wovon redet ihr? Kein Polizist wird ersetzt
durch eine Software. Wenn der Polizist seinen Job richtig macht!«

»Mario, du bist wirklich so ein Idiot!«, sagt Anna Klotze.

»Wieso? Was habe ich denn gesagt?«

»Willst du damit sagen, dass Ferruccio Zolan seine Arbeit nicht
richtig macht? Oder Viola? Alvaro? Oder unser Commissario?«
Anna Klotzes Stimme bebt vor Wut.

»Nein, das habe ich nicht gemeint! Aber vielleicht habe ich dich
gemeint!« Mario Rogello stellt sich vor Anna Klotze. Sein durch-
trainierter Körper ist angespannt.

»Signor Commissario, Sie müssen etwas tun! Bitte lassen Sie uns
nicht im Stich.« Viola Cilieni trocknet ihre Tränen mit einem
Taschentuch.

»Basta!« Morello steht auf und stellt sich zwischen Anna und Mario.
Er steht dort wie ein Zwerg zwischen zwei Riesen. »Hört auf, euch
zu streiten! Wir sind ein Team! Bis jetzt haben wir alle zusammengehalten – und auch dieses Problem werden wir zusammen lösen.
Ich bin immer noch euer Commissario. Cazzo! Nehmt sofort wieder Platz!«

Anna Klotze und Mario Rogello setzen sich wieder. Nach kurzer
Stille vergräbt Ferruccio Zolan sein Gesicht in den Händen. »Ich darf
mir einen neuen Job suchen, und ich darf nach Mestre umziehen.«

»Ich weiß, es ist nicht einfach im Moment, Ferruccio, aber ein Mann
ist getötet worden, und ein Mörder läuft frei in der Stadt herum.
Wir können nicht ausschließen, dass in den nächsten Stunden oder
Tagen noch jemand getötet wird. Eine Leiche ist verschwunden, und
unsere Kollegin ist angegriffen worden. Wir sind die Polizisten, und
diese Stadt steht unter unserem Schutz. Die Venezianer wollen, dass
wir den oder die Mörder fassen, und nicht, dass wir uns streiten!«

Morello setzt sich wieder.

»Gebt mir ein bisschen Zeit, nachzudenken. Ferruccio, ich habe dir versprochen, dass ich dir helfen werde. Ich halte mein Versprechen, aber jetzt müssen wir uns auf die Arbeit konzentrieren! Ich werde den Klienten des Opfers aufsuchen, Signor ...?«

»Gabbia. Filiberto Gabbia. So heißt der Klient des Opfers. Er wohnt im Palazzo Gabbia. Ich komme mit«, sagt Ferruccio Zolan.

»Ich komme auch mit«, sagt Anna Klotze.

»Auf keinen Fall! Entweder du gehst freiwillig ins Krankenhaus und lässt dich gründlich durchchecken – oder ich suspendiere dich!«, sagt Morello.

»Schon gut, schon gut«, sagt Anna Klotze und hustet noch einmal.

»Gut. Alvaro, du bringst Anna, Ferruccio und mich ins Krankenhaus. Da wird sich Anna untersuchen lassen, und wir beide fahren weiter zum Palazzo Gabbia. Also los!«

## AUF DEM WEG ZUM PALAZZO GABBIA

Ferruccio Zolan und Commissario Morello sitzen im hinteren Teil des Bootes. Die Wolkendecke ist endlich aufgebrochen. Die Strahlen einer blassen Sonne bahnen sich ihren Weg und wärmen ihre Gesichter. Morello hat die Augen geschlossen und reckt sein Gesicht der Sonne entgegen.

Ferruccio Zolan rutscht auf seinem Sitz hin und her. »Commissario, Sie müssen wissen, dass wir nun eine der ältesten Familien der Stadt besuchen. Palazzo Gabbia ist einer der bedeutendsten Palazzi in Venedig. Diese Familie war früher eine der mächtigsten in Venedig. Sie stammt von einem Dogen ab. Es sind vornehme, aber auch sehr empfindliche Leute, diese Art von Menschen. In Venedig nennt man Signor Gabbia ›den Architekten‹, obwohl er noch nie ein Haus gebaut hat.«

»Keine Angst. Ich blamiere dich nicht, Ferruccio.« Morello hält die Augen weiterhin geschlossen.

Alvaro lenkt das Polizeiboot zu einer Anlegestelle am Canal Grande und deutet mit der Hand auf die Fassade des Palazzo. »Das ist der Stammsitz der Familie Gabbia, Signor Commissario. Wir sind da. Ein prachtvoller Palazzo im gotischen Stil.«

Drei Stockwerke umfasst das Gebäude, errichtet aus gelben Ziegeln. Das erste und das zweite Stockwerk sehen nahezu gleich aus. Auch die beiden Balkone scheinen gleich groß zu sein. Allerdings sind im ersten Stock einige Statuen in die Mauer eingelassen. Leise plätschert das Wasser des Canal Grande durch ein grünes spitzbogiges Portal, das mit einem Gitter gesichert ist.

Alvaro deutet darauf. »Das ist typisch für solche Palazzi.«

»Typisch?«

»Na ja ... fast alle Palazzi haben zwei verschiedene Eingänge. Einer zur Straße hin und daher für jedermann zu erreichen. Der zweite Eingang ist für Boote. Wenn jemand der Polizei entkommen will oder nachts ausgehen möchte, ohne von zu vielen Augen gesehen zu werden ... dann wählt er den Ausgang zum Wasser hin.«

»Danke für die Informationen, Alvaro. Du bist ein hervorragender Fremdenführer.«

Das Polizeiboot hält am Ufer. Morello und Ferruccio Zolan steigen aus. Sie folgen einer enge Gasse, dann stehen sie vor dem Straßeneingang des Palazzo Gabbia. Im Erdgeschoss und im ersten und zweiten Stockwerk befinden sich mehrere Wohnungen einer internationalen Immobilienfirma. Das dritte Stockwerk hat eine eigene Klingeltafel: *Famiglia Gabbia.*

»Gehört nicht der ganze Palazzo der Familia Gabbia?«, fragt Morello.

»Ja, das dachte ich auch. Filiberto Gabbia hat diesen Palazzo geerbt. Seit etlichen Generationen ist der Palast schon im Familienbesitz. Der Vater von Filiberto ist vor ein paar Jahren gestorben.«

»Muss toll sein, einen reichen Vater zu haben«, murmelt Morello.

»Tja. Wenn ich so einen hätte, wohnte ich heute auch in einem so tollen Palazzo.« Ferruccio Zolan drückt auf die Klingel der Famiglia Gabbia.

»Chi è?«, meldet sich eine weibliche Stimme.

»Hier ist die Polizia di Stato. Wir müssen mit Filiberto Gabbia reden«, antwortet Morello in einem betont dienstlichen Tonfall. Zolan zupft an Morellos Arm. »Signor Commissario ... Wie schon Signor Vice Questore Lombardi sagte: Gehen Sie bitte behutsam mit Filiberto Gabbia um ...« Sein Gesicht wird rot.

Morello dreht sich verblüfft zu ihm um. Zolan schaut auf den Boden. »Ich weiß, Sie sind der freie Hund, und ich will Ihre Ermittlungen nicht behindern, aber Leute wie Filiberto Gabbia mit Dogen im Stammbaum sind hier in Venedig sehr wichtig. Wir haben schon einmal die Erfahrung mit solchen Leuten gemacht – im Fall Grittieri.«[*]

»Was ist los mit dir? Schuldest du diesem Filiberto Gabbia etwas? Kennst du ihn?«

»Nein, ich kenne ihn nicht und schulde ihm auch nichts. Aber wie Signor Vice Questore sagte ...«

Morello unterbricht Zolan.

»Lombardi macht sich Sorgen wegen Perloni! Und Perloni macht sich Sorgen um seine politische Karriere! Diese Sorgen gehen mich einen Dreck an! Ich will nur den Mörder und die Person fassen, die Anna Klotze angegriffen hat. Der Rest ist mir scheißegal! Ist das klar?«

Bevor Zolan etwas antworten kann, ertönt ein trockenes metallisches Summen: Die Haustür wird geöffnet. Sie betreten den Palazzo Gabbia.


## PALAZZO GABBIA


Über eine breite Treppe kommen Morello und Ferruccio Zolan im dritten Stockwerk des Palazzo an.

Zolan ist außer Atem und setzt sich auf die Stufen.

»Signor Commissario ... ich brauche eine Minute ... Ein Aufzug wäre nicht schlecht. Diese Leute geben ihr Geld für allen möglichen unsinnigen Mist aus, was weiß ich: für Juwelen, Luxusboote, teuren

---

[*] »Der freie Hund. Commissario Morello ermittelt in Venedig«

Wein, für Bilder, die Millionen kosten, aber nicht für einen Aufzug ... was eigentlich sinnvoll wäre.«

Morello lacht und klopft Zolan auf die Schulter. »Ein bisschen Bewegung tut dir ganz gut.«

Die Tür geht auf, und eine blasse Frau, ca. 1,70 groß, die Morello auf 25 Jahre schätzt, steht mit aufrechter Haltung vor den beiden Männern.

»Buongiorno«, sagt die Frau mit einem Akzent, den Morello nicht zuordnen kann.

Sie hat Augen, schwarz wie sizilianische Oliven. Die ausgeprägten Wangenknochen, die gerade und ein bisschen zu große Nase haben jedoch nichts Sizilianisches an sich. Ihr dichtes schwarzes Haar, das von mehreren Spangen kaum gebändigt wird, reicht ihr weit auf den Rücken. Sie trägt ein knielanges, bunt geblümtes Kleid, das ihre breiten Schultern kaum kaschiert. Über dem Kleid trägt sie ein leichtes schwarzes Jackett, das bis fast zum Hals zugeknöpft ist. Trotz ihrer dunklen Augenringe erinnerte sie Morello an eine der klassischen Statuen, die er als Kind bei Schulausflügen in die Galleria d'Arte Moderna in Palermo gesehen hatte.

»Ich bin Commissario Antonio Morello, und das ist mein Stellvertreter Ferruccio Zolan.«

Ohne einen Ton zu sagen, dreht sich die Frau um und gibt ihnen ein Handzeichen. Sie folgen ihr durch einen langen Flur. Rechts und links gehen unzählige weiße Holztüren in andere Zimmer. Morello stößt Zolan an und zeigt auf die Tapete. Auf schwarzem Hintergrund heben sich aus Goldfäden gestickte Blumen ab. Morello hat diese Art von Wandverkleidungen in den barocken Palästen von Palermo gesehen. Wertvoll. Alles bestimmt teuer. Sehr, sehr teuer.

Am Ende des Flurs öffnet die Frau eine Tür, und Morello und Ferruccio Zolan betreten ein großes, helles Wohnzimmer.

Es ist leer.

Morello schaut verwundert auf den Boden.

»Commissario, hier sehen Sie den berühmten Terrazzo Veneziano. Hunderttausende von kleinen bunten Steinen zusammengestellt für diese Bodenfläche«, flüstert Zolan.

»È bellissimo …«, sagt Morello beeindruckt.

»Ja, aber teuer, sehr teuer. So wie der Kronleuchter. Haben Sie den schon bemerkt?« Ferruccio Zolan deutet zur Decke.

Morello blickt nach oben und sieht an der von Holzbalken gestützten Decke einen riesigen glitzernden Kronleuchter hängen. Er besteht aus einem Gewirr von vergoldeten Eisenarmen, die in drei Etagen Hunderte fein gearbeitete zylindrische Gläser tragen. Am Ende jedes Arms befindet sich eine kleine Schale, abwechselnd in Rot und Grün. Jede trägt eine elektrische Kerze. Grün gefärbte Blätter schmücken den Stamm des Leuchters zusammen mit kleinen farbigen Blüten, die an Veilchen, Mohn und Rosen erinnern. Wie ein bunter Weihnachtsbaum aus teurem Muranoglas.

»Das muss die ganz große Show sein, wenn dieser Kronleuchter leuchtet. Ich kann mir kaum ausmalen, was der wohl kostet«, flüstert Zolan.

Auch hier sind die Wände bestickt mit goldfarbenen Blumen auf einer rubinroten schweren Wandtapete.

Zwei große Fenster fluten den Raum mit Sonnenlicht. Sie führen direkt auf einen großen langen Marmorbalkon. Die zwei Türen in der Mitte sind geschlossen, aber durch die großen Fenster bewundern Morello und Zolan den einzigartigen Ausblick auf den Canal Grande.

»Tut mir leid, dass Sie warten mussten!«

Morello und Zolan drehen sich um. Filiberto Gabbia kommt ihnen mit ausgestreckten Armen entgegen.

Der Mann ist etwa 45 Jahre alt. Keine 1,70 groß. Morello schätzt ihn auf 90 Kilo. Er hält sich aufrecht. Brust und Schultern wirken muskulös, doch alles Training kann die deutliche Wölbung unter seinem weißen Hemd nicht kaschieren. Seine Gesichtsfarbe ist ein helles Rosa, das gut zu seinen Pausbacken passt. Die Haare strohblond, kurz geschnitten. Die Augen leuchten in einem hellen Blau, das von den hellen Wimpern und Augenbrauen unterstrichen wird. Auf Morello wirkt er wie ein Skandinavier. Den Nachfahren eines

Dogen hat er sich anders vorgestellt; irgendwie italienischer. Die Ärmel des weißen Leinenhemds sind bis zu den Ellbogen hochgekrempelt. Es hängt lässig über einer weinroten Hose; dazu Mokassins ohne Socken.

Morello stellt sich und Zolan vor. Gabbia fährt sich mit der Hand durchs Gesicht. Dann berühren sich die drei Männer mit den Fäusten. Auf Filiberto Gabbias rechtem Unterarm glänzt ein Tattoo: eine Art Hut mit kreisförmiger Krone, darauf eine Art Mütze, die sich nach hinten zu einem Zipfel verjüngt. Ein Corno Ducale, die Kopfbedeckung der venezianischen Dogen.

Gabbia wirft sich in einen großen schwarzen Ledersessel. Mit einer Handbewegung fordert er Morello und Zolan auf, sich ebenfalls zu setzen.

»Caffè? Tè? Was kann ich der Polizei anbieten?«

»Wenn Sie ihn mit einer Mokkamaschine zubereiten lassen, einen normalen Kaffee, ansonsten einen doppelten Espresso«, sagt Morello. »Für mich nur ein Glas stilles Wasser«, sagt Zolan leise.

»Afrore!«, brüllt Gabbia plötzlich so laut, dass Zolan erschreckt. Gabbia wendet sich seinen Gästen zu. »Man bekommt heute kein fähiges Personal mehr. Diese hier ist irgendwo dem Balkan entsprungen.« Er schüttelt den Kopf. »Sie müssen entschuldigen. Unsere Haushälterin liegt mit einer Grippe im Bett. Jetzt wird sie von der Küchenhilfe vertreten. Die versteht nicht einmal Italienisch. Wahrscheinlich ist sie eine Analphabetin.«

Die junge Frau steht bereits im Türrahmen.

Gabbia schreit sie an. »Doppio, verstehst du. D-O-P-P-I-O. Und stilles Wasser. WASSER. Verstehst du? DOPPIO und WASSER.«

Die Frau verschwindet.

Gabbia streicht sich erneut nervös über den Kopf. »Am Sonntag veranstalte ich eine wichtige Party. Geschäftsfreunde, ein paar Adelige, deren Wohnungen ich vermiete, ein paar Filmfuzzis, bisschen Politik, gute Mischung. Hoffentlich ist dann meine Haushälterin wieder gesund. Übrigens, Ihr Chef, der Questore Perloni, kommt auch.« Er streicht mit beiden Händen über seine Oberschenkel und beugt sich vor: »Was kann ich für die Polizei tun?«

»Sie wirken nervös«, sagt Morello. »Haben Sie Sorgen? Kommen wir ungelegen?«

Gabbia atmet hörbar aus. »Sorgen? Ich bin in der Immobilienbranche. Da hat man immer Sorgen.« Er lacht, doch seine Augen bleiben starr auf Morello gerichtet. »Auf hohem Niveau natürlich.« Er lehnt sich in dem Sessel zurück. »Aber Sorgen bleiben Sorgen, nicht wahr?«

»Wir wollen mit Ihnen über Paolo Salini sprechen.«

Wieder die nervöse Geste, mit der er sich durchs kurze Haar fährt. »Salini, mein Steuerberater und Buchhalter. Schlimm, schlimm, was mit ihm passiert ist.« Seine Hände wischen über den Stoff seiner Hose.

»Sie wissen, was mit ihm geschehen ist?« Morello ertappt sich dabei, dass er fassungslos auf diesen Mann starrt. »Wer hat Ihnen diese Information gegeben?«

Gabbia starrt ihn verwundert an. »Wer? Na, Ihr Chef. Questore Perloni war so freundlich und rief mich heute Morgen an und überbrachte mir die traurige Botschaft persönlich.« Wieder reibt er seine Hände am Stoff seiner Hose.

Gabbia steht auf und geht zu dem großen Fenster und starrt hinaus auf den Canal Grande. »Waren Sie persönlich am Tatort, Commissario?«

Morello antwortet sanft: »Das war ich. So läuft das wohl hier in Venedig, wenn vermögende Leute in einen Fall verwickelt sind. Da ruft der Questore persönlich an. Doch woher wissen Sie, dass es einen Tatort gab? Ich habe nichts dergleichen gesagt.«

Gabbia fährt herum. Wieder wischt er sich die Hände an der Hose ab. »Hüten Sie Ihre Zunge, Commissario. Ich bin in nichts verwickelt. Ich weiß nur, dass er … Wie ist er gestorben?«

»Er wurde erschlagen.«

Gabbia reißt die Augen auf. Zum ersten Mal wirkt er überrascht. »Erschlagen? Jesus und Maria, das ist schrecklich.« Er schüttelt den Kopf. »Erschlagen«, murmelt er vor sich hin. »Wissen Sie schon, wer es war?«

Er schaut zum Ausgang. »Wo bleibt die blöde Kuh mit dem Kaf-

fee?« Er rennt aus dem Zimmer. Sie hören ihn aus der Küche brül-
len. »Wie lange dauert das denn noch?« Dann kommt er zurück.
Hochroter Kopf. Abwischen der Hände an der Hose. Streichen
über den Kopf. »Schrecklich, schrecklich, das alles. Es sah sicher
schlimm aus am Tatort, stell ich mir vor. Blut, Dinge, die herum-
liegen, und so weiter.«

»Wenig Blut, es lag auch nicht viel herum. Hatte Herr Salini Feinde?«

»Feinde? Salini?« Gabbia schüttelt den Kopf. »Wieso sollte er
Feinde haben? Der machte seine Arbeit. Liebte Zahlen. Soll und
Haben. War immer höflich. Korrekt. Hatte Respekt.«

»Und die Zahlen stimmten. Hoffentlich.«

Gabbia sieht ihn irritiert an. »Ja. Natürlich. Guter Mann, der Salini. Wird schwer zu ersetzen sein.« Er seufzt. »Und Sie wissen noch
nicht, wer …«

Die Hausangestellte trägt ein Tablett mit zwei Tassen Espresso,
einem Glas und einer Flasche Wasser herein.

Gabbia fährt fort. »Sie können offen reden. Die da versteht kein
Wort. Wissen Sie schon, wer es war?«

Die Frau setzt das Tablett auf dem Glastisch ab, stellt Wasserflasche
und Gläser in die Tischmitte. Sie reicht Gabbia die erste Tasse. »Zuerst die Gäste«, brüllt er sie an. Er springt auf und deutet auf Morello. Mit einem kleinen Lächeln sagt er: »Entschuldigen Sie die
schlechten Manieren des Personals.«

Morello antwortet auf Gabbias Frage. »Nein, wir wissen noch nichts.
Zunächst wollen wir mehr über Herrn Salini erfahren. Wenn wir
mehr über sein Leben wissen, kann uns das auf die Spur des Täters führen.«

Die Hausangestellte bringt Morello die Tasse. »Vielen Dank. Sie
sind sehr freundlich«, sagt er. Die dunklen Augen verhaken sich
für eine Zehntelsekunde auf seinem Gesicht. Ihre Mundwinkel ziehen sich für einen kaum wahrnehmbaren Zeitraum nach oben.

»Privatleben von Salini«, sagt Gabbia. »Ich wusste gar nicht, dass
er eines hatte.« Er sieht von Morello zu Ferruccio Zolan. »Ich
pflege keinen gesellschaftlichen Umgang mit … nun ja, Dienstleistern.«

Morello sieht, wie Zolan die Fäuste ballt. Beruhigend legt er seinem Stellvertreter kurz eine Hand auf die Schulter.

Wie tickt dieser Mann, der dir zutiefst zuwider ist, Antonio? Wie konnte Salini für einen solchen Idioten arbeiten? Weil er selbst einer war? Lock ihn aus der Reserve, Antonio.

Doch wie soll er das machen?

Dieser Kerl ist nervös wie ein Rennpferd. Arrogant wie der Kaiser von China. Eitel wie ein Popstar.

Probiere es mit der Eitelkeit, Antonio.

Er sagt: »Ich habe an den Klingelschildern gelesen, die unteren Stockwerke gehören anderen Firmen. Sind Sie in finanziellen Schwierigkeiten?«

Gabbia rudert mit den Armen und stößt ein gurgelndes Geräusch aus. »Schwierigkeiten? Ich?« Sein Auge zuckt mehrmals kurz hintereinander. »Konzentration des Kapitals ist das Zauberwort. Jetzt mache ich mein Vermögen mit Immobilien. Zur Anschubfinanzierung brauchte ich, nun ja, Kapital. Deshalb der vorläufige Verkauf der beiden unteren Stockwerke. Schauen Sie, ich bin ein adliger Venezianer. Mein Vorfahre war ...«

»Ich weiß«, sagt Morello sanft. »Ein Doge.«

»Genau, ein Doge. Deshalb kenne ich quasi alle Adelsfamilien in Venedig. Viele meiner edlen Freunde befinden sich heutzutage in rauen Gewässern – finanziell gesehen. Das gibt niemand gerne zu.«

Gut gemacht, Antonio. Er redet.

»Einen Palazzo im guten Zustand zu erhalten, kostet extrem viel Geld. Ich vermiete ihre Palazzi und Villen für eine bestimmte Zeit an vermögende Menschen in aller Welt. Wie Airbnb, nur quasi in der Luxusvariante. Allen ist damit geholfen. Meine adeligen Freunde können den Unterhalt ihrer Immobilien finanzieren. Texanische Millionäre oder saudische Scheichs fühlen sich quasi für einen Monat oder zwei wie ein europäischer Fürst. Und ich verdiene auch noch dabei.« Er lacht ein meckerndes Lachen.

Morello dreht angewidert den Kopf zur Seite. Doch bei Gabbia hat er eine Schleuse geöffnet. Nun wäre es ihm lieber, er könnte sie wieder schließen. Doch dazu scheint es zu spät zu sein. Gabbia ist aufgesprungen, läuft zu dem großen Fenster und deutet hinaus auf das spektakuläre Panorama des Canal Grande. Er dreht sich um und hebt die Hände in die Höhe wie ein mittelalterlicher Prophet. »Wir werden diese Stadt retten. Wir werden sie in neue Höhen treiben. Hinweg mit dem Massentourismus! Diese besondere Stadt sollen nur noch besondere Menschen betreten dürfen. Meine Idee …« Jetzt kreisen Arme und Hände direkt über seinem Kopf. »Meine Idee ist einfach. Einfach wie alle genialen Ideen.« Gabbias Pausbacken nehmen nun eine ungesunde rote Farbe an. »Wir übertragen meine Idee des Luxus-Airbnb auf die gesamte Stadt. Nur wer ein Komfortticket löst, darf hinein. Dreitagesticket mit Übernachtung in einem Fünfsternehotel inklusive Kunstführung. Fünftagesticket mit Übernachtung in einem Fünfsternehotel inklusive venezianischen Karneval. Inklusive Tintoretto-Führungen. Commedia dell'arte. All diese Sachen. Exklusiv für wenige – das ist das neue Venedig.«

Erschöpft hält er inne. Die Arme fallen nach unten. Dann sagt er leise: »Und ich bin der Schöpfer des neuen Venedigs. Ich, der Nachfahre von Francesco Gabbia.« Dann noch leiser: »Wir bauen eine U-Bahn.«

Morello sieht, wie Zolan den Mann mit offenem Mund anstarrt.

»Sie bauen … was wollen Sie bauen?«, fragt er entgeistert.

Gabbia lächelt versonnen. »Wir bauen eine U-Bahn, die unsere Kunden vom Flughafen in Minuten nach Venedig bringt, zum Lido und nach Murano weiterfährt – die Sublagunare.«

Er schweigt erschöpft. Seine Augen glänzen.

»Zum Glück bin ich hier geboren. Venedig ist eine wunderschöne Stadt, eine Stadt mit *Potenzial*, finden Sie nicht auch, Commissario?«

Er setzt sich wieder in den Sessel. Jetzt wirkt er wieder halbwegs normal.

Morello sagt: »Nicht für alle. Mein Kollege Zolan, der neben mir sitzt, verliert gerade seine Wohnung in Venedig.«

Gabbia schaut irritiert auf Ferruccio Zolan. »Nun … In diesem Segment sind wir nicht …« Morello kann in Gabbias Gesicht sehen, wie sein Gehirn rechnet. »Für den Fall, dass ich etwas erfahre bezüglich einer Wohnung für Sie und Ihre Familie – wie kann ich Sie kontaktieren?«

Ferruccio Zolan hebt überrascht den Kopf. Er zieht seine Brieftasche aus der Jacke, nimmt eine Karte heraus und reicht sie Filiberto Gabbia. »Ich wäre Ihnen so dankbar, Signor Gabbia …«

»Ferruccio! Wir müssen los!«, sagt Morello.

An der Wohnungstür dreht sich Morello um und bedankt sich bei der Haushälterin: »Grazie. Der Kaffee war ganz ausgezeichnet.« Die Haushälterin sieht überrascht auf und lächelt.

## CALLE DEI CERCHIERI

Morello und Zolan reden kein Wort miteinander, während sie die Calle dei Cerchieri entlanglaufen. Die Enge dieser Gasse, die Beschränktheit dieses Gabbia, die Beschränktheit von Zolan, die Enge der ganzen Stadt – du erträgst es nicht mehr, Antonio, stimmt's? »Und? Glaubst du im Ernst, Gabbia beschafft dir eine Wohnung?« Er äfft den Tonfall von Gabbia nach: »Ich pflege keinen gesellschaftlichen Umgang mit … nun ja, Dienstleistern.« Dann: »Er wird nicht einmal den kleinen Finger für dich krümmen.«

»Woher wollen Sie das wissen?« Zolan bleibt stehen. »Der Mann weiß, was es bedeutet, eine Familie zu haben. Er weiß, was es heißt, Verantwortung zu tragen für eine Frau und Kinder. Für eine Firma. Die Dogen haben früher Verantwortung gehabt für ganz Venedig. Sie kümmerten sich. Venedig war eine Weltmacht, Commissario. Warum soll sich also Herrn Gabbia nicht um mich kümmern? Wer weiß.«

»Ferruccio, bist du blind geworden? Hat dir jemand die Ohren abgeschnitten? Dieser Mann redet, als gehörte die Stadt ihm. Als hätte er ein Geburtsrecht auf Venedig. Und jetzt will er die Stadt neu möblieren wie ein Wohnzimmer. Ich sage dir was: So reden die Mafiosi in Sizilien. Die gleiche Haltung. Die gleiche Denkart. Sie denken auch, die Insel gehört ihnen. Sie haben dort die Politik unter Kontrolle. Über das Schutzgeld betreiben sie ein eigenes Steuersystem. Mit

der Omertà betreiben sie ein eigenes Justizsystem, Todesurteile inklusive. Sie denken, sie seien Götter. Genauso denkt dieser Gabbia.«
Ferruccio Zolan bleibt stehen. Er schüttelt den Kopf. »Commissario, wissen Sie, wie Sie mir manchmal vorkommen? Als hätten Sie eine dunkle Brille auf, die kein Licht an Ihre Augen lässt. In Ihrer Brille ist nur ein kleines Loch. Durch dieses Loch sehen Sie immer das Gleiche: die Mafia. Ihr Problem ist nicht die Cosa Nostra. Ihr Problem ist die Brille.«

»Ganz wie du willst, Ferruccio, es ist deine Entscheidung, auf welcher Seite du stehen willst. Ich will dich nur warnen. Filiberto Gabbia hat deine Schwachstelle gefunden und will dich benutzen! Ich weiß noch nicht, was er treibt, und werde ihn unter die Lupe nehmen. Ich habe schon etliche Leute wie Filiberto Gabbia kennengelernt – und glaube mir, diese Leute denken nur an sich selbst! Ab sofort ist er ein Tatverdächtiger. Ich gehe jetzt zu Anna ins Krankenhaus. Du hast Feierabend.«

### KRANKENHAUS SANTI GIOVANNI E PAOLO

Anna Klotze sitzt in einem blauen Schlafanzug aufrecht im Bett. Morello zieht einen Stuhl heran und setzt sich zu ihr. »Und? Was sagen die Ärzte?«
»Alles nicht so schlimm.« Sie lächelt und zieht die Decke bis zum Kinn hoch. »Und Gabbia? Wir war es bei ihm?«
»Ich mag ihn nicht. Arroganz wie ein Mafioso. Er …« Er sieht ihren mahnenden Blick und unterbricht sich. »Als ich ihm sagte, Salini sei tot, wusste er das schon. Der Questore hatte ihn schon angerufen. In Venedig wäscht eine Hand die andere.« Er schüttelt den Kopf. »Erst als ich ihm sagte, sein Buchhalter sei erschlagen worden, war er schockiert. Aber schon ein paar Minuten später redete er nur von sich und seiner Großartigkeit. Welche Pläne er habe und so weiter. Er will eine U-Bahn bauen. Vom Flughafen soll sie nach Venedig gehen, dann weiter zum Lido, Murano und so weiter.«

Anna Klotze schaut ihn verblüfft an. »Eine U-Bahn? Durch die Lagune? Der spinnt ja. Das wäre ein ökologisches Desaster …«

Morello kratzt sich hinter dem Ohr. »Ich weiß nicht, ob er spinnt. Er scheint zu glauben, dass so etwas funktioniert. Abstoßend war, wie er sein Personal behandelt. Fehlte nur noch, dass er die Haushaltshilfe auspeitschte. Der Mann ist wie die Ma… Ich halte ihn für tatverdächtig.«

»Warum?«

»Ich weiß nicht. Ich mag ihn nicht.«

»Antonio, wenn ich alle, die ich nicht mag, für Mörder hielte, müsste man sehr viele Gefängnisse bauen.« Sie gähnt. Dann streckt sie sich im Bett aus.

Morello steht auf. »Ich bin so müde … Heute war ein sehr langer Tag. Vielleicht hast du recht, und Filiberto Gabbia ist einfach nur einer von dem arroganten venezianischen Aristokratenpack.«

»Du brauchst Schlaf, Antonio«, sagt Anna sanft. »Komm her.«

Morello setzt sich lächelnd. »Ja. Ich gehe nach Hause – aber nur, wenn du mir vorher erzählst, wie du den Angreifer getötet hast. Du hast gesagt, du hättest ihm das Genick gebrochen?«

»Das habe ich. Es war reine Notwehr.« Sie kuschelt sich ans Kissen. »Der Typ wollte mich …«

»Er wollte dich – was? Anna?«

Doch sie hat die Augen geschlossen und atmet regelmäßig ein und aus.


## CASTELLO


Auf der Via Giuseppe Garibaldi sind Bars und Restaurants geöffnet. Immer noch stehen Tische und Stühle im Freien, besetzt von jüngeren und älteren Leuten. Es ist dunkel geworden. Nebel zieht auf. Morello hört italienische Stimmen, und viele reden im venezianischen Dialekt. Heute sitzen keine Touristen hier.

Er läuft zielstrebig bis zur Quintavalle-Holzbrücke. Heute gönnt er der trüben Brühe keinen Blick. Vor seinem Haus sucht er seine

Schlüssel. In der linken Hosentasche sind sie nicht. In der rechten auch nicht. Er unterdrückt einen leichten Anflug von Panik. Rechte Jackentasche – nichts. Linke Jackentasche – er atmet erleichtert aus. Warum sind bei ihm die Schlüssel immer in der letzten Tasche? Er überlegt, dass er künftig einfach anfangen sollte, zuerst in der letzten Tasche zu suchen. Aber dann wäre sie nicht mehr die letzte, sondern die erste Tasche. Es würde nicht funktionieren. Oder? Du solltest keinen Unsinn denken, Antonio. Hast du nicht genug in deinem Kopf? Musst du noch richtigen Quatsch dazupacken? Er dreht sich um und schaut zum schiefen Turm. Nein, er fühlt nicht mehr die alte Angst, dass der Campanile auf ihn stürzen könnte. Er muss über sich selbst lächeln.

Morello geht den Steinweg bis zur Brücke San Pietro und setzt sich auf die Treppe. Vor ihm liegt der Kirchplatz. Sechs Straßenlaternen versuchen, den Nebel zu durchdringen. Um Energie zu sparen, hat die Stadtverwaltung die Beleuchtung der Basilika ausgeschaltet. Er erkennt die große grüne Tür am Eingang der Kirche nur undeutlich. Sie wird von vier großen Säulen umgeben. »Vier Säulen, ein Quadrat und zwei Dreiecke«, so hatte er zu seiner Freundin und Nachbarin Silvia vor der Kirche San Giorgio Maggiore gesagt. Sie hatten viel gelacht, und sie hatte ihm das Architekturkonzept von Andrea Palladio, ihrem Lieblingsarchitekten, erklärt: »Er hat das Gleichgewicht zwischen maximaler Helligkeit und den perfekten geometrischen Formen gefunden. Ein Symbol für die göttliche Macht.« Das gilt auch für diese Fassade. Ein großartiger Anblick. Es ist nicht Sizilien, nur Venedig; trotzdem, erstaunlicherweise ein großartiger Anblick. Die Bäume mit ihren bereits gelb und braun gefärbten Blättern schmücken den Platz vor der majestätischen Kirche. Der schiefe Turm liegt im Dunkeln und wacht trotzdem wie ein gebückter alter Soldat über die Insel San Pietro di Castello und ihre Bewohner.

Aber dieses Wetter! Er stellt den Kragen seiner Jacke hoch. Es ist feucht und kalt, zumindest empfindet er es so, anders als die Leute in der Via Giuseppe Garibaldi, die immer noch draußen sitzen und essen und trinken, als wäre es Sommer oder als stammten sie von Eskimos ab.

Der Geruch von Salzwasser. Auf dem Kanal brechen sich die Lichtreflexionen und tanzen auf dem Wasser. Er denkt an Sizilien, an Cefalù. An die vielen schönen Abende, die er zusammen mit Salvo, seinem Freund seit Kindertagen, an der Hafenpromenade bei einem Glas Wein verbrachte.

Sein Blick fällt auf die Fenster von Silvias Wohnung im Erdgeschoss. So wie bei den anderen Fenstern brennt auch dort kein Licht. Es ist still, und kein Geräusch ist zu hören. Fast absolute Stille. Er versucht, sich auf diese Stille zu konzentrieren, aber sein Kopf weigert sich hartnäckig, zur Ruhe zu kommen.

Was hat Anna gesagt? Sie behauptet, gegen einen Boxer, gegen einen Profiboxer gekämpft und ihm das Genick gebrochen zu haben. Kann er das glauben? Hatte sie einen Blackout? Hat sie fantasiert? Morello weiß, wie stark und gefährlich Profiboxer sind. Er war in Cefalù bei Boxkämpfen gewesen und hat dort solche Kampfmaschinen kennengelernt, muskelbepackt, beweglich und schnell, mit kurzen, starken Hälsen. So einem will sie das Genick umgedreht haben? Wo will sie das gelernt haben? Morello schüttelt den Kopf. In Sizilien hat Anna sein Leben gerettet. Mit nur zwei Schüssen. Mit zwei präzisen Kopfschüssen. Den einen in die Stirn, den anderen in die Wange. Das ist recht ungewöhnlich für eine einfache Polizistin. Er grübelt, aber er findet keine Erklärung.

Und diese Software. Sind die Arbeitsplätze seines Teams in Gefahr? Kann er sie retten? Aber wie? Und will er die Arbeitsplätze überhaupt retten?

Der Mord an Paolo Salini. Er will diesen Fall lösen. Filiberto Gabbia – wie dieser Widerling die Angestellte behandelt hat. Doch ist Gabbia die richtige Spur? Ferruccio Zolan glaubt das nicht. Doch sein Gefühl sagt ihm, dieser Mann trägt Schuld. Vielleicht zweifelt noch der Kopf, doch sein Herz ist sich sicher.

Nun fühlt er sich besser. Alle Fragen, die ihn quälen, sind offen – aber Morello sieht nun klarer. Er steht auf, läuft zur Haustür und schließt sie auf.

Er dreht sich noch einmal um und betrachtet den schönen Platz.

»Buonanotte, Venezia.«

# 2. TAG
## DIENSTAG

## MORELLOS WOHNUNG

Ein kleines Haar zittert.

Es ist ein kräftiges, borstiges kleines Haar, das bei jedem Luftzug vibriert. Es ist dunkel, nahezu schwarz und deshalb kaum zu sehen, weil es sich in der Höhle, in der es wächst, nicht von dem dunklen Hintergrund abhebt. Mit jedem Atemzug kitzelt die Spitze des Haares die empfindliche Schleimhaut in der Nasenspitze des Commissarios.

Im Schlaf bläst Morello mehrmals einen festen Luftstoß durch die Nasenöffnung. Das verschafft ihm für einen Augenblick Erleichterung. Doch als seine Atemzüge wieder regelmäßig fließen, kitzelt ihn das verfluchte Haar erneut. Mit einer unwirschen Bewegung wischt er sich mit dem Handrücken übers Gesicht.

Und ist wach.

Im gleichen Augenblick hört er die Kirchenglocke des schiefen Turms neben seiner Wohnung.

Kling-dong, kling-dong, kling-dong ...

Cazzo, es waren nicht diese Glocken, die ihn aus dem Schlaf gerissen haben, sondern ein Nasenkitzeln. Die Glocken dröhnen vielleicht schon minutenlang. Das kann nur eines bedeuten: Er hat sich an den Glockenlärm gewöhnt. Und das ist gar nicht gut.

Cazzo, er will sich in dieser Stadt an nichts gewöhnen. Nicht an die Touristenmassen, nicht an die stinkenden Kanäle und erst recht nicht an diesen dröhnenden schiefen Turm direkt neben seinem Schlafzimmer. Immerhin: Lombardi hat versprochen, ihn zurück in seinen Heimatort Cefalù in Sizilien zu versetzen, wenn er den Mörder von Paolo Salini gefasst hat.

Er zieht sich die Decke über den Kopf und schließt die Augen.

Kling-dong, kling-dong, kling-dong …

»Verfluchte Stadt!«, schreit er und springt aus dem Bett.

Ein Handtuch um die Hüfte gewickelt kommt er aus dem Bad und geht in die Küche. Dort startet er sein geliebtes morgentliches Ritual. Er schaltet das kleine Radio an, nimmt den Bialetti-Espressokocher aus dem Schrank und stellt ihn aufs Spülbecken.

Das Radio spielt einen Song von Lucio Dalla: Balla balla ballerino. Gut gelaunt singt er mit und bewegt sich im Rhythmus der Musik. Schraubt das Kannenoberteil ab, hält den Kessel unter den Wasserhahn und lässt mit einem schmalen Strahl Wasser hineinlaufen. Dann überprüft er die Feineinstellung des Mahlwerkes, korrigiert sie ein wenig, sodass das Pulver heute etwas feiner wird, gibt die Bohnen hinein, die seine Mutter ihm letzte Woche aus Sizilien geschickt hat, mahlt sie, füllt das Pulver mit einem Teelöffel sorgsam in das Sieb, drückt es leicht an, schraubt das Oberteil auf den Kessel und stellt das Gerät auf die Flamme des Gasherdes.

Das Lied ist zu Ende. Es folgen die Nachrichten. »In Venedig wurden zwei Touristen festgenommen, weil sie eine Gondel gestohlen haben sollen. Die beiden Franzosen sollen die Gondel von der Accademia-Station neben der gleichnamigen Brücke entwendet haben, um eine Spritztour auf dem Canal Grande zu machen. Einheimische alarmierten die Polizei, weil ihnen auffiel, dass die Gondel im Zickzack hin und her fuhr. Giorgio Bognolo, der Besitzer der Gondel, wurde um 3.10 Uhr von der Polizei angerufen. ›Sie benutzten es als Kanu, aber eine Gondel lässt sich nicht wie ein Kanu steuern, sie fährt nicht geradeaus. Die Polizei hat uns voneinander abgehalten, aber ich hätte sie gerne verprügelt.‹

Heute findet im Consiglio regionale, dem Parlament von Venetien, eine wichtige Abstimmung über den Ausbau des Flughafens

Marco Polo statt. Da sich zuletzt auch die Partei LIGA dafür ausgesprochen hat, ist die Zustimmung nur noch eine Formsache. Wegen Warnstreiks kommt es heute zwischen 8.00 und 20.00 Uhr zu Flugausfällen.«

Immer noch nur mit Handtuch bekleidet geht Morello zurück ins Schlafzimmer. Er schiebt die Gardinen ein Stück zur Seite und schaut nach draußen. Leichter Nebel umhüllt den Glockenturm und den gesamten Platz vor der Kirche San Pietro di Castello. Morello schüttelt sich. Norditalien. Was erwartest du hier schon vom Wetter, Antonio?

Dann schlüpft er in Hemd und Hose.

Als er zurück in die Küche kommt, röchelt die Bialetti bereits fröhlich und signalisiert ihm: Der erste Espresso des Tages ist fertig. Pfeifend füllt er die tiefschwarze Flüssigkeit in eine kleine Tasse, rührt einen Löffel Zucker hinein. Er schließt die Augen und hebt langsam die Tasse zum Mund.

Sizilien – bald bin ich zurück.

Cazzo, der Tag kann beginnen.

Pünktlich um acht Uhr klingelt es.

»Buongiorno, Commissario.«

Claudio betritt mit einer großen Papiertüte und einer Zeitung Morellos Wohnung.

Morello hat den jungen Mann mal sanft, mal deutlicher gezwungen, seinen früheren Beruf als Taschendieb aufzugeben. Er drohte, ihn ins Gefängnis zu stecken, wenn er nicht aufhöre, Touristen zu bestehlen, aber er gab ihm auch den nötigen Kredit, damit der Junge einen Bootsführerschein machen konnte. Zufrieden registriert Morello, dass Claudio offensichtlich in seinem neuen Beruf als Chauffeur eines Lastboots Erfolg hat. Die helle Cargohose ist ohne Flecken und scheint neu zu sein. Auch die dazu passenden Turnschuhe wirken neu und sind farblich stimmig ausgesucht. Nur die Aufschrift des T-Shirts lässt ihn für einen Augenblick die Stirn runzeln. Auf der linken Seite, dort wo Claudios Herz pocht, ist der Öffner einer Sardinendose zu sehen. Darunter steht: Hier öffnen. »Originelles T-Shirt. Du bist tatsächlich pünktlich. Hoffentlich hast du ein paar Cornetti mitgebracht?«

»Vier, Signor Commissario. Eins ist für mich. Drei für Sie. Ich habe noch nicht gefrühstückt. Auch eine Zeitung habe ich gekauft.« Morello greift nach der Papiertüte und zieht ein Cornetto raus. Er begutachtet das Cornetto und findet das winzige Loch an der Seite des Hörnchens.

Claudio: »Alla Crema! Genau so, wie Signor Commissario es mag.«

»In der Küche gibt es einen doppelten Espresso für dich.«

Kurz danach sitzen sie an Morellos Tisch und frühstücken. Morello beißt in das Cornetto und lobt die süße Creme.

Claudio hat sein Gebäck bereits verschlungen. Er starrt auf die Papiertüte. »Vielleicht genügen dem Commissario heute Morgen zwei Cornetti. Dann könnte ich …«

Er wartet die zustimmende Geste Morellos nicht ab. Seine Hand schnellt zur Papiertüte und zieht das nächste Cornetto heraus.

»Sie sollten die Zeitung lesen, Signor Commissario«, sagt er dann mit vollem Mund. »Gestern ist ein Mann in Venedig getötet worden.«

Morello trinkt einen Schluck Kaffee. »Ja, Claudio, ich weiß. Ich bin der Commissario in dieser Stadt, in der die Kirchenglocken ständig läuten und die Menschen nicht schlafen lassen.« Er greift sich die Zeitung. Elena Parisi hat den Artikel über den Mord an Salini geschrieben. Er kennt sie von den beiden zurückliegenden Fällen. Eine sorgfältig arbeitende Journalistin. Er überfliegt ihren Artikel. Sie deutet an, dass ein Mord »an einem Buchhalter der vermögenden Klasse Venedigs« noch manche unangenehme Wahrheit ans Tageslicht bringen könne. Morello schmunzelt. Wenn jemand die vermögende Klasse der Stadt kennt, dann diese Frau mit der spitzen Feder.

Claudio wischt sich mit dem Handrücken über den Mund. »Sie wollten mit mir reden, Commissario? Doch sicher nicht über den Lärm des Campanile.«

»Nein. Du kennst Venedig wie deine Hosentasche. Du bringst doch mit deinem Boot Waren frühmorgens nach Dorsoduro. Ist dir gestern Morgen etwas aufgefallen? Oder hast du den Mann, der in der Zeitung abgebildet ist, früher schon einmal frühmorgens gesehen?« Morello gibt ihm die Zeitung. »Schau genau hin.«

Claudio wirft einen kurzen Blick auf das Papier und starrt dann wieder Morello an. »Der sieht nicht aus wie ein Venezianer. Er kommt bestimmt von auswärts.«

»Also nicht. Du kennst ihn auch nicht aus deinem kriminellen Umfeld? Deinem früheren kriminellen Umfeld, meine ich natürlich … Wieso starrt du mich so an?«

»Die Haare, Commissario. Sie sind so …«

Morello fährt sich mit beiden Händen über den Kopf. »Was ist mit meiner Frisur?«

»Es ist … äh, nicht die Frisur.« Claudio steckt den letzten Bissen des Cornettos in den Mund und kichert leise.

Morello steht auf, geht in den Flur, betrachtet sich im Spiegel, kommt zurück und setzt sich.

»Ich sehe ganz normal aus«, sagt er. »Ich bin frisiert und frisch rasiert. Entweder du redest mit mir in klaren italienischen Worten oder du hältst die Klappe.«

»Gut, gut, ich halte die Klappe.«

»Hast du den Mann schon einmal gesehen?«

Claudio schaut erneut kurz auf die Zeitung. »Ihre Haare sind sehr lustig, Herr Commissario.«

»Rede keinen Unsinn. Konzentrier dich auf das Bild. Meine Frisur ist in Ordnung.«

»Es ist nicht Ihre Frisur. Ich meine das Büschel Haare, das aus Ihrer Nase wächst.«

»Mir wachsen keine Haare aus der Nase. Bei meinem Vater war das so. Er hatte mehr Gestrüpp unter seinem Riechkolben als auf dem Kopf. Aber ich habe so etwas nicht. Denn ich bin dazu zu jung. Und jetzt schau auf das Foto und …«

»Gut, Commissario, wenn das so ist, dann sehe ich in Ihrem Gesicht eine Fata Morgana.«

Verärgert greift sich Morello an die Nase. Tatsächlich, sein Daumen und sein Zeigefinger ertasten einige robuste Haare an seinem rechten Nasenloch.

»Cazzo.«

Claudio betrachtet gelangweilt die Fingernägel seiner rechten Hand. »Commissario, ich könnte Ihnen helfen.«

Morello tastet immer noch sein Gesicht ab. Auch am linken Nasenloch kann er einige Haare greifen. »Jetzt schlagen tatsächlich die schlechten Gene meines Vaters durch.« Wieder und wieder befühlt er die kräftigen Haare, die eindeutig ihre Wurzeln in seiner Nase haben. »Wie willst du mir helfen?«

»Keine Sorge, Commissario. Der Schmerz ist nur kurz.« Claudio steht auf, kommt um den Tisch herum auf ihn zu und stellt sich hinter ihn.

Morello dreht den Kopf zur Seite und sagt: »Mach keine Show. Ich will nur wissen, ob du den Mann …«

Dann geht alles schnell. Claudios linker Arm umfasst Morellos Brust und hält sein Kinn fest. Es ist ein energischer Griff. Claudios Kraft und seine Verblüffung bewirken bei Morello eine Art Schockstarre. Der Junge kippt den Stuhl zurück, sodass er nur noch auf den hinteren Beinen steht. Der Kommissar rudert mit den Armen. Dann sieht er ein Einwegfeuerzeug vor seinem Gesicht. Dann eine Flamme.

Dann ein zischendes Geräusch.

Dann zischt es noch einmal.

Claudio kippt den Stuhl zurück. Er geht zu seinem Platz zurück, nimmt einen Schluck Espresso und sagt: »Jetzt, il mio commissario, sehen Sie um einiges besser aus.«

Es riecht nach verbranntem Haar.

Claudio will lachend zur Tür hinaus entfliehen, doch Morello ist längst aufgesprungen, greift nach seiner Schulter und zieht ihn auf den Stuhl zurück. »Jetzt hattest du deinen Spaß. Doch nun gibt es keine Ausflüchte mehr. Rede – oder ich nehme dich fest. Tätlicher Angriff auf einen Polizeibeamten.«

Claudio lächelt. »Und vor Gericht erzähle ich, wie ich Ihnen die

Nasenhaare abgebrannt habe. Das wird eine lustige Verhandlung, Herr Commissario. Aber ich versichere Ihnen bei allem, was mir heilig ist: Ich kenne diesen dünnen Mann nicht. Ehrenwort. Mir reicht dieser weiße Geist, der mir morgens bei der Arbeit folgt.« Morello faltet die Zeitung auf und überfliegt die Schlagzeilen. »So so, ein Geist folgt dir. Was für ein weißer Geist?«

»Dreimal in der Woche bringe ich frühmorgens Lebensmittel nach Dorsoduro. Ich halte mit meinem Boot an der Kirche des Erzengels Raphael und lade dort aus.«

»Mmh. Und?«, knurrt Morello, steht auf und trägt die leeren Tassen in die Küche.

»Das ist in der Nähe von der Stelle, wo dieser arme Mann umgebracht wurde.«

Morellos Kopf schnellt um die Ecke. »Was ist das für ein weißer Geist?«

»Ein weißer Geist. Ich sehe ihn nie richtig. Manchmal ist er da. Manchmal nicht. Er bewegt sich auf der anderen Seite des Kanals. Manchmal langsam. Manchmal scheint er sich um sich selbst zu drehen. Er tanzt dann auf dem Ufer der Fondamenta de la Pescaria. Es sieht aus, als trüge er einen weißen Umhang. Vielleicht bilde ich es mir aber auch nur ein. Es ist unheimlich. Jedes Mal, wenn ich die Kisten aus dem Boot schleppe, gucke ich, ob der Geist mit dem weißen Umhang da ist oder nicht.« Claudio schüttelt sich.

Morello kommt schnell aus der Küche und stellt sich neben Claudio. »Jetzt denk ganz genau nach: Um wie viel Uhr siehst du deinen mysteriösen Geist im weißen Gewand?«

»Da brauche ich nicht viel nachzudenken, Commissario. Halb fünf. Oder Punkt fünf. Je nachdem, wie lange ich unterwegs bin.«

»Lieferst du morgen früh dort wieder aus?«

»Certo.«

»Gut, dann komme ich mit.«

»Ah, mon petit commissaire préféré!«
Kaum hat Morello die Glastür geöffnet, die zur Notaufnahme führt, als eine wohlbekannte resolute Stimme ihn empfängt. Eine korpulente Krankenschwester stellt sich ihm in den Weg und stützt ihre kleinen Hände in die Hüften. »Sie wollen sicher zu Ihrer Kollegin? Mon Dieu, was macht ihr da eigentlich für Sachen? La pauvre petite! Grün und blau hat man das junge Ding geprügelt. Incroyable!« Er zuckt die Schultern und lächelt ihr zu. Wie gut, dass die französische »Madame« heute Dienst hat. Seit sie ihm bei seinem letzten Fall so unkompliziert geholfen hat, vertraut er ihr.

Sie ergreift ein Klemmbrett, studiert die Einträge und schüttelt den Kopf. »Die Untersuchungen sind abgeschlossen. Sie ist noch auf dem Stationszimmer, wo sie heute Nacht zur Beobachtung war. Aber jetzt gerade sind die Ärzte bei ihr. Visite. Ihr Rendezvous muss also noch etwas warten. Quelques minutes.«

Sie führt Morello bis vor das Zimmer, dann geht sie zurück Richtung Glaskasten der Notaufnahme. Nach einigen Schritten dreht sie sich um: »Ah oui, wie geht's unserem afrikanischen Freund und seinem Mädchen, das Sie gerettet haben?«*

In diesem Moment öffnet sich die Tür des Krankenzimmers. Drei Ärzte und einige Schwestern treten auf den Flur. Morello hält dem ältesten Arzt seinen Ausweis vors Gesicht. Der Mann trägt einen langen weißen Kittel, der ihm über die Knie reicht. Um seinen Hals baumelt ein Stethoskop. Ein langes hageres Gesicht mit zwei tiefen Mundfalten und einer spitzen Nase blickt nur kurz auf Morellos Dokument. Dann sehen ihn zwei braune Augen an, die durch eine randlose Brille merkwürdig vergrößert aussehen. »Prof. Dr. Mario Flamini« steht auf dem Namensschild auf seiner Brust.

»Wie geht es meiner Kollegin?«

»Signorina Anna Klotze geht es gut«, sagt der Arzt. Als wäre er verlegen, greift er sich mit der rechten Hand an den Kopf und reibt

---

* Siehe: »Der Tintenfischer. Commissario Morello ermittelt in Venedig«

sein Ohrläppchen zwischen Daumen und Zeigefinger. »Wir haben sie gründlich untersucht. Erfreulicherweise zeigen CT und MRT keine Befunde. Auch sonst gibt es keine Hinweise auf eine Gehirnschädigung. Die Patientin muss sich schonen, aber sie kann nach Hause.«

Dr. Flamini lässt sein Ohr in Ruhe und wendet sich zum Weitergehen ab. Sofort setzt sich auch sein Gefolge aus weißen Kitteln in Bewegung. Doch da bleibt der Arzt noch einmal stehen, überlegt kurz und dreht sich noch einmal um. »Auf ein Wort noch, Commissario.«

»Ja, bitte? Stimmt etwas nicht? Ich dachte, mit meiner Kollegin sei alles in Ordnung?«

Erneut reibt Dr. Flamini sein rechtes Ohr. »Sie ist in Ordnung. Kann auch nach Hause. Schonung natürlich. Aber … ich habe so etwas bei einer Frau noch nie gesehen. Wissen Sie, ich habe als junger Arzt im medizinischen Dienst bei großen Box- und Kampfshows in Rom gearbeitet. Ich habe unzählige Verletzungen durch die Einwirkung von stumpfer Gewalt auf trainierte Körper gesehen und behandelt. Frau Klotze hat zahlreiche Hämatome am Oberkörper und den Armen. Diese entstehen, wenn stumpfe Gewalt auf die oberen Hautschichten einwirkt – durch Schläge zum Beispiel. Die Blutgefäße im Körpergewebe werden verletzt und erzeugen diese typische rotblaue …«

»Was genau wollen Sie mir sagen?«

»Nun.« Der Arzt lässt sein Ohr los und betrachtet seine Hand, als sähe er sie zum ersten Mal. »Bei einem heftigen Schlag wird die Elastizitätsgrenze der Haut überschritten. Es entsteht eine Platzwunde.«

»Aha, sehr interessant. Dr. Flamini, bitte, was …«

»Frau Klotze musste einige heftige Schläge einstecken. Sie hat Prellungen und einige kräftige Hämatome. Aber bis auf eine Verletzung am Kopf hat sie keine einzige Platzwunde. Verstehen Sie?«

»Nein …?«

»Frau Klotze ist eine außergewöhnlich gut trainierte Person, wirklich außergewöhnlich. Sie hat die meisten Schläge, die sie einstecken musste, sehr schnell absorbiert. Das heißt: Unsere Signorina ist nicht nur topfit, sondern auch kampferprobt, jedenfalls in dieser Form des Kampfes. Hinzu kommt: Diese Art der Prellungen und Hämatome habe ich bisher nur bei Kämpfern von gemischten Kampfsportarten gesehen; also Kämpfe, bei denen mit Händen und Füßen gefightet wurde. Für eine Frau ...«

Wieder greift seine rechte Hand an sein Ohrläppchen. »Wirklich außergewöhnlich. Sehr außergewöhnlich.«

»Danke, Doktor«, sagt Morello und zwängt sich an ihm und an seinem Tross vorbei in Anna Klotzes Krankenzimmer.

Überrascht bleibt er stehen. Anna Klotze sitzt bereits in Uniform auf dem Bett.

»Was machst du denn hier?«, fragt sie, als sie Morello sieht. Sie verzieht das Gesicht. »Mit dir habe ich am wenigsten gerechnet.«

Ihre Füße gleiten auf den Boden. Sie schneidet erneut eine Grimasse.

Morello sagt: »Du hast noch Schmerzen. Vielleicht ist es besser, du bleibst noch einen Tag hier.«

Vorsichtig geht sie zwei Schritte und atmet zischend die Luft in die Lungen ein. »Du hast mich allein zu der Befragung geschickt, die jeder Polizeischüler hätte erledigen können. Und als ich angegriffen wurde, hast du das Telefon nicht abgenommen. Du musst jetzt also nicht so tun, als interessierten dich meine Schmerzen.«

»Anna, ich ...«

»Auf ins Kommissariat. Wir müssen einen Mörder fangen.«

## PALAZZO GABBIA (2)

»Das Geld ist weg, und du hast keine Ahnung, wer es hat? Im Ernst? Ist es das, was du mir gerade sagen willst?«

Filiberto Gabbia hängt so schlapp in dem mit hellblauer Seide bezogenem Sessel, als hätte ihm jemand das Rückgrat herausoperiert. Er nickt heftig: »Du musst mir helfen, Giulio. Das ist die größte Katastrophe, die uns passieren konnte.«

Giulio Scarpa, sein bester Freund seit unbeschwerten Kindertagen, sitzt ihm gegenüber und starrt ihn an. »Und du hast tatsächlich keine Ahnung, wer das Geld jetzt hat?«

Gabbia schüttelt den Kopf. »Null.«

Scarpa reibt sich mit der rechten Hand über die Stoppeln seines Dreitagebarts. »Wir müssen einen ruhigen Kopf bewahren, Filiberto. Ruhig sein. Das ist natürlich schlecht für uns. Eine Panne – nur einen Millimeter vor dem Ziel.«

Gabbia stemmt sich aus dem Sessel. »Ich bin nicht ruhig, Giulio. Ich stehe quasi unmittelbar vor einer Panikattacke. Oder einem Herzanfall. Oder beidem.«

»Bleib ruhig. Du hast keinen Ansatzpunkt, was schiefgelaufen ist?

Wer das getan haben könnte?«

»Null.« Gabbia steht auf, läuft zum Fenster und kommt zurück. »Willst du noch einen Kaffee?«

Giulio Scarpa nickt. »Wir müssen die Lage analysieren, Fili.« Er verwendet den Kosenamen, mit dem Gabbia in seiner Kindheit gerufen wurde. Gabbia hasst diesen Namen. Er steht auf und klatscht in die Hände. Kurz danach geht die große Flügeltür auf, und die Haushälterin steht im Raum.

»Zwei Kaffee«, schreit Gabbia, als hätte er es mit einer Schwerhörigen zu tun.

»Zweie Kaffä«, wiederholt die Frau und verschwindet wieder.

»Ich habe nur Idioten um mich herum«, seufzt Gabbia. »Nur Idioten. Du wirst sehen, diese Analphabetin bringt uns bestimmt Tee.« Er rutscht zurück in seinen hellblauen Sessel. »Ich brauche deine Hilfe, Giulio.«

»Wieso hatte dein Buchhalter keinen Begleitschutz dabei?«, fragt Scarpa.

»In Venedig? Frühmorgens? Ich bin nicht einmal auf die Idee gekommen, dass etwas passieren könnte.«

Scarpa streicht sich erneut über das Kinn. »Das war ein Fehler, Fili. Das hätte dir nicht passieren dürfen.«

»Nenn mich nicht Fili.« Er windet sich in der blauen Seide. »Wenn wir deinen Buchhalter geschickt hätten, dann wäre der jetzt tot, und das Geld wäre auch weg.«

»Haben wir aber nicht, Fili, haben wir nicht. Jetzt müssen wir das Geld finden. Das Geld finden und dich da rausziehen.«

Die Haushälterin bringt den Kaffee. Scarpa schweigt.

»Du kannst ruhig weiterreden. Die versteht kein Italienisch.«

»Gut, wir müssen zwei unterschiedliche Themen betrachten. Erstens: Was ist mit der Abstimmung? Zweitens: Wie bekommen wir das Geld wieder? Hast du mit Zanca von der LIGA schon gesprochen?«

Gabbia hüstelt. »Die haben mich gestern früh schon angerufen. Deren Boten haben die Leiche gesehen. Sie wussten sofort, da ist kein Geld. Also sind sie wieder abgezogen. Sie haben auch in der Wohnung von Salini nachgeschaut. Da war das Geld auch nicht. Sie sagen glasklar: Wir haben eine Abmachung. Ohne Geld rühren sie sich nicht.«

»Mist. Das ist ganz großer Mist, Fili. So kurz vor dem Ziel.«

»Nenn mich nicht Fili. Ich weiß, dass es Mist ist.«

»Plan Nummer eins: Ich rede mit den LIGA-Leuten, dass sie die Abstimmung verschieben. Den Antrag nicht ablehnen, sondern verschieben. Nur so lange, bis wir das Geld haben. Dann sollen sie die Abstimmung wieder auf die Tagesordnung setzen. War die Polizei schon da?«

»Ja. Ein jüngerer Commissario und ein älterer. Der Commissario hat so gefragt, als hätte ich das Geld genommen.«

Scarpa steht auf und streckt sich. »Plan Nummer zwei. Deine Aufgabe: Du musst ganz eng an der Polizei dranbleiben. Dein liebenswerter Buchhalter ist gestorben. Du leidest. Du fühlst dich verantwortlich. Du willst, dass der Täter gefasst wird. Drück auf die Tränendrüse. Wir müssen alles wissen, was die Polizei weiß. Wenn dieser Commissario an dem Geld dran ist, müssen wir es vor ihm kriegen. Verstehst du?«

»Absolut.«

»Also geh zu ihm. Sei nett zu ihm. Quetsch ihn aus.«

»Mach ich. Versprochen.«

»Wenn er sich querstellt, gehen wir an seinen Vorgesetzten. Der Questore ist noch einer von den Alten. Raffiniert, aber strunzdumm. Die LIGA-Leute wollen ihn schon lange durch einen der ihren ersetzen, so einen richtigen strammen. Aber dieser Questore Perloni ist nicht doof, er hat die dunklen Wolken bemerkt, die sich über seinem Kopf zusammenziehen. Gerissen, wie diese Typen nun mal sind, hat er sich in Rom um ein Projekt beworben.«

»Was für ein Projekt, Giulio? Wovon redest du?«

»Künstliche Intelligenz. Das datenbasierte Programm sagt mittels Mustererkennung Verbrechen voraus, bevor sie begangen werden. Perloni hat so ein Pilotprojekt für Venedig an Land gezogen. Er will damit die Taschendiebstähle beenden. Wenn ihm das gelingt, ist er unangreifbar. Es ist sein Strohhalm.«

»Giulio, es ist unglaublich, was du alles weißt. Danke, mein Freund, dass du auf meiner Seite stehst.«

Scarpa umarmt seinen Freund. »Wozu hat man Freunde, Fili? In der Not bewährt sich die Freundschaft. Und du steckst wirklich tief in der Scheiße.«


### VOR DEM KRANKENHAUS


Fünf Finger kreisen um ihren Bauchnabel. Die Hand verschwindet fast vollständig unter dem grünen Stoff. Sie führt sanft kreisende Bewegungen über ihrer Hüfte aus. Bei jeder Bewegung zieht sich das Shirt ein wenig nach oben, sodass Morello die grün-rot-braun-blaue Farbe eines ausgedehnten Hämatoms erblicken kann.

»Bist du okay? Kannst du gehen? Oder soll ich das Polizeiboot rufen?«

Anna Klotze und Antonio Morello stehen vor dem Eingang des Krankenhauses. Der Campo Santi Giovanni e Paolo ist nahezu menschenleer. Ein Kellner öffnet die großen Schirme, um die Stühle und Tische im Außenbereich des Restaurants trocken zu halten. Die ersten Tropfen lassen bereits den Kopf des Kriegsherrn Colleoni glänzen, der auf seinem Reiterdenkmal stoisch Wache hält.

»Ich glaube, es wird bald richtig regnen, Anna …« Er schaut sich um, aber Anna Klotze steht nicht neben ihm. Sie ist gerade zehn

Meter weitergegangen und bleibt schon wieder mit verzerrtem Gesicht stehen. Eine Hand hat sie auf ihren Bauch gelegt. Morello schließt zu ihr auf. »Anna, was ist? Kannst du gehen?«
Sie hebt den Rand des T-Shirts hoch und betrachtet ihre Hüfte. »An dieser Stelle hat dieser Bastard mir einen Volltreffer verpasst. Aber – keine Sorge: Ich kann gehen. Komm, wir haben viel Arbeit vor uns.«
Eine Frau mit einem Baby auf dem Arm flüchtet vor dem einsetzenden Regen in einen Souvenirladen.
Anna hakt sich bei Morello ein.
Nach ein paar Schritten sagt er: »Der Doktor meinte, dass du die Schläge erstaunlich gut absorbiert hast. Er schien tief beeindruckt.« Morello wartet auf eine Antwort oder eine Bemerkung, doch Anna Klotze humpelt schweigend voran. »Der Doktor sagt, du seist enorm durchtrainiert. Das habe es dir erleichtert, die Schläge von diesem Kerl zu verdauen. Wann trainierst du eigentlich so ausgiebig? Besuchst du ein Sportstudio?«
Anna Klotze schaut ihn unwillig an und nickt.
Morello: »Ah, ich sollte das auch tun. Der Wille ist da, aber du weißt, das Fleisch ist schwach. In welches Studio gehst du denn? Hier in Venedig? Gibt es da so etwas?«
»Du brauchst mich nicht zu Motivationszwecken in ein Gespräch zu verwickeln, Commissario. Meine Hüfte brennt wie Feuer, aber ich bin als vollwertige Ermittlerin wieder einsatzfähig. Vielleicht gibst du mir zukünftig Aufgaben, die meinem Dienstgrad und meinen Fähigkeiten angemessen sind.«
»Mein Gott, Anna, ich gelobe Besserung. Aber noch einmal: ein gutes Sportstudio – kannst du mir da etwas empfehlen?«
Sie schüttelt den Kopf und geht entschlossen weiter. »Ich gehe in ein Studio in Mestre«, knurrt sie.
»Mestre? Interessant. Wie heißt das Sportstudio? Vielleicht melde ich mich dort auch an.«
Anna Klotze reibt ihr Hüfte nun mit beiden Handflächen. »Das ist genau das, was mir jetzt noch fehlt: meine Freizeit mit meinem Vorgesetzten zu verbringen.« Sie überqueren eine Brücke. Anna Klotze erhöht das Tempo.

Morello geht einen Schritt schneller, um mit Anna Klotze mithalten zu können. »Entschuldige. Ich will dir nicht zu nahetreten. Schließlich waren wir ... aber lassen wir das. Ich gehe zu einer anderen Zeit als du in dieses Studio. Dann begegnen wir uns nicht. Wie ist der Name noch einmal?«

Anna Klotze bleibt unter einem kleinen Balkon stehen. »Wieso bist du heute so penetrant? Was interessiert es dich, wo ich meine Klimmzüge mache? Abgesehen davon regnet es. Wenn wir uns nicht beeilen, kommen wir klatschnass auf dem Polizeirevier an.« Plötzlich läuft Anna Klotze los. Morello ihr hinterher. Jetzt regnet es in Strömen. Nach einer Brücke biegen sie in die Borgoloco San Lorenzo ein. Schließlich stehen sie klatschnass vor dem Kommissariat.

Morello lächelt sie an. »Wir sehen bestimmt aus, als wären wir in einem Canale schwimmen gewesen. Ich kenne dieses Gefühl.«

»Fit for fit«, sagt Anna Klotze grimmig »Ich würde mir an deiner Stelle aber ein näher gelegenes Sportstudio suchen.« Sie schüttelt den Kopf und öffnet die Tür.

»Fit for fit«, wiederholt Morello und folgt ihr.


## MORELLOS BÜRO

Bevor die Besprechung der Abteilung beginnt, schließt Morello die Tür seines Büros und setzt sich an den Schreibtisch. Im Internet sucht er die Handynummer des Geschäftsführers vom Sportstudio Fit for fit in Mestre heraus und ruft per Videocall an. Der Chef des Studios ist ein erstaunlich junger Mann mit sorgfältig gestutztem Vollbart. Er trägt ein kurzärmeliges weißes T-Shirt, das den Blick auf muskulöse Oberarme mit ausgeprägtem Bizeps freigibt. Offenbar trainiert er selbst ausgiebig an den Geräten in seinem Studio. Er wirkt extrovertiert, aber gleichzeitig auch konzentriert. Morello fragt ihn, ob eine Frau namens Anna Klotze Mitglied in seinem Studio ist. Morello sieht ihm zu, wie er sich zu einem Computer wendet und den Namen in die Tastatur tippt. Der Mann schaut konzentriert auf den Bildschirm. Mit der Maus scrollt er durch eine Datei.

»Anna Klotze heißt die Frau?«

Morello bestätigt den Namen.

Der Geschäftsführer dreht sich von dem Computer weg. Nein, sagt er dann, eine Frau mit diesem Namen sei nicht Mitglied in seinem Sportstudio.

Morello legt vorsichtig das Smartphone zurück auf den Schreibtisch. Eine halbe Minute bleibt er sitzen, ohne sich zu rühren. Er denkt nach. Dann steht er auf und geht in Viola Cilienis Büro.

»Ich brauche die Personalakte von Anna Klotze.«

121

## KOMMISSARIAT, BESPRECHUNGSRAUM

Alle stehen auf, als Anna Klotze den Besprechungsraum betritt. Sie humpelt leicht, und jeder sieht, wie sie die Zähne zusammenbeißt. Die Kollegen applaudieren. Anna lässt sich auf einen Stuhl gleiten.

»Anna, wir sind sehr froh, dass es dir gut geht«, sagt Ferruccio Zolan.

»Ich auch«, sagt Mario Rogello.

»Sogar du, Mario?«, sagt Anna Klotze.

»Sogar ich. Wenn ich den Kerl erwische, der dich … Ich mach ihn …«

»Danke, Mario, guter Vorsatz, aber er lebt nicht mehr.«

Morello klopft auf den Tisch. »Eine kurze Zusammenfassung: Was wissen wir über das Opfer? Anna hat die Nachbarn befragt. Salini war offenbar ein Nörgler, ein Einzelgänger, jemand, den man lieber nicht als Nachbarn hat. Seine Schwester sagte mir am Telefon, er habe kurz vor einem geschäftlichen Durchbruch gestanden. Da er als Steuerberater ausschließlich für den Architekten und Immobilienhändler Filiberto Gabbia gearbeitet hat, können wir davon ausgehen, dass dieser erwartete Erfolg etwas mit diesem Mann zu tun haben muss.«

Morello lehnt sich im Stuhl zurück. »Ich halte diesen Mann für verdächtig. Er war bei dem Gespräch, das Ferruccio und ich mit ihm geführt haben, nicht ehrlich. Mein Instinkt sagt mir, dass dieser Mann mehr mit dem Verbrechen zu tun hat, als wir im Augenblick wissen.« Ferruccio Zolan hebt die Hand. Wie immer hat er sorgfältig ein Blatt Notizpapier vor sich gelegt. Sein Kugelschreiber liegt ebenso sorgfältig ausgerichtet über dem Blatt. »Commissario«, sagt er, »haben wir Beweise oder etwas Handfestes gegen Gabbia? Oder ist es nur Ihr Instinkt? Gabbia ist der Einzige, der durch die Ermordung Salinis etwas verliert. Seinen Steuerberater und Buchhalter. Seinen Vertrauten in Finanzdingen.«

Im Gegensatz zu der peniblen Ordnung von Papier und Kugelschreiber vor ihm sind seine Hände in ständiger Bewegung. Eben noch trommelte er mit der linken Hand auf die Tischplatte. Jetzt, nachdem er seine Frage gestellt hat, knetet er die Hände, als wränge er ein Betttuch aus.

Morello lässt sich auf dem Stuhl nach vorne fallen. »Nur mein Instinkt, Ferruccio, nur mein Instinkt. Doch der trügt mich nie. Gabbia veranstaltet am Samstag eine Party. Man müsste wissen, was er dort treibt. Wir müssten …«

Zolans Hände beruhigen sich langsam. Nur noch die Daumen reiben aneinander. »Commissario, ich respektiere Ihre Arbeit. Ich respektiere sogar Ihren Instinkt. Nur ist eine Party kein Beweis, nicht einmal ein Hinweis. Es ist einfach bloß … nichts. Bloß eine Party. Erlesene Häppchen essen, trinken, reden, rumstehen. Vergessen Sie nicht, der Questore ist mit seiner Frau ebenfalls zu dieser Party eingeladen. Im Beisein des obersten Polizisten Venedigs werden keine Verbrechen verabredet.«

Jetzt liegen auch Ferruccio Zolans Daumen ruhig auf dem Tisch. Morello: »Mmh. Was meint ihr? Können wir den Questore bitten, auf dieser Party ein wenig Polizeiarbeit zu machen? Gespräche mitschneiden, sich ein wenig umschauen? Diese Dinge?«

Anna Klotze lacht schallend. »Sie wollen den Questore verkabeln? Perloni ist ein Dummkopf. Er wird alles vermasseln.« Sie schüttelt den Kopf und kann nicht aufhören zu lachen.

Ferruccio Zolan: »Anna, ein bisschen mehr Respekt. Der Questore ist immerhin unser Chef.«

Morello: »Ferruccio, was meinst du? Können wir Perloni bitten …«
»Commissario«, sagt Zolan, »der Questore ist schon lange nicht
mehr aktiv in richtige Polizeiarbeit involviert. Ihn dort als V-Mann
einzusetzen … Keine gute Idee.«

»Gut«, sagt Morello. »Du sagst das Gleiche wie Anna – nur höflicher. Vergesst das mit der Party. Wir machen mit unseren Ermittlungen weiter. Ferruccio und Mario, ihr ladet die Frau von der
Müllabfuhr vor, diese Carla Bellomi. Mein Eindruck war, sie weiß
mehr, als sie preisgibt. Ich werde zu der Steuerberatungsfirma fahren, die Salini verkauft hat, um nur noch für Gabbia zu arbeiten.
Die Leute dort werden uns hoffentlich etwas mehr über das Opfer
erzählen können.«

Mario hebt die Hand. Er sitzt aufrecht auf seinem Stuhl und erinnert Morello an einen übereifrigen Soldaten. »Fahnden wir öffentlich nach diesem Boxertypen, der Anna geschlagen hat?«

Anna Klotze springt auf. »Der lebt nicht mehr.«

Mario: »Wir haben keine Leiche, Anna. Du hast ihn bestimmt nur
verletzt … Wahrscheinlich hat er sich weggeschleppt. Wir müssen
die Ärzte und Krankenhäuser abklappern, ob er sich behandeln ließ.«

Anna Klotze steht immer noch und sieht auf Mario herab. Ihr
Brustkorb hebt und senkt sich: »Mario, ich sage es dir klipp und
klar: Der Kerl ist tot. Mit gebrochenem Genick schleppt sich niemand weg. Jemand hat die Leiche entsorgt.«

Nun springt auch Mario auf. »Anna, verdammt noch mal, die
Spurensicherung war nur vierzig Minuten, maximal eine Stunde
nach dem Kampf in der Wohnung. Wie soll jemand so schnell eine
Leiche verschwinden lassen? Du bist verletzt. Ruh dich aus, und
lass uns den Kerl finden.«

»Leck mich, Mario.« Anna Klotze setzt sich.

Morello hebt beruhigend die Arme. »Es gibt zwei Möglichkeiten.
Erstens, der Tod Salinis hat sich in der Szene schnell herumgesprochen. Zwei Kleinkriminelle denken: Rauben wir doch die
Wohnung des Toten aus. Das ist leicht verdientes Geld. Dabei werden sie von Anna überrascht. Einer der Diebe will fliehen. Anna
hält ihn auf. Es kommt zum Kampf. Wenn die Einbrecher kleine

Fische waren, kann niemand so schnell eine Leiche verschwinden lassen. Dann hat der Boxertyp überlebt und braucht, wie Mario richtig sagt, dringend ärztliche Versorgung. Wir konzentrieren uns bei der Fahndung auf Krankenhäuser und Ärzte in einem ziemlich weiten Umfeld.«

»Damit wären unsere Kräfte für mindestens zwei Wochen blockiert.« Ferruccio Zolan knetet wieder seine Hände. »Und die zweite Möglichkeit, Commissario?«

»Der Überfall hängt direkt mit dem Mord an Salini zusammen. Der Boxertyp suchte etwas Bestimmtes in der Wohnung. Etwas, das Salini ihm gestern Morgen nicht gegeben hat. Der Boxer war deshalb wütend. Es gab Streit. Dem Boxer gingen die Nerven durch. Er erschlug Salini. Dann fuhr er in dessen Wohnung. Suchte dort nach der Sache, die Salini ihm nicht gegeben hatte.«

»Eine Ergänzung zur zweiten Hypothese«, sagt Viola Cilieni. Alle schauen überrascht zu ihr, denn sie sagt in Besprechungen selten etwas.

»Der Boxer hat nicht in eigenem Auftrag gehandelt«, fährt sie unbeeindruckt fort. »Sondern er führte einen Auftrag aus. Der Fußballertyp, der Anna entkommen ist, hat die Auftraggeber informiert. Diese schafften dann die Leiche weg.«

»Er hat telefoniert, als ich hinter ihm herrannte«, bestätigt Anna Klotze.

»Danke für diese sinnvolle Ergänzung«, sagt Morello. »Wir müssen uns zunächst einmal für eine Hypothese entscheiden, die wir in einem ersten Schritt weiterverfolgen.«

»Zweite Hypothese«, sagt Anna Klotze. »Ganz klar.«

»Zwei«, sagt Ferruccio Zolan. Seine Hände liegen nun ruhig neben seinem immer noch leeren Notizpapier.

»Eins, alles andere ist Verschwörungswahnsinn. Nur weil Anna sich getäuscht hat«, sagt Mario Rogello.

»Zwei«, sagt Viola Cilieni.

»Ich weiß nicht recht. Ich enthalte mich«, sagt Alvaro Camozzo.

Antonio Morello: »Gut, dann ist diese Frage entschieden. Viola, was machen die Kontoauszüge des Opfers?«

Viola Cilieni seufzt: »Ich bin dran. Aber manchmal sind die Banken wirklich schwierig. Spätestens am Nachmittag sind sie jedoch da.«

»Danke. Mario und Ferruccio, ihr verhört die Müllfrau. Ich werde noch kurz mit dem Vice Questore sprechen. Alvaro, bereite das Schnellboot vor. Du fährst mich danach zum ehemaligen Steuerbüro von Salini.«

Er schaut in die Runde. »An die Arbeit.«

## BÜRO VICE QUESTORE LOMBARDI

Die Wände könnten einen neuen Anstrich vertragen. Früher waren sie einmal weiß gewesen, aber das muss lange vor Morellos Amtsantritt gewesen sein. Jetzt haben Zeit und Zigarettenrauch die Farbe des Flurs in eine Mischung aus Grau und Gelb verwandelt. Aus einem unerfindlichen Grund ließ die Verwaltung vor einigen Wochen die Türrahmen zu den Büros der Beamten der Abteilung für Gewaltverbrechen neu streichen, und nun strahlen zumindest diese glänzend weiß. Drei Bilder hängen an der Wand, und alle zeigen das gleiche Motiv: verschiedenfarbige Kreise, die übereinandergemalt sind. »Die Kunst von Einschusslöchern«, hatte Ferruccio Zolan sie einmal genannt. Das eigentliche Kunstwerk in dem langen Flur ist jedoch das Namensschild vor dem Büro des Vice Questore. Es besteht aus gebürstetem Metall, in dem Name und Dienstgrad des Chefs eingraviert sind. Jeden Morgen haucht Felice Lombardi seinen Raucheratem auf dieses Schild und poliert es dann mit einem weißen Taschentuch mit gehäkeltem Saum, das er nur zu diesem Zweck in die Tasche steckt.

»Avanti!«, ertönt nun seine kräftige Stimme durch die mächtige Holztür, und Morello tritt in das Büro seines Chefs.

»Ah, Commissario, gut Sie zu sehen. Setzen Sie sich! Wie geht es der Ispettrice Sostituta Commissario?«

»Anna Klotze ist eine sportliche, durchtrainierte Frau. Sie hat einige Blessuren, aber sie will sich sofort wieder an den Ermittlungen beteiligen. Und ich kann jede Hand und jeden Kopf gebrauchen.«

»Sehr gut. Was kann ich für Sie tun, Commissario?«

»Wir gehen von einem Zusammenhang zwischen dem Überfall auf die Kollegin Klotze und dem Mord an Salini aus. Ich vermute, dass Filiberto Gabbia dahintersteckt. Ich brauche eine Telekommunikationsüberwachung für ihn. Telefon, SMS, E-Mail und so weiter.«

Lombardis Lächeln verschwindet aus seinem Gesicht. Er starrt Morello an, kneift die Augen zusammen, als müsste er sie scharf stellen.

Morello: »Alles rund um die Uhr. 24 Stunden. Zunächst einmal drei Wochen lang.«

Lombardi kneift die Augen noch fester zusammen. Seine rechte Hand tastet nach der Brusttasche, aber diesmal greifen seine Finger ins Leere. Er hat keine Zigaretten eingesteckt.

»Wir müssen dazu einen Dreischichtbetrieb einrichten. Damit wir das Arbeitspensum überhaupt schaffen, brauchen wir Verstärkung aus anderen Kommissariaten, vielleicht sogar aus einer anderen Region. Wir bräuchten dazu mindestens …«

Mit gefährlich leiser Stimme, die Morello sofort verstummen lässt, unterbricht ihn Lombardi: »Sie begründen diesen Antrag jetzt sicher hieb- und stichfest.«

»Was soll das heißen? Begründung? Ich verdächtige ihn. Oder sagen wir: Ich bin mir sicher, dass er etwas mit diesem Fall zu tun hat. Dieser Mann ist geldgierig. Machtsüchtig. Überlegen Sie: Er kannte das Opfer sehr gut. Paolo Salini war sein Steuerberater.«

Lombardi atmet tief ein. Sein Gesicht verzieht sich, aber dann zwingt er sich wieder zu einem Lächeln. »Commissario, Sie wissen genauso gut wie ich, dass ein Verdacht – insbesondere ein so schwacher Verdacht, wie Sie ihn eben vorgetragen haben – nicht ausreicht, um sein Telefon rund um die Uhr abzuhören. Wenn wir alle geldgierigen Bewohner Venedigs abhören wollten, müssten wir umgehend Verstärkung aus ganz Italien anfordern.«

Morello springt von seinem Stuhl hoch. »Signor Vice Questore, der Mann tut so, als wäre er der Eigentümer dieser Stadt! Er redet von der Zukunft Venedigs, als würde sie allein von ihm abhängen. Von Dogen, adligen Familien und diesem ganzen Sch… Mist! Ich habe etliche Mafiosi kennengelernt, die genau wie er …«

Auch Lombardi springt auf. Er brüllt:»Es reicht, Commissario! Setzen Sie sich! Sofort!«

Morello setzt sich wieder. Lombardi bleibt stehen. Er klopft seine Brusttasche ab und sagt:»Meine Güte, Sie machen mich wieder zu einem Kettenraucher, Commissario. Sie wissen genau: Kein Richter wird wegen Ihres vagen Verdachts diesen Überwachungsbeschluss unterschreiben. Außerdem: Filiberto Gabbia verhält sich mehr oder weniger wie andere Adlige und ihre Familienangehörigen in Venedig. Diese Art von Leuten ist so! Sie reden, als wäre Venedig ihr Eigentum. Sie glauben wirklich, die Stadt gehöre ihnen. So war das vor zweihundert Jahren, und so ist das heute immer noch. Und hören Sie endlich auf, über die Mafia zu reden. Das können sie bald tun, so viel sie wollen, wenn Sie wieder in Sizilien sind. Doch noch sind Sie hier in Venedig.«

Der Vice Questore lässt sich in seinen Sessel fallen.

Mit einer Hand wischt sich Lombardi ein paar Schweißtropfen ab, die sich an seinem Haaransatz gebildet haben.»Sehen Sie dieses Telefon? Wissen Sie, wieso ich eine schwarze Farbe gewählt habe?«

Morello schüttelt verwundert den Kopf.»Vielleicht weil Sie die Farbe mögen?«

»Nein, weil dieses Telefon nur schlechte Nachrichten überbringt! Jedes Mal, wenn dieses Telefon klingelt, bedeutet es Ärger für mich und indirekt auch für Sie, Commissario! Perloni hat sich heute früh bei mir gemeldet, um mich daran zu erinnern, dass in wenigen Tagen – wie jedes Jahr – im Palazzo Gabbia eine exklusive Party stattfinden wird. Es ist nach dem Ballo del Doge und dem Carnevale das wichtigste Event überhaupt. Dort werden Banker, Politiker, große Unternehmer, Richter, Anwälte und die wichtigsten Adelsfamilien aus Venedig und ganz Italien anwesend sein. Und auch unser Questore und seine Frau sind dort eingeladen.«

Lombardi stützt seine beiden Ellbogen auf den Schreibtisch und drückt sich seufzend die Fingerkuppen auf die Schläfen, als ob er Kopfweh hätte.

»Wenn Sie diese Leute überwachen wollen, Morello, dann benötigen Sie einen sehr gut begründeten Verdacht. Ihr Vorurteil diesen Leuten gegenüber reicht nicht. Und jetzt verschwinden Sie, Commissario. Und kommen Sie erst wieder her, wenn Sie mir irgendwelche konkreten Dinge vortragen können.«

Wieder tastet die rechte Hand des stellvertretenden Questore suchend die Brusttasche nach Zigaretten ab.

Morello steht schweigend auf, geht zur Tür und wirft sie mit einem Knall hinter sich zu.

## STEUERBERATUNGSBÜRO

Die Straße Rio Terà ist für Morello halbwegs erträglich. Sie ist nicht so eng wie die anderen Gassen. Das Licht dringt leichter zwischen den Häusern durch, und man bekommt Luft. Das Pflaster glänzt noch nass, aber es hat aufgehört zu regnen. Wer weiß, vielleicht kommt die Sonne noch hinter den Wolkengebirgen hervor, hinter denen sie sich im Augenblick noch versteckt hat.

Links von ihm erhebt sich ein altes zweistöckiges Haus mit handgeschmiedetem Balkongitter, das Vasen mit kleinen violetten Blumen schmücken. Die Fassade ist hellgelb, jedenfalls war sie das einmal. Zeit und Feuchtigkeit haben den Putz absplittern lassen. Im Erdgeschoss fehlen große Teile davon, sodass nacktes, graues Mauerwerk zu sehen ist. Direkt gegenüber steht ein nahezu identisches Haus. Balkongitter, Blumen, fehlender Putz – alles genauso wie bei dem Geschwistergebäude auf der anderen Straßenseite. Der einzige Unterschied ist die Farbe der Fassade. Hier ist sie ockerrot. Am Ende der Straße schwingt sich in bezaubernder Leichtigkeit eine kleine Steinbrücke über den Kanal. Dahinter, für ihn im Augenblick nicht sichtbar, erhebt sich, als wäre sie sich ihrer Verantwortung für die Stadt wohl bewusst, Santa Maria Gloriosa dei Frari in die Höhe, eine der größten Kirchen Venedigs.

Nach wenigen Metern biegt Morello links in die kleine Calle Seconda dei Saoneri ein. Hier ist es wieder eng. Sofort muss er einer kleineren Touristengruppe ausweichen. Vergitterte Fenster im Erdgeschoss, Backsteinfassaden, offen verlegte Stromleitungen, und nie weiß er, ob eine solche Gasse nicht plötzlich an einem Kanal endet, sodass er umkehren muss – und sich in diesem Irrgarten heillos verliert.

Auf der linken Seite entdeckt Morello nach wenigen Metern eine Glasfront: dahinter eine Empfangstheke und eine Besucherecke mit Grünpflanzen. Alles hell und freundlich. Er hat das ehemalige Steuerberatungsbüro Salini gefunden. Morello klopft und tritt ein. Er stellt sich vor die Empfangstheke und wartet. Die Frontplatte und Arbeitsfläche bestehen aus hellgrünem Glas. Eine rotgelbe Vase aus Muranoglas, üppig gefüllt mit einem Strauß Sonnenblumen, steht neben einem Telefon und signalisiert, dass Kunden hier freundlich empfangen werden. Links befindet sich der Arbeitsraum. In des- 129 sen Mitte sind zwei große Schreibtische zusammengeschoben, je- doch in der Mitte durch eine etwa achtzig Zentimeter hohe Milch- glasscheibe getrennt. Auf beiden Tischen steht ein Monitor samt Tastatur, an der jeweils eine Frau etwas eingibt. Die Frau auf der linken Seite hält gründliche Ordnung, Papiere mit langen Zahlen- kolonnen sind sorgfältig in drei Stapel geordnet. Wenn sie ein Blatt abgearbeitet hat, legt sie es gewissenhaft auf den etwas weiter ent- fernten Haufen. Auf dem anderen Schreibtisch liegen Papiere wild durcheinander. Morello ist es ein Rätsel, wie diese Frau unter- scheiden kann, welche Unterlagen sie bereits bearbeitet hat und welche nicht.

Vor ihm, an der Wand hinter der Theke, sind Porträtaufnahmen der beiden Frauen mit Stecknadeln befestigt. Unter dem rechten steht in geschwungenen, gut leserlichen Buchstaben:»Manuela – meine Chefin«. Unter dem zweiten Foto hat jemand in krakeliger Hand- schrift geschrieben:»Ilaria – meine Chefin«.

Die akkurat arbeitende Frau hebt den Kopf und schaut kurz zu Mo- rello, steht auf, beugt sich über die Scheibe und sagt:»Manuela, da ist ein Kunde. Gehst du mal zu ihm?«

Die Frau nickt, drückt beide Hände auf die Schreibtischplatte und stemmt sich aus dem Bürostuhl. Ihr Körpergewicht macht ihr diese Bewegung nicht leicht. Sie stöhnt etwas und lacht.

Sie trägt ein schwarzes fließendes Kleid, das ihre Figur eher verschleiert als betont und auf dem sich als Hingucker handtellergroße braune Punkte verteilen. Eine Halskette aus knallrotem Muranoglas baumelt beim Aufstehen über einem ausladenden Busen hin und her. Sie trägt auffällige Ohrringe, die aus roten Glassplittern, passend zur Halskette, bestehen und sich leuchtend vom schwarzen Haar abheben. Nachdem sie sich aus dem Sessel gewuchtet hat, kommt sie erstaunlich behände zur Besuchertheke. Morello blickt in ein volles, glattes Gesicht mit ausgeprägten rosa Backen und freundlichen dunklen Augen. Er beschließt, diese Frau zu mögen. Er legt seinen Ausweis auf die Theke. Er habe einige Fragen zu Paolo Salini, sagt er.

»Salini«, wiederholt sie leise und hebt Morellos Ausweis hoch und studiert ihn, als könnte sie dadurch noch etwas mehr erfahren, außer, dass er Polizist ist. Morello ist klar, sie will Zeit gewinnen. Er wartet, bis sie die Karte so vorsichtig zurück auf die Theke legt, als könnte sie zerbrechen, wenn sie auf den Boden fiele.

»Signor Salini, was ist mit ihm?«, fragt sie, dann hält die kurz inne und streckt ihm die Hand entgegen. »Ich heiße Manuela Bini, ich leite zusammen mit meiner Kollegin Ilaria Michetti dieses Steuerberatungsbüro.«

Morello nickt, ohne ihre Frage zu beantworten. »Meine erste Frage ist: Haben Sie mit Signor Salini zusammengearbeitet? Wissen Sie, ob Signor Salini ein Frühaufsteher war?«

Manuela Bini sieht ihm überrascht in die Augen. Ihr Blick prüft, ob er eben einen Scherz gemacht hat. Dann zucken ihre Mundwinkel. Sie versucht ein Lachen zu unterdrücken. Doch die Lippen werden immer breiter. Sie gibt den Kampf auf und lacht laut und geradeheraus. »Ein Frühaufsteher? Signor Salini? Wie kommen Sie auf diese merkwürdige Frage?«

Morello will warten, bis sie aufhört zu lachen. Doch sie hört nicht auf. Also stellt er seine nächste Frage. »Sie haben Paolo Salini das Steuerberatungsbüro abgekauft. Er arbeitete fortan nur noch für Herrn Filiberto Gabbia. War er ein fairer Geschäftspartner?«

Es dauert eine Zehntelsekunde.

In diesem kurzen Moment wechselt Manuela Binis Ausdruck von lachen zu ernst. Zu sehr ernst.

»Nun«, sagt sie förmlich und stellt sich aufrecht vor ihm auf. »Alles normal. Wir haben einen Vertrag mit ihm unterschrieben, der besagt, das Büro ist nun Eigentum von meiner Kollegin und von mir. Jeder und jede von uns hält sich an den Vertrag. Wir ...«

Sie greift an ihre Halskette und zieht sie zurecht. »Sagen Sie, wieso reden Sie immer in Vergangenheit von ihm? *War* ein Frühaufsteher? *Arbeitete* nur für Herrn Filiberto Gabbia? Was ist los?«

Sie dreht weiter an ihrem Halsband. Die Sicherheit, die Manuela Bini eben noch ausstrahlte, ist verflogen.

Morello: »Entschuldigen Sie. Ich war davon ausgegangen, dass Sie es in der Zeitung gelesen haben. Ich muss Ihnen leider sagen: Herr Salini wurde gestern Morgen tot aufgefunden.«

Manuela Bini macht einen Schritt rückwärts, als wollte sie vor Morello fliehen. Sie hat die Augen geschlossen, aber hinter den Lidern sieht er, wie sich ihre Augäpfel bewegen. Ihr Brustkorb bebt. Durch den offenen Mund zieht sie pfeifend Luft ein und stößt sie sofort wieder aus. Morello kann ihr buchstäblich dabei zusehen, wie seine Mitteilung sie erschüttert. Sie schluckt heftig, als wollte sie die Information auf diese Weise verarbeiten und auf ihre Bedeutung prüfen.

Dann reißt sie die Augen auf, wendet den Kopf und ruft in den Nebenraum: »Ilaria, Salini ist tot.«

Die Frau an dem Computer hebt nicht einmal den Kopf.

Stattdessen tippt sie stoisch weiter Zahlenkolonnen ein. Sie sagt mit halblauter Stimme, aber doch deutlich genug, dass Morello sie genau versteht: »Schön wär's.«

Ihre rechte Hand unterbricht nicht einmal für eine Sekunde ihre Tätigkeit. Ihre Finger fliegen mit beeindruckender Geschwindigkeit auf dem Zahlenblock der Tastatur hin und her, ohne dass die Frau den Blick von der Vorlage abwendet.

»Doch, Ilaria, der Mann hier ist Polizist. Er hat mir seinen Ausweis gezeigt. Salini ist tot. Wirklich.«

Nun werden die Finger langsamer und langsamer, als wäre die Hand der Frau eine Maschine, der jemand den Stecker herausgezogen hat und die nun sacht ausläuft.

Sie hebt den Kopf, streckt den rechten Arm aus und dehnt ihn. »Die

Sehnenscheidenentzündung macht mich noch ganz verrückt«, sagt sie und steht auf.

Sie ist groß, schmal und hat schulterlange blonde Haare, die sie mit einem Gummiband am Hinterkopf zusammengebunden hat. Sie trägt eine hellblaue Bluse, kurze Jeans, die die Knöchel sehen lassen, und dazu passende weiße Turnschuhe. Ihr Gesicht ist schmal, die Augen groß und blau. Sie ist zweifellos eine attraktive Frau, doch sie ist auf eine so auffällige, fast demonstrative Art ungeschminkt, als wollte sie ihre Anziehungskraft unsichtbar machen. Vielleicht, so überlegte Morello, hatte ihre Schönheit sie öfter in Situationen gebracht, die sie später bereute.

Sie kommt auf ihn zu, streckt die Hand aus.»Ich bin Ilaria Michetti. Und Sie sind also der Überbringer der frohen Botschaft?«

Sie schaut zu ihrer Kollegin, schüttelt den Kopf und sagt:»Ich kann's nicht glauben. Ist es wirklich wahr?«

»Wie grad schon gesagt: Wir haben Paolo Salini gestern Morgen tot aufgefunden.«

Da legt sie den Kopf in den Nacken und lacht. Laut. Befreit. Aus voller Kehle. Manuela Bini sieht zu ihrer Kollegin, und plötzlich lacht auch sie schallend.

Morello schaut den beiden Frauen irritiert zu.»Ihre Kollegin sagte eben über Ihre Beziehung zu dem Toten, zu Paolo Salini, da sei alles normal. Und jetzt lachen Sie und freuen sich über seinen Tod. Was stimmt nicht mit Ihnen?«

Manuela Bini legt erschrocken eine Hand vor den Mund.»Nein, nein, wir können das alles genau erklären.«

Ilaria Michetti wischt sich die Tränen aus den Augen und nickt. »Wir beide sind okay. Das Monster war nicht normal.«

Frau Bini legt Morello eine Hand auf den Arm.»Herr Morello, wir können Ihnen unsere Erleichterung erklären.«

»Ich höre.«

»Er hat uns über den Tisch gezogen. Wir waren beide seine Angestellten. Dann hat er uns dieses Büro verkauft. Wir hatten kein Geld. Die Bank gab uns nichts. Also hat er all unsere Ersparnisse genommen und uns pro Monat 15 Prozent abgeknöpft.«

»Vom Umsatz«, wirft Ilaria Michetti ein. »Bis zu seinem Lebensende. Dieses Schwein.«

Morello kratzt sich am Kopf. »Ich verstehe nicht …?«

»Das ist doch ganz einfach.« Frau Michetti baut sich vor ihm auf. Sie ist einige Zentimeter größer als Morello und sieht mit einem kleinen Lächeln auf ihn herab. Dann zieht sie mit einer schnellen Handbewegung den Haargummi vom Zopf und schüttelt den Kopf. Ihre Haare fliegen nach rechts und links. Sie streicht mit den Fingern beider Hände über ihren Kopf und bringt sie in Ordnung. »Nachdem wir den Vertrag unterschrieben hatten, stellten wir fest, dass wir durchschnittlich nur etwa 10 Prozent Gewinn machen. Nach Abzug der 15 Prozent vom Umsatz für Salini blieb für uns nur Verlust übrig.«

»Wir schuften wie verrückt. Wir haben neue Kunden gewonnen. Trotzdem kommen wir auf keinen grünen Zweig. Er hat uns über den Tisch gezogen«, sagt Manuela Bini leise und schaut auf den Boden.

»Jetzt ist er tot, und wir sind frei. Deshalb haben wir gelacht. Wir haben allen Grund dazu«, sagt Ilaria Michetti und streckt sich. Sie reibt ihren Unterarm.

»Mmh«, brummt Morello. »Verstehe.«

Manuela Bini schaut immer noch auf den Boden. »Denken Sie nicht schlecht über uns. Man soll über Tote nur Gutes sagen. Aber für uns ist diese Nachricht wie …« Sie schüttelt den Kopf.

»Also fangen wir noch einmal an: Was für ein Mensch war er?«

Ilaria Michetti beißt sich auf die Lippen. »Sie wollen eine ehrliche Antwort?« Als Morello nickt, sagt sie: »Er war schrecklich. Ein Tyrann. Kein persönliches Wort während der Arbeitszeit war uns gestattet. Wir haben niemals zusammen zu Mittag gegessen. Um 12. 30 verschwand er immer. Keine Ahnung, wohin.«

Manuela Bini hebt den Finger wie eine Schülerin. »Ich habe ihn zweimal über den Campo San Maurizio eilen sehen. In der Nähe eines Reisebüros. Vielleicht hatte er dort ein Stammlokal. Sagen Sie, wie ist Herr Salini gestorben? Hoffentlich hatte er es leicht.«

»Er wurde erschlagen.«

Manuela Bini stößt einen kleinen, spitzen Schrei aus und schlägt sich die Hand vor den Mund.

Ilaria Michetti hört auf, ihren kranken Arm zu reiben. Sie schaut Morello in die Augen und sagt:»Scheiße.« Sie beißt sich auf die Unterlippe.»Da haben wir uns mit unserem Gerede gerade zum Kreis der Verdächtigen gesellt.«

»Könnte man so sehen«, sagt Morello.»Und jetzt erzählen Sie. Alles. Ich will alles wissen, was Sie über ihn wissen.«

### RISTORANTE ANTICO GATOLETO

Die hellroten Backsteine sind alt. Uralt. Sie erinnern an einen Keller oder gar ein Verlies. Davor stehen Regale aus dunklem Holz, gefüllt mit Rotweinflaschen aus allen Anbaugebieten Venetiens. Das künstliche Skelett eines großen Fischs baumelt von der Decke. Nur wenige Tische des Restaurants Antico Gatoleto am Campo Santa Maria Nova sind noch frei. Die meisten Gäste sind Bewohner der Stadt, die das typisch venezianische Ristorante mit den ebenso typischen venezianischen Menüs zu schätzen wissen. Nur ein französisches Paar hat sich hierher verirrt und studiert mithilfe seiner Handys die Speisekarte.

Mit einem Stück Brot wischt Morello den Rest der Soße seiner Spaghetti ai Frutti di Mare von seinem Teller und stopft es sich genüsslich in den Mund. Er sitzt mit Anna Klotze und Alvaro Camozzo in der hintersten Ecke des Lokals. Ein Kellner hatte sie zu diesem Tisch an der Wand mit genügend Abstand zu den anderen Gästen geführt. Morello wirft einen kurzen Blick auf den großen Fernseher, der hoch oben an der gegenüberliegenden Wand angebracht ist. Matteo Salvini, der neue Infrastrukturminister, gibt ein Interview. Das Summen der Gäste im Restaurant überdeckt die Worte des Ministers. Das Einzige, was Morello hören kann, ist, dass die Brücke über die Meerenge von Messina endlich gebaut werden soll.

»Vaffanculo anche tu, stronzo, dieses ewige Mafiaprojekt ...«, schimpft Morello leise.

Alvaro Camozzo hat seine Dorade bereits aufgegessen und fährt mit dem Fischmesser über die Gräten, um die letzten Reste abzustreifen. Er deutet mit einer leichten Kopfbewegung auf den Fernseher und streckt kurz seinen Mittelfinger aus.

Anna Klotze, die irgendetwas Glutenfreies bestellt hat, das in der Schale eines Seeigels serviert wird, tupft sich mit der Serviette den Mund ab. »Ich kann den Typen auch nicht ab.«

»Sag mal, Alvaro«, fragt Morello, »hast du eine neue Uniform bekommen? Du siehst anders aus als sonst.«

Der junge Bootsführer läuft knallrot an. Er versucht es zu verbergen, indem er rasch die Serviette vom Tisch aufnimmt und sich damit über den Mund fährt. Eigentlich aber versucht er seine glühenden Wangen damit zu verdecken.

Er schüttelt den Kopf und hustet. »Ich habe sie ein wenig enger machen lassen«, sagt er hinter seiner Serviette.

»Steh mal auf«, sagt Anna.

Verlegen legt der junge Mann die Serviette auf den Tisch zurück und steht auf. Als Anna eine kreisende Bewegung mit dem Zeigefinger macht, dreht sich Alvaro schnell einmal um die eigene Achse.

»Bravo«, sagt Anna Klotze, »jetzt sieht man wenigstens, was für einen gutgebauten Hintern du hast.«

»Caffè?«, fragt Morello, um die Modenschau zu beenden.

Anna und Alvaro nicken.

Morello gibt dem Kellner ein Zeichen. »Zwei Espressi und einen Doppio. Und dann bitte die Rechnung.«

»Sofort, Signor Commissario.«

»So«, sagt Anna Klotze, »nachdem euch das Essen geschmeckt hat, kann ich euch zeigen, was ich heute Vormittag gemacht habe.«

Sie zieht zwei Phantombilder aus ihrer Handtasche und reicht sie Morello. »Ich nenne sie den Boxer und den Fußballer. Wir können sie zur Fahndung ausschreiben.«

Morello betrachtet die beiden Gesichter. »Cazzo, was für Visagen!« Er reicht die Blätter an Alvaro weiter. Der Schiffsführer betrachtet den Boxer und gibt das Blatt zurück an Anna. Beim Bild des Fußballers stutzt er. »Den kenne ich«, sagt er. »Ich bin mir nicht

135

hundertprozentig sicher. Aber ich glaube, ich habe den Kerl schon bei mir in Santa Marta gesehen. Kann ich das Bild behalten?«

Morello nickt. Dann berichtet er in einer Kurzversion von seinem Besuch bei Ilaria Michetti und Manuela Bini.

»Die beiden Frauen aus dem Steuerbüro gehören also ab sofort zu unseren Verdächtigen«, sagt Anna Klotze, nachdem er geendet hat.

»Sì.« Morello sieht bedauernd auf seinen leeren Teller. »Andererseits waren sie so offen in ihrer Ablehnung, dass es für den oder die Mörder erstaunlich wäre. Und sie schienen von Salinis Tod aufrichtig überrascht. Aber wer weiß – man sagt ja, in Italien gebe es 30 Millionen Schauspieler.«

Er sieht sich um. Dann spricht er leise, obwohl die nächsten besetzten Tische mehrere Meter entfernt sind. »Salini war ein toxischer Mensch. Die Beziehung zu jedermann, mit dem er es zu tun hatte, war vergiftet. Mit der Blumenhändlerin, dem Weinhändler, den beiden Frauen, denen er sein Steuerberatungsbüro verkauft hat. Es ging ihm um Geld. Geld, Geld, Geld. Glaubt man seiner Schwester, dann dachte er offenbar, mit Geld würde er eines Tages zur feinen Gesellschaft Venedigs gehören.«

Alvaro fasst sich ans Ohrläppchen und reibt es. »Das hat wohl nicht richtig funktioniert.«

Morello: »Damit hat aber auch jeder, der mit ihm zu tun hatte, ein Motiv, ihn zu töten. Manchmal mehr, manchmal weniger.«

Alvaro: »Die Blumenfrau wird ihn nicht wegen des Streits über das Wasser auf dem Bürgersteig erschlagen haben.«

Anna Klotze: »Sie war wütend auf ihn. Während sie mit mir über Salini sprach, hantierte sie mit einer Gartenschere, dass einem angst und bange werden konnte. Angenommen, sie trifft ihn frühmorgens, wenn sie vom Großmarkt zurückkommt. Ein Wort ergibt das andere. Die Lage eskaliert. Da sie keine Schere zur Hand hat, greift sie zum Rohrbogen. Möglich ist es.«

Alvaros Stirn wirft Falten: »Das stärkste Motiv haben die beiden Steuerberaterinnen. Sie haben finanziell nur Vorteile.«

Anna Klotze fragt: »Was haben die beiden Damen sonst noch zu sagen gehabt?«

Der Kellner kommt und serviert ihr und Alvaro je einen Espresso. Vor Morello stellt er mit einem eleganten Schwung den Doppio ab. Morello schüttet etwas Zucker in den Kaffee und rührt nachdenklich um. »Sie haben von einem pedantischen Leben erzählt. Eigentlich bestätigten sie genau das, was du, Anna, von der Putzfrau und der Wäscherei erzählt hast.« Morello hebt den Kopf und wartet vergeblich auf ein kurzes Lächeln von ihr. Er fährt fort: »Pünktlich um 8:30 Uhr Arbeitsanfang. Keine Scherze während der Arbeit. Nur Gespräche über Zahlen und Kunden. Mittagspause immer von 12:30 bis 14:30 Uhr. Jeden Tag. Immer im August Urlaub. Da schloss das Büro für einen Monat. Keine private Einladung zwischen den beiden und ihm. Na ja, und dann vor allem der Vertrag, der eigentlich Betrug war. Was für ein schrecklicher Mensch.«

Anna Klotze hebt die Augenbraue: »Er aß in der Mittagspause immer allein zu Hause. Jeden Tag. Seine Putzfrau erzählte mir, sie habe ihm täglich ein einsames Essen gekocht.«

»Zweimal muss er eine Ausnahme gemacht haben. Eine der beiden Steuerberaterinnen, Manuela Bini, sah ihn, als sie mittags einkaufen war, am Campo San Maurizio.«

Alvaro sagt: »Der Mann war hölzerner als Pinocchio. Der wäre von der feinen Gesellschaft doch nie aufgenommen worden. Wie sinnlos so ein Leben ist.« Er schüttelt den Kopf.

Anna Klotze: »Die Herrschaften haben seine Dienste in Anspruch genommen. Mehr nicht.«

Alvaro: »Sein Leben ist eine Tragödie. Er rafft und rafft, um dazuzugehören. Und dann bringt ihn jemand um. Alles war umsonst.«

Anna Klotze wendet sich wieder an Morello. »Haben die beiden gesagt, wo Salini seinen Urlaub verbracht hat?«

Morello schüttelt den Kopf. »Sie sagen, es gab keine privaten Gespräche mit Salini. Nichts. Niente.«

Anna Klotze: »Ich erinnere mich an ein Foto in seiner Wohnung. Das sah aus wie ein Urlaubsfoto.« Sie runzelt die Stirn. »Er steht da in einer Art heißen Wüstenlandschaft. Savanne oder so. Verdorrtes Gras.«

Alvaro: »Kein privates Wort während der Arbeit. Das ist eigentlich Grund genug, jemanden zu erschlagen.«

Morello lacht. Der Kellner bringt die Rechnung. Morello zahlt. »Bei uns ist es jedenfalls anders. Trotzdem: Jetzt zurück an die Arbeit.«

## MORELLOS BÜRO

Auf Morellos Schreibtisch liegen vier Akten, drei davon in schreiend roten Mappen: das Zeichen für hohe Dringlichkeit. Zwei sind Berichte der Spurensicherung. Der erste befasst sich mit dem Tatort neben der Guardia di Finanza, wo Salinis Leiche gefunden wurde. Der zweite beschäftigt sich mit der Untersuchung von Salinis Wohnung nach Anna Klotzes Kampf mit dem Boxer. Der dritte rote Umschlag ist von Viola Cilieni und enthält Salinis Bankauszüge sowie die Verbindungsdaten seines Handys. Das vierte Dossier ist Anna Klotzes Personalakte.

Morello seufzt und lässt sich auf seinen Schreibtischstuhl fallen. Büroarbeit. Akten lesen. Berichte schreiben. Bürokratie. Er hasst es. Er hat einen guten Blick für Tatorte. Selten, eigentlich noch nie, hat die Spurensicherung ihn mit ihren Berichten überrascht oder ihm entscheidend neue Hinweise gegeben. Trotzdem verlangen sie, dass er ihre endlosen Ergüsse liest, die unzähligen, immer ähnlichen Fotos betrachtet und sich mit den chemischen Analysen beschäftigt. Er kratzt sich am Kopf und zieht den Bericht über den Tatort des Salini-Mordes zu sich heran. Bevor er die Akte aufschlägt, überkommt ihn ein unbändiges Verlangen nach einem doppelten Espresso. Automatisch greift er nach dem Hörer, um den Kaffee bei Viola zu bestellen. Dann erinnert er sich an das Gespräch, das sie gestern geführt haben. Er seufzt zum zweiten Mal und steht auf.

So eine perfekte Espressomaschine haben wir! Morello ist noch nie in der kleinen Teeküche des Kommissariats gewesen. Er steht nun vor einem blitzenden Mechanismus und bestaunt die glänzende Armatur, die silbernen Knöpfe und, siehe da, einen großen

Hebel hat sie auch. Dieser Griff, das weiß Morello, war nach dem Krieg die große Erfindung von Achille Gaggia gewesen. Auf dieser Erfindung beruhte der Konzern, den Gaggia danach aufbaute. Mit seiner Maschine ermöglichte er das Brauen eines sehr viel milderen Kaffees, als man ihn bis dahin zustande brachte. Dank seiner neuen Methode kam die schaumige Krone zustande, die Crema, ohne die heute jeder Italiener und jede Italienerin den Kaffee angeekelt zurückgehen lässt. Nun braucht der Barista nur einen Hebel hochzuziehen, und in der Brühgruppe baut sich Druck auf. Heute sieht Morello diese Apparate, die eine hohe Kunstfertigkeit des Baristas erfordern, nur noch in wenigen Cafés. Aber hier, nur wenige Schritte von seinem Büro entfernt, steht ein solches Wunderwerk.

Das ist also das Geheimnis von Violas herausragendem Espresso. Er mahlt Pulver. Er zieht den Hebel hoch. Kaffee läuft. Doch wo ist die Crema? Also schüttet er die Tasse aus und versucht es erneut. Er zieht den Hebel mit mehr Schwung hoch. Der Kaffee wird dunkler, aber es kommt nicht die Spur eines Schaums zustande.

Cazzo, er wird doch noch einen Kaffee kochen können.

Als auch die dritte Tasse ebenfalls misslingt, steht plötzlich Viola neben ihm. Wortlos nimmt sie ihm die Tasse aus der Hand, stellt etwas an der Kaffeemühle ein, betätigt mit bewundernswerter Leichtigkeit den verdammten Hebel und reicht ihm einen perfekten doppelten Espresso.

Doch auch der Espresso hebt seine Stimmung nur wenig. Eher missmutig blättert Morello durch den Bericht der Spurensicherung. Nichts Neues. Nächste Seite. Nichts Neues. Nächste Seite.

Augenblicklich steigt seine Laune.

Fingerabdrücke.

Zwei wunderschöne, deutlich zu erkennende Fingerabdrücke. Ein Zeigefinger und ein Mittelfinger. Die Spurensicherung hat sie auf der Innenseite des Rohrs festgestellt. Auf der Außenseite sind wegen des porösen Materials keine eindeutigen Spuren zu erkennen gewesen. Der Täter hat, als er den Rohrbogen hochhob, mit zwei Finger in das Innere gegriffen, um einen besseren Halt zu haben.

Fantastisch.

Er greift zum Telefonhörer und ruft Ferruccio Zolan an. »Nimm von allen Verdächtigen Fingerabdrücke – von der Blumenhändlerin, dem Weinmenschen, vor allem den beiden Frauen im Steuerbüro, von der Müllarbeiterin. So schnell es geht. Gabbia nehmen wir uns später vor, das wäre jetzt zu heikel.«

Er blättert weiter in dem Bericht. Endlose Belanglosigkeiten. Tatortfotos. Chemische Analysen. Unwichtiges Zeug. Da bleibt sein Blick an einem Foto hängen. Eine Detailaufnahme. Neben der Parkbank, auf der Salini umgebracht wurde, ist das Gras auf einer Fläche von 45 auf 18 Zentimeter niedergedrückt. Die geknickten und auf den Boden gepressten Halme sind auf der schwarz-weißen Aufnahme gut zu erkennen und unterscheiden sich deutlich von den anderen, die sich aufwärts strecken. Der Bericht zeigt in Großaufnahme fünf Punkte, in denen das Gras noch deutlich platter gedrückt ist. Diese Punkte, so der Bericht, hätten einen Durchmesser von 5 Millimeter. Vier davon seien jeweils exakt 4,5 cm von dem äußeren Rand des niedergedrückten Grases festzustellen. Der fünfte Punkt befinde sich genau in der Mitte der Fläche. Interessant. Das warme, intensive Kaffeearoma steigt ihm in die Nase. Er führt die Tasse zum Mund und trinkt den letzten Schluck Espresso. Großartig. Er schmeckt Nuancen von Anis und Kamille, überlagert von dunklem Karamell oder Schokolade. Wieso hat er es nicht geschafft, so einen Kaffee zu brauen? Nun, er wird üben, bis er diese fast schon historische Kaffeemaschine richtig bedienen und einen ebenso grandiosen Espresso brühen kann. Er seufzt und liest weiter. Neben der Bank müsse sich ein Gegenstand befunden haben, zwischen drei bis fünf Kilo schwer. Eventuell eine Tasche. Da die niedergedrückte Grasfläche jedoch klar rechtwinkelig sei, könne es sich um einen Aktenkoffer gehandelt haben. Die 5 Millimeter großen Punkte seien möglicherweise Beschläge.

Er ruft Alvaro an. »Geh mal in ein Lederwarengeschäft. Finde heraus, auf welchen Aktenkoffer die Maße 45 x 18 Zentimeter passen.«

Morello lehnt sich im Stuhl zurück, schließt die Augen und verschränkt die Arme hinter dem Nacken. Es könnte also so gewesen sein: Salini war am frühen Morgen mit einem Aktenkoffer unterwegs. Er setzt sich auf die Parkbank. Er ruht sich aus. Da kommt zufällig jemand vorbei, der mit ihm noch eine Rechnung offen hat. Vielleicht Gabbia. Es gibt Streit. Der Unbekannte greift nach dem Rohrbogen und schlägt zweimal zu. Dann nimmt er den Koffer und flieht. Doch leider ist darin nicht das, was der Unbekannte sich erhofft hat. Er bricht in Salinis Wohnung ein und sucht dort. Dabei wird er von Anna Klotze überrascht. Es kommt zum Kampf. Anna tötete den Mann. Oder glaubt, ihn getötet zu haben. Nach dieser Theorie wäre der Boxer auch der Mörder von Salini. Sein Fall wäre aufgeklärt.

Das klingt doch eigentlich alles ganz logisch.

Er kann zurück nach Sizilien.

Seine Laune steigt. Er pfeift *Avia nu Sciccareddu ca era tantu beddu* – ich hatte einen kleinen Esel, der so schön war –, ein altes sizilianisches Kinderlied, das ihm seine Mutter früher vorgesungen hat. Die Töne trifft er nicht mehr so richtig. Es klingt schief. Egal, hört ja niemand.

Er greift zur zweiten Akte. Der Bericht der Spurensicherung aus Salinis Wohnung dokumentiert die Spuren eines Kampfes: Dellen am Stahlschrank, Kratzer auf dem Boden.

Er findet jedoch keinen Hinweis darauf, dass Anna Klotze den Boxer getötet hat. Hat sie sich geirrt? Ist der Boxer verletzt geflohen? Woher kennt Anna Klotze den tödlichen Griff, den sie angewendet hat? Bei der Polizia di Stato hat sie wohl kaum eine Spezialausbildung gemacht. Er hofft, dass ihre Personalakte ihm mehr erzählen wird. Aber zunächst liest er Violas Bericht über Salinis Bankkonto und die Auswertung seiner Handyverbindungen.

Salinis Konto weist ein Guthaben von 334.784,18 Euro aus. Nicht schlecht für ein Girokonto. Er unterhielt ein Festgeldkonto mit 600.000 Euro bei derselben Bank. Pfff, ganz schön viel für einen einfachen Steuerberater. Außerdem führte er dort auch ein Bankfach. Morello beugt sich über die Ausgaben. Er hat fast alle Ausgaben mit seiner Bankkarte bezahlt: Supermarkt, Restaurantbesuche, Schuhmacher und so weiter. Viola hat eine Besonderheit mit einem gelben Marker gekennzeichnet. An jedem Monatsanfang hob er 700 Euro ab. Er blättert vor. Immer das Gleiche. Jeden neuen Monat begann Salini mit einer Barabhebung: 700 Euro.

Salini, Salini, du gibst uns ein neues Rätsel auf. Wozu brauchtest du jeden Monat 700 Euro in bar? Als Taschengeld? Trinkgeld für die Kellner? Eine Prostituierte? Möglich, aber nicht wahrscheinlich. Dann hättest du das Geld nicht unbedingt immer am Monatsanfang abheben müssen. Welche laufenden Kosten gab es außer der Putzfrau? Wurdest du erpresst? Doch ein Erpresser hätte dir mehr als 700 Euro abnehmen können. Und zwar unabhängig vom Monatsanfang. Nun gut, wir werden es herausfinden.

Er ruft Ferruccio Zolan an und beauftragt ihn, alle Verdächtigen zu befragen, ob sie eine Ahnung haben, wozu Salini jeden Monat diese Summe brauchte.

Die Liste von Salinis Telefonaten ist enttäuschend. Er hat oft mit Gabbia telefoniert, hin und wieder mit seinem ehemaligen Büro, selten mit seiner Schwester.

Dann also zum Höhepunkt des heutigen Aktenstudiums – die Personalakte Anna Klotze.

Morello öffnet den Aktendeckel.

Ein Kaffee wäre nicht schlecht. Doch dummerweise hat er Viola versprochen, dass sie für ihn keinen Kaffee mehr brauen muss. Und er kann diese altertümliche Maschine nicht bedienen. Mist. Verdammter Mist.

Er steckt in einer Espressofalle.

Seufzend liest er den Lebenslauf Anna Klotze:

Geboren am 23. März 1993 in Triest, Stadtteil Borgo Teresiano
2011–2014 Ausbildung an der Polizeischule in Triest
2014–2016 Dienst in verschiedenen Polizeistationen und in der Questura in Triest
2016–2019 Ausbildung an der Polizeiakademie *Scuola superiore di polizia di stato* in Rom zur Ispettrice Vice Commissario.

An derselben Polizeischule, an der auch er studiert hat. So wie unzählige andere italienische Polizisten.

Er liest weiter. 2019 bewirbt sie sich bei der Polizei in Venedig, wird angenommen und leistet seither hier ihren Dienst. Es ist ein klarer, zielstrebiger Lebenslauf, der keinen Platz für irgendein Geheimnis lässt.

Was sucht er in ihrer Vita? Woher kommt der Zweifel? Kramt er nach irgendetwas, weil er die gemeinsame Nacht auf dem Boot nicht vergessen kann? Im Gegensatz zu ihr. So scheint es jedenfalls, Antonio. Verunsichert dich das? Wie kann sie eine Nacht mit *mir* vergessen? Mir, einem echten sizilianischen Lover. Gut, er ist einen Kopf kleiner als Anna. Vielleicht eineinhalb, aber sicher nicht mehr. Bestimmt nicht zwei Köpfe. Das auf keinen Fall. Vielleicht mag diese hochgewachsene Frau keine kleineren Männer. Aber das habe ich doch tausendfach wettgemacht, durch meine Leidenschaft, wie ich …

Sex mit einer groß gewachsenen nordischen Frau – davon träumt jeder sizilianische Mann. Er auch. Gut, Anna Klotze ist nicht blond wie Anita Ekberg. Er hat mit Anna auch kein nächtliches Bad im Trevi-Brunnen genommen wie Marcello Mastroianni. Doch war es für ihn unvergesslich, diese große, starke Frau mit den durchtrainierten Muskeln zum Stöhnen zu bringen, zum Schreien.

Und zum Kratzen und zum Beißen, wie er sich erinnert.

Er kann diese Nacht nicht vergessen, doch wieso gelingt es Anna? Es ist empörend. Heute Mittag, als sie zusammen mit Alvaro essen waren – kein Blick, keine Geste, keine Einladung. Nichts.

Er klappt die Akte zu. Schluss mit solchen Gedanken. Schluss. Ende. Fertig.

Und da ist noch etwas. Jenseits dieser Nacht. Wie konnte Anna Klotze dieser tödliche Griff gelingen? Sie hatte Pfefferspray am Gürtel. Doch sie kam nicht auf die Idee, es anzuwenden.

Er weiß, der Griff, mit dem sie den Boxer getötet haben will, muss erlernt und eingeübt werden. In der klassischen Polizeiausbildung wird man in solchen Tötungsmethoden nicht unterrichtet. Sicher, sie kann sich diese erstaunliche Fertigkeit wie auch ihre beein-

druckende Kondition in einem privaten Box- oder Fightclub an-
geeignet haben.

Das ist möglich. Aber wann und warum? Und – ist es wahrscheinlich?

Er weiß es nicht.

Er blättert in ihren einzelnen Beurteilungen. Sie war offenbar eine
gute, aber keine herausragende Polizeischülerin. In Jura hatte sie
eine Zwei.

»Anna Klotze hat keine Mühe, auch schwierige juristische Zu-
sammenhänge schnell aufzunehmen und zu begreifen«, liest er in
der Beurteilung. Darunter Name und Unterschrift von Prof. Dr. Ni-
cola Volteri.

Morello schmunzelt. Sieh an, Volteri hat auch Anna Klotze unterrichtet.

Mit Volteri hat er während seiner Zeit in Rom häufig Kaffee getrunken. Der Professor war eine Respektsperson, und er war bei
den Polizeischülern sehr beliebt. Man munkelte, er sei eng mit Um-
berto Ecco befreundet gewesen und treffe ihn einmal im Monat in
Mailand zum Mittagessen. Einige behaupteten sogar, Volteri prüfe
die Bücher des Schriftstellers auf die juristischen Begriffe.

Volteri war ein großer Mann, doch am meisten beeindruckte sein
Bauchumfang. Er hatte seine Haare bereits als junger Mann in seinen Dreißigern verloren, und ihm blieben von dem schulterlangen
lockigen Haar der Studienzeit als Erinnerung nur zwei schmal be-
wachsene Streifen hinter den Schläfen. Er hatte keine Scheu, Fotos
von sich als hippieartigem Menschen an die Wand zu werfen.
»Sturm und Drang«, sagte er dann. »Wichtig, wenn man jung ist.«
Das war natürlich eine Provokation gegenüber seinen jungen Hö-
rern im Lehrsaal, die in der Akademie auf Befehl und Gehorsam
getrimmt wurden.

Wenn Volteri den Hörsaal betrat und die Treppen hinunter zu seinem Pult ging, trug er in der linken Hand stets seine brüchige alte
Ledertasche und unter dem rechten Arm einen Pappkarton, in dem
seine schwarz-weiß gefleckte Katze Topolina saß beziehungsweise
lag und schlief. Er stellte Karton und Katze auf dem Pult ab, und in

der Regel blieb Topolina während der kompletten Vorlesung liegen, die Augen geschlossen. Nur selten stand sie auf, reckte sich und leckte sich das Fell. Sie beachtete weder Volteri noch die Zuhörer, sondern legte sich kurz danach wieder hin und schlief weiter. Einmal leistete sich einer der Polizeischüler einen Streich und brachte seinen Hund mit. Dieses Tier, irgendeine englische Terrierart, lag zu den Füßen seines Herrchens, der die Leine um seinen Fuß geschlungen hatte. Irgendwann muss er die Katze gerochen haben, und das Chaos brach aus.

Der Hund sprang knurrend auf und stürzte vor, in Richtung Pult. Die Leine, immer noch um den Fuß des jungen Mannes gewickelt, zog diesen von der Bank und ließ ihn mit einem gewaltigen Getöse stürzen. Der Hund zerrte ihn einen halben Meter weiter hinter sich her, dann löste sich die Leine. Mit ein paar Sätzen war er am Pult und nahm Anlauf, um hinaufzuspringen. Volteri schrie panisch:»Weg, weg, weg mit dir!« Alle waren aufgesprungen und schrien. Einige rannten nach vorn, um den Hund festzuhalten. Als der Hund das Pult fast erreicht hatte, sprang die Katze mit einem eleganten Satz auf den Boden und rannte an den Bänken vorbei die Treppe hinauf. Der Hund blieb einen Augenblick verdutzt stehen, setzte dann der Katze hinterher. Der Professor schrie. Allein Topolina behielt die Ruhe. Sie sprang auf den letzten Tisch, störte sich dabei nicht an der entsetzten Studentin, die aufsprang und dabei den Stuhl umwarf. Die Katze krümmte den Rücken, pumpte sich auf, und plötzlich standen ihr alle Haare zu Berge. Sie wirkte nun dreimal zu groß wie zuvor. Sie zischte und zeigte dem Hund vier beeindruckende Fangzähne. Der Terrier blieb erschrocken stehen, tat so, als hätte er mit dem Durcheinander nichts zu tun. Dann ging er einige Schritte auf die Bank mit Topolina zu – und empfing einen wuchtigen Schlag mit den ausgefahrenen Krallen ihrer Pfote. Der Hund jaulte auf und rannte zurück zu seinem Herrchen.

Der Unterricht war für diesen Tag beendet.

Lange her.

Morello spürt ein ziehendes Gefühl in seinem Bauch. Wehmut –

vielleicht auch Sehnsucht nach dieser unbeschwerten Zeit, als er jung war.

Volteri irritierte sie manchmal in seinem Unterricht. Morello er- innert sich, wie er dozierend vor ihnen auf und ab marschierte und über den Zusammenhang von Recht und Gesetz sprach. »Das Recht wandelt sich fortwährend«, rief er ihnen zu. »Das Gesetz gilt, solange es gilt. Doch die Dinge ändern sich. Vergesst nie, nach dem Mann, den ihr heute festnehmt, können morgen schon Straßen und Plätze benannt werden. Deshalb behandelt jeden und jede mit Respekt, auch wenn ihr ihnen gerade Handschellen anlegt.«

Oder: »Nach dem Recht auf Meinungsfreiheit ist das Demonstrations- recht das zweiwichtigste Recht, das eine Bevölkerung hat, um ihren Willen zu bekunden. Deshalb: Wenn ihr bei Demonstrationen ein- gesetzt werdet, schützt ihr das Recht der Demonstranten. Ihr seid nicht dazu da, sie in diesem Recht zu beschneiden.«

Im Fach Polizeitaktik hörten sie etwas anderes.

Er war mit einigen Kommilitonen oft in Volteris Haus zu Be- such. Der Professor konnte das Dozieren nie lassen. Eine gleich- berechtigte Unterhaltung mit ihm war schwierig. Aber sie lausch- ten ihm gern und lernten viel.

Wie es Volteri wohl geht? Einem plötzlichen Impuls folgend, wählt er die Büronummer, die auf Anna Klotzes Zeugnis stand.

Besetzt.

Er probiert es noch einmal.

Immer noch besetzt.

Es klopft, und Viola Cilieni steckt den Kopf durch die Tür. Anna Klotze sei da. Das Polizeiboot stehe bereit, sie beide in die Gerichts- medizin zu bringen.


## GERICHTSMEDIZIN


Hoffnung macht blind.

Morello steht neben Alvaro im Polizeischiff und schaut auf den Rio di Santa Margherita. Doch er sieht die Schönheit der senfgelben

Häuserfronten mit den dunkelgrünen Fensterläden nicht. Er sieht die üppigen Blätter eines Feigenbaums nicht, die sich über das Geländer einer großen Dachterrasse beugen. Er spürt nicht einmal die milden Sonnenstrahlen, die seine Wangen, die Stirn und seine Nase wärmen. In Sizilien ist die Sonne wärmer, das Licht des Himmels klarer und von einem unerreichten seidenweichen Blau, der Geschmack des Salzes im Meer ist würziger als der der Lagunenbrühe. Für ihn ist in Sizilien alles besser, wärmer, wohlschmeckender. Er versteht die Menschen dort besser, die Frauen sind schöner – auch wenn er, beim Denken daran, den Blick bewusst von Anna Klotze fernhält –, die Touristen höflicher und vor allem: seltener. Bald ist er wieder zu Hause.

Während das Boot eine Bugwelle vor sich herschiebt, jagt er in seiner Fantasie bereits seinen großen Feind, den Mafiaboss Francesco Domenico Marino. Er träumt mit offenen Augen, wie er ihn aus irgendeinem unterirdischen Drecksloch zieht, ihm Handschellen anlegt. Morello denkt an seine Frau, den Knall der Explosion, die sie und das ungeborene Kind tötete, als sie mit dem Fiat losfahren wollte. Es war eine Bombe, die ihm galt. Bis tief in seine Eingeweide spürt er den Schmerz über diesen Verlust und die grenzenlose Wut darüber, dass Sara sterben und er weiterleben musste. All das sieht er vor seinem geistigen Auge, und deshalb sieht er Venedig nicht. Hoffnung macht blind. Rachedurst ebenso. Erst als das Schnellboot hart an der steinernen Promenade anstößt, schüttelt er seinen Tagtraum ab.

Auf dem menschenleeren Campo dei Carmini bleibt er vor der einfachen Backsteinfassade einer Kirche stehen. Die dunkelgrüne Eingangstür aus Holz ist von istrischen Steinsäulen umgeben, eine Nische mit einer Statue der Madonna mit Kind daneben. Morello schiebt die Coppola zurück und kratzt sich am Kopf. Irgendetwas kommt ihm bekannt vor, aber er kann sich nicht erinnern, was es sein könnte.

»Commissario, komm endlich. Wir sind schon spät dran. Die Dottoressa Gamba erwartet uns in der Gerichtsmedizin.« Anna Klotze klingt genervt. Mit einem Zeigefinger tippt sie auf das Glas ihrer Armbanduhr.

Morello kramt in seinen Erinnerungen. Er zieht die Coppola wieder zurecht. »Es ist ganz komisch, Anna. Der Ort kommt mir bekannt vor. Gleichzeitig aber auch wieder nicht. Schau mal, ganz oben das Rad aus Marmor. Mit den vielen Speichen. Solch ein Symbol habe ich schon einmal in Sizilien gesehen, in Palermo, in der Kirche des heiligen Franz von Assisi.«

»Mein Gott, Antonio, bei dir führt jede Beobachtung früher oder später nach Sizilien. Meistens früher. Wir müssen weiter.« Sie dreht sich um und marschiert in großen Schritten los. Morello folgt ihr,
sieht sich aber immer wieder um.

»Die Kirche kommt mir bekannt vor, Anna«, sagt er, als er zu ihr aufgeschlossen hat.

»Palermo, ich weiß«, sagt sie und gähnt demonstrativ.

Zwei runde Strahler werfen gleißend blendendes Licht in einen vom Boden bis zur Decke weiß gekachelten Raum. An der hinteren Wand stehen zwei verschlossene Metallschränke. Auf einem Rolltisch liegen griffbereit vier Skalpelle unterschiedlicher Größe, zwei Knorpelmesser, vier Pinzetten, eine Darmschere, eine Bogen- und eine Stichsäge, die offenbar vor Kurzem gebraucht worden ist, ein großer und ein kleiner Meißel zur Schädelöffnung sowie eine Handvoll krummer Nadeln unterschiedlicher Größe. Auf dem silbern schimmernden Seziertisch liegt eine männliche Leiche. Der Oberkörper ist vom Brust- bis zum Schambein aufgeschnitten. Die Bauchpartien sind aufgeklappt und bieten einen guten Blick auf die Darmschlingen der Eingeweide. Der beutelförmige Magen ist bereits entnommen, aufgeschnitten und liegt in einer Stahlblechschale am Fuß des Seziertisches. Die zuletzt zugeführte Nahrung, ein brauner undefinierbarer Brei mit Resten von unverdauten Tomatenkernen, liegt daneben, sorgfältig in einer Nierenschale aufbewahrt. Neben dem Obduktionstisch sitzt auf einem einfachen Hocker, das rechte Bein über das linke geschlagen, eine zusammengekrümmte Gestalt in einem weißen Kittel und isst ein belegtes Brot. Sie sieht auf, als Morello und Anna Klotze von einem Assistenten in den Raum geführt werden. Morello blickt in das lachende, von Runzeln und Linien gezeichnete Gesicht der Gerichtsmedizinerin. Die Falten um Dottoressa Gambas Augen, Mund und Stirn sind die einer Frau, die an einem sonnigen Tag blinzelt, die mit Kindern lacht oder angesichts eines schwierigen Problems die Stirn runzelt. Dottoressa Gamba trägt ihre Falten mit Stolz. Sie sind für sie eine Beglaubigung eines gelebten Lebens. Es ist ein Gesicht, das viele Geschichten erzählt.

Frau Gamba steckt das Brot in eine Seitentasche ihres Kittels und umarmt Anna Klotze. Die beiden Frauen kennen sich von früheren Fällen. Die Gerichtsmedizinerin schätzt an der Polizistin die Neugier und das Interesse an ihrem Fach – das hat sie Morello vor einiger Zeit mal gesagt. Anna Klotze wirft der Anblick entnommener Organe und aufgeschnittener Leichen nicht um, sondern facht ihr polizeiliches Interesse an.

Morello dagegen steht neben den beiden Frauen und versucht, den Kopf nicht zu wenden, um die Leiche nicht direkt ansehen zu müssen. Er atmet durch den Mund, um dem Gestank zu entgehen, der in dem gesamten Institut herrscht, vor allem aber hier im Obduktionssaal.

Als er vierzehn Jahre alt war, war die Katze seiner Mutter zum Sterben auf den Küchenschrank geklettert und hatte sich dort in die große und hässliche Suppenschüssel aus Porzellan gelegt, die die Mutter einerseits verabscheute, aber andererseits auch nicht wegwerfen wollte, weil sie noch von der Großmutter von Morellos Vater stammte. Die verwesende Katze verbreitete einen mörderischen, süßlich-metallischen Gestank im ganzen Haus. Morello spuckte dreimal das Essen quer über den Frühstückstisch. Die Mutter nahm zunächst an, eine Maus sei unter einem Schrank gestorben oder eine Fledermaus habe sich in einer Vase versteckt und sei dort verendet. Sie verschob Möbel, kehrte und wischte unter dem Herd, den Schränken, Betten und der Couch. Umsonst. Es war schließlich Giulia, Morellos unerschrockene Schwester, die die Nase hob, dem Geruch folgte und dann den Kadaver samt Schüssel entsorgte.

Der gleiche Geruch strapaziert nun seine Nerven und Magenwände. Die Gerichtsmedizinerin reicht Morello die Hand und sagt: »Signor Commissario, haben Sie in der letzten halben Stunde etwas gegessen?«

»Reichlich, wieso?«

»Ich möchte nicht, dass sich jemand in meinem Obduktionssaal übergibt. Ich begrüße es, wenn alles sauber bleibt. Der Herr Salini ist nur noch für Fachleute und Polizisten mit gutem Magen interessant.«

Sie geht zur Leiche und winkt die beiden Polizisten zu sich. Dann zieht sie ein Tablet aus der Seitentasche ihres Kittels, wischt darauf herum und liest vor. »Paolo Salini. 56 Jahre alt. 175 Zentimeter groß, 66 Kilo. Ein magerer, aber gesunder Mann. Alle inneren Organe sind intakt. Der Mann war Nichtraucher, hat jedoch regelmäßig Alkohol in Maßen konsumiert. Wie Sie sehen können, Signore: Die Größe seines Penis ist normal, er weist keine Spermareste auf. Es gibt also keine Anhaltspunkte von sexueller Aktivität in den letzten 24 Stunden vor dem Eintreten des Todes. Der Körper des Mannes weist unterhalb des Kopfes und Halses keine Anzeichen von Gewalteinwirkung auf. Die einzigen vorhandenen Wunden befinden sich an der linken Kopfseite und an den unteren Halswirbeln ebenfalls auf der linken Seite. Die Wunden sind breitflächig und wurden ihm durch zwei heftige Schläge mit einem stumpfen Gegenstand beigebracht. Die Schläge sind mit Sicherheit die Todesursache. Todeszeitpunkt: etwa 5:30 Uhr.«

Luisa Gamba steckt das Tablet zurück in ihre Seitentasche. Sie deutet auf das rechte Handgelenk des Toten. »Sehen Sie das Hämatom?«

Anna Klotze und Morello beugen sich über die Leiche. Tatsächlich, am oberen Rand des rechten Handgelenkes hat sich ein zwei Zentimeter breiter und zehn Zentimeter langer blauer Fleck gebildet, der sich wie ein Armreif um den oberen Teil des Handgelenks schließt.

Frau Gamba hebt die Hand des Toten. »Auf der Unterseite ist nichts. Ist das nicht interessant?«

Morello beugt sich über die Hand. »Ein Bluterguss wie ein Band. Nur auf dem oberen Teil des Gelenks. Haben Sie dafür eine Erklärung?«

»Für Interpretation sind Sie zuständig, Commissario. Ich liefere Ihnen nur die Fakten. Dieses Hämatom ist in etwa zeitgleich mit dem Ableben dieses Herrn entstanden. Vielleicht kurz vorher. Vielleicht gleichzeitig.«

Anna Klotze: »Eine Art Armreif hat von oben auf seinen Arm gedrückt. Vielleicht hat der Täter oder ein Komplize seinen Arm heruntergedrückt. Das könnte erklären, warum er sonst keine Abwehrverletzungen aufweist.«

Morello: »Oder er hat versucht, in einer Abwehrbewegung den Arm hochzureißen. Sein Armreif verhedderte sich an der Parkbank, sodass er die Hand nicht hochbekam.«

»Beides möglich«, sagt die Gerichtsmedizinerin. »Kommen wir zur nächsten spannenden Tatsache.«

Sie geht zu einem der beiden Schränke, öffnet ihn und hebt den in einer durchsichtigen Beweismittelhülle liegenden Rohrbogen hoch. Sie sagt: »Und schaut her, da haben wir auch gleich die Tatwaffe. Das Beweisstück ist ein Rohrbogen mit einem Durchmesser von neun Zentimetern. An der Oberseite sind Blutspuren und Hautreste, die eindeutig dem Opfer zuzuordnen sind. Aber das Interessante folgt jetzt.«

Sie macht eine Pause und sieht von Anna Klotze zu Morello und wieder zurück.

»Dottoressa, wir sind überaus gespannt«, sagt Morello. »Wir schätzen Ihre dramaturgischen Fähigkeiten sehr. Doch wenn Sie jetzt bitte ...«

»Am gegenüberliegenden Rand, und zwar innerhalb des Rohres, habe ich zwei winzige Hautstücke isoliert«, sagt sie und schwenkt die Hülle mit der Tatwaffe.

»Sie konnten die DNA sicherstellen? Das ist großartig«, sagt Anna Klotze.

»Wir sind voller Bewunderung«, ergänzt Morello.

Dottoressa Gamba sagt:»Leider bin ich mir nicht sicher. Ich werde die Proben zum wissenschaftlichen Polizeilabor schicken. Dort haben sie die richtige Technik, um auch die kleinsten Proben zu analysieren.«

Anna Klotze:»Mist, da müssen wir tagelang warten.«

»Normalerweise schon. Ich kenne allerdings den Leiter des Labors. Er ist ein Freund; ein ehemaliger ... Freund eben.« Morello sieht Frau Gamba zum ersten Mal auf diese besondere Art lächeln. Es scheint, als hätte ihr Gesicht plötzlich keine einzige Falte mehr.»Es geht schnell«, sagt sie.»Ich weiß es.«

## VAPORETTO-HALTESTELLE, CA' REZZONICO

Es ist dunkel geworden und kalt. Morello und Anna Klotze stehen an der Vaporetto-Haltestelle und telefonieren beide. Morello beendet sein Gespräch zuerst. Er wartet, bis Anna Klotze ihr Handy in die Gesäßtasche der Jeans geschoben hat. Er sagt:»Weder Ilaria Michetti noch Manuela Bini haben Salini je mit einem Armreif gesehen.«

»Seine Putzfrau auch nicht.«

»Er hat also kein Armband getragen. Nur an dem Tag, als er gestorben ist.«

»Wir haben ein weiteres Rätsel, Commissario.«

»Mein Gott, Anna, rede mich nicht immer mit meinem Dienstgrad an. Schließlich haben wir ... Ich meine, wir hatten ...«

»Wir haben gevögelt. Meinst du das?«

»Ähm, ja, das meine ich.«

»Ich hab's fast vergessen, Antonio.«

Auf dem Canal Grande herrscht eine angenehme Stille. Kein Schnellboot, kein Vaporetto. Kein Mensch in ihrer Nähe. Die Lichter einiger Palazzi spiegeln sich auf dem Wasser.

Sie hat es vergessen, Antonio. Vergiss du es auch. Streich die Nacht auf dem Boot einfach aus deinem Kopf. Dann geht es dir besser.

»Ein schöner Anblick, nicht wahr. So etwas siehst du selbst in Sizilien nicht.« Anna Klotze geht einen Schritt auf ihn zu und lächelt. »Viele Menschen beneiden uns beide, weil wir *das* jetzt sehen können. Schau mal, der Campo San Samuele mit seiner Kirche. Er hat einen direkten Zugang zum Canal Grande. Auf beiden Seiten des Campo befinden sich schöne Paläste, der Palazzo Grassi und Palazzo Malipiero.«

Morello rückt seine Coppola zurecht. »Na ja, ganz nett. Aber nichts im Vergleich mit der Hafenpromenade in Cefalù.«

Anna Klotze tritt einen Schritt zurück. Sie schickt einen Blick in den dunklen Himmel und verdreht die Augen. »Ich muss los. Es ist spät geworden.« Sie hebt noch einmal die Hand zum Gruß und ist in der Dunkelheit verschwunden.

Hat er etwas falsch gemacht? Zu seiner Erleichterung sieht er das Licht des sich nähernden Vaporettos.

## MORELLOS WOHNUNG

Das Haus ist dunkel.

Kein Licht im Erdgeschoss. Sylvia ist mit Gerhard, ihrem Dozenten, zu einer Fachtagung über die hochempfindliche Bodenstruktur der venezianischen Lagune nach Rom gefahren.

Ihm ist es recht.

*Ich hab's fast vergessen, Antonio.* Wie kann sie diese Nacht auf dem Boot vergessen?

Morello schließt die Haustüre auf und steigt kopfschüttelnd die Treppen zu seiner Wohnung im dritten Stock hinauf. Frauen sind manchmal schwer zu verstehen. Wenn sie etwas wollen, hält sie nichts auf. Anna wollte ihn in dieser Nacht. ›Ich esse, wenn ich Hunger habe‹, hatte sie am nächsten Morgen zu ihm gesagt. Wenn Frauen etwas nicht wollen, sind sie genauso stur. Irgendwie scheint es darauf anzukommen, genau zu erkennen, in welchem Zustand sie sich gerade befinden. Aufsteigend oder absteigend. Bei aufsteigendem Begehren muss man nicht viel machen, man gibt ihnen

Raum und wartet. Dann wird alles gut. Oder auch nicht. Bei absteigendem Begehren kann man machen, was man will.

Alles nicht so einfach.

Anna befindet sich, was ihn betrifft, nicht einmal auf dem absteigenden Ast. Sie ist auf dem Nullpunkt.

*Ich hab's fast vergessen, Antonio.*

Empörend.

Er schließt die Wohnungstüre auf. Sein Magen meldet sich mit einem deutlich hörbaren Knurren. Er hat Hunger.

Zwar hat er ausgiebig zu Mittag gegessen, aber jetzt könnte er etwas Leichtes vertragen.

154 Er schaltet das Radio an.

Dann inspiziert er die Vorräte. Auf dem Küchentisch entdeckt er eine Schale mit reifen Tomaten; ein letztes Geschenk des Sommers. Nun weiß er, was er zu tun hat. Er legt sie in eine backfeste Glasform; die größeren halbiert er. Etwas Olivenöl darüber. Von seinen Küchenkräutern nimmt er nun den Busch Thymian und schneidet zehn Zweige ab. Während er die winzigen Blätter zupft, reibt und gleichmäßig über die vom Öl glänzenden Tomaten verteilt, pfeift er die Melodie eines alten Beatles-Songs mit, der im Radio gespielt wird. Let it be, oh, let it be. Ich hab's fast vergessen, Antonio. Lächerlich. Wie kann Anna so eine Nacht vergessen? Let it be.

Er kann es nicht. Wie leidenschaftlich sie war.

Er heizt den Backofen auf 200 Grad vor. Dann schält er vier Zehen Knoblauch, drückt sie durch die Presse und verteilt sie gleichmäßig in der Form. Ein Prise Zucker darüber. Zwei Prisen Salz. Eine klein gehackte Chilischote.

Fertig.

Fast vergessen.

Aber eben nur fast.

Er schiebt die Schale in den Backofen.

Durch das Fenster des Herds kann er zuschauen, wie die Tomaten brutzeln, runzelig werden, ein wenig zerfallen.

Fast vergessen.

Let it be. Der Song geht ihm nicht aus dem Kopf.

Gott sei Dank kommen jetzt die Nachrichten. In Brüssel hat die Polizei die Vizepräsidentin des Europaparlaments verhaftet, eine Griechin namens Eva Kaili. Sowohl in ihrer Wohnung als auch in der Wohnung des italienischen Politikers Antonio Panzeri und bei anderen wurde Bargeld sichergestellt in Höhe von 1,5 Millionen Euro in kleinen Scheinen. Es folgen die regionalen Nachrichten. Das Parlament von Venetien entscheidet morgen über den Ausbau des Flughafens Marco Polo. Eine Zustimmung gilt als sicher, weil die rechten Parteien ihre Zustimmung bereits öffentlich erklärt haben.

Nach zwanzig Minuten öffnet er den Ofen, nimmt zwei Handtücher als Handschuhe, holt die Schale raus und schöpft die Tomaten auf einen großen Teller, schneidet einige Basilikumblätter darüber, öffnet den Kühlschrank und weiß, nun kommt die Krönung.

Er hat noch eine Kugel Burrata aus Apulien. Voller Vorfreude legt er sie behutsam auf die Tomaten. Ein Stück Ciabatta-Weißbrot, ein Glas Rotwein.

Morello setzt sich an den Küchentisch und schneidet die weiße Haut der Burrata auf. Sie verläuft und schmilzt. Der süße Geschmack der Tomaten, die Würze des Knoblauchs und des Thymians, die leichte Schärfe des Chilis und das sahnige Aroma der Burrata – es ist leicht. Es ist herrlich.

Let it be.

## CASTELLO

156 Die Nacht ist blassblau. Die Scheinwerfer, die die Kirche San Pietro di Castello normalerweise nachts beleuchten, sind ausgestellt. Nur das orangefarbene Licht der Straßenlaternen quält sich durch einige Nebelschwaden, die vom Kanal San Pietro aufsteigen. Es wird von winzigen Wassermolekülen gebrochen und diffundiert zu einer beweglichen, abstrakten Masse von unterschiedlichen Gelb- und Orangetönen, die sich mit den langen Schatten der Bäume und dem des schiefen Turms verbinden und alles in eine unheimliche nächtliche Kulisse verwandeln.

Es ist halb vier Uhr, und Venedig schläft. Morello läuft, die Hände, die mit festen Wollhandschuhen geschützt sind und tief in den Taschen seiner Daunenjacke stecken, die Fondamenta auf und ab. Trotz des dicken Strickpullis, des langen Schals, den er dreimal um seinen Hals gewickelt hat, und der groben braunen Cordhose spürt er, wie die feuchte Kälte sich zielstrebig zu seiner Haut vorarbeitet. Er zieht seine Coppola tiefer ins Gesicht und starrt hinaus auf den Kanal.

Cazzo, Claudio hat die Verabredung vergessen.

Wütend kramt er in seiner Hosentasche und zieht das Handy heraus.

Als er das Freizeichen hört, sieht er, wie über dem Wasser ein Licht blinzelt und stärker wird. Kurz danach hört er das tiefe Brummen eines Schiffsmotors.

»Buongiorno, Commissario«, ruft Claudio ihm fröhlich zu, als das Boot längsseits anlegt. »Sie sind pünktlich! Hätte ich nicht gedacht.«

Morello ignoriert diese Bemerkung und klettert über die Planken. Es ist ein altes Transportboot aus Holz, beladen mit Kisten voller Gemüse, Obst und Mehlsäcken.

»Ich hoffe, dass wir nicht untergehen mit diesem Kahn.«

»Nein, Signor Commissario, das Boot ist noch gut.«

»Fahr los! Sonst lieferst du deine Waren noch zu spät aus. Ich möchte daran nicht schuld sein.«

## DORSODURO

Claudio steht konzentriert und aufrecht hinter dem Steuer. Mo- rello betrachtet ihn und lächelt zufrieden. Nichts an Claudios Haltung erinnert noch an den Taschendieb, der er noch vor drei Jahren gewesen ist. Konzentriert schaut Claudio hinaus in die Nacht und steuert sicher in Richtung Rio dei Giardini. Am Ufer schwanken einige schwach leuchtende Laternen im Wind, doch die Fenster der Häuser am Rande des Kanals sind dunkel. Die Bewohner schlafen. Recht haben sie. Wenn Morello den Kopf auf die andere Seite dreht, hin zur Lagune, ist alles tintenschwarz.

Nach dem Ponte Quintavalle schiebt Claudio einen zweiten Antriebshebel nach vorne und schaltet den Bugmotor ein. Ein Zittern fährt durch die Planken, als das Boot die Fahrt beschleunigt. Morello spürt die Vibration bis in die Wadenmuskulatur. Claudio runzelt die Stirn und klopft mit der Hand zweimal kräftig auf den Staudruckmesser. Der Zeiger, der eben noch regungslos auf null stand, bewegt sich und zeigt nun die Drehzahl wieder korrekt an. Sie biegen rechts in den Rio dei Giardini und fahren an der Insel Sant'Elena vorbei; einem der wenigen Viertel, in dem noch normale Venezianer leben und in das sich Touristen nur selten verirren. Die Bäume auf der rechten Seite des Kanals gehören nach einer Minute Fahrt schon zu den Giardini della Biennale, wo noch ein paar Wochen lang die internationale Kunstausstellung gezeigt wird. In ein paar Stunden werden sich wieder Menschenschlangen vor den beiden Kassen bilden, aber nun ist der Ort gespenstisch leer. Auch an der edlen Promenade Riva degli Schiavoni sieht Morello niemanden. Die tagsüber vollen Haltestellen der Vaporetti, Giardini, Arsenale, San Marco-San Zaccaria, schaukeln verlassen im Wasser.

Auf der linken Seite schiebt sich die Insel San Giorgio aus der Dunkelheit. Mit einer scharfen Wendung nach links steuert Claudio das Boot zwischen Punta della Dogana und Giudecca hindurch. Trotz des leichten Nebels kann Morello die Säulen von San Todaro und San Marco sehen, die bald hinter ihnen wieder kleiner werden.

Claudio sieht zu dem auf der Seitenbank kauernden Morello hinüber: »Signor Commissario … ich glaube, Sie sind etwas zu dick angezogen.«

»Das glaube ich nicht. Mir ist kalt«, antwortet Morello mürrisch und schlingt die Arme um seinen Oberkörper.

»Sie sind seit drei Jahren in Venedig und haben es immer noch nicht gelernt. Zugegeben, es ist feucht, aber nicht so kalt, wie Sie angezogen sind. Sie sehen aus wie jemand, der gerade zu einer Expedition zum Nordpol aufbricht. Außerdem – diese Mütze passt absolut nicht zu ihrer … äh winterlichen Ausrüstung!«

Das Boot fährt jetzt nahe am Ufer. Morello kann die beleuchteten Haltestellen der Vaporetti sehen. Das gleichmäßige Auf und Ab des Bootes, der feuchte und salzige Geschmack des Meeres, das stoische Brummen der beiden Motoren, die kalten Spritzer des Wassers, die auf seine Wangen und die Stirn aufschlagen, all das versetzt ihn für einen Moment zurück in seine Kindheit. Es ist in diesen wenigen Sekunden nicht Claudio, der hinter dem Steuer steht, sondern es ist sein Vater. Sie fahren hinaus auf die offene See, um Tintenfische zu fangen. Die Erinnerung löst eine jähe Sehnsucht aus. Er weiß nicht einmal genau wonach. Nach seiner Kindheit? Seinem Vater? Der Heimatstadt Cefalù? Sizilien? Er spürt in der Mitte seines Bauches, irgendwo in der Nähe des Zwerchfells, dort, wo angeblich die Seele sitzt, wie seine Schwester Giulia immer behauptet, den gleichen stechenden Schmerz wie damals, als er sechs oder sieben Jahre alt war. Nur wenige Tage nach ihrem gemeinsamen Ausflug verließ der Vater die Familie. Er verschwand plötzlich, und niemand sagte dem Sohn, wohin er gegangen war.

Die Frage nach dem »Warum« ist unbeantwortet – bis heute.

Morello schüttelt den Kopf und verdrängt den Gedanken. Aus der Dunkelheit erhebt sich das Hotel Hilton Molino Stucky auf der Insel Giudecca. Die Mauern des wuchtigen Baus sind nicht zu sehen. Ihre Konturen werden jedoch von unzähligen Lichtern in die Nacht gezeichnet. Ihre Konturen werden jedoch von unzähligen Lichtern in die Nacht gezeichnet. Allein die Spitze des Turms ist zu sehen. Er erinnert Morello an den Eiffelturm in Paris.

Claudio steuert hart nach rechts. Die Reling neigt sich steuerbords. Wasser schwappt in das Boot. Morello schliddert zur Seite, greift gerade noch rechtzeitig nach einem Seil und hält sich fest. Das Boot fährt unter einer Holzbrücke hindurch in einen Kanal.

»Commissario, bleiben Sie unbedingt sitzen. Die Brücken sind hier sehr niedrig. Ich möchte Sie nicht in der Nacht aus dem Wasser ziehen müssen.«

Morello sagt: »Du bist sehr witzig für diese Uhrzeit.« Er steht auf. Aus der Dunkelheit schießt etwas noch Dunkleres auf ihn zu. Er kann sich gerade noch rechtzeitig ducken, als der Pfeiler einer kleinen Steinbrücke an ihm vorbeisaust.

»Ich meine es nur gut mit Ihnen«, sagt Claudio. Am Ende der Wasserstraße biegt das Boot nach links. Die Fassade einer wuchtigen Kirche taucht auf. Scheinwerfer beleuchten über dem Eingang eine steinerne Skulptur.

»Die Kirche des Erzengels Raphael. Wir sind da.«

Claudio zieht an einem der beiden Antriebshebel und schaltet den vorderen Motor aus. Das Boot wird langsamer. Er dreht das Steuer ein, bis das Boot mit der Bugspitze den Kai berührt. Claudio greift ein Tau, springt ans Ufer und bindet das Boot am Bug fest. Dann kommt er zurück an Bord, schwingt das Steuer herum und lässt das Boot vorsichtig rückwärtsfahren. Als das Heck den Kai berührt, springt er wieder ans Ufer und wickelt ein zweites Seil um einen Poller.

»Sehen Sie, Commissario?« Claudio zeigt Morello die Fondamenta de la Pescaria, die sich nun genau gegenüber befindet. »Dort sehe ich manchmal diese Gestalt – eine Gestalt mit weißem Umhang, einen weißen Geist. Er läuft in Richtung Guardia di Finanza. Manchmal taucht er auf, manchmal nicht. Wahrscheinlich ist es ein harmloser Mann, der ein bisschen plemplem ist.« Er tippt sich mit dem Zeigefinger an die Stirn.

Dann wuchtet er die erste Kiste aus dem Boot. »Soll ich auf Sie warten, Signor Commissario?«

»Nein.« Morello nimmt einen Sack Mehl auf die Schulter und stellt ihn am Ufer ab. Er winkt Claudio noch einmal zu und verschwindet in der Nacht.

Am Tatort flattern immer noch die Reste der rot-weißen Absperrbänder im Wind und knattern leise in der Stille. Morello geht zu der Holzbank, auf der Salini erschlagen wurde, und setzt sich. Mein Gott, ist er müde. Eine blödsinnige Idee, noch halb in der Nacht nach einem Schatten zu suchen. Einem Phantom. Einem Phantom mit weißem Umhang. Vielleicht sollte er lieber nach Hause gehen und sich für ein paar Stunden ins Bett legen, bis die Glocken ihn wecken. Andererseits: Wenn es wirklich einen Zeugen gäbe, jemanden, der den Täter gesehen hat, würde das die Auflösung dieses Mordfalles extrem beschleunigen. Es könnte die Wende sein. Er würde den Täter festnehmen und den Fall abschließen. Und dann: auf nach Sizilien!

Er steht auf und geht zu einem kleinen Gebüsch, das sich an die Mauer des Gebäudes der Finanzpolizei schmiegt. Das ist kein schlechtes Versteck. Er kann den Uferweg einsehen, aber er ist sicher, er wird von dort nicht gesehen. Morello biegt einige Zweige zur Seite. Dann geht er in dem Busch in die Hocke. Okay, nicht bequem, aber es funktioniert. Da sticht ihm ein beißender Gestank in die Nase. Es riecht nach Pisse. Legionen von Hunden müssen an dieser Stelle ihr Wasser gelassen haben. Wahrscheinlich nicht nur Hunde. Er hält sich die Nase zu. Er atmet durch den Mund ein und aus. Alles umsonst. Es stinkt nach Pisse.

Morello wartet.

Der Krampf beginnt mit einem Ziehen im rechten Oberschenkel. Morello bewegt das Bein nach links und rechts. Für einen Augenblick mildert sich das unangenehme Gefühl. Doch nur eine Minute später ist es wieder da, verstärkt sich und weitet sich zu einem stechenden Schmerz. Er streckt das Bein nach vorne, dehnt es. Gott sei Dank verfliegt diese Marter sofort. Da er in der Hocke mit einem ausgestreckten Bein nicht sehr stabil sitzt, wankt er. Er spürt, wie er das Gleichgewicht verliert. Das fehlte ihm gerade noch, dass er in Pfützen von Hundepisse fällt. Als er das Bein erneut ausstrecken will, verkrampfen sich die Muskeln seiner Waden. Dann der Zehen. Cazzo. Es tut höllisch weh.

Er kippt nach links. Um nicht zu fallen, stützt er sich mit der rechten Hand auf dem Boden ab. Seine Finger spüren eine unangenehme Feuchtigkeit. Er zieht sie instinktiv zurück – und fällt.

Der scharfe Geruch von Urin schlägt ihm noch in die Nase, bevor er mit dem Kopf auf dem Boden aufschlägt.

Cazzo. Jetzt liege ich mitten in der Hundepisse.

Er springt auf. Fährt sich mit den Ärmeln durch das nasse Gesicht. Klopft sich die Kleider ab. Biegt die Zweige zur Seite. Verlässt das Versteck.

Und da hört er die Stimme.

Es ist der monotone Singsang einer hohen Stimme, manchmal undeutlich, manchmal klar wie ein gregorianischer Gesang. Venezianischer Dialekt, den Morello nur teilweise versteht. »Xe Tuto mio! Il Ponte, la Calle, Venèsia …« – »Es gehört alles mir! Die Brücke, die Straße, Venedig.«

Sofort vergisst er den beißenden Gestank. Geduckt läuft er in Richtung Kanal, hin zu dieser Stimme, die nun so deutlich und hoch klingt, dass sie ihn fasziniert.

»Anca el Canal xe mio! Auch der Kanal gehört mir.«

Nichts.

Er kann die Stimme nicht orten und bleibt stehen.

Cazzo. Was ist hier los?

Weiter vorn liegt ein Bündel auf dem Bürgersteig. Gehört es zur Baustelle? War es vorhin schon da? Hat er es übersehen?

Morello kneift die Augen zusammen.

Wie in einem absurden Fiebertraum sieht er, wie das Bündel sich bewegt. Größer wird. Sich plötzlich aufrichtet.

Cazzo, was ist das? Ein Körper. Lang und schmal. Dünne weiße Arme recken sich in die Dunkelheit. Die Gestalt murmelt etwas Unverständliches. Morello duckt sich.

Sein Handy brummt. Claudio ruft an. Er drückt den Anruf weg. Er bekommt eine SMS: »Der Geist. Er ist wieder da. Ich verschwinde.« Morello schleicht sich näher. Was trägt diese Gestalt? Ist das ein weißes Gewand? Kann das sein? Mit einer Kapuze, die er über seinen Kopf gestülpt hat?

Die Gestalt tänzelt den Weg entlang, dreht sich zweimal um sich selbst und klatscht in die Hände. Morello kneift die Augen zusammen, um besser zu sehen. Es ist ein Mann – und dieser Mann trägt eindeutig einen Bademantel – einen blütenweißen Frotteé-Bademantel. Die Waden sind nackt. Die Füße stecken in dunklen Badelatschen. Das Gesicht ist in der Dunkelheit nicht zu sehen.

Morello duckt sich hinter einen Bauzaun. Er checkt die Uhrzeit.

4 Uhr 30 Minuten exakt.

Als er vorsichtig über das Gitter blickt, ist der Mann verschwunden.

Cazzo, wie kann das sein? Als hätte ihn der Erdboden verschluckt.

Vorsichtig steht Morello auf und späht nach vorne.

Nichts zu sehen.

Der Mann im Bademantel hat sich in Luft aufgelöst.

Morello rennt.

An der Steinbrücke ist er nicht. Er schaut rechts und links ins Wasser.

Nichts.

Im Laufschritt die Fondamenta de la Pescaria entlang.

Da ist er.

Eine Gestalt kniet auf der kleinen Brücke zwischen der Fondamenta de la Pescaria und der Fondamenta Barbarigo und hebt die Hände zusammengefaltet in die Höhe, als wollte er Beistand von oben herbeiflehen.

Hätte er eine Waffe mitnehmen sollen? Ist der Mann gefährlich? Verrückt? Was zum Teufel ist hier los?

Der Kommissar duckt sich und riecht sofort wieder den Urin, der an seiner Hose und seiner Jacke klebt. Gebückt geht er zur Treppe.

Er späht um die Ecke. Die Gestalt im Bademantel kniet immer noch mitten auf der Brücke im Dunkeln und streckt die Hände in die Höhe. Jetzt sieht Morello auf der anderen Seite der Brücke ein Haus mit einem Eisengitter. Daran ist ein holzgeschnitzter Christus am Kreuz befestigt. Offenbar betet der Bademantel-Mann zu dieser Figur. Gebückt geht Morello die erste Stufe zur Brücke hoch. Erneut das Gemurmel. Nach einem weiteren Schritt kann er es verstehen: »Vater unser im Himmel, geheiligt werde dein Name. Dein Reich komme. Dein Wille geschehe, wie im Himmel so auf Erden. Unser tägliches Brot gib uns heute. Und vergib uns unsere Schuld, wie auch wir vergeben unseren Schuldigern, und führe uns nicht in Versuchung, sondern erlöse uns von dem Bösen. Denn dein ist das Reich und die Kraft und die Herrlichkeit in Ewigkeit. Amen.«

Da sagt auch Morello: »Amen.«

Der Kopf der Gestalt fährt herum.

Morello starrt in die aufgerissenen Augen eines jungen Mannes von unbeschreiblicher Schönheit. Die heftige Bewegung hat ihm die Kapuze vom Kopf gerissen. Ein lächelndes Gesicht, umrahmt von schulterlangen, honigfarbenen Locken, sieht ihn an. Die Nase ist schmal und gerade. Die Augen wach und neugierig und von einem himmelfarbenen Blau. Und der Mund! Ein sanftes Lächeln umspielt seine vollen Lippen, wie es Morello noch nie bei irgendjemandem gesehen hat.

Der Commissario kann den Blick nicht wenden. Er will die Augen senken und kann es nicht. Nun erhebt sich dieser junge Gott, der Bademantel verrutscht, und Morello sieht die feine Zeichnung der Rippen, das Gleichmaß der Brust. Die Augen des jungen Mannes im Bademantel flackern hin und her, als wollten sie Morellos Gesicht abtasten. Dann reckt diese Erscheinung aus einer anderen Welt einen Arm mit ausgestrecktem Zeigefinger in die nächtliche Höhe, wendet den Kopf zu Morello und sagt mit weicher und zugleich fester Stimme. »Wahrlich, wahrlich, ich sage dir …« Dann zögert er, als hätte er vergessen, was er sagen wollte, und bricht ab. »Hab keine Angst, ich will nur mit dir reden.« Morello geht in die Hocke, um mit diesem außergewöhnlichen Gesicht auf gleiche Höhe zu kommen, aber auch um Zeit zu gewinnen und seiner eigenen Verwirrung Herr zu werden. Er schaut in die offenen Augen, in denen er trotz des bezaubernden Lächelns keine Regung irgendeines Gefühls erkennen kann. Nicht einmal Neugier, und Morello ist erstaunt über die Enttäuschung, die sich für einen Augenblick in ihm breit macht.

»Gib mir eine Sekunde«, sagt er gedehnt.

Alles, was er nun braucht, ist Zeit. Nicht viel, etwas Zeit. Also greift er tief in seine Hosentasche und zieht die Dienstmarke heraus. Zweimal atmet er tief ein und aus, bevor er sagt: »Schau. Ich bin Polizist. Du brauchst keine Angst vor mir zu haben.«

Die Augen des blonden Mannes schenken der Marke nicht einen Blick. Stattdessen rutscht er auf den Knien um 90 Grad herum.

Nun sind sie sich genau gegenüber, der verwirrte Commissario und der junge Mann im Bademantel.

»Wahrlich, wahrlich, ich sage dir«, hebt dieser noch einmal an. Und dann kräuselt er seine Nase: »Du stinkst.«

»Ja, es kann sein, dass ich etwas streng rieche, doch bitte, ich halte Abstand. Ich will nur ein paar Worte mit dir sprechen.«

In der Hocke bewegt Morello sich wankend drei Schritte zurück. Er wackelt dabei, droht das Gleichgewicht zu verlieren und muss sich mit einer Hand auf dem Boden abstützen.

Der Mann im Bademantel sieht es. Seine Augen werden starr.

Er springt auf und rennt.

»Cazzo!«

Morellos Jagdinstinkt setzt sofort ein.

Doch seine Beweglichkeit nicht.

Mit beiden Händen stützt er sich auf den Boden und stemmt sich hoch. Die Beine sind in der Hocke steif geworden. Schwerfällig macht er einige Tritte. Erst nach fünf Schritten gelingt es ihm, sein Tempo zu erhöhen. Der wehende Bademantel schwenkt nach links auf den Campo de l'Anzolo Rafael. Verblüffend, wie schnell er in Badelatschen laufen kann. Der Commissario rennt und verlängert seine Schritte. Am Ende des Campo San Sebastiano fegt der Bademantel nach rechts. Als Morello keuchend diese Stelle erreicht, steht er vor der Kirche San Sebastiano.

Die Gestalt ist verschwunden.

Verblüfft bleibt der Commissario stehen. Wo ist der Mann im Bademantel? Morello schüttelt den Kopf. Habe ich das alles geträumt? Übermüdet, wie ich bin. Ich stinke nach Hundepisse – und habe Halluzinationen.

Es gibt eine Seitentür zur Kirche. Sie ist kleiner als er und aus Holz. Keine Klinke. Morello bückt sich; drückt dagegen. Verschlossen. Der Sprint hat ihn Kraft gekostet. Schwer atmend geht er einmal um die Kirche herum. Das Hauptportal ist verschlossen. Weitere Türen gibt es nicht.

Der junge Mann ist verschwunden, als hätte er sich in nichts aufgelöst.

Ganz oben, auf dem Dach der Kirche, erblickt Morello die Statue von San Sebastiano. Der Heilige steht halb nackt zwischen zwei weiteren Statuen. Er wird von drei Pfeilen durchbohrt: Einer trifft sein Herz, ein zweiter steckt in seiner rechten Flanke und der dritte in seinem linken Bein.

Morello lächelt dem Heiligen freundlich zu. So ähnlich fühlt er sich auch.

Er geht noch einmal um die Kirche. Nichts zu sehen. Doch nun fällt sein Blick auf das Haus neben der Kirche: Eine der Seitentüren zu dem zweistöckigen Gebäude ist nur angelehnt. Er klopft. Niemand antwortet.

Behutsam öffnet Morello die Tür. Vor ihm erstreckt sich ein langer, dunkler Flur.

»Buongiorno ... Ist jemand da?« Er sucht einen Lichtschalter. Fährt mit der Hand die dunklen Wände entlang. Spürt keinen Griff, keinen Hebel, keinen Knopf, nichts. Vorsichtig tastet er sich den Gang entlang, findet eine Tür, eine Klinke. Verschlossen. Er tastet sich weiter vor. Eine zweite Tür. Auch verschlossen. Er ruft. Nichts. Auf der Gegenseite die nächste abgeschlossene Tür.

Cazzo. Warum ist er nicht früher auf die Idee gekommen? Er zieht sein Handy aus der Tasche. Wie aktiviert man die Taschenlampenfunktion?

Dann steht er in gleißendem Licht.

Deckenstrahler erleuchten den Flur, als gäbe es in Italien keine Energiekrise. Morello kneift die geblendeten Augen zusammen.

Als er sie wieder öffnet, sieht er die nächste Halluzination. Sofort drückt er die Lider zusammen. Dann öffnet er wieder langsam die Augen. Am Ende des Flurs steht ein Benediktinermönch. In seiner Armbeuge liegt eine Schrotflinte. Die Mündung ist genau auf Morellos Bauch gerichtet.

»Sie sind also wegen Aurelio hier«, sagt Padre Maurizio und legt Morellos Dienstmarke auf den kleinen Küchentisch zurück.

»Ich wäre bei unserem Gespräch weniger abgelenkt, wenn Sie die Flinte gesichert in einen Waffenschrank stellen würden.« Morello deutet auf das Gewehr, das der Mönch an die Wand gelehnt hat.

Der Priester lacht. »Dieses Gewehr ist eine Attrappe. Das Rohr ist vollständig mit Blei ausgegossen. Niemand wird je damit schießen können. Doch merkwürdigerweise gibt es mir nachts ein Gefühl der Sicherheit. Mein Gottvertrauen ist selbstverständlich größer, aber das Schießgewehr ergänzt es doch ungemein.«

Der Priester holt eine brodelnde kleine Bialetti von der Herdplatte, füllt zwei kleine weiße Kaffeetassen und stellt sie auf den Tisch.

Er setzt sich Morello gegenüber.

»Aurelio lebt hier bei uns. Schon immer. Was wollen Sie von ihm?«

Morello ignoriert die Frage. »Was heißt: schon immer?« Der Kommissar nimmt einen Löffel Zucker und rührt ihn in seinen Kaffee.

Der Priester trinkt seinen Espresso schwarz. Er wirft einen kurzen Blick auf Morellos Kaffee.

»Jeden Morgen brauche ich einen guten Kaffee ohne Zucker. Schmeckt mir am besten.« Der Priester stellt seine leere Tasse zurück auf den Tisch.

»Das geht mir ähnlich, aber mit Zucker. Das Leben ist bitter genug.«

»Aurelio wohnt hier im ersten Stock dieses Hauses. Er gehört zu dieser Kirche, seit er ein Baby war. Er war schon da, als ich die Stelle als Pfarrer hier übernommen habe.«

»Er kam als Waisenkind in diese Kirche?«

Padre Maurizio nickt. »Mir wurde nur gesagt, dass Aurelio hier wohnt und wohnen wird bis an das Ende seiner Tage. Jemand, wahrscheinlich seine Mutter, hatte ihn in einem Korb vor den Altar gelegt. Nun ist es meine Aufgabe, ihn mit Liebe, dem Wort Gottes und Kleidung und Nahrung zu versorgen. Das tue ich, wie es auch mein Vorgänger getan hat.« Seine Miene wird ernst. »Das Haus Gottes ist auch Aurelios Haus.«

»Das habe ich verstanden. Mir geht es nicht um seinen Lebenslauf und auch nicht darum zu wissen, wer ihn schützt. Ich will nur mit Aurelio reden. Sie wissen, dass ein Mann erschlagen wurde. Genau an der Stelle, an der Aurelio heute Nacht ... spazieren gegangen ist.«

»Ja. Ich habe davon gehört. Es ist schrecklich. Aber ich glaube kaum, dass Aurelio Ihnen helfen kann.«

»Wieso nicht?«, fragt Morello.

Der Priester ist ein wenig verlegen.

»Wie soll ich sagen ... er ist ein besonderer Mensch.«

»Das kann ich mir sehr gut vorstellen. Jemand, der mit Bademantel und Badelatschen im Herbst mitten in der Nacht durch Venedig läuft und Predigten hält, muss ein besonderer Mensch sein. Trotzdem ...«

Padre Maurizio unterbricht Morello. »Aurelio leidet an Photophobie und Berührungsangst. Das Erste ist eine Allergie gegen Tageslicht. Er kam mit dieser Krankheit wohl schon auf die Welt. Wahrscheinlich hat ihn seine Mutter deshalb in eine Decke gewickelt und in der Kirche am Altar abgelegt. Diese Krankheit ist schrecklich. Er kann absolut kein Sonnenlicht ertragen. Er brüllt dann vor Schmerzen. Seine Netzhaut und ein empfangender Teil des Sehnervs sind irreparabel beschädigt. Außerdem hat er panische Angst davor, berührt zu werden. Er spricht mit niemandem und vermeidet jeden Kontakt außerhalb der Kirche. Deswegen geht er nachts nach draußen, und am Tag schläft er.«

»Es tut mir sehr leid ... für Aurelio. Das muss ein schreckliches Leben sein.«

»Hier bei uns hat er alles, was er braucht. Wir kümmern uns um ihn.«

»Wo ist Aurelio jetzt?«, fragt Morello.

»Entweder ist er schon im Bett oder er zeichnet noch etwas in seinem Zimmer. Er kann sehr gut zeichnen.«

Im ersten Stock des Gebäudes drückt der Priester vorsichtig die Tür von Aurelios Raum auf. Er legt den Zeigerfinger auf die Lippen, zum Zeichen, dass Morello sich nun ruhig verhalten soll. »Bitte warten Sie kurz hier im Flur. Ich werde Aurelio eine Decke bringen, die er über sich legen kann, damit das Licht ihn nicht stört.«

»Kein Problem, Padre.«

Morello wartet.

Nach einer Weile geht die Tür des Zimmers langsam auf. Der Priester steht im Rahmen, eine brennende Kerze in der Hand. Er winkt Morello zu. Flüsternd sagt er:»Kommen Sie, Commissario. Leise. Aurelio schläft.«

Das Zimmer ist beklemmend klein. Links steht eine Pritsche. Der Priester hebt die Kerze etwas höher, sodass Morello einen Blick auf das Bett werfen kann. Aurelio liegt auf seiner rechten Körperseite. Den Kopf hat er in den Armen vergraben. Unter einer dünnen Decke ruht ein offenbar nackter Körper. Aurelio hat den Daumen seiner rechten Hand in den Mund gesteckt. Seine Lippen nuckeln daran bei jedem Atemzug. Morello kann den Blick nicht von diesem schönen Gesicht wenden und dem vollen Mund, der an einem Daumen saugt, wie ein Baby, friedvoll und zufrieden, gänzlich verloren, so verloren wie Morello noch nie zuvor jemanden gesehen hat.

Neben dem Bett steht ein kleiner Nachttisch aus dunklem Holz, auf dem ein aufgeschlagenes Buch liegt. Ein schwerer Kleiderschrank aus dunklem, fast schwarzem Ebenholz beansprucht fast die gesamte Breite des Zimmers. Die Mitte jedoch wird beherrscht von einem Tisch, auf dem Dutzende Blätter mit Zeichnungen liegen. Bleistifte, Radiergummi und ein Spitzer liegen willkürlich darauf verstreut, als hätte Aurelio mitten in der Arbeit die Müdigkeit überfallen und er den Beschluss gefasst, gleich nach dem Aufstehen mit dem Zeichnen fortzufahren. Es gibt zwei Fenster, beide durch schwere Gardinen und schwarze Vorhänge abgedunkelt.

Morello zieht die Luft durch die Nase ein. Sie ist abgestanden. Es riecht schlecht. Ein wenig süßlich. Es gibt eindeutig zu wenig Sauerstoff. Morello steht still in der Mitte dieses winzigen Zimmers und atmet ein. Und aus. Woran erinnert ihn dieser Geruch? Woher kennt er ihn? Es dauert eine Weile, bis er es versteht. Armut. So riecht Armut. So riecht Ausgeschlossensein.

Doch was ist das? Der Priester hebt die Kerze etwas höher, und jetzt sieht es auch Morello. An den Wänden hängen Dutzende, nein, Hunderte Bleistiftzeichnungen. Mit Stecknadeln sind oft fünf oder noch mehr Blätter über- und nebeneinander an die Holzwand geheftet, sodass sie die Wand bis zu den Fußleisten bedecken. Morello graut es. Es ist ein Anblick, der ihn ebenso verstört wie fasziniert. Er tritt näher und betrachtet die Zeichnungen. Im Kerzenlicht wirken sie wie bei Nacht aufgenommene Fotos. Eine Zeichnung fällt ihm sofort ins Auge. Es ist die kleine Steinbrücke, auf der Aurelio heute gebetet hat. Alles ist detailgenau mit dünnen, kräftigen Strichen und exakt ausgearbeiteten Schattierungen gezeichnet. Sogar der Christus hinter dem Eisengitter ist perfekt.

»Aurelio kann fotorealistisch zeichnen. Das ist unglaublich«, flüstert Morello dem Priester zu.

Andere Zeichnungen stellen Gesichter von Menschen und Tieren dar, auf anderen sind Orte zu sehen, Brücken, Kanäle, in denen sich das Mondlicht spiegelt und Bäume mit abgebrochenen Ästen und einige Kirchenfassaden. Morello erkennt San Sebastiano. Der von Pfeilen durchbohrte Heilige auf der Spitze des Daches ist bis in die Einzelheiten genau ausgearbeitet.

»Wo sind seine neusten Arbeiten?«, flüstert Morello dem Priester zu. Padre Maurizio sieht sich hilflos um, deutet auf einige auf dem Tisch verstreute Zeichnungen und zuckt mit den Schultern. Morello nimmt einige Zeichnungen in die Hand und sieht sie durch. Er sieht einen einsamen Kanal bei Nacht, ein Haus mit geschlossenen Läden, angebundene und abgedeckte Motorboote, zwei ineinander verhakte Gondeln.

Dann stockt sein Atem.

Ein Mann sitzt auf einer Bank und scheint zu schlafen. Paolo Salini ist gut getroffen. Der hagere Hals, die magere Figur, das schüttere Haar, der geschlossene mittlere Knopf seines Jacketts, die Falten seiner Hose, alles ist so präzise abgebildet, als wäre es die Arbeit des Polizeifotografen.

»Wecken Sie ihn, Padre«, sagt er zu dem Priester. »Ich muss mit ihm reden.«

Doch der Geistliche schüttelt leicht den Kopf. Dann zieht er Morello am Ärmel aus dem Zimmer.

Morello: »Ich muss ihn befragen, mit ihm reden. Es kann sein, dass er den Mörder von Paolo Salini gesehen und gemalt hat. Verstehen Sie? Ich muss unbedingt …«

»Nein, Commissario … das geht nicht. Wenn ich ihn wecke, kann es sein, dass er rasend wird. Aurelio kann sehr wütend und aggressiv werden. In diesem Zustand kann niemand mit ihm sprechen. Ich bin alt, wie sie sehen. Ich kann ihn nicht mehr bändigen. Meine Aufgabe ist es, ihn zu beschützen.«

Morello stellt sich dicht vor den Priester. Er neigt sein Gesicht so nahe zu ihm, dass sich ihre Nasen fast berühren. »Der Mörder läuft immer noch frei herum. Und wir wissen nicht, ob er noch mal morden wird. Können Sie für einen weiteren Mord die Verantwortung tragen?«

»Nein, das kann ich nicht«, antwortet Padre Maurizio erschrocken. Seine rechte Hand zieht einen Rosenkranz aus der Weite seiner Kutte. Die Finger streichen über die schwarzen Perlen und stoppen dann mitten in der Bewegung. Der Rosenkranz verschwindet.

»Wir machen es so: Ich werde heute Abend gegen 19:00 Uhr mit Aurelio hier sein. Sie können ihm Fragen stellen, und ich werde versuchen, ihn zu überzeugen, darauf zu antworten. Bitte seien Sie behutsam und erwarten Sie nicht zu viel. Und kommen Sie auf jeden Fall allein.«

## KOMMISSARIAT, BESPRECHUNGSZIMMER

Es gibt möglicherweise einen Zeugen, der den Mord beobachtet hat. Diese Erkenntnis mobilisiert seine Lebensgeister. Er bittet Viola, das Team zu einem gemeinsamen Frühstück in das Café La Mela Verde zusammenzurufen. Unerwartete Bewegung kommt in den Fall. Ein Zeuge.

Sicher, nicht gerade ein idealer Zeuge. Kein Zeuge der Art, wie man ihn sich als vernehmender Polizist wünscht. Für den Mann im Bademantel wird man ein Zimmer verdunkeln müssen. Vielleicht wäre es sogar besser, ihn nachts zu verhören. Er würde dann auch eine Ortsbegehung mit Aurelio durchführen müssen. Es kommt ihm das Bild des schlafenden Mannes in den Sinn. Er sieht wieder den nackten Körper unter der dünnen Decke vor sich. Er sieht den Mund, der im Schlaf an dem Daumen nuckelt. Er riecht die abgestandene Luft. Er fühlt die Armut und die Verzweiflung.

»Sie haben Besuch.« Viola steht in der Tür, und Morello schüttelt den Tagtraum ab.

»Der Herr Gabbia möchte Sie dringend sprechen.«

»Gabbia?«

»Ja, Herr Gabbia. Ich habe ihm schon einen Kaffee serviert. Für Sie steht auch ein Doppio auf dem Tisch. Außerdem Mineralwasser.«

»Danke. Das ist großartig. Ich verspreche …«

»Geschenkt, Commissario. Filiberto Gabbia sitzt im Besprechungsraum 2.«

Als er den Flur entlanghastet, kommt ihm Alvaro Camozzo entgegen. Der junge Bootsführer strahlt ihn an. »Gerade wollte ich zu Ihnen, Commissario. Ich habe Ihren Auftrag erfüllt.«

Als er Morellos ratloses Gesicht sieht, sagt er: »Erinnern Sie sich nicht? Ich sollte für die Maße 45 x 18 cm herausfinden, was für ein Koffer das war.« Das Lächeln verschwindet angesichts Morellos Ratlosigkeit von seinem Gesicht. Die Mundwinkel ziehen sich nach unten.

»Natürlich erinnere ich mich. Warst du erfolgreich?«

»Ja, das war ich, Commissario.« Alvaro wirkt immer noch enttäuscht.

»Mein Gott, Alvaro, sag schon. Das war ein wichtiger Auftrag, den du ausgeführt hast.«

Sofort huscht ein Lächeln über die Gesichtszüge des jungen Bootsführers. Seine Augen strahlen. Er tritt nahe an Morello heran und sagt: »Es war ein Pilotenkoffer.«

»Ein Pilotenkoffer?«

»Ja, es sind die typischen Maße eines Pilotenkoffers, wie er vor zehn, fünfzehn Jahren chic war. Erinnern Sie sich nicht? Nicht die neumodischen, die etwas tiefer sind und mehrere Fächer haben. Die alten sind heute nicht mehr so verbreitet.«

»Herr Gabbia, ich freue mich, dass Sie so früh am Morgen den Weg zu uns gefunden haben. Ich nehme an, Sie wollen ein Geständnis ablegen?«

Der Architekt steht am Fenster. Er trägt einen taubenblauen, tadellos sitzenden Anzug, darunter ein weißes T-Shirt. In der Hand hält er eine Kaffeetasse. »Ein Geständnis? Ich wüsste nichts, was ich Ihnen gestehen könnte.«

»Besitzen Sie einen Pilotenkoffer?« Mit einer Handbewegung bittet Morello den Architekten sich zu setzen. Er setzt sich auch und legt die Hand um die Tasse. Sie ist noch heiß. Er nimmt einen Schluck.

»Der Kaffee ist sehr gut«, sagt Gabbia.

»Pilotenkoffer?«, erinnert ihn Morello.

»Nein, ich habe einen solchen Koffer nicht. Vor vielen Jahren habe ich einmal einen auf dem großen Basar in Istanbul gekauft. In der Zeit, als die ersten Laptops aufkamen. Diese Computer waren damals riesengroß.« Er lacht. »Ich habe für diesen Koffer eine halbe Stunde gefeilscht. Ursprünglich wollte der Verkäufer 980 Euro.« Er macht eine ausgreifende Handbewegung. »Wahnsinn, sage ich Ihnen. Bei 180 Euro habe ich eingeschlagen. Der Basari lobte mich.

So hart habe er noch nie mit jemandem verhandelt. Das hörte ich gerne; es war Balsam für meine Kaufmannsseele. Als ich wieder in Venedig an meinem Schreibtisch saß, sah ich in einem Prospekt, dass haargenau der gleiche Koffer für 120 Euro angeboten wurde.« Er lacht.»Ich wurde übers Ohr gehauen, aber dafür habe ich jetzt eine gute Geschichte zu erzählen.«

Gabbia legt das rechte Bein über das linke und zupft das Hosenbein zurecht.

»Wo ist der Pilotenkoffer jetzt?«

Der Architekt streicht ein paarmal den Stoff über seinem Knie, als wollte er ein paar imaginäre Staubkörner wegwischen.»Aussortiert. Bestimmt schon vor zehn Jahren.« Seine Stirn legt sich in Falten.

»Eher schon länger.«

»Besaß Signor Salini einen solchen Pilotenkoffer?«

Gabbia beugt sich vor.»Woher soll ich das wissen? Salini war mein Steuerberater und Buchhalter. Über seine Besitztümer habe ich keinen Überblick.«

Er verzieht das Gesicht, lehnt sich wieder in dem Stuhl zurück. »Ich bin gekommen, um Sie zu fragen, ob es Neuigkeiten bei den Ermittlungen gibt. Salini war zwar quasi nur mein Buchhalter, aber …« Seine Stimme hebt sich zu schneidender Arroganz:»Man fühlt doch eine gewisse Verantwortung, wenn einer der Dienstleister brutal ermordet wird.«

Morello sagt leise.»Sie sind offenbar ein mitfühlender Mensch, Signore.«

Wieder zupft Gabbia an seinem Hosenbein.»Ja, in der Tat, das bin ich. Zur Verantwortung erzogen, gewissermaßen. Sie wissen ja, einer meiner Vorfahren war Doge in Venedig. Von 1752 bis 1762, um genau zu sein. Das verpflichtet zu Humanität und Fürsorge.«

»Ja, ich weiß, die Dogen waren bekannt für ein großes Maß an Empathie. Wie viele Leute hat Ihr Vorfahre köpfen lassen?«

Morello schließt die Augen und konzentriert sich auf Gabbias Tonfall. Seine Stimme ist gepresst. Sie wird härter.»Das hat nichts mit der Sache zu tun, um derentwillen ich Sie in diesem … in diesem … Kommissariat aufgesucht habe. Ich will mich über den Stand der

Ermittlungen erkundigen und Ihnen meine Hilfe anbieten. Ich will, dass der Täter gefasst wird. Gerechtigkeit und so weiter. Wenn ich Sie irgendwie unterstützen kann, lassen Sie es mich wissen. Wenn Sie Hilfe brauchen ... Äh, was hat es mit dem Pilotenkoffer auf sich?«

Morello hört die Heiserkeit in Gabbias Stimme. Er weiß, sie kommt von der Verspannung der Kehlkopf- und Zungenbeinmuskulatur, die das Bindegewebe am Hals und die Zunge zusammenpressen. Die Stimme, nicht die Augen, ist der Spiegel der Seele. Um sie zu verstellen, braucht es langjährige Erfahrung und eine Sprachausbildung als Stimmtherapeut, Schauspieler oder Profigangster. Gabbia besitzt diese Erfahrung offenbar nicht.

Morello kann seine Stimme leicht lesen.

Immer noch mit geschlossenen Augen sagt Morello: »Sie haben einen trockenen Mund. Nehmen Sie doch ein Glas Wasser.«

Er hört ein zusammengepresstes Lachen. »Da haben Sie recht, Commissario. Ein Schluck Wasser ist jetzt quasi das Richtige. Sind Sie Hellseher? Können Sie mit geschlossenen Augen in meinen Rachen schauen?« Er lacht noch einmal. Morello hört, wie Wasser in ein Glas plätschert.

Morello schüttelt den Kopf und öffnet die Augen. »Seit es den Homo sapiens gibt, ist er bei Stress auf exakt zwei Verhaltensweisen gepolt: Angriff oder Verteidigung. Beides erfordert hohe Energie und eine enorme Anspannung der Muskulatur. Deshalb fährt unser kluges Stammhirn bei Stress alle dazu nicht erforderlichen Körperfunktionen herunter. Bei Angriff oder Verteidigung müssen Sie nicht essen. Ihr Mund kann trocken werden, und alle Energie wird für die Muskelkraft aufgebracht. Warum bleibt Ihnen die Spucke weg? Was stresst Sie?«

Gabbia, der gerade trinkt, verschluckt sich. Er hustet und spuckt einen Schwall Wasser auf seine Anzughose. »Merda!« Er springt auf und klopft den teuren Stoff ab. »Ich bin gekommen, um zu helfen. Aber ich sehe, Sie wollen keine Hilfe.«

Als der Architekt gegangen ist, ruft Morello Viola. Sie schaut zu, wie Morello eine durchsichtige Beweismitteltasche aus seiner Schublade zieht. Er steckt seinen Kugelschreiber in den Henkel der Tasse, aus der Gabbia eben noch getrunken hat und balanciert sie in die Plastiktüte. »Viola, schick dieses Beweismittel bitte umgehend in die technische Abteilung. Ich will wissen, ob die Fingerabdrücke auf dieser Tasse identisch sind mit den Abdrücken auf dem Rohrbogen.«

## CAFÉ LA MELA VERDE

»Ein junger Mann im Bademantel hat Salini umgebracht?«, fragt Ferruccio Zolan. Er schüttelt den Kopf. »Verrückt ist das.«
Das gesamte Team sitzt um den großen Tisch im Café La Mela 175 Verde, auf dem eine Schüssel Cornetti alla Crema steht. Giorgio, der Besitzer, bringt gerade auf einem Tablett Cappuccini für alle.
»Das ist ja eine unglaubliche Wende«, sagt Mario mit vollem Mund. Er schüttet einen großen Schluck Kaffee hinterher, um das Gebäck aufzuweichen.
»Nein, jetzt hört doch zu. Es geht nicht darum, dass er der Mörder ist«, sagt Morello. »Er ist irgendwie ... besonders ... sehr scheu. Ein wenig irre. Zunächst ist er unser Zeuge. Unser wichtigster Zeuge. Er ist kein Beschuldigter.«
»Ich verstehe Sie nicht«, sagt Ferruccio Zolan und hebt den Kopf. »Seine superrealistischen Bilder beweisen, dass er zum Tatzeitpunkt am Tatort war. Er ist offenbar ein Irrer. Und hat der Pater nicht auch gesagt, dass er aggressiv ist? Das reicht ...«
»Aggressiv sein *kann*, Ferruccio. Das ist ein Unterschied.«
Ferruccio Zolan legt das Cornetto zur Seite, in das er gerade beißen wollte. »Commissario, das ist das Gleiche. Es reicht für eine Festnahme. Wenn er verrückt ist und aggressiv sein *kann* und am Tatort war, brauchen wir kein besonderes Motiv mehr. Es besteht ein hinreichender Tatverdacht. Warum haben Sie ihn nicht festgenommen?«
Morello schießen die Bilder des schönen Gesichts des schlafenden Mannes, der an seinem Daumen nuckelt, durch den Kopf. Er schüttelt den Kopf. »Er war es nicht.«

»Sagt Ihnen … wer?«, fragt Ferruccio Zolan.»Ihr Instinkt? Ihr berühmter?«

Morello fühlt sich in die Enge getrieben.»Ja, mein Instinkt, verdammt noch mal. Er ist Zeuge, nicht Beschuldigter. Er ist in dieser Kirche an einem sicheren Ort. Heute Abend rede ich mit ihm.«»Commissario, Ihr Instinkt, nun ja, in allen Ehren. Aber es gibt auch noch die Dienstvorschrift«, sagt Zolan.

Mario Rogello, der Assistente Capo und engster Mitarbeiter von Zolan hebt die Hand.

»Commissario, nehmen Sie es mir nicht übel, aber der Kollege Zolan hat recht. Wir müssen diesen Aurelio festnehmen. Er ist dringend tatverdächtig.«

Auch Alvaro hebt die Hand.»Commissario, meine Meinung ist die gleiche. Wir können nicht nach unseren persönlichen Vorlieben ermitteln. Sie glauben, der Architekt Gabbia ist der Böse. Aber wir haben keinerlei Beweis für Ihre Vermutung. Aber hier haben wir einen *Tatverdächtigen*. Nicht nur einen Zeugen. Wir *müssen* ihn festnehmen.«

Morellos Gesichtsfarbe verändert sich. Er wird zuerst blass, als wiche das Blut aus seinen Kapillargefäßen an irgendeine andere Stelle in seinem Körper. Dann kann jeder im Team zusehen, wie es zurückfließt. Sein Kopf wird innerhalb von wenigen Sekunden knallrot. Wütend springt er auf.»So, mein Team stellt sich gegen mich. Dann stimmen wir ab. Wer ist der Meinung, wir sollten den Mann im Bademantel festnehmen?«

Entschlossen hebt Ferruccio Zolan die Hand.»Commissario, Sie dürfen uns nicht dazu bringen, die Gesetze zu brechen.« Alvaro folgt ihm. Mario Rogello schaut unruhig vom Commissario zu Zolan und wieder zurück. Anna Klotze sagt:»Die Rechtslage ist eindeutig.« Sie hebt die Hand. Mario Rogello wischt sich mit der Serviette Schweiß von der Stirn. Dann hebt auch er die Hand.

Morello schlägt mit der Faust auf den Tisch. Dann brüllt er zum ersten Mal, seit er in Venedig ist, sein Team an.»So, ihr wisst es besser als ich. Obwohl ihr diesen Mann noch nicht ein einziges Mal gesehen habt. Die Rechtslage ist eindeutig? So ein Quatsch. Der

Mann nuckelt nachts an seinem Daumen. Macht das ein Mörder? Ha? Ich frage euch: Macht das ein Mörder? Immer noch bin ich der Commissario hier, verstanden? Dieser Mann ist ein Zeuge. Basta. Cazzo noch einmal. Wir konzentrieren uns auf Filiberto Gabbia.« Giorgio, der Eigentümer des Cafés, eilt herbei. Er legt ihm beruhigend eine Hand auf den Arm. »Commissario, hier sind noch ein paar andere Gäste.« Morello wischt seine Hand wütend weg. Anna Klotze steht plötzlich neben ihm. »Commissario, wir haben alle gerade eine schwere Zeit.« Sie legt einen Arm um ihn. »Machen Sie eine Pause. Gehen Sie nach Hause und ruhen Sie sich aus. Wir reden morgen weiter.«

Morello brüllt sie an: »Wir reden morgen weiter? Morgen? Sagt mal, zählt der Instinkt bei euch den gar nichts mehr? Erfahrung? Traut ihr meinem Instinkt nicht mehr? Gilt für euch nur noch eine abstrakte Rechtslage? Na, dann viel Spaß in den nächsten Wochen mit dem neuen Spielzeug von Perloni. Mit Athena. Versteht ihr denn überhaupt nicht, was gerade los ist? Diese Athena wird uns alle zu Marionetten machen. Diese Software wird uns hierhin und dorthin schicken. Wir werden nichts mehr tun, als die Befehle einer Maschine auszuführen. Wollt ihr das? Bedeutet euch all das, was unser Beruf ausmacht, nichts mehr? Gelten nur noch Vorschriften? Die Rechtslage? Die ändert sich bekanntlich bei uns in Italien jede Woche. Ich frage euch, wollt ihr Sklaven werden? Sklaven von Athena? Sklaven einer Maschine?«

Zolan starrt ihn entgeistert an. Langsam steht er auf. Er stützt sich mit einer Hand auf den Tisch ab. »Commissario, Anna hat recht. Machen Sie eine Pause. Morgen sieht die Welt …«

Morellos Handy klingelt. Er nimmt das Gespräch an. Die Stimme des Vice Questore Lombardi röhrt so laut durch das Telefon, dass ihn jeder am Tisch versteht.

»Alarm«, brüllt Lombardi. »Alarm! Athena hat Alarm geschlagen. In der nächsten Stunde wird ein Taschendiebstahl stattfinden. Auf der Piazza San Marco, vor dem Museo Correr. Morello, alle Ihre Leute müssen dahin. Sofort. Berichten Sie mir umgehend …«

»Ein Taschendiebstahl … Nun, wir sind die Abteilung für Gewaltverbrechen. Wir frühstücken gerade. Wir sind inmitten einer wichtigen Bespre…«

»Sofort. Alle auf den Markusplatz. Das ist ein Befehl, verdammt noch mal. Schnappt diesen verdammten Taschendieb. Dann ist Questore Perloni zufrieden und lässt mich in Ruhe. Los jetzt.«

## PIAZZA SAN MARCO

Die Gäste des Caffè Florian sitzen noch in der Sonne. Aber unweit des berühmtesten Cafés der Welt liegt der Markusplatz schon im Schatten, und dort ist es wesentlich kühler. Die Menschen sitzen lieber auf den Bänken direkt vor dem Markusdom. Touristen ziehen ihre Rollkoffer über den Platz. Einige wenige Tauben betrachten die ganze Szenerie von oben.

Morello hat Anna Klotze und Mario Rogello an der Stirnseite hinter den wuchtigen Säulen des Museos Correr platziert. Er steht mit Ferruccio Zolan vor der imposanten Tür des Museums Negozio Olivetti. Alvaro läuft unauffällig zwischen den Passanten hin und her.

»Sie glauben wirklich, wir werden in Zukunft bloße Anhängsel der künstlichen Intelligenz sein?«, fragt ihn sein Stellvertreter.

Morello wiegt den Kopf hin und her. »Ich glaube, dass Athena ein großer Unsinn ist. Dass sie den Mord an Salini vorhergesagt hat, war Zufall. Und du wirst sehen, wir holen uns hier umsonst Plattfüße. Wie sieht es bei dir mit der Wohnungsfrage aus, Ferruccio? Ich hatte leider noch keine Zeit, mich damit zu befassen.«

Ferruccio Zolan wechselt von dem rechten auf den linken Fuß: »Alles wird immer beschissener in Italien. Mein Einspruch gegen die Wohnungskündigung ist abgelehnt worden. Es ist so eine Schande. Ab morgen suchen meine Frau und ich in Mestre.«

»Das tut mir leid, Ferruccio.«

»Sie können ja nichts dafür, Commissario. Nicht nur bei Ihnen, bei uns allen liegen im Augenblick die Nerven blank. Marios Mutter ist der Strom- und Gasabschlag erhöht worden, und sie kann das nicht mehr bezahlen. Der gute Junge springt ein. Dafür kellnert er nach Dienstschluss in einer Bar in …«

»Schwarz?«

»Natürlich. Was denken Sie?«

Morello seufzt. »Italien.«

Ferruccio Zolan wechselt zu dem rechten Fuß zurück. »Glauben Sie, woanders ist es … verdammt noch mal, schauen Sie!« Er deutet auf eine junge Frau in engen blauen Jeans und einer ockerfarbenen Weste, die langsam unter den Sonnenschirmen des Caffé Florian heraustritt und langsam in ihre Richtung schlendert. Ihr Kopf ist hoch erhoben, die dunklen Haare hat sie mit einem Gummi hinter dem Kopf zusammengebunden. »Die hatten wir schon einmal auf dem Revier. Es fehlt nur noch die zweite Person.«

Morello nickt. »Der ältere Mann hinter ihr. Siehst du ihn? Der in der dunkelgrünen Cordhose und der braunen Strickweste. Er folgt ihr. Jetzt vergrößern sie den Abstand.«

Ferruccio Zolan spricht bereits in sein am Kragen verstecktes Mikrofon und gibt seine Beobachtung an das Team weiter. Sie verlassen ihre Position unter den Arkaden und schlendern der Frau entgegen. Morello sieht, wie sich auch Anna Klotze und Mario aus den Schatten ihres Standortes lösen.

Die Jagd hat begonnen.

Einer Gruppe Raubfische gleich, kreisen die Polizisten nun um ihr Opfer. Im Vorbeigehen mustert die Frau Morello mit einem kalten Blick. Sie braucht kaum mehr eine Zehntelsekunde, um diesen kleinen Süditaliener mit der merkwürdigen Kappe einzuschätzen. Bei dem ist nichts zu holen. Am Durchgang zum Bacino Orseolo macht sie kehrt. Das scharrende Geräusch zweier Rollkoffer lässt sie innehalten. Sie wendet nur für einen Augenblick den Kopf. Ihr kommen zwei Anzugträger mit silbernen Rollkoffern entgegen. Ein kurzer Wink mit der Hand genügt, damit der Mann in der dunkelgrünen Cordhose näher zu ihr aufschließt. Morello studiert die bewundernswerte Choreografie. In dem gleichen Augenblick, da die beiden Männer die Frau überholen, dreht sie sich um und rempelt einen von ihnen an. Es sieht wie Zufall der reinsten Art aus. Die

Frau droht hinzufallen, eine hilfreiche Hand ist da, mi scusi, mi scusi. Ihr wird aufgeholfen. In diesem Augenblick kreuzt der Mann mit der braunen Strickweste die Gruppe. Morello sieht, wie sie ihm hinter ihrem Rücken eine Geldbörse zusteckt. Eine blitzschnelle Bewegung, und schon ist der Typ in der Cordhose verschwunden. Ein zufälliges Aneinandervorbeigehen. Wie hundertfach in jeder Stunde auf diesem belebten Platz.

Die beiden Männer machen der Frau einige Komplimente. Sie lacht, winkt ihnen zu und geht. Ferruccio Zolan nimmt sie fest. Handschellen klicken. Mario Rogello ist sofort bei der Cordhose. Alles geht sehr schnell. Er stellt ein Bein hinter den Fuß des Mannes, packt ihn an der Schulter und drückt ihn nach hinten. Der Mann verliert das Gleichgewicht und fällt hin. Als er auf dem Bauch liegt, fesselt Mario seine Handgelenke mit einem Kabelbinder. Anna Klotze greift ihm in die Hosentasche und zieht die gestohlene Geldbörse heraus.

Einige der Umstehenden sind stehen geblieben. Auch die beiden Anzugträger. Morello geht zu ihnen und erklärt dem einen von ihnen, dass er soeben ausgeraubt wurde. Erschrocken greift er an seine Gesäßtasche. Anna Klotze gibt ihm die Börse zurück. Alvaro bittet die Stehengebliebenen, weiterzugehen.

Sie ziehen die beiden Festgenommen zu den Arkaden. Die Frau sträubt sich. Ferruccio Zolan zieht sie rücksichtslos an den Handschellen hinter sich her. Als sie vor Schmerz aufschreit, zieht er umso fester.

Unter den Arkaden bleiben sie stehen und sehen sich an.

Anna Klotze spricht es zuerst aus. »Was machen wir? Wenn wir die beiden Idioten mit auf die Wache nehmen, werden wir Athena nie wieder los.«

Die Diebin sagt: »Müsst ihr nicht. Müsst uns nicht mit auf die Wache nehmen.«

»Halt die Klappe«, zischt Ferruccio Zolan und reißt an ihren Handschellen. Der Schmerz ist erheblich. Tränen quellen aus ihren Augen. Doch nun schweigt sie, nur ihre Backenknochen mahlen, und die dunklen Pupillen funkeln wütend.

Das Team sieht sich in die Augen, und plötzlich entsteht zwischen ihnen eine Verbindung, eine unausgesprochene Übereinstimmung.

Ferruccio Zolan wendet sich an die Frau:»Wo kommt ihr her?«

»Aus Udine«, sagt die Cordhose.

»Ausweisepapiere?«, knurrt Zolan.

»Haben wir zufällig nicht dabei«, sagt die Frau.

»Wir bedauern das sehr«, sagt die Cordhose freundlich. Der Mann hat, im Gegensatz zu seiner Komplizin, die Veränderung bei den Polizisten bemerkt.

Alvaro zieht sein Handy hervor.»Ich fotografiere euch jetzt. Von vorne und von beiden Seiten. Dann nehme ich euch Fingerabdrücke ab.«

»Wenn ihr Schwierigkeiten macht, buchten wir euch für 48 Stunden ein«, sagt Zolan.»Bleibt ihr jetzt ruhig, lassen wir euch laufen. Aber wir haben euch im Auge. Wenn ihr noch einmal in Venedig auftaucht, lochen wir euch für eine sehr lange Zeit ein. Habt ihr das verstanden?«

»Ich habe es sehr gut verstanden«, sagt der Mann mit der dunkelgrünen Cordhose.

»Und du?«, fragt Zolan die Diebin. Er reißt einmal kurz an ihrer Handschelle.

Sie schreit einmal kurz auf und sagt dann hasserfüllt:»Ich auch.«

Alvaro fotografiert. Dann nimmt er das Gerät zur mobilen Abnahme von Fingerabdrücken und drückt nacheinander die Finger der Frau aufs Display. Anschließend wiederholt er die Prozedur bei der Cordhose.

»Gut«, sagt Zolan.»Ihr habt unverdientes Glück heute.« Er schließt die Handschellen auf. Mario zerschneidet der Cordhose den Kabelbinder. Die Frau reibt sich die Armgelenke und zischt Zolan ein wütendes»Arschloch« zu. Plötzlich schießen Anna Klotzes Hände nach vorne. Sie packen die Arme der verblüfften Frau und ziehen ihr die Ärmel hoch. Zolans Handschellen haben ein deutliches Muster auf ihrer Haut hinterlassen. Ein Zentimeter breit. Reifenartig.

Wie bei Salini.

»Jesus und Maria«, sagt Alvaro.

Alle starren auf das Muster an den Handgelenken der Diebin.

Kurz danach sitzen sie im Café La Mela Verde. Sie trinken bereits den zweiten Aperol Spritz.

»Salini trug also Handschellen, bevor er ermordet wurde«, sagt Zolan.

»Bestimmt war er bei einer Domina drüben in Mestre«, sagt Anna Klotze.

»Eine Domina fesselt dich an beiden Händen«, sagt Mario Rogello. »Salini hatte Spuren nur an der rechten Hand.«

»Ach«, sagt Anna Klotze, »da spricht ein Kenner.«

Ferruccio Zolan wendet sich an Morello: »Schreiben Sie den Bericht über die heutige Aktion, Commissario? Oder soll ich das machen?«

»Ich schreibe den Bericht. Unser Team hat zwei Stunden wegen eines Alarms von Athena auf dem Markusplatz verbracht. Taschendiebe tauchten nicht auf. Nachdem wir angemessen lange genug gewartet haben, brachen wir die Aktion ab. Athena hat sich geirrt.«

»So habe ich es auch erlebt«, sagt Ferruccio Zolan.

»Ich auch«, sagt Anna Klotze.

»Commissario, schreiben Sie den Bericht morgen. Gehen Sie nun nach Hause und ruhen Sie sich aus. Wir anderen gehen ins Büro. Wir haben alle genug Schreibtischarbeit zu erledigen.«

Morello sieht in eine nickende Runde.

Er ist müde.

## CAMPO SAN MAURIZIO

Rechts und links fließen die Farben der Hausfassaden an ihm vorbei. Doch er sieht sie nicht. Es ist für ihn ein Farbstrom von Gelb, Karminrot, Erdfarben. Er sieht Dunkelgrün, aber keine Fensterläden, Blau, aber keinen Himmel, Grau, aber nicht die trüben Wässer der Kanäle. Morello lässt sich durch Venedig treiben. Er ist versunken in seinem Fall und in seinem Leben. Vielleicht haben seine Kollegen recht. Er braucht etwas Ruhe. Er ist überdreht. Er ist auf Gabbia fixiert, weil er ihn an die Mafia erinnert. Das gleiche grundlos eitle Gehabe, das gleiche Verlangen nach Macht. Er hasst es. Vielleicht sollte er seine Vorurteile ablegen, wie Lombardi es ihm wieder und wieder nahelegt.

Einerseits.

Andererseits ist das Quatsch. Sein Fall, sein letzter Fall in Venedig, nähert sich dem Ende. Schritt für Schritt kommt er Gabbia näher. Wir wissen: Salini war mitten in der Nacht mit einem Pilotenkoffer unterwegs. Mit einer Handschelle hatte er den Koffer wohl am Handgelenk befestigt. Als sein Mörder mit dem Rohrbogen auf ihn einschlug, versuchte er den Arm zu heben, doch an dem Arm hing der Koffer. Dies erklärt, warum Salini keine Abwehrverletzungen an der rechten Hand und am rechten Arm hat. Es erklärt auch den ringförmigen Bluterguss an seinem rechten Handgelenk. Er versuchte es. Er versuchte sich zu wehren. Er riss den Arm hoch. Doch durch das Gewicht war er zu langsam. Die Handschelle und das Gewicht des Pilotenkoffers hinderten ihn. Der erste Schlag tötete ihn nicht, aber machte ihn vielleicht bewusstlos. Minderte auf jeden Fall seine Reaktionsfähigkeit. Der zweite Schlag traf ihn tödlich – ohne Gegenwehr.

Doch was war in dem Koffer?

Wichtige Dokumente? Illegale Buchungsunterlagen? Möglich. Er erinnert sich an die Nachrichten im Radio, die er gestern Abend gehört hat: Bargeld in der Höhe von 60 000 Euro in der Wohnung der Vizepräsidentin des Europäischen Parlaments und ihres Freundes.

War Bargeld in dem Koffer?

Möglich.

Könnte es sein, dass Salini dem Architekten Gabbia Geld gestohlen hat? Beim Verbuchen immer etwas auf das eigene Konto geschafft hat?

Möglich.

Gabbia kam Salini auf die Spur. Es wurde eine Rückgabe verein-
bart. Etwas lief schief. Es kam zum Streit. Gabbia griff zum herum-
liegenden Rohrbogen und schlug zu.

Denkbar. Aber diese Übergabe hätte nicht heimlich, im Dunkeln und am frühen Morgen stattfinden müssen. Salini hätte mit dem Geldkoffer in
Gabbias Palazzo, bzw. in dessen oberen Stock, gehen können. Sie
hätten dies nicht heimlich tun müssen.

Zweite Überlegung: Salini erpresste Gabbia. Er hatte etwas, das
Gabbia unbedingt wiederhaben wollte. Oder etwas, das niemals an
die Öffentlichkeit kommen durfte. Sie vereinbarten die Übergabe.
Gabbia versprach Salini Geld. In Wirklichkeit hatte er nie die Ab-
sicht zu zahlen. Er erschlug Salini. Nahm den Pilotenkoffer und das,
was sich darin befand, und ging.

In beiden Fällen würde er es bald wissen. Wenn die Fingerabdrücke
auf der Tatwaffe mit denen von Gabbia übereinstimmten, würde
jeder Richter sofort einen Haftbefehl unterschreiben.

Morello sieht sich um, und er weiß nicht, wo er ist. Es dauert einige
Minuten, bis er an einem Haus ein Straßenschild findet: Campo
San Maurizio. Hier war er noch nie. War das nicht der Ort, an dem
Ilaria Michetti, eine der beiden Frauen aus dem Steuerbüro, Salini
gesehen hatte?

Untypisch für Venedig ist dieser Platz. Kein Restaurant, kein Café,
sondern nur ein stillgelegter, abgedeckter Brunnen und natürlich
eine Kirche. Ein alter Palazzo. Er ist das einzig Besondere an diesem
nun wirklich nicht besonderen Ort. Zwei weiße Marmortafeln sind
rechts und links der Eingangstür an der Fassade angebracht. Die
erste informiert, dass in diesem Palazzo der Poet Giorgio Baffo gelebt hat. Auf der anderen Inschrift liest Morello: Qui Abitò Alessandro Manzoni, negli Anni 1803–1804 – Hier lebte Alessandro Manzoni von 1803 bis 1804. Alessandro Manzoni, ein Schriftsteller, der
Autor des berühmten historischen Romans »Die Verlobten«. Morello erinnert sich, dass sie das Buch in der Schule durchgenommen
haben. Es ist der wahrscheinlich berühmteste und meistgelesene
Roman in italienischer Sprache. Seltsam: Wenn hier bedeutende

Schriftsteller gelebt haben, wieso gibt es hier keine Bar, kein Restaurant, keine Trattoria, nichts?

Er kann sich nicht vorstellen, was Salini an diesem Ort gesucht hat. Vielleicht hat er den Platz nur einfach überquert, als er von seiner damaligen Mitarbeiterin gesehen wurde.

Ihm fällt ein kleines altes Gebäude auf, mit eleganten Reliefs an der Fassade. Daneben duckt sich ein kleines Geschäft in einem schmalen Haus. Das Firmenschild ist aus Holz, abgeblättert und kaum mehr zu lesen. Morello entziffert: Agenzia Turistica, Reisebüro für Asia-Reisen.

Er legt die Hand auf die Türklinke.

In diesem Augenblick klingelt sein Telefon. Perloni. Der Questore. Der oberste Chef.

Morello seufzt und nimmt das Gespräch an.

»Commissario, wie geht es Ihnen? Ich hoffe, die Ermittlungen kommen gut voran«, brüllt der Questore erschreckend gut gelaunt ins Telefon.

»Danke, wir kommen Schritt für Schritt voran.«

»Schritt für Schritt? Wie meinen Sie das? Haben Sie schon jemanden festgenommen?«

»Noch nicht, Signor Questore, doch wir wissen, dass am Tatort ein Pilotenkoffer gewesen sein muss, der offensichtlich …«

Die Stimme des Questore verliert die gute Laune. »Pilotenkoffer? Wovon reden Sie, um Himmels willen?«

»Von unserem Mordfall Salini, an dem wir mit Hochdruck arbeiten.«

Jetzt klingt die Stimme des Questore wütend. »Ich rede von Athena, Sie Anfänger. Athena hat einen Alarm ausgelöst. Athena ist ein Pilotprojekt, das für ganz Italien und vielleicht sogar für ganz Europa von allergrößter Bedeutung ist. Haben Sie einen Taschendieb festgenommen?«

»Äh, nein, Questore. Es war ein Fehlalarm.«

»Was? Ein Fehlalarm? Die künstliche Intelligenz löst doch keinen Fehlalarm aus. Waren Sie denn mit genügend Leuten am Markusplatz?«

»Mein komplettes Team, Signor Questore. Wir haben einen halben Tag mit dieser Aktion verloren.«

»Verloren? Sind Sie komplett verrückt, Commissario?« Perloni schreit jetzt so laut, dass Morello das Telefon vom Ohr nimmt und es leiser stellt. »Das ist das Wichtigste! Ihre wichtigste Aufgabe! Eine Angelegenheit von nationaler Bedeutung! Begreifen Sie das endlich, Commissario. Ich wünsche, dass Sie mir nach jedem Einsatz, der durch Athena ausgelöst wurde, persönlich und sofort Bericht erstatten. Ich will nicht hinter Ihnen her telefonieren. Haben Sie mich verstanden?«

»Ich konnte wegen der Ermittlungen im Mordfall Salini den Bericht über den Fehlalarm noch nicht tippen.«

»Persönlich und sofort. Wissen Sie, was das bedeutet: persönlich und sofort? Wissen Sie das? Sie … Sie … Commissario?«

»Ich rufe Sie dann an.«

»Genau, das bedeutet es. Sie rufen mich an. Unverzüglich. Und noch etwas.« Perlonis Stimme senkt sich wieder auf eine halbwegs vernünftige Lautstärke. »Ich habe Ihren Auftrag an das Labor storniert.«

Morello nimmt zum zweiten Mal das Handy vom Ohr. Er hebt es sich vor das Gesicht und schaut es verblüfft an. »Signor Questore, was haben Sie gemacht?«

Perlonis Organ senkt sich nun wieder zu einem menschlichen Maß. Morello stellt sich vor, wie der Questore seinen kugelförmigen Körper in seinem riesigen Schreibtischstuhl aus braunem Büffelleder streckt. »Commissario, Sie sind nicht aus Venedig. Ich verstehe das.« Nun klingt der Questore erstaunlich geschmeidig. »Deshalb sage ich es Ihnen. Signor Gabbia war bei mir und hat sich über Sie beschwert.«

»So? Weshalb?«

Perloni kichert. »Sie haben ihn gefragt, ob er ein Geständnis ablegen will.«

»Das nähme uns viel Arbeit ab.«

»Sie sind ein Witzbold, Commissario. Aber Sie sind nicht von hier. Deshalb erkläre ich es Ihnen. Signor Gabbia stammt aus einer sehr alten venezianischen Familie. Sehr, sehr alt. Sehr, sehr reich. Einer seiner Vorfahren war der langjährige Doge Francesco Gabbia. Von so jemandem nimmt man keine Fingerabdrücke.«

»Signor Questore?«

»Von so jemandem nimmt man keine Fingerabdrücke, Commissario«, sagt Perloni und wird wieder lauter. »Ich habe Ihren Auftrag an die Spurensicherung storniert. Signor Gabbia war sehr großzügig und beschwert sich nun auch nicht mehr an höherer Stelle. Er hat ein lebhaftes Interesse an dem Fall Salini. Immerhin war das sein Steuerberater. Er wirkte sehr betroffen von dessen Tod. Aber auch sehr gefasst. Außerdem hat er mich zu seiner Party eingeladen.« Nun klingt Perlonis Stimme eitel und gespreizt.

»Signor Questore, ich halte den Mann …«

Wieder schreit der Questore. »Commissario, machen Sie mich nicht verrückt! Ich kann nicht auf diese Party gehen, und hinterrücks ermitteln meine Leute gegen den Mann. Das geht nicht. Das ist unanständig. Und jetzt gehen Sie wieder an Ihre Arbeit.«

Die Leitung ist tot.

Morello zuckt mit den Schultern und öffnet die Tür zum Reisebüro.

Der Buddha sitzt mit gekreuzten Beinen im Nebel. Hinter ihm erhebt sich ein sanft bewaldeter Hügel aus dem Meer. Auf der anderen Seite liegen drei malerische Dschunken auf einem hellen Traumstrand. Das Wasser hinter ihnen ist blau und durchsichtig. Auf einem weiteren Plakat sitzt eine europäisch aussehende Frau im Bikini unter Palmen und sieht verträumt hinaus aufs endlose Meer. Das Paradies scheint es in der krisengeschüttelten Welt nur noch auf Plakaten zu geben. Es scheint nicht einmal teuer zu sein. Thailand – günstiger geht's nicht: Pattaya für 740 Euro die Woche. Das ist das Top-Angebot in diesem schmierig wirkenden Büro. Der braune Teppichboden ist in der Mitte abgetreten. Die Wandfarbe ist dunkel und zum Teil abgesplittert. Es riecht nach abgestandener Luft und Schimmel. Am Ende des schlauchartigen Raums steht ein dunkler Schreibtisch, hinter dem ein schwarz gekleideter Mann überrascht seinen Kopf hebt. Morello blickt in ein pausbäckiges Gesicht mit zusammengekniffenen Augen und verfetteten schwarzen Haaren, die etwas Shampoo gebrauchen könnten.

Er zeigt dem Mann seinen Ausweis und fragt, ob Paolo Salini Kunde in diesem Reisebüro gewesen sei. Bevor der Mann antwortet, sieht Morello, wie seine Augen flackern.

Volltreffer!

Er kenne leider nicht alle Kunden persönlich, sagt der Mann und sieht Morello mit einem lauernden Blick von unten an. Aber er werde in seinem Computer nachsehen. Er hackt etwas in die Tastatur. Mit dem rechten Zeigefinger schiebt er das Rad seiner Maus auf und ab. Es tue ihm leid, sagt er schließlich, einen Kunden mit dem Namen Salini habe er nicht.

Morello bedankt sich. Er zieht das Handy aus der Tasche und tut so, als würde er wählen. »Ich brauche einen Durchsuchungsbeschluss für ein Reisebüro am Campo San Maurizio«, brüllt er in den Hörer.

Da hebt der Mann hinter dem Schreibtisch die Hand. »Halt, halt, ich habe doch etwas gefunden.«

Kurz danach rattert ein Drucker die Buchungen Salinis der letzten Jahre aus: Thailand, Philippinen, erneut Thailand, dazwischen dreimal Albanien, dann wieder Philippinen, Thailand. Immer im August. Immer drei Wochen lang. Regelmäßig wie ein Glockenspiel.

»Ihr Kunde war ein Sextourist, womöglich mit Minderjährigen, nicht wahr?«

»Woher soll ich wissen, was meine Gäste im Urlaub machen? Ich vermittle nur die Tickets und das Hotel.«

Dem Commissario ist schlecht, als er wieder an der frischen Luft steht.

## CHIESA DI SAN SEBASTIANO, DORSODURO

»Ich bin Padre Lorenzo. Was kann ich für dich tun, mein Sohn?«
»Sie sind jünger als ich. Folglich bin ich nicht Ihr Sohn. Ent-

schuldigen Sie, ich bin mit Padre Maurizio und Aurelio verabredet. Ich bin Commissario Morello von der Polizia di Stato.«

Es ist schon dunkel, als Morello an der Wohnung neben der Kirche di San Sebastiano klingelt. Nun steht ein fremder Priester vor ihm, studiert seinen Ausweis und macht ein verwirrtes Gesicht. Er faltet die Hände und legt sie vor seinen Bauch, dessen beeindruckende Wölbung von einer ausgeprägten Vorliebe für gutes Essen und teuren Wein erzählt. Er schließt die Augen. Nun sieht er aus, als wäre er in ein Gebet versunken. Morello räuspert sich.

Der Priester öffnet die Augen wieder und sagt bekümmert: »Die Polizei hat beide doch schon mitgenommen.«

»Das kann eigentlich nicht sein«, sagt Morello gedehnt. »Wie sahen diese Polizisten aus?«

»Nun, es waren vier Beamte …«

»War eine Frau dabei?«

»Ja. Sie war die größte Person von allen. Sehr groß. Für eine Frau, meine ich. Doch Gott, der Herr schuf alle Geschöpfe …«

»Diese Kollegen haben Aurelio auch mitgenommen?«

»Sind Sie wirklich ein Polizist? Sie müssten das alles doch wissen.«

»Ich schon, Padre, ich schon. Noch bin ich es.«

## KOMMISSARIAT, BESPRECHUNGSZIMMER

Morello springt mit einem großen Satz aus dem Wassertaxi und ist in wenigen Schritten am Eingang der Polizeistation.

»Buonasera, Signor Commissario!«, grüßt ihn der uniformierte Polizist an der Wache freundlich. Morello würdigt ihn keiner Antwort. Mit hochrotem Kopf läuft er an ihm vorbei und springt, zwei Stufen mit einem Satz nehmend, die Treppen hoch.

Die Tür zum großen Besprechungsraum ist angelehnt. Wütend stößt er sie auf. Da sitzen sie alle. Sie haben auf ihn gewartet. Mitten am Tisch thront Lombardi. Mit aufrechtem Oberkörper sitzt er da. Eine Hand liegt auf dem Tisch und mit der anderen streicht er sich durch seinen fast ganz ergrauten Bart; ganz der Chef. Rechts neben ihm Ferruccio Zolan, nervös einen Kugelschreiber zwischen Daumen und Zeigefinger drehend, den Blick fest auf die leere Tischplatte gerichtet, der Oberkörper zusammengedrückt und vertrocknet wie Basilikum, der seit Wochen nicht mehr gegossen wurde. Sieh ihn dir an, Antonio, wie er sich mit den Fingern unablässig durchs lichte Haar fährt. Sie ihn dir an, deinen Stellvertreter, wie er vor sich hin brütet mit seinem schlechten Gewissen. Links neben Lombardi sitzt Anna Klotze, den Kopf erhoben. Sie mustert ihn neugierig und mit einem unverschämt offenen Blick, in dem sich nicht das geringste Schuldbewusstsein spiegelt. Neben ihr rutscht Alvaro Camozzo auf seinem Stuhl von der einen zur anderen Pobacke. Neben Zolan flegelt sich Mario auf seinem Stuhl, nur mit Mühe ein hämisches Grinsen unterdrückend.

Das also ist dein Team, Antonio. Verräter sind sie. Alle. Ohne Ausnahme. Sie haben dich hereingelegt, Antonio. Sie denken, sie wissen es besser als du. Die Enttäuschung schmeckt bitter, wie das Aufstoßen nach zu viel schwarzem Kaffee. Eigentlich wollte er seinem Team die neuen Erkenntnisse über Salinis Reisen unterbreiten, aber nun hat er keine Lust mehr, diese Verräterclique einzuweihen.

Stattdessen sagt er: »Wo ist Aurelio?« Seine Stimme klingt heiser. Er räuspert sich. Der Kloß in seinem Hals bleibt. Er kann es nicht ändern. »Was habt ihr mit ihm gemacht?«

Lombardi deutet auf einen leeren Stuhl. »Setzen Sie sich, Commissario.«

Morello beugt sich vor und stützt die Fäuste auf den Tisch. Sein Gesicht stoppt kurz vor dem des Vice Questore. Noch zwei Zentimeter und ihre Nasen stießen zusammen. »Mit keinem von euch will ich an einem Tisch sitzen.«

»Dann bleiben Sie eben stehen. Aurelio geht es gut.«

Lombardi nickt kurz zu Anna Klotze. Sie hebt den Kopf noch höher und sieht ihm ohne Scham direkt in die Augen. »Commissario, entsprechend den Gesetzen unseres Landes haben wir den Verdächtigen festgenommen und ins Gefängnis Santa Maria Maggiore gebracht. Er befindet sich dort in einer abgedunkelten Zelle. Er hat ärztlichen und psychologischen Beistand. Der Priester ist bei ihm und wird auch über Nacht bei ihm bleiben. Mein persönlicher Eindruck ist, dass ihm die Zelle ziemlich gut gefällt. Sie ist größer als sein Raum in der Kirchengemeinde. Er hat Zeichenpapier und Stifte bekommen. Es geht ihm gut. Ich habe bei ihm die Fingerabdrücke genommen. Morgen früh werden die Abdrücke mit denen an dem Rohr, also der Tatwaffe, verglichen. Stimmen sie überein, wird Aurelio in ein Gefängniskrankenhaus gebracht. Stimmen sie nicht überein, ist er morgen Vormittag ein freier Mann und wird abgedunkelt zurück in die Kirchengemeinde gebracht.«

Sieh dir diese Anna Klotze an, Antonio, dieses verlogene Stück. Ohne das kleinste Anzeichen von Schuldgefühl erzählt sie dir, wie sie dich überrumpelt haben. Antonio, hast du nicht versucht, aus dieser zerstrittenen Truppe ein Team zu machen? Kollegen, die zusammenhalten? Nun sind sie dir in den Rücken gefallen, Antonio. Sie haben Aurelio festgenommen, obwohl du ihnen ganz klargemacht hast, dass dein Instinkt deutlich sagt: Aurelio ist unschuldig. Sogar Anna Klotze hat dich hintergangen. Trotz der gemeinsamen Nacht, die du nicht vergessen kannst, hat sie dich verraten.

Lombardi sagt: »Zolan, fahren Sie fort.«

Schau mal da, jemand hat diesem vertrockneten Basilikum Wasser gegeben. Wie Zolan sich aufbläst, Antonio, siehst du es? Wie er sich mühsam aufrichtet. Sieh nur, wie er sich beim Aufstehen mit einer Hand abstützt, als wäre er einer der Rentner, die tagsüber an der Lagune stundenlang vergeblich ihre Angel ins Wasser halten.

Ferruccio Zolan geht zu dem Beistelltisch, auf dem einige Papiere liegen. Er nimmt ein Blatt in die Hand und studiert es. »Commissario«, sagt er dann, »wir haben diese Zeichnungen von Aurelio beschlagnahmt. Ich habe sie untersucht. Sehen Sie, das ist das erste aus der Serie.« Er hält Morello ein Blatt hin.

Morello zögert eine Sekunde, bevor er es nimmt. In dieser Sekunde siegt die Neugier über Trotz und Enttäuschung. Ohne Zolan, dieses aufgeplusterte Basilikum, anzuschauen, nimmt er das Blatt. Er hat die Zeichnung schon bei Aurelio gesehen. Salini hängt leblos auf der Bank vor der Guardia di Finanza. Jede Körperspannung ist aus diesem Leib gewichen. Die Leiche scheint in Sitzhaltung nach vorne gerutscht zu sein. Die Beine sind abgewinkelt. Der Kopf hängt nach rechts. Das Kinn berührt die Brust wie bei einer bizarren Yogaübung. Der rechte Arm hängt leblos herab. Es ist kein Pilotenkoffer zu sehen.

Ferruccio Zolan studiert aufmerksam Morellos Gesicht. »Sie sehen es, Commissario?«

»Ich bin nicht blind. Da ist kein Koffer auf dem Bild.«

Zolan sagt sanft: »Dies ist die erste Zeichnung von Aurelio. Sie wurde offensichtlich einige Zeit nach dem Mord angefertigt. Aurelio ist kein Tatzeuge. Er kam später hinzu. Oder ...«

»Oder – es gibt hier kein ›Oder‹! Meinst du wirklich, er hat die Tat begangen, den Koffer genommen und dann den Tatort gezeichnet? Glaubst du das im Ernst?«

»Ich glaube gar nichts, Commissario«, sagt Ferruccio Zolan müde. »Ich sammle Fakten und mache mir daraus ein Bild. Morgen, wenn wir den Vergleich der Fingerabdrücke haben, wissen wir, welche Version wahr ist und welche nicht.« Nach einer kleinen Pause fügt er hinzu: »Das nennt man Polizeiarbeit.«

Er geht zurück zu seinem Platz und setzt sich.

Jetzt ergreift mit wichtiger Miene Mario Rogello das Wort. »Und noch ein Punkt. Wir haben, wie Sie uns aufgetragen haben, diese Müllfrau ...«

Ferruccio fällt ihm ins Wort: »Ihr Name ist Bellomi. Carla Bellomi, Mitarbeiterin der Müllabfuhr.«

»Wir haben also diese Bellomi in die Zange genommen ...«

»Ihr habt was? In die Zange genommen?« Morellos Stimme klingt jetzt ebenso leise wie schneidend. »Hör zu: Carla Bellomi ist bislang nur Zeugin, keine Verdächtige! Eine Zeugin in die Zange nehmen, unter Druck setzen – versteht ihr das unter Polizeiarbeit?«

Zolan hebt wieder mit müder Bewegung die Hand. »Carla Bellomi hat schließlich ausgesagt, dass sie an diesem Morgen Aurelio in der Nähe des Tatortes gesehen habe. Was sie ja bei der ersten Befragung verschwiegen hat.«

Morello will etwas erwidern, doch Lombardi macht mit beiden Händen eine beruhigende Handbewegung.

Der Vice Questore lehnt sich in seinem Stuhl zurück.»Es war für alle ein anstrengender Tag. Wir alle, Commissario, schätzen Ihre Intuition, Ihren Instinkt oder wie immer Sie das nennen. Wir alle hier sind stolz, dass der freie Hund aus Sizilien hier bei uns Commissario ist. Doch es gibt Gesetze. Wir Polizisten schützen die Gesetze. Wir halten sie vor allem selbst ein. Ihr Team hat Sie heute davor bewahrt, Gesetze zu brechen. Seien Sie Ihren Leuten, jedem und jeder, die hier sitzt, dankbar.« Lombardi steht auf und sieht Morello direkt in die Augen.»Ihr Instinkt darf Sie niemals so weit führen, dass Sie gegen Gesetze verstoßen. Bei der Wahl zwischen Instinkt und Gesetz gilt immer das Gesetz.« Lombardi macht eine fahrige Handbewegung und wirkt plötzlich sehr müde.»Lernen Sie diese Lektion, Commissario. Fahren Sie mit den Ermittlungen fort. Halten Sie Ihren Instinkt im Zaum. Er redet Ihnen offenbar wohl auch ein, dass Signor Gabbia ein Tatverdächtiger ist, obwohl es dafür nicht die Spur eines Anhaltspunktes gibt, geschweige denn einen Beweis.«

»Ich werde Gabbia überführen.«

Lombardi seufzt und zuckt mit den Schultern.»Schon wieder Ihr berühmter Instinkt. Es ist schrecklich mit Ihnen.« Er hebt den Kopf.»Der Hinweis von Athena war ein falscher Alarm, habe ich gehört? Ihr habt auf dem Markusplatz niemanden festnehmen können?«

Morello nickt. Schau an, Antonio, da hat dein Team dichtgehalten. So schlecht sind sie dann doch nicht.

»Aurelio geht es wirklich gut?«, fragt Morello und setzt sich.


### MORELLOS WOHNUNG


Morello trägt den Teller, den Löffel und die Gabel in die Küche und räumt sie in die Spülmaschine. Er hatte sich einen Teller Pasta Aglio, Olio, Peperoncino und Kirschtomaten zubereitet. Schnell, schlicht, aber gut. Er öffnet eine Flasche Primitivo aus Sizilien und setzt sich auf die Couch im Wohnzimmer.

Hat Lombardi recht? Hat das Team recht, Antonio? Führt dich dein Instinkt in die Irre? Auf Abwege? Sei ehrlich zu dir.

Er trinkt.

Gibt es in dir etwas Schweres? Etwas Dunkles, Antonio? Etwas Geheimnisvolles? Wie bei deinem verschwundenen Vater? Morello hört in sich hinein. Doch da ist nichts. Er hat diesen Instinkt, und er folgt ihm. Er ist ihm immer gefolgt. Er hat ihn noch nie betrogen. Aurelio ist nicht der Mörder, den er sucht.

Er will Gabbia.

Er kann es nicht begründen. Gabbia hat von Salinis Tod keine erkennbaren Vorteile. Im Gegenteil, er hat einen Vertrauten verloren, seinen Steuerberater und Buchhalter. Und trotzdem: Etwas ist grundfalsch an diesem Immobilienhai. Er weiß nicht, was – aber er ist sich absolut sicher.

Du wirst suchen, Antonio.

Und du wirst etwas finden.

Du wirst ihm Handschellen anlegen.

Noch etwas spukt in seinem Kopf herum: Sizilien.

Mit dem Glas Rotwein in der Hand legt er eine CD von Zucchero Fornaciari in seinen CD-Player und wählt »Dune Mosse«, die legendäre Fassung, auf der Miles Davis Zucchero mit seiner Trompete begleitet. Als die ersten Töne von Miles Davis' unverwechselbarer Trompete sein Zimmer und sein Herz füllen, setzt sich Morello auf sein Sofa, trinkt Wein und lauscht der Musik.

Du musst den Fall Salini lösen, Antonio. Dann kannst du wieder nach Sizilien gehen. Deinen Todfeind jagen. Ihm Handschellen anlegen.

Er trinkt.

Miles Davis schickt Töne, leicht wie Schmetterlinge, durch den Raum. Zucchero singt von einer Reise in die Tiefe ihrer Augen.

Ich werde durch Wanderdünen pflügen, singt Zucchero.

Es dauert nicht mehr lange. Bald hast du ihn. Dann geht es heim.

Heim.

Hörst du, Antonio, weine nicht, singt Zucchero.

Er kann nichts dagegen tun. Warme Tränen fließen über sein Gesicht. Er schmeckt sie salzig in seinem Mund.

Ich werde durch Wanderdünen pflügen.

Trink, Antonio. Trink den Wein aus deiner Heimat.

Ihm ist, als durchschritte er Tür für Tür. Immer weiter zurück in die Vergangenheit.

Noch eine Tür.

Seine Frau. Sara. Seine Geliebte. Sein Alles. Sein ungeborenes Kind.

Die Bombe.

Noch eine Tür, Antonio.

Seine Mutter Rosa, seine Schwester Giulia, Salvo.

Sein Vater.

Wo bist du?

Cefalù.

Es sieht Bilder, hört Worte und spürt Gefühle aus der Vergangenheit.

Alles ist wahr. Real. Jetzt in diesem Augenblick. Er spürt sie auf seiner Haut.

Trink, Antonio. Trink den Wein.

Die Erinnerungen sind für ihn so real, dass er sie förmlich auf der Haut spüren kann. Er wird sie niemals vergessen können.

Er liegt mit Sara im Bett in ihrer kleinen Wohnung in Cefalù. Fass meine Brüste an, Antonio. Spürst du etwas? Ja, sie sind … Pause. Unglauben. Fassungslose Freude. Ist es … Ja, sagt sie und küsst ihn. Unbegrenzte Freude. Er sah in ihren Augen das Leben. Das, was er gedacht hatte, was ihr Leben sein würde.

Dann die Erinnerung an die Straße, als die Bombe seinen Fiat zerriss. Die Flammen. Saras Silhouette am Steuer. Die Schmerzen an den Händen, als du versuchtest die Autotür aufzuziehen. Die Hitze, Antonio, diese unerträgliche Hitze. Wie du auf Salvo einschlugst, der dich von dem brennenden Wrack wegzog. Weißt du noch, Antonio? Salvo rettete dir das Leben. Du hast ihn gehasst dafür, weißt du noch?

Die Schmerzen dieses Tages enden nie.

Ich werde durch Wanderdünen pflügen.

Erst wenn du dem Mörder Handschellen anlegst, bist du erlöst.
Trink, Antonio, bald bist du zurück in Sizilien.
Er weint. Er trinkt.
Miles Davis' Solo trägt ihn durch den Raum. Er schließt die Augen und folgt der Stimme der Trompete. Deine Reise ist noch nicht zu Ende, Antonio. Siehst du nicht, dass du noch vieles zu tun hast? Siehst du nicht, dass sich alles verändert? Auch die Dinge, die du liebst? Man kann die Dinge, die man liebt, nicht festhalten, man kann sie nur leben. Deswegen bist du allein. Allein – aber auch frei. So ist dein Leben, Antonio: Es hat begonnen, es fließt, es wird enden.

# 4. TAG
## DONNERSTAG

### MORELLOS WOHNUNG

Kling-dong, kling-dong, kling-dong.
Unter der Dusche hört Morello trotz des Wasserrauschens den durchdringenden Klang der Glocken. Heute Morgen ist er ohne die Glocken aufgewacht.
Eine männliche Stimme ertönt vom Treppenhaus. Er zieht seinen Bademantel an, geht an die Tür und öffnet sie. Dann geht er in die Küche. Auf ein Tablett stellt er die Kaffeemaschine, die gerade vollgelaufen ist, zwei Kaffeetassen, mit zwei kleinen Löffeln und Zucker und bringt alles ins Wohnzimmer. Langsam gießt er Kaffee in beide Tassen und schaut zur geöffneten Tür.
Morello schmunzelt, dann gibt er Zucker in die Tasse und verrührt ihn in aller Ruhe.
Claudio taucht in Morellos Tür auf, überrascht, dass dieser im Wohnzimmer bereits eine Tasse für ihn bereitgestellt hat.
»Buongiorno, Signor Commissario. Störe ich Sie?«
»Ist schon gut. Ich habe auf dich gewartet. Hast du Cornetti und Zeitungen mitgebracht?«
»Sì, certo.« Claudio tritt ein und stellt eine Papiertüte auf den Tisch.
Fröhlich nimmt Morello sich ein Cornetto und beißt voller Vorfreude hinein.
»Worauf wartest du? Setz dich. Iss dein Cornetto und trink deinen Kaffee«, sagt Morello mit vollem Mund.
»Sind Sie heute Morgen mal gut gelaunt? Haben Sie gestern einen schönen Tag gehabt, Signor Commissario?«

»Eigentlich nicht. Er war richtig mies.« Morello schiebt sich das letzte Stück Cornetto in den Mund und lächelt Claudio an.

Zögerlich setzt sich Claudio an den Tisch und macht ein ungewöhnlich ernstes Gesicht.

»Mir geht es gut, Claudio. Wie läuft deine Arbeit?«

»Na ja. Heute ist mein Bootsmotor kaputtgegangen. Die Waren konnte ich nicht rechtzeitig liefern, und das wird mich richtig viel Geld kosten, Signor Commissario.«

»Es tut mir leid, aber ich war gestern ziemlich erstaunt, dass sich das Boot überhaupt noch fortbewegen konnte. Ist es jetzt in der Werkstatt?«

»Ja.« Claudio trinkt seinen Kaffee.

»Ich kann dir was leihen, wenn du Geld brauchst.«

Claudio schüttelt den Kopf. »Danke, Signor Commissario, ich weiß noch nicht, ob es lohnt, das Boot zu reparieren. Vielleicht ist es billiger, einen neuen Motor zu kaufen.«

»Dann musst du wohl eine Bank überfallen«, sagt Morello.

»Ich habe ein paar Hundert Euro auf die Seite gelegt, aber die reichen nicht. Vielleicht kann ich in der Zwischenzeit bei meinen Exkollegen mitmachen …«

Morello runzelt die Stirn. »Deinen Exkollegen? Wen meinst du damit?«

»Ein paar Wochen Taschendiebstahl. Nur vorübergehend.«

»Ausgeschlossen! Ich will dich nicht im Knast besuchen müssen. Denk mal an deine Großmutter! Sie bekommt ein Herzinfarkt, wenn sie erfährt, dass du im Gefängnis sitzt!«

»Das wird niemals passieren, Signor Commissario. Ich bin doch nicht blöd.«

»Wie kannst du so sicher sein? Hast du schon vergessen, dass ich dich schon einmal erwischt habe?«

»Nein, habe ich nicht. Aber bei allem Respekt, Signor Commissario: Das war ein Zufall. Ich habe fünf Jahre lang gestohlen, und kein Polizist aus Venedig hat mich je erwischt. Sie haben mich erwischt, weil Sie der freie Hund sind, der aus Sizilien gekommen ist. Ich kannte Sie damals noch nicht.«

Morello wird neugierig. »Was soll das heißen? Du kanntest mich nicht – deshalb habe ich dich erwischen können?

»Venedig ist eine kleine Stadt, und die professionellen Taschendiebe kennen sich untereinander sehr gut. Und sie kennen auch den Lebenslauf und die Wunden eines jeden Polizisten in Venedig.«

Morello runzelt die Stirn. »Sprich weiter! Du meinst, die Taschendiebe beobachten die Polizisten? Und wissen, wer sie sind, wohin sie gehen, in welchen Bereichen sie arbeiten?«

»So ist das.« Claudio zieht seine Schulter hoch und macht eine entschuldigende Geste.

»So, so ...« Morello lächelt Claudio an.

Claudio ist verwundert. »Wie? Sind Sie nicht sauer?«

»Nein. Das Thema interessiert mich sehr.« Morello schaut auf seine Armbanduhr. »Aber wir werden ein anderes Mal darüber reden.«

Claudio geht zur Tür, aber plötzlich hält er inne und dreht sich noch mal um.

»Signor Commissario ...«

Morello unterbricht ihn. »Nein, Claudio. Wenn du wieder stiehlst, werde ich dir nicht helfen!«

Ohne etwas zu sagen, schließt Claudio die Tür hinter sich.

Morello mag den Jungen. Hoffentlich hält sein altes Boot noch eine Weile. Seufzend geht er zurück ins Wohnzimmer. Auf dem Tisch liegt immer noch die *Voce della Laguna* vom Vortag. Erneut liest er den Artikel von Elena Parisi über den Mord an Salini, »an einem Buchhalter der vermögenden Klasse Venedigs«.

Einer plötzlichen Idee folgend nimmt er sein Handy und wählt ihre Nummer.


## CAMPO SAN BARNABA


Morello schaut auf die Uhr. Elena Parisi ist nun schon fast eine Viertelstunde zu spät. Soll er sie anrufen? Hat sie die Verabredung mit ihm vergessen? Er schnauft einmal kräftig. Nimmst du jetzt schon die schlechten Gewohnheiten der Norditaliener an, Antonio? Diese unangenehme extreme Pünktlichkeit. Diese Unhöflichkeit, von anderen zu erwarten, dass sie ihre Uhr genau nach dir stellen. So wolltest du doch niemals werden. Erinnerst du dich, Antonio? Er hebt die Hand und bestellt noch einen Espresso.

Als er den letzten Schluck getrunken und das Bedürfnis unterdrückt hat, noch einmal auf seinem Handy nach der Uhrzeit zu schielen, hört er ihr munteres »Buongiorno, Commissario.« Die Journalistin setzt sich auf den Stuhl ihm gegenüber.

Ihr Lächeln ist echt und umwerfend. Er sieht es nur an ihrem Mund, denn wegen einer riesigen Sonnenbrille kann er ihre Augen nicht sehen. Sie gibt ihm das Gefühl, dass sie sich wirklich freut, ihn zu treffen, so, als wäre dies für sie mehr als eine berufliche Verabredung mit dem Commissario der örtlichen Polizei.

Sie hebt nur kurz eine Hand, und sofort steht der Kellner neben ihr. Sie bestellt einen Aperol Spritz. »Für Sie auch, Commissario?« Morello schüttelt den Kopf. »Zu früh für mich. Ich habe außerdem Gründe, heute bei Kaffee und Wasser zu bleiben.«

Sie lehnt sich im Stuhl zurück und lacht. Mit einer schnellen Bewegung schiebt sie die Sonnenbrille über eine rote Strickmütze zurück, unter der dichtes, schulterlanges dunkles Haar hervorquillt. Morello sieht in zwei strahlende blaue Augen. Diese Frau strahlt eine natürliche Präsenz aus, die Morello anzieht, ihn aber auch etwas verunsichert. Er fühlt sich plötzlich kleiner, irgendwie unbedeutender. Schnell trinkt er einen Schluck Wasser, um diese Verunsicherung abzustreifen. Es gelingt ihm nicht.

Elena Parisi, so schätzt Morello, muss Mitte vierzig sein. Sie knöpft gerade die obersten Knöpfe eines langen dunkelroten Wintermantels auf, um sich bequemer setzen zu können. Unter dem Mantel hat er den schwarzen Minirock und die ebenso schwarzen Strümpfe registriert, die sie mit roten Schuhen kombiniert hat, die farblich exakt zu der Farbe des Mantels passen. Auf dem schwarzen Rollkragenpullover ist eine Halskette aus großen roten und grünen Glassteinen zu sehen. Zwei atemberaubend lange Ohrringe aus den gleichen Farben rahmen ihr Gesicht ein.

»In dieser Kirche gegenüber gibt es eine Ausstellung mit den Werken von Leonardo da Vinci«, sagt Morello, um irgendetwas zu sagen.

»Ah, das ist eine ehemalige Kirche. Sie wurde entweiht. Heute finden in San Barnaba Kunstausstellungen statt. Vielleicht kennen Sie sie auch aus einem der Indiana-Jones-Filme, der auf diesem Platz gedreht wurde. Momentan werden Zeichnungen und Modelle von Leonardo da Vincis Erfindungen gezeigt.« Elena Parisis Stimme klingt aufregend rau. Sie spricht etwas schneller als sonst. Ein deutliches Zeichen, dass sie mit ihm nicht über Kunst sprechen will.

Der Kellner stellt den Aperol Spritz vor ihr auf den Tisch. Sie bedankt sich mit einem Lächeln, um das Morello ihn beneidet.

»Sagen Sie, Frau Parisi …« Mit einer schnellen Kopfbewegung zeigt Morello auf den Laufgang unter den Häusern. »Dort steht: Sotoportego del Casin dei Nobili. Handelte es sich um ein Bordell für Reiche?«

Elena Parisi wirft den Kopf zurück und lacht. Es ist ein Lachen, das tief aus ihrem Innern aufzusteigen scheint. »Nahe dran, Commissario, nahe dran. Sie haben einen Blick für solche Dinge, nicht wahr? Es war ein Ort der Prostitution und des Glücksspiels. Die Kundschaft, die das Casin dei Nobili besuchte, waren meistens Patrizier, aber nicht besonders wohlhabende.« Sie hebt ihr Glas. »Salute, Commissario.«

Morello runzelt die Stirn. »Salute. Arme Patrizier? Ist das nicht ein Widerspruch?«

»Damals bestand die Gesellschaft der venezianischen Republik aus drei sozialen Klassen: die ganz normalen Bürger, Handwerker, Händler, normale Leute. Die Ausländer. Und die Patrizier … sagen wir besser, die Aristokraten, die Mitglieder des Großen Rates …«

»Die den Dogen wählten, richtig?«, fragt Morello.

Sie lehnt sich auf ihrem Stuhl zurück und schaut ihn skeptisch an. »Stimmt. Sie kennen sich in der Geschichte Venedigs aus?«

»Nicht sehr gut, leider. Patrizier, Dogen, Aristokraten, Nobili und alles, was damit zu tun hat, interessieren mich nicht besonders.

Aber wenn Sie mir eine Nachhilfestunde geben wollen, höre ich aufmerksam zu.«

Elena Parisi hält das Glas Aperol Spritz mit drei Fingern der rechten Hand. Mit dem Ellbogen stützt sie sich auf dem Tisch ab. Sie sieht Morello nachdenklich an. »Also gut. Erste kurze Lektion für den Signor Commissario: Damals gab es in Venedig eine Aristokratie, die den Dogen wählte. Ihre Versammlung nannte sich Gran Consiglio, Großer Rat. Doch die Mitglieder des Großen Rates waren nicht alle gleich. Es gab drei klar unterteilte hierarchische Schichten. Oben, an der Spitze der Macht und des Reichtums, standen die Grandi. Die Mittelschicht der Vornehmen bildeten die Nobili. Am unteren Ende standen die armen Aristokraten, die mit einem Spitznamen bezeichnet wurden: Barnabotti. Sie lebten oft von staatlichen Subventionen und wohnten in bescheidenen Mietshäusern, vor allem hier in Dorsoduro. Zu Dorsoduro gehört diese Ecke und der Platz, an dem wir beide gerade sitzen – San Barnaba. Daher der Begriff Barnabotti. Venedig hatte mehr als hundert Casini, also Bordelle. Es gab Bordelle für reiche Aristokraten, für die mittleren und auch für die Barnabotti. Doch entscheidend war: Obwohl sie arm waren, saßen die Barnabotti im Großen Rat – mit vollem Stimmrecht.«

»Das heißt, diese … Barnabotti haben auch den Dogen gewählt?«

»Richtig. Diese armen Aristokraten waren meist bestechlich und verkauften ihre Stimme an einen der Grandi, wenn dieser Doge werden wollte.«

Sie betrachten beide das Sotoportego del Casin dei Nobili.

»Von hier zur Calle dei Cerchieri sind es nur drei Minuten. Filiberto Gabbia wohnt dort. Wissen Sie das?«

»So, wir nähern uns langsam dem Grund für diese Einladung, nicht wahr? Commissario, ich bin hier geboren. Ich bin seit zwanzig Jahren Journalistin und interessiere mich für vieles in dieser Stadt, vor allem aber für alles, bei dem es um Geld geht.«

Der Kellner kommt wieder an den Tisch. Elena Parisi verstummt.

»Signori – möchten Sie noch etwas bestellen?«

»Ach, ich nehme noch einen Aperol Spritz.« Morello registriert, dass der Kellner diesmal kein Lächeln geschenkt bekommt.

»Für mich … nur ein Glas Wasser, danke.«

»Immer noch keinen Alkohol, Commissario?« Diesmal ist er der Beschenkte. Ihr Lächeln ist spöttisch. Der Blick offen und direkt auf ihn gerichtet. Er fühlt sich wohl in ihrer Gegenwart.

Er räuspert sich. »Sie können mir sicherlich etwas über Filiberto Gabbias Geschäfte erzählen. Er bewegt ziemlich viel Geld in Venedig. Richtig?«

»Filiberto Gabbia«, sagt sie nachdenklich. »Stimmt. Wenn es um Immobilien geht, hat er meist seine Finger drin. Seine Spezialität ist die Vermietung von Palazzi und Luxuswohnungen an sehr, sehr reiche Leute. Doch die russischen Oligarchen, früher eine Stütze seines Geschäfts, sind ihm seit dem russischen Überfall auf die Ukraine verloren gegangen. Sie wissen vielleicht, einer seiner Vorfahren …«

»… war früher einmal Doge von Venedig. Bei unserer ersten Begegnung vergingen keine fünf Minuten, und schon hatte er es mir unter die Nase gerieben.«

Elena Parisi lacht kurz auf. »Das wundert mich nicht. Er kann nicht anders. Eigentlich sind die Ahnen kein persönlicher Verdienst, nicht wahr? Doch er ist sehr stolz auf seine Herkunft. Sie gewährt ihm Zugang zu gewissen Kreisen. Diesen exquisiten Zugang hat er in Geld verwandelt. Viele Palazzi und große Wohnungen stehen die meiste Zeit des Jahres leer. Die Eigentümer wohnen in Rom, in London, auf irgendeiner schönen Insel. Da er diese Leute alle kennt, gelang es ihm, sie zu überzeugen, mit diesen leer stehenden Immobilien noch ein paar Euro zu machen. Er mietet sie und vermietet sie an die Reichen und Schönen weiter. Das ist seine Geschäftsidee.«

»Das ist alles, was Sie mir erzählen können?«

Sie sieht ihn nachdenklich an. Es kommt Morello vor, als tastete sie sein Gesicht mit ihren Augen ab. »Nein. Natürlich nicht.«

Morello lächelt sie an. »Ich höre.«

Ohne den Blick von ihm zu lassen, kommt ihr Gesicht dem seinen immer näher. Als sie ihm so nahe gekommen ist, dass er deutlich ihr herbstliches Parfüm riechen kann, sagt sie mit einem katzenartigen Lächeln: »Wir sind in Venedig, Commissario. Geschäft gegen Geschäft. Information gegen Information. Was haben Sie gegen Gabbia in der Hand?«

»Leider noch nichts. Ich suche noch. Aber mein Instinkt sagt mir, er ist tief in den Mord an Salini verwickelt.«

Sie betrachtet ihn spöttisch. »Instinkt! Mehr können Sie mir nicht bieten?«

»Es ist das Beste, das ich habe.«

Elena Parisi zieht ihre Brille wieder vor die Augen und überlegt. Nachdenklich runzelt sie die Stirn. Es ist ein schöner Anblick. Diese Frau ist so viel anders als die Frauen auf Sizilien. Selbstbewusst, klug, mutig, finanziell unabhängig. Das gefällt ihm, aber es macht ihn auch ein wenig unsicher.

»Wissen Sie, Antonio«, Elena Parisi lehnt sich zurück. Sie hat die Brille abgenommen und steckt einen Bügel zwischen ihre Zähne. Sie hat dich beim Vornamen genannt, Antonio. Hast du es bemerkt? Was bedeutet das?

»Gabbia hat zwei berühmte Vorfahren«, fährt sie fort. »Einen Dogen; und sein Urgroßvater, von dem er weniger spricht, war ein wichtiger Mann zur Zeit von Mussolini. Für die Entwicklung Venedigs war er wichtiger als der Doge. Nun, sein Enkel ist nicht die hellste Kerze in der Kirche. Verstehen Sie, was ich meine? Er hat sein Erbe – und das war groß – in zweifelhafte Computerfirmen gesteckt und verloren. New Economy und so weiter. Er musste den väterlichen Palazzo bis auf seine eigene Wohnung verkaufen. Sehen Sie ...«, sie klopft mit dem Bügel der Brille, an dem Morello sehr genau den Film ihres Speichels sieht, auf das Papier, »ich recherchiere seit zwei Jahren hinter Gabbia her. Nicht seinetwegen, sondern wegen der Personen, die um ihn herum sind. Eleonora Grittieri[*] kennen Sie ja bereits«, sagt sie.

»Allerdings.«

Sie beugt sich wieder zu ihm. »In seinem Umfeld gibt es eine Reihe

---

[*] Eleonora Grittieri ist Witwe. Ihr Mann war Kunsthändler und mit der Mafia verbunden. Ihre Geschichte wird in »Der Freie Hund«, der ersten Morello-Story, erzählt.

von Personen, die eigentlich zu groß für ihn sind«, sagt sie. »Wollen Sie wissen, wer diese Menschen sind?«

»Ich wäre sehr dankbar.«

Als der Kellner sich nähert, legt die Journalistin einen Finger auf die Lippen und wartet.

»Un Aperol Spritz per la Bella Signorina e un bicchiere d'acqua per il Signor Commissario.« Der Kellner stellt die beiden Getränke ab und lächelt Morello und Elena Parisi an.

»Grazie.« Die Journalistin beugt sich leicht zu Morello und flüstert ihm zu: »Es ist besser, dass der Kellner nicht mitbekommt, worüber wir reden. Schließlich weiß er, dass Sie Commissario sind. Diese Osteria wird häufig besucht von Menschen, die, sagen wir so, mögen, was gut und teuer ist.«

»Verstehe.«

Sie trinkt einen Schluck Aperol Spritz. Morello trinkt einen Schluck Wasser. Es entsteht eine Gesprächspause.

»Was bekomme ich vom freien Hund als Gegenleistung?«, sagt sie und schaut ungeniert in seine Augen. »Außer dem Instinkt.«

»Ich biete Ihnen als Erste alle Informationen über den Mordfall Salini – wenn ich ihn gelöst habe.«

»Vor der offiziellen Pressekonferenz?«

Morello nickt. »Selbstverständlich.«

»Plus ein exklusives Interview mit Abendessen. Dabei erzählen Sie mir von Ihrer Vergangenheit als freier Hund in Sizilien.«

Morello hebt erstaunt den Blick, und an ihren hochgezogenen Augenbrauen und dem leicht geöffneten Mund erkennt er eine leichte Verunsicherung in ihrem Gesicht. Und du dachtest, du seist der Einzige, der sich an diesem Tisch nicht ganz sicher fühlt.

Er sagt: »Meine persönliche Vergangenheit bleibt privat. Das Interview bekommen Sie erst, wenn ich eine Zusage für meine Versetzung nach Sizilien erhalten habe. Ich koche gerne für Sie – wenn Sie mögen.«

»Sizilianisch?«

Morello nickt.

»Das lasse ich mir nicht entgehen.« Elena Parisi beugt sich wieder vor. Sie führt ihren Zeigefinger unter sein Kinn und zieht seinen Kopf nach vorne, bis ihre Lippen an seinem Ohr liegen. Dann sagt sie leise: »Giulio Scarpa. Export von Muranoglas in die ganze Welt. Beteiligungen an verschiedenen Industriefirmen. Er gilt als der beste Kumpel Ihres Freundes Gabbia.«

»Gabbia ist nicht mein Freund.«

Wieder wirft sie den Kopf zurück und lacht.

»Sie lassen sich leicht provozieren, Commissario.« Sie legt erneut ihren Mund an sein Ohr. »Scarpa ist zusammen mit Gabbia aufgewachsen. Zwei Kinder aus reichem Haus. Der eine hat einen astreinen venezianischen Dogen-Stammbaum, die andere Familie hat mehr Geld. Scarpa hat Gabbia wohl schon öfter mit einer größeren Summe den Hintern gerettet.«

Ihr Kopf geht zurück. Sie rückt die Brille auf der Nase zurecht.

»Wen haben wir da noch: Marcello Altera. Er hat an der London School of Economics Philosophie und Volkswirtschaft studiert und stammt ebenfalls aus einer der bekannten venezianischen Familien. Enrico Marchi, Gesellschafter von Save S.p.A., der Firma, die den Flughafen Marco Polo in Venedig, aber auch jene in Treviso, Verona und Brescia betreibt. Mauro Scalatin, Präsident von ACTV, einem Verkehrskonsortium. Marino Zorzi, Jurastudium an der Universität Padua. Er ist Leiter der Nationalbibliothek Marciana, der Bibliothek am Markusplatz. Oh, sogar Rita Ferretti. Sie leitet die Banca Italiana. Diese Leute sind um Gabbia herum. Ich versuche seit einiger Zeit herauszufinden, was sie vorhaben.« Elena Parisi lehnt sich zurück auf ihren Stuhl. »Signor Commissario, ist Ihnen klar, um welche Art von Leuten es sich hier handelt?«

Morello schaut sich kurz herum, um zu sehen, ob der Kellner sie belauscht.

»Durchaus. Gabbia ist jemand, der eine bestimmte Vorstellung hat, wie die Welt sein sollte. Eine Vorstellung, die mir nicht gefällt – und von der ich glaube, dass viele Venezianer sie auch nicht teilen.«

»Was meinen Sie damit?«, fragt Elena Parisi und runzelt die Stirn.

»Gabbia denkt, dass Geld die Welt regiert. Vielleicht hat er recht. Doch er denkt, dass es so in Ordnung ist. Dass er mit Geld alles tun kann, auch das Leben anderer Menschen zu bestimmen.«

Morello beugt sich vor und sieht Parisi direkt in die Augen. Sie erwidert seinen Blick. Ernst. Ohne Lachen. Nicht einmal der Anflug eines Lächelns ist in ihrem Gesicht zu sehen. »Ist es nicht so?« Morello hält den Blick. »Meiner Ansicht nach nicht. Nicht das Geld sollte über das Leben von Menschen entscheiden, über Freundschaften oder darüber, ob eine Journalistin entlassen wird oder nicht.«

Nun lacht sie; erneut dieses raue, attraktive Lachen. »Aber Sie wissen, dass diese Personen eine andere Sichtweise auf die Dinge pflegen als Sie oder ich. Ich will damit sagen, für diese Leute regiert Geld die Welt, und zwar inklusive Ihrer und meiner Welt, Signor Commissario.«

»Natürlich weiß ich das. Aber ich mache meine Arbeit trotzdem, unabhängig davon, wer vor mir steht.«

Wieder sehen sie sich ernst in die Augen. Ohne jedes Lächeln, und trotzdem fühlt er sich dieser Frau plötzlich sehr nahe.

»Und Sie?«, fragt er.

»Ich auch.« Sie macht eine Pause, als müsste sie kurz nachdenken. Sie nimmt einen Schluck Aperol Spritz und lächelt. »Ich folge seit Jahren den Geschäften von Giulio Scarpa. Filiberto Gabbia ist ein kleines Licht. Die beiden sind sehr gute Freunde, obwohl es zwischen den beiden Familien in der Vergangenheit öfter mal Streitigkeiten gab. Die beiden sind zwei sehr unterschiedliche Charaktere. Gabbia ist direkt, impulsiv, emotional, nicht sehr intelligent. Nach einigen Pleiten gelang es ihm, sein eigenes Unternehmen zu gründen; dieses Airbnb für Reiche.«

»Aber die Firma gehört ihm nur zum Teil.«

Elena Parisi nickt. »Sein Freund Giulio Scarpa verdient kräftig mit. Er hat eine sanftere Art, einen nachdenklichen und zugänglichen Charakter. Er liebt Kunst und Kultur. Er sponsert Festivals, Literatur, diese Dinge. Er pflegt Umgang mit Schriftstellern. Er ist elegant gekleidet, immer mit rosa Einstecktuch. Er verhält sich wie ein Grande, dabei sind seine Vorfahren nicht einmal Barnabotti gewesen.«

Sie deutet mit einer Kopfbewegung auf das ehemalige Sotoportego del Casin dei Nobili. »Seine Ahnen hätten dort keinen Zugang gehabt. Kurz: Er benimmt sich wie ein Grande, aber jeder weiß, dass er außer dem Geld nichts hat. Keinen Stammbaum. Man sagt, dass ihn das verrückt macht.«

Sie beugt sich zu ihm vor. »Ich weiß aus sicherer Quelle, dass er viel Geld für Historiker ausgegeben hat. Sie sollten herausfinden, ob nicht zumindest ein Nobile in seiner Vergangenheit aufzutreiben sei. Aber«, sie schüttelt den Kopf, »da war nichts zu machen. Ich habe ihn einmal interviewt. Er sagte: ›Eigentlich wäre es die Rettung für Venedig, wenn die Stadt so etwas wie Monte Carlo werden würde. Es wäre viel besser, wenn wir unseren Status als Stadt der Patrizier zurückgewinnen und dann als Teil der Europäischen Union autark sein könnten.‹«

»Das klingt ziemlich verrückt.«

»Diese Leute haben in allem eine merkwürdige Fantasie. Und was sie wissen sollten, Commissario. Am Samstagabend trifft sich diese Gruppe im Palazzo Gabbia zu einer der exklusivsten Partys Venedigs.«

»Ich weiß«, sagt Morello. »Mein oberster Chef ist eingeladen.«

Erschrocken zieht die Journalistin den Oberkörper zurück. »Perloni, die kleine Ratte. Dann wollen die etwas von ihm?«

Morello nickt. »Ich interessiere mich sehr für diese Party. Werden Sie auch dort sein?«

Die Journalistin lacht. »Nein. Mich wollen sie nicht dabeihaben. Es werden nur Chefredakteure eingeladen.«

»Ich verstehe. Also nur Journalisten, die man kaufen kann.«

Elena Parisi zieht ihre Schultern hoch und steht auf. »Es war schön, Sie zu sehen, Antonio.«


## OSTERIA ONIGA CAMPO SAN BARNABA

Mittags sitzt Morello im Außenbereich der Osteria Oniga. Er hat gerade einen gegrillten Wolfsbarsch mit wildem grünem Spargel gegessen. Nun gut, es hat nicht geschmeckt wie in Sizilien, aber es doch ziemlich gut. Wilder grüner Spargel – das erinnert ihn an seine Kindheit. An seinen Vater. Sonntagmorgens, früh um sechs Uhr, hat er seinen Sohn geweckt. Sie frühstückten zusammen in der Bar Duomo. Sein Vater trank immer nur einen Espresso, und der kleine Morello bestellte immer das Gleiche: Latte macchiato und ein Cornetto alla Crema.

Danach sind sie mit dem Fiat 850 des Vaters hoch zum Santuario di Gibilmanna gefahren. Einige Kilometer hinter dem Kloster parkte sein Vater am Straßenrand. Dann gingen sie in den Wald, der Vater vorneweg. Er bog seinem Sohn die Büsche und das stachlige Ginster, die Ranken der wilden Brombeeren zur Seite, trat die Brennnesseln um. Es war nicht einfach, den Spargel zu finden. Oft war er unter dem Gras oder dem hohen Huflattich versteckt. Doch sein Vater kannte die guten Stellen. »Nimm nur die Spitze, nicht mehr als zehn Zentimeter«, sagte er. Morello erinnert sich noch genau an den intensiven Geschmack der Omeletts, die seine Mutter mit ihrer Beute zubereitete. Er fand es besonders lustig, wenn nach dem Essen sein Pipi hellgrün war und nach Schwefel roch.

Der Kellner reißt ihn aus seiner Erinnerung. Er legt ihm die Rechnung auf den Tisch.

Plötzlich hört er die Stimme Gabbias. Hörst du nun schon Gespenster, Antonio? Doch tatsächlich, der Architekt kommt direkt auf ihn zu, das Handy am Ohr.

»... verdammt! Es ist einfach verschwunden! Ich weiß, aber ich habe keine Ahnung ... glaub mir ... natürlich weiß ich, was auf dem Spiel steht ...«

Gabbia setzt sich an einen der freien Tische. »Ich bin mir der Konsequenzen bewusst ... und ich versuche, das Problem zu lösen ... Vergiss nicht, dass nicht du, sondern ich entscheide!« Gabbia schaltet sein Handy aus und steckt es in die Hosentasche. Der Kellner bringt ihm einen Aperol Spritz. Er nimmt das Glas und leert es bis zur Hälfte.

Morello steht auf und setzt sich ihm gegenüber. »Guten Tag, Signor Gabbia. Ärger? Nervös? Läuft Ihr Geschäft nicht gut?«

Gabbia wischt sich mit einem Taschentuch Schweiß von der Stirn. »Signor Commissario ... was für eine Überraschung! Ich hoffe, Sie verfolgen mich nicht.«

»Noch nicht, Signor Gabbia. Ich bin zufällig hier vorbeigekommen. Das ist ein schöner Platz hier.«

Gabbia stopft das Taschentuch zurück in die Hosentasche. »Ja. Der Campo San Barnaba ist mein Lieblingsort und das hier meine Lieblingsosteria. Hier kann man sehr gut essen. Und das Wetter genießen.«

»Die Osteria ist teuer, aber das Essen ist sehr gut, stimmt. Was nicht stimmt, ist, dass Sie gerade das Wetter genießen. Hören Sie, von Paolo Salinis Schwester weiß ich, dass er ihr gesagt habe, er mache bald das Geschäft seines Lebens. Ich erwarte jetzt nicht, dass Sie mir sagen werden, wovon Salini da gesprochen hat, aber ich bin mir sicher, dass dieses Geschäft mit Ihnen zu tun hat.«

Filiberto Gabbia trinkt den Aperol Spritz aus und stellt das Glas unsanft auf den Tisch. Seine Hand zittert kaum merklich.

»Signor Commissario, ich habe absolut keine Ahnung, wovon Sie reden. Paolo Salini hatte sein eigenes Leben, und ich halte mich immer fern vom Privatleben anderer Menschen. Vielleicht hat er sein Geld irgendwohin investiert. Sicherlich nicht in meine Firma. Sie können das gern überprüfen.«

»Das machen wir. Was war mit Paolo Salini? Wollte er bei Ihnen einsteigen? Hat er versucht, Sie zu erpressen? Musste er deshalb sterben? Sagen Sie es mir!«

Filiberto Gabbia beugt sich nach vorn. »Sind Sie wahnsinnig, Commissario? Ich habe Paolo Salini nicht getötet. Glauben Sie mir, ich wäre froh, er wäre noch lebendig. Meine Geschäfte ... das sind ausschließlich legale Geschäfte. Meine Investoren werden Samstagabend bei mir zu Hause zu Gast sein. Es wird eine Party geben. Ganz offiziell. Ganz offen. Perloni, Ihr Chef, ist ja auch eingeladen. Wissen Sie was? Kommen Sie auch vorbei! Sie werden meine Partner kennenlernen und sehen, alles hat seine Ordnung. Alle bezahlen ihre Steuern pünktlich. Niemand ist ein Mörder.« Gabbia reibt sich die Hände.

»Danke für die Einladung! Soll ich etwas mitbringen? Eine Flasche Wein oder eine selbst gemachte Caponata Siciliana?«

Filiberto Gabbia lacht. »Wir haben alles, danke. Ziehen Sie einen Anzug an und lassen Sie die schreckliche Mütze zu Hause. Mehr verlange ich nicht.«

## MORELLOS WOHNUNG AM ABEND

Morello lehnt sich zurück, streckt die Arme auf dem Tisch aus, dabei fällt ihm der alte Korkenzieher auf den Boden, den ihm seine Mutter mit nach Venedig gegeben hatte: der Korkenzieher, mit dem sein Vater früher Weinflaschen geöffnet hat.

»Cazzo!«

Er geht in die Knie, kriecht unter den Tisch, tastet um sich und stößt sich den Kopf an der Tischplatte.

»Commissario? Bist du da? Antonio?«

Morello blickt zur offen stehenden Wohnungstür. Gerhards Stimme. Gerhard wohnt ein Stockwerk unter ihm. Unter dem Tisch kann Morello nur die untere Hälfte des Körpers des Architekturdozenten sehen. Blaue Hose aus Baumwolle mit einem schwarzen Gürtel, riesige weiße Turnschuhe, mindestens Größe 50, und endlos lange Arme, die fast bis zu den Knien reichen. In den Händen trägt er eine Flasche Rotwein. Morello kneift die Augen zusammen, um das Etikett besser lesen zu können: La Spinetta Barbaresco Gallina. Das Bild auf dem Etikett: Ist das ein Nashorn?

»Antonio? Wo bist … ach, da … Was hockst du unter dem Tisch? Keine Angst, ich will nur mit dir reden. Du brauchst dich nicht zu verstecken …«

»Komm rein, Gerhard.« Morello steht auf und hebt den Korkenzieher hoch: »Der hier hat sich versteckt, ist runtergefallen. Wie war eure Veranstaltung in Rom? Ist Silvia mit dir zurückgekommen?«

Der Architekturdozent ist etwa vierzig Jahre alt, hat eine muskulöse, im Sportstudio geformte 1,85 große Figur, ein kantig markantes Kinn, dunkelblondes millimeterkurzes Haar. Er blinzelt Morello durch eine randlose Brille zu, deren Gläser seine blauen Augen betonen. Unter einem Jackett aus braunem Samt blitzt ein eng sitzendes rotes Hemd.

Gerhard schließt die Tür hinter sich, stellt die Flasche Rotwein auf den Tisch. »Sie ist noch einmal ins Büro. Etwas erledigen. Ich dachte, solange könnten wir ein Glas zusammen trinken. Und ein bisschen ... reden und so.« Seine linke reibt über den Rücken seiner rechten Hand.

Morello nickt. »Reden? Ja, klar. Lass uns reden. Nimm dir ein Glas, schenk dir den Rest von meinem Rotwein ein – und dann reden wir.«

Gerhard nimmt sein Glas und greift nach der offenen Flasche auf dem Tisch. Die Hand des Architekturdozenten zittert leicht, etwas Wein tropft auf den Tisch. Sofort zieht Gerhard ein Papiertaschentuch aus seiner Hosentasche, wischt sorgfältig sein Glas ab und legt das Tuch dann auf die kleine Weinlache.

»Entschuldigung!«

»Was ist mit dir los?«

Der Architekturdozent läuft vor dem Tisch nervös hin und her. Dann hält er plötzlich inne und fährt sich durch die Haare. Er will etwas sagen, doch dann senkt er seinen Kopf.

»Kein Problem, Gerhard. Wir können auch ein anderes Mal reden. Ganz wie du magst.« Morello trinkt sein Glas aus. Dann nimmt er den Korkenzieher und greift nach dem Barbaresco.

»Nein, nein, nein! Wir müssen jetzt reden. Ich kann das nicht mehr ... was ich ...«

Morello dreht den Korkenzieher in Gerhards Weinflasche. Er zieht, doch der Korken lässt sich keinen Millimeter bewegen. Er zieht stärker und spürt, dass sein Gesicht von der Anstrengung warm wird.

»Cazzo!« Genervt steht Morello auf, klemmt die Flasche Wein zwischen seine Beine, hält die Luft an und zieht mit voller Kraft an. Einmal und sofort noch einmal. Niente! Nichts! Er gibt auf und knallt die Flasche auf den Tisch.

Der Architekturdozent greift gedankenverloren nach der Flasche, zieht ohne jede Anstrengung den Korken heraus und reicht Morello die Flasche. Dann setzt er sich.

»Nicht schlecht, Kraftprotz! So – worüber willst du mit mir reden?«

»Sorry. Nicht so einfach für mich. Ich ... ich muss mit dir über Silvia reden.«

»Über Silvia?« Morello hebt das Glas. Sie stoßen an. »Gut. Auf Silvia! Ich höre.«

Gerhard fährt sich wieder mit der Hand über den Kopf. »Ich weiß nicht, wie ich ... wo ich anfangen soll. Weißt du, ich kenne Silvia, seit sie zum Studium nach Venedig gekommen ist, vor fast zehn Jahren ... also, ich kenne sie wirklich sehr gut.« Gerhard schaut aus dem Fenster in die Dunkelheit. »Sie war Studentin – eine sehr gute Studentin! Nach dem Examen hat sie eine der befristeten Stellen an unserem Institut bekommen und wurde meinem Lehrstuhl zugeteilt. Wir haben ein gemeinsames Projekt und arbeiten intensiv zusammen ...«

»Einen Moment, bitte.« Morello springt auf, holt neue Gläser und gießt den Wein ein. »Entschuldigung, Gerhard, ich habe dich unterbrochen: Also an der Uni. Ein gemeinsames Projekt, hast du gesagt?«

»Ja, und dass ich sie sehr gut kenne. Seit Langem. Sie arbeitet in meiner Projektgruppe über einige Aspekte des Gruppo veneziano. Eine architekturhistorische Arbeit. Sie ist sehr engagiert.«

Morello nimmt einen Schluck. »Das ist ein sehr guter Wein, Gerhard. Danke. Im Abgang vielleicht ein bisschen zu ...«

»Verdammt, Antonio, ich will jetzt nicht über Wein reden. Ich rede über Silvia. Wie wir uns kennengelernt haben.«

»Sie arbeitet über eine Gruppe ... Gruppo veneziano. Entspann dich, Gerhard, ich habe zugehört.«

Gerhard nimmt das Glas in die Hand und will daraus trinken. Morello bemerkt, dass Gerhards Hand wieder leicht zittert.

Gerhard registriert Morellos Blick und stellt das Glas ab. »Ich frage dich einfach mal so: Hast du dich jemals dafür interessiert, was Silvia an der Uni eigentlich macht? Woran sie forscht? Sie ist so eine tolle Frau, sie leistet Hervorragendes – und du interessierst dich null dafür. Absolut null. Hast du sie jemals nach ihrer Arbeit gefragt?«

Morello lehnt sich im Stuhl zurück, starrt in sein Glas und stellt es auf den Tisch zurück, ohne daraus zu trinken.

»Sag du es mir, Gerhard«, sagt er leise.

»Sie erforscht neue Aspekte der Lebensläufe der Hauptfiguren des Gruppo veneziano, von Vittorio Cini, Giuseppe Volpi und Achille Gabbia. Sie hat ganz neues Archivmaterial entdeckt und Ergebnisse ermittelt, die sensationell sind.«

»Gabbia?«, fragt Morello, plötzlich hellwach.

»Sie kann zum Beispiel nachweisen, dass Cini und Konsorten volle Kenntnis über die Umweltschäden hatten, die sie mit dem Umbau Venedigs angerichtet haben, ja mehr noch: dass sie die verheerenden ökologischen Schäden und Gefahren bewusst in Kauf genommen haben. Aber so etwas interessiert einen Superstarpolizisten aus Sizilien ja überhaupt nicht.«

»Gabbia? Verwandt mit Filiberto Gabbia? Der Vater womöglich?« Gerhard packt einen Stuhl an der Lehne und zieht ihn zu Morello und lässt sich darauf fallen. Er sitzt jetzt Morello direkt gegenüber. »Nein, nicht der Vater, es war der Urgroßvater. Also, Silvia und ich ... Wir waren zusammen auf diesem Symposium. Tagsüber ging es um diesen Gruppo. Am Abend des ersten Tags saßen wir abends noch zusammen. Silvia und ich.«

»Der Urgroßvater von Gabbia? Was genau hat der gemacht?«

Gerhard presst die Lippen zusammen. Dann antwortet er:»Gabbias Urgroßvater war der drittwichtigste Mann im Gruppo veneziano. Er führte aus, was Cini und Volpi beschlossen hatten. Also, Silvia und ich: Am ersten Abend saßen wir zusammen und redeten. Einfach so, verstehst du? Am zweiten Abend saßen wir wieder zusammen an der Bar. Rein zufällig war das.«

»Was haben dieser Cini und dieser Volpi beschlossen? Was führte Gabbia aus?«

Gerhard schüttelt den Kopf. »Cini, Volpi und Gabbia bauten und formten das Venedig, so wie wir es heute kennen. Sie setzten die Teilung Venedigs durch: in ein historisches Zentrum, das Geld aus dem Tourismus erwirtschaften musste, in Marghera, die Stadt der Ölindustrie, und in Mestre, die Schlafstadt für die Arbeitskräfte. Sie waren brutal. Faschisten eben. Aber schlau. Sie gehörten zu den aufstrebenden neuen Kräften in Italien, Industriellen, Bankiers, Politikern. Sie verbündeten sich mit der alten Elite: Adel, Großagrarier und Handel. Die Mussolini-Faschisten waren die Dritten im Bunde. Dieses Konglomerat nennt man Gruppo veneziano. Aber darüber will ich jetzt nicht reden, Antonio. Ich will dir über den Abend berichten, den zweiten Abend auf dem Symposium. Wir sitzen also an der Bar. Sie und ich. Silvia hatte Jeans an, blaue Jeans und braune Stiefel. Eine Strähne fiel ihr immer wieder ins Gesicht. Und die blies sie dann immer weg. So.« Gerhard spitzt die Lippen und stößt einen Luftstrom aus.»Süß, nicht wahr. Dazu trug sie ein enges, weißes ...«

215

»Gerhard, nur eine Zwischenfrage. Was meinst du mit: ›Sie waren brutal?‹«

»Antonio, ich erzähle dir gerade *die* Geschichte meines Lebens. Mit Silvia und mir, wie wir damals ...«

»Ich weiß, an der Bar. Trotzdem, bitte.«

Gerhard fährt sich mit einer fahrigen Bewegung über den Kopf. Dann rückt er seine Brille zurecht.»Sie waren brutal gegen Mensch und Natur. Die Faschisten sorgten für billige und gefügig gemachte Arbeitskräfte. Sie ließen Teile der Lagune zuschütten, vertieften Kanäle, ließen chemische Abwässer in die Lagune und in die Adria fließen. Sie zerstörten ein einmaliges Ökosystem.« Gerhard springt auf.»Wenn du dich für die Arbeit deiner Freundin interessieren würdest, dann wüsstest du längst alles über den Gruppo veneziano. Silvia ist nämlich Spezialistin auf diesem Gebiet. Aber ich erzähle dir gerade etwas viel Wichtigeres. Silvia und ich. Also, wir wieder an der Bar. Sie sah hinreißend aus. Wir tranken Whisky Sour. Ein bisschen zu viel vielleicht. Dann wollten wir aufs Zimmer und haben ...«

Morello berührt Gerhards Arm.»Du hast vollkommen recht, Gerhard. Ich weiß nicht allzu viel über Silvia. Und ihre Arbeit. Glaub mir, ich werde mich bessern.«

Gerhard vergräbt das Gesicht in seinen Händen.»Mein Gott, Antonio, darum geht es jetzt gar nicht ...«

»Doch, ich verstehe dich. Aber erzähl mir bitte mehr über diesen Gruppo veneziano.«

»Sie etablierten Venedig im großen Stil als Tourismuszentrum. Touristen gab es in Venedig immer schon, doch der Gruppo gründete die Compagnia Italiana Grandi Alberghi, um Luxushotels zu kaufen oder zu bauen. Mit dem Hotel des Bains und dem Grand Hotel Excelsior bauten sie die ersten großen Luxushotels für reiche Leute ... Aber jetzt – ich flehe dich an – hör mir zu. Silvia und ich gingen die Treppen hinauf in unsere Zimmer. Auf dem ersten Absatz blieb sie stehen. Oder war ich es, der zuerst stehen blieb?«

»Unglaublich!«

»Ja, aber da kannte sie dich doch noch nicht.«

»Welche Industrien hat dieses Konglomerat angesiedelt?«

»Metallurgische Industrie, Chemie, Maschinenbau, Schiffsbau, Erdöl und Elektrotechnik. Jedenfalls standen wir dann da. Auf dem Treppenabsatz.«

Morello sagt: »Nicht gerade umweltfreundlich?«

Gerhard blickt auf sein Glas und schaut dann verwundert zu Morello. »Wie meinst du das? Ach so, die Fabriken. Nein, ganz und gar nicht umweltfreundlich. Viele Arbeiter wurden krank, viele sind gestorben. Schlimmer als in Katar, wo die Fußballstadien gebaut wurden. Eine Katastrophe im Namen des Geldes ... Also, wir standen auf dem Treppenabsatz. Wir schauten uns an. Also, wir waren beide ein bisschen beschickert. Aber nicht zu viel. Und dann plötzlich ...«

Morello beugt sich vor. »Gerhard, jetzt begreife ich, was du mir erzählst. Die ganze Dimension wird mir jetzt klar.«

»Wirklich? Hast du es verstanden?«

»Ja klar, es gab eine Gruppe, die mithilfe der Faschisten das heutige Venedig baute. Die Hotels und die Touristen hier und die Industrie, die die Umwelt vergiftete, dort. Sie wussten, was sie taten, aber die Folgen waren ihnen egal.«

Gerhard fährt sich mit beiden Händen durchs Gesicht. »Genau, darüber forscht Silvia. Sie kann nachweisen, dass diese Gruppe alles

gewusst hat, was sie anrichtete. Du hörst mir nicht zu, Antonio.«
Gerhard verstummt und trinkt einen Schluck Wein.

Morello überlegt kurz, dann fragt er:»Du weißt offenbar, wer Filiberto Gabbia ist?«

Ohne Morello anzuschauen, sagt Gerhard:»Ein Widerling. Nicht
besser als sein Urgroßvater. Nur dümmer.«
Morello lehnt sich auf seinen Stuhl zurück.»Filiberto Gabbia hat
einen Hintergrund, von dem ich nichts wusste ...«

Gerhard springt auf und brüllt Morello an:»Was du alles weißt
oder nicht weißt, ist jetzt völlig egal. Das Symposium war vor ein
paar Jahren. Wir standen auf dem Treppenabsatz.« Er geht einige
Schritte und wendet sich sofort wieder um.»Dann küssten wir uns. 217
Hörst du: Dann küssten wir uns. Ich war noch nie so glücklich wie
auf diesem verdammten Treppenabsatz. Und das wäre ich heute
noch, wenn du in deinem blöden, mafiaverseuchten Sizilien geblieben wärst.« Er schreit Morello an:»Ich liebe Silvia. Ich bin verrückt nach ihr. Ich kann nicht leben ohne sie. Ich will, dass du sie
in Ruhe lässt.«

Morello kneift die Augen zusammen.»Gerhard, Moment, ich versuche gerade zu verstehen, was du gesagt hast.«

»Wenn du noch ein Wort über den Gruppo veneziano verlierst,
bring ich dich um.«

»Nein, nein, ich wusste das nicht. Das mit dem Treppenabsatz.«

»Scheiße, Antonio, das versuche ich dir doch die ganze Zeit zu erzählen. Alles war gut in meinem Leben – bis du hier aufgetaucht
bist.«

»Bitte? Ich? Wieso ich? Was habe ich denn ...«

»Ja, du! Genau du! Tu doch nicht so scheinheilig!«, schreit Gerhard.
»Du hast alles kaputtgemacht. Da kommt einfach so ein Superstarpolizist daher, der sich der freie Hund nennt – und sie fällt sofort auf ihn rein. Auf dich. Und ich stehe da wie blöd.« Gerhards
Stimme senkt sich wieder.»Und in Wahrheit interessiert sich der
Superstarpolizist überhaupt nicht für diese wunderbare Frau, sie ist
nur ein Spielzeug für ihn. Der kleine, unwiderstehliche Commissario aus Sizilien mit der absurden Mütze wickelt wahrscheinlich die

Frauen reihenweise um den Finger, und danach sind sie nur noch Ballast für ihn. So wie Silvia. Du behandelst sie wie einen Lappen, mit dem man den Boden wischt.«

»Wie bitte? Was tue ich … was meinst du?« Morello ist perplex. Gerhard, dessen Gesicht nun wieder rot wird, läuft hin und her.

»Du weißt absolut nichts über sie. Du nimmst dir nie Zeit, mit Silvia etwas zu unternehmen. Irgendwas. Mit Silvia. Was weiß ich: ins Restaurant, ins Kino, ins Museum – oder einfach nur spazieren gehen. Auf den Händen tragen … Ich kann das nicht mehr ertragen, wie du sie …«

Morello will etwas sagen, doch seine Stimme produziert nur einen krächzenden Ton und versagt.

Gerhard beugt sich über Antonio, legt seine Hände auf dessen Schultern, seine Stimme bebt: »Antonio – ich liebe diese Frau. Habe sie immer geliebt. Ich will, dass du sie in Ruhe lässt. So – jetzt weißt du Bescheid.« Er sinkt auf seinen Stuhl, stützt mit beiden Händen seinen Kopf und starrt gegen die Wand.

Eine Zeit lang sitzen die beiden schweigend da, jeder blickt in eine andere Richtung.

Schließlich richtet Morello sich auf. »Gerhard, was soll ich sagen … Manchmal verliebt man sich und wird nicht zurückgeliebt. Das ist hart. Jedem geht es mal so. Meist sind es die Frauen, die auswählen. Silvia hat gewählt. Für uns ist es klug, diese Wahl zu akzeptieren, weil wir sonst …«

Gerhard dreht sich von der Wand weg. Seine Augen liegen tief in den Augenhöhlen. »Aber ihre Wahl ist falsch. Du liebst sie doch nicht wirklich. Du willst doch nur zurück auf deine Verbrecherinsel.«

»Ich gehe tatsächlich bald zurück auf meine Verbrecherinsel. Aber das wird dein Problem nicht lösen, Gerhard. Wenn sie dich nicht will … Sie entscheidet. Weißt du was? Wir rufen Silvia! Sie soll entscheiden.«

Gerhard springt auf. »Auf keinen Fall. Das kannst du nicht machen … Auf keinen Fall. Du darfst ihr niemals sagen, dass ich sie …«

»Doch, das kann ich. Wir regeln das jetzt und hier.« Morello stellt die benutzten Gläser und die leere Flasche zusammen und steht auf.

»Hilf mir mal, hier aufzuräumen. Wir brauchen neue Gläser. Wo ist mein Handy?«

»Ah, du bist auch hier, Gerhard? Das ist aber schön. Meine beiden Lieblingsmänner ...«

Morello ist ein paar Sekunden lang wie verzaubert. Das hinreißende Lächeln in ihrem Gesicht. Ihre Augen strahlen lebendig. Ihre langen schwarzen Haare sind zu einem breiten Nackenzopf gebunden. Sie trägt eine rote Bluse, darüber eine schwarze Lederjacke, und Bluejeans.

Bevor Morello auf Silvia zugehen kann, steht Gerhard auf und breitet seine langen Arme aus. »Ich dachte, du wärst heute noch länger unterwegs.«

Die beiden umarmen sich, und Gerhard will sie leicht auf die Lippen küssen, doch sie wendet rasch den Kopf zur Seite.

Morello sagt: »Setz dich, wir haben noch ein Glas Wein. Sehr guten Wein. Hat Gerhard mitgebracht.«

Morello füllt ein Glas.

Silvia setzt sich. »Was macht ihr für merkwürdige Gesichter? Antonio, was geht hier vor sich?«

»Gerhard will dir etwas erzählen.«

Sie dreht sich verwundert zu Gerhard um. Ihre Augenbrauen hat sie hochgezogen.

Gerhard rutscht auf seinem Stuhl hin und her. »Wir haben nur ein bisschen geredet und ein Glas Wein getrunken. Ich wollte sowieso gerade gehen.« Er steht auf.

»Gerhard hat mir gesagt, dass er dich liebt und ohne dich nicht mehr leben kann. Er hat mir vorgeschlagen, dich zu verlassen, damit er wieder eine Chance bei dir hat. Ich sei sowieso nicht der richtige Mann für dich, weil ich dich nicht genügend auf den Händen trage.«

Silvia schluckt. Einmal. Noch einmal. Ihr Blick wird starr. Sie stützt sich mit einer Hand auf dem Tisch ab. Dann sagt sie: »Was habt ihr Idioten gemacht? Ihr sitzt hier und verhandelt über mich? Wie über eine Kuh auf dem Viehmarkt.« Sie wendet sich an Gerhard. »Wie viel hast du ihm geboten? Sag schon, was war ich dir wert?« Sie dreht sich zu Morello: »Und du? Hast du eingeschlagen? Oder verhandelst du noch?« Sie steht auf und schüttelt den Kopf. »Mein Gott, seid ihr bescheuert.« Sie geht zur Tür.

Da ruft Gerhard ihr nach: »Weißt du schon das Neueste? Antonio geht demnächst zurück nach Sizilien.«

Langsam dreht sie sich um. Ihr Gesicht ist bleich wie Schulkreide. »Ich will keinen von euch wiedersehen. Keinen.«

Morello sitzt auf dem Sofa und fühlt sich wie nach einer Narkose. Was für ein Abend! Zu viel Wein, zu viele Gefühle, zu viele Informationen. Er versucht, seinen Kopf zu ordnen, als es leise an der Wohnungstür klopft. Er steht auf. Silvia steht vor der Tür. Ihre Augen sind verweint, doch ihre Bewegungen sind entschlossen. Sie geht an ihm vorbei und setzt sich auf das Sofa. »Ich will mit dir über deine Frau reden.«

Morello bleibt am Tisch stehen. »Ich rede nicht über Sara.«

»Doch. Das wirst du tun. Jetzt. Setz dich.«

Ihr Ton ist so bestimmt, dass Morello einen Stuhl heranzieht und sich setzt. »Keine Angst«, sagt sie, »ich werde meine Entscheidung nicht zurücknehmen. Ich will nur verstehen. Ich will diese Heilige kennenlernen, die jeden Millimeter Raum in deinem Herzen besetzt. Ich muss diese Frau kennenlernen, die mir keine Luft zum Atmen lässt.« Sie streicht mit einer Hand über die Lehne der Couch. »Es war ein schöner Traum, Antonio. Du und ich. Aber mir ist klar geworden: Sie lässt niemanden an dich heran, diese Heilige.«

»Sie war keine Heilige.«

»Dann tu nicht so, als wäre sie frommer als die Muttergottes. Ich stelle mir vor: Es gab nie einen Streit zwischen dem glücklichen Paar. Nur Harmonie. Sonnenschein. Baden im Meer. Sonnenuntergänge, in die ihr Hand in Hand spaziert seid.«

»Ich habe noch nie mit einer Frau so erbarmungslos gestritten wie mit Sara. Noch nie. Ich war noch nie so dumm wie mit ihr. So hilflos. Kopflos. Verwirrt. Noch nie so glücklich.«

Sie klopft mit der Handfläche auf den Platz neben ihr. »Setz dich zu mir. Und erzähle.«

Morello schüttelt den Kopf. »Lass mich hier sitzen. Ich brauche ein bisschen Abstand zwischen uns.«

Als er sieht, wie sie nickt, schließt er die Augen. »Ich sah sie zum ersten Mal in einem Restaurant in Cefalù. Ich weiß es noch wie damals. Ich verließ mit ein paar Kollegen das Lokal, und wir gingen an dem Tisch vorbei, an dem sie mit einer Freundin saß. In meiner Erinnerung ist die Szene schwarz-weiß. Die Tische, die Bar, der Boden, die Decke – alles schwarz-weiß. Nur die junge Frau an dem Tisch war in Farbe. Das Gesicht, ihre Augen. Ich wusste in derselben Sekunde, dass es für mich um alles ging. Um Leben und Tod.«

Er öffnet die Augen. Ihr Blick ruht auf ihm. Er liest keinen Vorwurf daraus. Also fährt er fort. »Ich kannte ihre Freundin, die mit ihr am Tisch gesessen hatte. Ich setzte Himmel und Hölle in Bewegung, damit ich sie wiedersehen konnte. Sie war vorsichtig mit mir. Ich hatte wohl auch keinen guten Ruf. Aber dann, langsam und vorsichtig, wurden wir ein Paar.«

»Und? Die heile Welt. Alles rosa?«

»Es war, wie nach einer langen, beschwerlichen Reise angekommen zu sein. Am richtigen Ort. Mit dem richtigen Menschen. Wir waren eins. Es war – magisch.«

Silvia streicht mit einer Hand über ihr Schlüsselbein. »Und dann?«

»Dann setzte mein Kopf ein und ruinierte alles.« Er macht eine Pause und schluckt. »Sie war jünger als ich. Deutlich jünger. Darüber dachte ich unentwegt nach. Irgendwann wird sie mich verlassen, dachte ich. Wegen des Altersunterschieds. Ich dachte, das überlebe ich nicht. Wenn diese Frau mich verlässt, sterbe ich. Nicht metaphorisch, sondern wirklich. Ich wusste, ich würde eine Trennung nicht überleben. Ich wurde verrückt.«

»Verrückt?«

»Wie ein Idiot. Weißt du, im Märchen bewältigt die Liebe Klassen-
unterschiede: Prinzessin und Bettler, König und Müllerin bei den
Gebrüdern Grimm, Geschäftsmann und Prostituierte im Film
»Pretty Woman«. Aber ein großer Altersunterschied ist durch
nichts aufzulösen. Nicht einmal durch die Liebe. Dachte ich. Es
wurde zur fixen Idee. Ich grübelte unaufhörlich über diesem Problem. Es machte mich wahnsinnig. Und so machte ich Fehler. Ich
schlief mit Frauen, die ich nicht liebte. Nur, damit der unvermeid-
liche Fall mich nicht zerquetschen würde. Es war mir selbst nicht so
ganz klar, aber ich wollte einer unvermeidlichen Katastrophe vor-
bauen. Ich wollte überleben, wenn sie geht. Ich bin allerdings ein
schlechter Lügner. Besonders ihr gegenüber immer gewesen. Sie
merkte natürlich alles.«

»Und?«

»Wir stritten uns.« Er lächelt versonnen. »Wenn Sara sich mit mir
stritt, dann reckte sie auf eine unnachahmliche Weise das Kinn
vor. So …« Er reckte sein Kinn vor. »Ich kann es nicht gut nach-
machen. Doch wenn sie ihr wunderschönes Kinn auf diese Weise
vorreckte, dann bedeutet dies: Ich gebe dir nicht nach. Ich kämpfe.
Sie versuchte meine Panik aufzulösen. Wir hätten alle Zeit der Welt,
sagte sie.«

»Aber du glaubtest ihr nicht?«

Morello schüttelt den Kopf. »Ich war ein Idiot.«

»Da hast du recht. Wie ging es weiter?«

»Sie rächte sich. Nun erzählte sie mir Geschichten. Sie sei nicht mehr
in Sizilien, lebe in einer anderen Stadt. Sie leide an einer schlimmen
Krankheit. Ich verlor komplett den Verstand. Als meine Verliebt-
heit und meine Sorge ihren Höhepunkt erreicht hatten, machte sie
Schluss.«

»Immerhin hast du überlebt.«

»Ich bin mir da nicht so sicher.«

»Wie kamt ihr dann wieder zusammen?«

»Ich sah sie eines Samstagvormittags auf dem Markt. Es waren viele
Menschen unterwegs. Sie sah mich zu spät, konnte nicht mehr ausweichen.«

Silvia beugt sich leicht nach vorne. »Wie reagierte sie?«
»Erst unschlüssig. Sie blieb stehen. Sah mich. Ich sah, wie sie nachdachte. Dann kam sie schnurstracks auf mich zu und streckte die Hand aus. Sah mir in die Augen. Ich zögerte einen Augenblick. Dann gab ich ihr die Hand. Wir sagten kein Wort. Nur ein Blick. Nur ein Versprechen. Wir wussten, wir gehören zusammen. Wir wussten auch, dass wir einander Wunden reißen können wie sonst niemand. Das war unsere Verlobung. Ich fuhr aus der Hölle auf – direkt in den Himmel. Bis die Bombe sie tötete.«

Sie schweigen. Silvia hält den Kopf gesenkt und nickt mehrmals. Dann steht sie auf. »Wirklich, es war ein schöner Traum. Du und ich.« Sie versucht zu lächeln. Mit einer schnellen Bewegung fährt sie sich über die Augen. »Aber eben nur ein Traum. Jetzt bin ich wach. Gegen diese Frau kommt niemand an. Ohne sie bist du tatsächlich ein Verlorener, Antonio. Du tust mir leid.« Sie richtet sich auf. »Wahnsinnig leid sogar. Ab morgen bin ich in Mailand. Sicher für eine längere Zeit. Vielleicht für eine sehr lange Zeit. Wer weiß.«

Dann geht sie, ohne sich noch einmal umzudrehen.

# 5. TAG
## FREITAG

### MORELLOS WOHNUNG

Kling-dong, kling-dong, kling-dong ...
Morello versteckt sich unter seiner Decke und schimpft leise. Er dreht sich auf die andere Seite, nimmt das Kissen, biegt es um seinen Hinterkopf, bis es die Ohren zudeckt. Er hört immer noch die Glocken, aber sie klingen nun anders als zuvor. Ein zusätzliches Geräusch. Er kann es nicht identifizieren, weil die Glocken es übertönen. Wütend schmeißt er das Kissen auf den Boden und schaut auf seinen Nachttisch. Das Handy leuchtet. Irritiert und halb schlafend nimmt er das Telefon, torkelt in die Küche. Hier sind die Glocken nicht so laut wie im Schlafzimmer.

Er schaltet den Lautsprecher an und legt das Handy auf den kleinen Tisch, auf dem immer noch die benutzten Gläser stehen.

»Pronto!«

»Buongiorno, Signor Commissario ...«

Ferruccio Zolan – der hat ihm gerade noch gefehlt. Er holt die Kaffeepackung aus dem Kühlschrank und stellt sie zusammen mit der Bialetti-Kaffeemaschine auf den kleinen Tisch.

»Sprich, Ferruccio!«

»Signor Commissario, sind Sie in der Kirche?«

Morello verdreht die Augen. »Nein, Ferruccio. Ich bin in der Küche und versuche mir einen Kaffee zu machen.« Er schraubt die Kaffeemaschine auseinander und schüttet vorsichtig Wasser in den Kessel bis zum Sicherheitsventil.

»Ah ... aber diese Glocken! Stört Sie das nicht, Signor Commissario?

Morello seufzt. Mit einem Löffelchen kippt er Kaffeepulver in den Trichter. »Ferruccio, weshalb rufst du an? Hast du Sehnsucht nach mir?«

»Nein. Ja. Also, es ist so: Athena spielt verrückt. Sie hat für heute fünf verschiedene Tatorte angekündigt, an denen Taschendiebe stehlen werden. Und es kommt noch schlimmer. Der Questore hat schon zweimal angerufen.«

Morello stellt die Kaffeemaschine auf die Flamme. »Erstaunlich. Ich hätte nicht gedacht, dass er so früh im Büro erscheint.«

»Er rief von zu Hause aus an. Wir bekommen Athenas Hinweise ab heute automatisch auf unsere Handys. Wir sollen ihn nach jeder Festnahme sofort anrufen.«

»Verdammt. Wir haben doch einen Mordfall.«

»Ja, Commissario, ich ...«

»Was willst du mir sagen, Ferruccio?«

»Wenn Athena unser Chef wird, werden wir nur noch Taschendiebe jagen. Wir sollten unbedingt ... Wir sollten es wieder so machen wie bei der letzten Taschendiebin.«

»Das sagt dir *dein* Instinkt? Auf einmal ist es mit deiner Gesetzestreue nicht mehr so weit her, was? Gestern habt ihr Aurelio verhaftet und mir Moralpredigten gehalten. Erinnerst du dich noch, Ferruccio?« Er äfft Ferruccio Zolans Stimme nach: »Commissario, Ihr Instinkt – nun ja – in allen Ehren. Aber es gibt auch noch Dienstvorschriften.« Er spricht normal weiter: »Jetzt halte ich mich an die Dienstvorschriften. Wir jagen heute Taschendiebe. Wenn es sein muss, den ganzen Tag. Bald bin ich nämlich nicht mehr in Venedig. Wenn ich wieder in Sizilien bin, werde ich immer an Ferruccio Zolan denken, den gefürchteten Schrecken der Taschendiebe.«

## VAPORETTO, CANAL GRANDE

Der Bug des Vaporettos pflügt durch das Wasser des Canal Grande. Auf den vorderen Plätzen im Bug sitzen drei Touristen. Ein älterer Mann in Birkenstocksandalen mit weißen Socken, sicherlich ein

Deutscher, hält ein nagelneues iPhone14 Pro Max vors Gesicht, als justierte er ein Zielfernrohr. Ein junges, spanisch sprechendes Paar hat nur Augen füreinander, und die Schönheiten Venedigs scheinen den beiden im Augenblick ziemlich egal zu sein. Auf den Bänken im Inneren gibt es nur noch vier freie Plätze. Auf der Plattform im mittleren Teil stehen die Menschen dicht gedrängt.

Morellos Team hat sich auf dem Schiff verteilt. Der Commissario und Mario stehen auf der Ein- und Ausstiegsplattform. Ihre Aufgabe ist der Zugriff, wenn die anderen Kollegen einen Taschendieb identifiziert haben und ihnen per Funk über die versteckten Ohrhörer den oder die Täter melden. Ferruccio Zolan sitzt wie ein normaler Passagier im Innenraum. Anna Klotze steht mit dem Rücken gegen die Stahlwand gelehnt an der Verbindungstreppe zwischen Plattform und Passagierraum. Alvaro folgt dem Vaporetto mit dem Polizeiboot.

Die Stimmung im Team ist denkbar schlecht. »Sie wollen den Unsinn wirklich durchziehen, Commissario?«, hatte Anna Klotze gefragt, als sie sich zur Vorbereitung im Kommissariat getroffen hatten. Die hochgezogene Augenbraue zeigte ihre Missbilligung deutlicher, als wenn sie vor ihm ausgespuckt hätte. Mit spitzen Fingern schob sie sich eine Haarsträhne über das rechte Ohr, um die Kopfhörer zu verdecken. Alvaro stand mit hängenden Schultern neben ihr. Der junge Bootsführer konnte Spannungen im Team noch nie ertragen. Nur Mario schien happy. Ihm stand ein neues Abenteuer bevor. Verhaftungen und körperliche Auseinandersetzungen waren für ihn ohnehin das Beste an der Polizeiarbeit.

»Mein Team hat mir gestern klargemacht, dass es großen Wert auf Vorschriften und Gesetze legt. Ihr habt gegen meinen Willen einen jungen Mann in eine Zelle gesteckt, der sehr krank ist.« Er sah das engelsgleiche Gesicht Aurelios vor sich und fühlte dabei einen leichten Schmerz. Etwas an diesem Bild beunruhigte ihn. Er wusste nicht, was es war. Morello schüttelte fast unmerklich den Kopf und verscheuchte Aurelios Mund, die Nase, die Augen.

»Und so werden wir heute und in Zukunft die Vorschriften einhalten. Wir tun exakt das, was der Questore beziehungsweise sein

Computer von uns verlangt. Die Zukunft der Polizeiarbeit beginnt heute.« Er sah, wie Anna Klotzes Augenbraue noch höher rutschte.

Nun stehen sie also auf einem Vaporetto der Linie 1 und fahren den Canal Grande vom Ferrovia hinauf zum Markusplatz. Athena hatte in ihrer unergründlichen Weisheit den Tatort orakelt: ein Vaporetto. Und hatte eine Uhrzeit auf ihre Handys geschickt: 9:45 Uhr, hinter der Rialtobrücke. Sie checken die Passagiere. Wenn Taschendiebe an Bord dieses Vaporettos sind, dann befinden sie sich in der ersten Phase des Diebstahls, der Auswahl des Opfers. In diesem Stadium erkennt man sie an ihren Bewegungen und an ihren Augen. Die Auswahl des Opfers ist der erste Schritt eines jeden Diebstahls. Deshalb beobachtet Morellos Team: Wer mustert die Umstehenden? Wessen Blick wandert zu Handtaschen, Rucksäcken, Jacketttaschen? Ebenso wie die Taschendiebe suchen Morello und sein Team nach möglicher leichter Beute. Welche Frau trägt den Verschluss der Handtasche nach außen? Hat vielleicht sogar den Reißverschluss ein Stück geöffnet. Wo steckt ein Handy unvorsichtig in einer Seitentasche? Wer bewegt sich zielstrebig zu wem? Wer sucht den Blick des Komplizen, um sich über das Ziel des Diebstahls zu verständigen?

Morello beobachtet einen großen Mann in der zweiten Reihe auf der dicht gedrängten Plattform. Er trägt ein rot-weiß kariertes, kurzärmliges Hemd und eine helle Cargohose. Mit der rechten Hand hält er sich an einem Haltegriff fest. Sein Blick wandert schon zum zweiten Mal nach rechts zu einer dunkelhaarigen Frau in einem grünen Kleid zwei Reihen hinter ihm. Sein Blick ist nun geradeaus, aber dann wendet er wieder leicht den Kopf in Richtung dieser Frau. Doch diese schaut unbeirrbar nach vorne und scheint nicht zu bemerken, dass sie beobachtet wird. Sie stellen keinen Augenkontakt her. Aber wenn es ein eingespieltes Team ist, dann weiß die Frau, was zu tun ist.

»Irgendetwas Verdächtiges?«, fragt Morello leise in sein Mikrofon.

Als Antwort folgen vier kurze »No«.

»Seht ihr den Mann im karierten Hemd? Er sucht Kontakt zu der dunkelhaarigen Frau im grünen Kleid zwei Reihen hinter ihm. Konzentriert euch auf diese beiden. Wer sieht sie?«

»Ich«, meldet Anna Klotze. »Ich auch«, sagt Mario.

Das Boot steuert die Haltestelle San Silvestro an. Die Motoren werden leiser, das Schiff langsamer. »Konzentration«, befiehlt Morello. Der Mann im karierten Hemd lässt den Haltegriff los. Seine Körperhaltung signalisiert, dass er vorhat auszusteigen. Die Frau hinter ihm rührt sich nicht. Das Vaporetto legt an. Der Schaffner wirft ein Tau um einen Poller und befestigt das Schiff. Er öffnet die Schranke, und der Mann ist der erste Passagier, der auf die schwankende Haltstelle springt. Es herrscht ein ziemliches Gedrängel. Mo-

228 rello hofft, dass er nicht den Überblick verliert. Die Frau im grünen Kleid rührt sich nicht. Sie steigt nicht aus.

Was geht hier vor?

Morello sieht in der Menge der Aussteigenden den Deutschen in den Birkenstocksandalen. Hinter ihm die Spanisch sprechende Frau. In der linken Hand hält sie einen großen Stadtplan. Sie deckt damit die Rückseite des Mannes von der Taille abwärts ab. Ihre rechte Hand verschwindet unter dem Papier. Jetzt stößt sie den Deutschen an. Entschuldigt sich auf Englisch. Der Deutsche nickt freundlich und antwortet irgendetwas, das Morello nicht versteht. Der Freund der Frau drängelt sich an den beiden vorbei und springt auf den Ponton der Haltestelle. In drei Schritten ist Morello bei ihm. Er packt ihn am Arm und wirbelt ihn herum, wirft ihn zu Boden. Morello kniet auf seinem Rücken und biegt ihm beide Arme um. Der Mann schreit vor Schmerz und Überraschung.

»Schnappt die Frau«, brüllt Morello ins Mikro. Während er dem Mann Handschellen anlegt, sieht er aus den Augenwinkeln, wie Anna Klotze sie festnimmt.

Die aus dem Boot strömenden Passanten schreien. Die Aussteigenden stauen sich auf dem Schiff. Um den am Boden liegenden Mann und dem auf ihm knienden Morello bildet sich ein Kreis von Gaffern. Morello hält seinen Ausweis mit einer Hand hoch: »Polizei. Wir haben einen Taschendieb festgenommen.«

Der Birkenstockmann will sich rasch entfernen. »Heh«, ruft Morello ihm zu. »Bleiben Sie stehen.«

Der Birkenstockler fühlt sich nicht angesprochen und geht weiter bis zum Durchgang zur Fondamenta de la Pasina. Offenbar versteht er kein Italienisch. Ein Passant hält ihn am Arm fest und erklärt ihm etwas auf Englisch. Der Deutsche nickt und kommt zurück. Morello zieht ein nagelneues iPhone aus der Jackentasche des Festgenommenen und hebt es hoch. »Ist das Ihres?« Der Mann sieht es, erschrickt, greift an seine Gesäßtasche, sieht ruckartig hoch und nickt.

Morello blickt sich um und sieht, wie Alvaro mit dem Polizeiboot anlegt.

Noch während Mario die beiden Diebe an die Reling des Polizeibootes kettet, klingeln und brummen alle ihre Handys gleichzeitig. »Diese verdammte Athena«, brüllt Zolan, während er fassungslos auf das Display starrt. Auch Morello studiert den Bildschirm. Athena hat ihnen sieben weitere Termine geschickt.

Morello klatscht in die Hände. »Auf, auf, liebe Kollegin, liebe Kollegen, wir haben heute noch viel zu tun.« Wenn Blicke töten könnten, da ist er sich sicher, wäre er jetzt ein toter Mann.

Vor dem Busbahnhof am Piazzale Roma beobachten sie eine Bettlerin, die mit ihrer Crew die erste Phase des Diebstahls, die Auswahl der Opfer, optimiert hat. Sie sitzt hinter einer leeren Bettelschale, neben sich ein etwa zehnjähriger Junge, der unglaublich schmutzige Hände, Arme und Beine hat und in einem Comicheft blättert. Er steckt in einem schmuddeligen T-Shirt und einer ebensolchen kurzen Hose. Die Frau, vermutlich seine Mutter, spricht Vorübergehende nur gelegentlich an. Morello beobachtet ihre Augen. Sie mustert mit einem kühlen Blick die Passanten, die ihre Rollkoffer vom Piazzale Roma Richtung Rio Terà Lista di Spagna ziehen. Jetzt sagt die Frau etwas zu dem Kind, eine kurze Handbewegung folgt. Der Junge seufzt, klappt das Comicheft zu, legt es neben seine Mutter und folgt einem der Touristen mit Rollkoffer mit schnellen Schritten.

Die Mitglieder von Morellos Team folgen ihm in verschiedenen Abständen.

»Der Junge. Er folgt dem Mann in den engen Jeans, den bunten Sneakers, mit der merkwürdigen massiven Brille und dem Hipsterbart, silberner Rollkoffer«, meldet Ferruccio Zolan.

Auf der Ponte delle Guglie hält der Junge weiterhin Abstand zum Hipster, lässt ihn aber auch nicht aus den Augen. Hin und wieder blickt er sich prüfend um, doch in dem dichten Gewirr der Menschen kann er die ihn verfolgenden Polizisten nicht identifizieren. Nach der nächsten Brücke schließt der Junge zum Hipster auf und überholt ihn. Als er dreißig, vierzig Schritte vor ihm ist, dreht er sich abrupt um und kommt ihm entgegen.

Mit zum Betteln ausgestreckter Hand geht er direkt auf ihn zu, bleibt stehen, legt seine schmutzige linke Hand auf den Rollkoffer. Die rechte wedelt genau vor dem Bart des Mannes. Als der Junge noch einen Schritt auf ihn zugeht und nun kaum mehr als ein, zwei Zentimeter Platz zwischen ihnen ist, weicht der Hipster erschrocken zurück und stößt dabei mit einer jungen Frau zusammen, die hinter ihm gegangen ist. Umdrehen, sich entschuldigen, das Schmuddelkind im Auge behalten, all das geschieht in drei oder vier Sekunden. Dann dreht der Junge sich um und läuft weg. Morello steht nun wie zufällig neben ihnen und bindet seinen Schuh zu.

»Das war bestimmt ein Dieb«, sagt die junge Frau zum Hipster. »Hast du noch alles?«

»Scheiße, mein Handy.«

»Da drüben steht er.« Die Frau deutet auf das Schmuddelkind, das zwanzig Meter vor ihnen im Eingang einer Bar steht. »Lauf los. Dann kriegst du den noch. Ich pass so lange auf deinen Koffer auf.«

»Oh, das ist sehr nett.« Der Hippster rennt los. Die Frau wartet einen Augenblick, greift sich den Koffer. Sie will ihn in eine Seitenstraße ziehen, doch dann steht Morello vor ihr.

Es ist zu spät für Athenas dritte Alarmmeldung. Die angekündigte Tatzeit ist bereits verstrichen. Sie machen sich auf den Weg zu dem Ort, den die Software als vierten gemeldet hat. Im Straßencafé in einer Ecke des Campo Santa Sofia erwischen sie einen Dieb mit dem Jackentrick. Es ist ein Mann knapp über sechzig. Er hat sein Jackett ausgezogen und trägt es über dem linken Arm. Sie erkennen ihn an dem berechnenden Blick, mit dem er die Gäste mustert, die an den Tischen im Freien sitzen.

Dann geht er los, zielstrebig, als wollte er zu einem freien Platz unter einem Schirm. Er macht einen kleinen Schlenker zu einem Tisch in der Mitte. Dort sitzen zwei Frauen und plaudern. Eine von ihnen hat ihre Jacke über den Stuhl gehängt und darüber ihre Tasche. Als der Dieb an ihr vorbeigeht, macht er eine schnelle Bewegung. Mit der rechten Hand greift er die Tasche, schiebt sie unter die Jacke und geht weiter. Niemand hat es bemerkt. Außer Ferruccio Zolan, der ihm die Hand auf die Schulter legt.

Danach trinken sie wortlos einen Kaffee in der Bar. Anna Klotze würdigt Morello keines Blickes. Ferruccio Zolan dreht lustlos den Löffel in seiner Tasse. Mario telefoniert mit einer seiner Flammen und erzählt ihr von der wichtigen Polizeiarbeit, in der er gerade bis zum Hals stecke. Nein, heute Abend habe er keine Zeit für sie. Alvaro kümmert auf seinem Stuhl vor sich hin.

Morellos Handy summt. Er nimmt das Gespräch an, lauscht, bedankt sich und legt auf. »Für alle, die es interessiert: Das war die Technik. Die Fingerabdrücke an dem Rohrbogen stammten nicht von Aurelio. Der Junge ist unschuldig.«

Er ruft im Gefängnis an. Sofort sei die Zellentür zu öffnen. Sobald der Priester sein Okay gebe, könne Aurelio nach Hause gebracht werden. Er legt auf.

Alle außer Anna Klotze starren ihn an. »Sie brauchen uns Ihre Genugtuung nicht so demonstrativ vorzuführen«, sagt Ferruccio Zolan. »Wir begreifen es auch so.« Und dann: »Haben Sie den

Questore schon angerufen? Er wartet sicherlich schon sehnlichst auf die Erfolgsmeldung. Fünf Taschendiebe. Gefangen von der Mordkommission persönlich.« Wütend pfeffert er den Löffel auf die Untertasse.

Als sie zurück an Bord des Polizeischiffes sind, kontrollieren sie die Ausweise der Festgenommenen und nehmen ihnen Fingerabdrücke ab.

»Soll ich Sie ins Gefängnis bringen?«, fragt Alvaro.

»Erst muss ich dem Questore die frohe Botschaft überbringen, dass seine künstliche Intelligenz gepaart mit stupider Polizeiarbeit bestens funktioniert«, sagt Morello.

»Moment, Moment, Commissario.« Ferruccio Zolan hebt einen Arm. Er hat die Augenbrauen zusammengezogen und sagt: »Wenn Sie jetzt den Questore anrufen und ihm bestätigen, wie großartig Athena funktioniert und welch reiche Beute wir heute gemacht haben, dann werden wir nie wieder etwas anderes tun als Taschendiebe zu fangen. Wir werden Sklaven der künstlichen Intelligenz sein.«

Alvaro meldet sich zu Wort. Morello sieht, dass er seine Hände zu Fäusten geballt hat. Noch nie hat er den jungen Bootsführer mit einer so lauten und klaren Stimme sprechen gehört. »Commissario, es ist ganz nutzlos, was wir hier tun. Wir haben heute fünf gefangen. Morgen kommen neue in die Stadt. Wir fangen sie. Übermorgen kommen neue. Es ist, als wollten wir mit einem Becher das Meer leer schöpfen. Verstehen Sie? Es ist sinnlos. Diebe gehören zu Venedig wie die Gondeln. Sie sind nur nicht so beliebt bei den Touristen. Bitte rufen Sie nicht an.«

Morello senkt den Kopf, als überlegte er.

Anna Klotze lehnt mit verschränkten Armen am Steuerrad. Ihre Oberlippe zuckt kurz hoch. Morello sieht, wie sich ihre Nase kräuselt. Dann presst sie den Mundwinkel zusammen und wendet den Kopf weg. Alles an ihr zeigt Verachtung. »Ach, lasst ihn doch machen, was er will«, sagt sie, ohne ihn anzuschauen.

Ferruccio Zolan sagt: »Commissario, haben Sie mir nicht einmal erklärt, ein guter Polizist müsse zuallererst ein guter Mensch sein? Sind Sie ein guter Mensch, wenn Sie diesen Anruf machen?«

Morello sagt: »Bei Aurelio habt ihr mir Vorträge über richtige Polizeiarbeit gehalten. Erinnert ihr euch?«

Mario sagt: »Ich find's prima, jeden Tag Leute zu verhaften.«

Ferruccio Zolan: »Commissario, bitte.«

Er wählt Perlonis Nummer. »Guten Tag, Signor Questore. Hier spricht Morello. Mein Team und ich sind den ganzen Tag den Meldungen von Athena nachgegangen. Es waren insgesamt fünfzehn. ... Ja, fünfzehn. ... Ja, alle im Team haben mitgemacht ... Leider nichts, Signor Questore. Nein, keine einzige Festnahme. Es waren alles Fehlalarme ... Ja, alle. Wir haben getan, was wir konnten.«

Er hebt das Handy hoch. Er braucht die Freisprechfunktion nicht einzuschalten. Das Team hört auch so, wie Perloni aus dem Lautsprecher geifert: »Unfähig ... so was von ... nennen sich Polizisten. Anfänger. Was denken Sie sich ... von höchster Bedeutung ... disziplinarische Maßnahmen ... sofort Maßnahmen ergreifen.«

Er kappt die Verbindung. Dann schaut er in die leuchtenden Augen Alvaros. Zolan scheint seine Mundwinkel bis zu den Ohren hochziehen zu wollen. Sogar Anna Klotzes Gesicht zeigt eine Spur von Lächeln. Immerhin hat sie ihren Blick wieder auf ihn gerichtet, und Morello meint, etwas Nachdenkliches darin lesen zu können.

Er deutet auf die Festgenommenen. »Nehmt ihnen die Handschellen ab und jagt sie aus der Stadt.«

## KOMMISSARIAT, TEEKÜCHE

Als Morello das Kommissariat betritt, kommt ihm Lombardi entgegen. »Ah, Commissario, ich habe Ihretwegen eine Wutrede von Perloni über mich ergehen lassen müssen. Der unfähige Sizilianer – das war noch das Höflichste, was er über Sie gesagt hat. Sie funktioniert also doch nicht, unsere neunmalkluge Athena.« Er klopft Morello auf die Schulter. »Ich wusste doch, dass die Vorhersage des

Mordes an Salini reiner Zufall war. Polizeiarbeit bleibt immer noch Aufgabe von Polizisten.«

Seine Stimme wird lauter: »Aber stellen Sie sich vor, Perloni gibt nicht auf.«

»Wie meinen Sie das? Ich brauche mein Team in der Mordermittlung Salini.«

Lombardi greift in die linke Hosentasche. Er scheint dort nicht zu finden, was er sucht. Nun kramt er in der rechten Hosentasche. »Suchen Sie Ihre Zigaretten, Signor Vice Questore? Soweit ich weiß, haben Sie das Rauchen aufgegeben.«

Lombardi lacht und hebt beide Hände hoch. »Ihr Team ist nicht mehr involviert. Ihr bekommt keine Meldungen von Athena mehr auf eure Handys. Morgen kommt ein Team aus Mestre und folgt Athenas Hinweisen.«

Er will an Morello vorbei zum Ausgang. Morello hält ihn am Arm fest. »Ein Team aus Mestre? Wenn die Kollegen Taschendiebe festnehmen, dann wird mein Team wieder zu Erfüllungsgehilfen von Perlonis künstlicher Intelligenz degradiert.«

»Machen Sie sich darüber keine Sorgen. Wenn Sie und Ihr Team heute keinen Erfolg hatten, dann werden Polizisten aus Mestre erst recht nichts finden. Ihnen einen schönen Abend noch.«

Morello ruft Claudio an. Er erreicht den ehemaligen Taschendieb auf seinem Boot. »Claudio, ich brauche dich dringend. Kannst du heute Abend zu mir kommen? … Ich danke dir.«

Er braucht jetzt einen Doppio. Dringend. Er ist schon auf dem Weg zu Viola Cilienis Büro, als er umdreht. Hat er sich nicht vorgenommen, die wunderbare Mechanik der historischen Maschine selbst zu bedienen? Voller Vorfreude macht er sich auf in die Teeküche.

Da steht es also, das Wunderwerk. Morello mahlt den Kaffee, füllt das Sieb, drückt den Hebel mit Schwung nach oben. Die Maschine faucht und lässt den Espresso fließen. Das wäre ja auch gelacht. Er beugt sich über die Tasse: Cazzo, keine Crema zu sehen. Nichts.

Nun gut. Neuer Versuch. Morello mahlt den Kaffee, füllt das Sieb, drückt den Hebel mit etwas weniger Schwung nach oben. Die Maschine faucht und lässt den Espresso fließen. Er beugt sich über die Tasse: Cazzo, keine Crema zu sehen. Nichts.

Dritter Versuch. Diesmal drückt er den Hebel nur leicht, fast zärtlich. Die Maschine faucht und lässt den Espresso fließen. Wütend kippt er das Ergebnis ins Waschbecken.

Viola Cilieni steht in der Tür. Sie versteht die Lage mit einem Blick. »Nehmen Sie Ihr Handy und nehmen Sie auf, was ich Ihnen jetzt erkläre. Es ist nicht schwer. Man muss nur wissen, wie es geht.«

»Ich bin Sizilianer. Kaffeekochen liegt uns in den Genen. Die Maschine ist kaputt.«

»Nehmen Sie Ihr Handy und stellen Sie auf Aufnahme.«

Morello tut, was sie sagt.

Sie sieht ihn mit einem ernsten Blick an. »Wir haben hier einen Kaffee von guter Qualität. Sie müssen die Mühle so einstellen, dass pro Tasse 7, maximal 8 Gramm ins Mahlwerk fallen. Okay?«

Morello nickt.

»Die Tasse muss warm sein. Spülen Sie sie mit warmem Wasser vorher aus.«

»Selbstverständlich. Viola, ich bin doch kein …«

»Erst wenn dieser Anzeiger zwischen 1 und 1,5 Bar anzeigt, hat der Kessel genügend Druck. Hat er weniger, wie bei Ihren Bemühungen eben, kommt das Wasser zu langsam. Ergebnis: keine Crema.«

»Aber ich versteh nicht, wieso …«

»Sie haben den Kaffee zu grob gemahlen. Sie müssen ihn zwei Stufen feiner einstellen.«

»Das stimmt nicht. Seit ich Kaffee koche, also, seit ich zwei Jahre alt bin, mahle ich ihn auf dieser Stufe.«

Sie lacht nicht über seinen verunglückten Witz. »Commissario, wir reden hier über eine ernste Sache. Sie haben Kaffee in Sizilien gemahlen. Jetzt sind Sie in Venedig. Es gibt viele Unterschiede zwischen beiden Regionen. Die Menschen sind anders, aber auch die Luftfeuchtigkeit ist unterschiedlich. Sie ist hier in der Lagune deutlich höher. Feuchtigkeit macht die Moleküle des Kaffees größer.

Deshalb müssen Sie hier den Kaffee feiner mahlen als in Sizilien. Im Sommer grober mahlen als im Winter. Probieren Sie es.« Morello korrigiert die Einstellung des Mahlwerks. »Überzeugt bin ich nicht.«

»Das macht nichts.«

Er mahlt den Kaffee, füllt ihn um. »Wie stark soll ich den Hebel drücken?«

Sie zuckt mit der Schulter. »Wie Ihnen zumute ist.«

Wütend drückt er den Hebel nach oben. Die Maschine faucht.

Sie beugen sich über die Tasse.

»Perfekte Crema«, sagt Viola Cilieni. »Sag ich doch.«

## VIA GIUSEPPE GARIBALDI

Ah, die Via Giuseppe Garibaldi. Morello hebt die Arme und genießt den frischen Luftzug, der sich vom Meer losgerissen hat und nun diese lange Straße erkundet. Endlich wird sein Blick nicht nach wenigen Metern von einer Hauswand unterbrochen. Er gönnt seinen Augen den Auslauf auf diese gerade Straße. Es ist Nachmittag. Die Sonne scheint noch. Es ist relativ warm, und sein Magen knurrt. Cazzo, was für ein Tag. Sein Team und er haben Taschendiebe gefangen und wieder laufen lassen. Er ist sich sicher, keiner der Festgenommen wird sich je wieder nach Venedig wagen. Andererseits, nun ja, vollständig legal war die Aktion nicht. Doch entscheidend für ihn ist, dass sein Team nun wieder zu einer Einheit geworden ist. Ohne Zusammenhalt, auch bei der Polizeiarbeit, ist das Leben für ihn trist. Nun fühlt er sich heiter. Und doch – da ist auch noch etwas anderes. Während sein Blick über die voll besetzten Bars und Restaurants schweift, über die Tische mit den die Aperol Spritz trinkenden Gäste, die auf der Straße Fangen spielenden Kinder und die afrikanischen Händler mit den selbst gebrannten CDs, bemerkt er bei sich eine Spur von Wehmut.

Überrascht bleibt Morello stehen.

Er sieht die Stadt bereits durch die Augen eines Mannes, der Abschied nimmt. Bald wird er wieder in Sizilien sein. Ob er je wieder zurück an die Lagune kommt, steht in den Sternen. Es ist eher unwahrscheinlich. Er freut sich auf Sizilien. Er freut sich auf die Polizeiarbeit dort. Auf die Jagd auf Francesco Domenico Marino, den Boss der Bosse. Sein Lebensziel ist es, diesem Mann Handschellen anzulegen. Er wird es schaffen. Er weiß weder Tag noch Stunde, doch seine Zeit wird kommen. Eines Tages wird er diesen Schwerverbrecher festnehmen. Es wird der Höhepunkt seines Lebens sein. Doch warum spürt er diesen Anflug von Melancholie?

Die Trennung von Silvia?

Er wird sein Team vermissen, den ernsten Zolan, Mario, den Haudrauf, den schüchternen Alvaro, die freundliche und zugleich ehrgeizige Viola. Und Anna Klotze. Bei dem Gedanken an Anna fühlt er einen Stich in seiner Brust. Ich hab's fast vergessen, Antonio. Und welches Geheimnis schleppt diese Frau mit sich herum? Wo hat sie gelernt, einen Menschen mit einem einzigen Griff zu töten?

Bei dem Gedanken an Anna Klotze fällt ihm ein, dass er Professor Volteri immer noch nicht erreicht hat, den Dozenten an der römischen Polizeiakademie, bei dem sie beide studiert haben, wenn auch zu unterschiedlichen Zeiten. Gleichzeitig ruft sein Bauch laut nach etwas zu essen, einer kleinen Zwischenmahlzeit vielleicht. Deshalb setzt er sich am Ende der Via Giuseppe Garibaldi in eine Bar. Er bestellt einen Weißwein und eine Bruschetta und beobachtet, wie das Holzboot gegenüber von zahlreichen Kunden bestürmt wird, die dort frisches Obst und Gemüse einkaufen. Die meisten von ihnen sind ältere Menschen, Bewohner von Castello, die hier die Einkäufe des Tages erledigen. Der kleine Fischladen an der Ecke neben der Trattoria ist noch offen und bringt Morello auf den Gedanken, heute Abend Sarde a Beccafico, gefüllte Sardinen, in den Backofen zu schieben. Eine junge Kellnerin bringt ihm den Weißwein, die Bruschetta und schenkt ihm ein Lächeln.

Melancholie gepaart mit Sonne, einem Lächeln und einer Bruschetta ist vielleicht nicht das schlechteste Gefühl auf der Welt.

Nach dem ersten Bissen wählt er die Dienstnummer von Professor Volteri. Zu seiner Überraschung nimmt der Professor nach dem ersten Klingeln ab.

»Morello«, sagt er, »etwa *der* Morello, der schweigsam in meinen Vorlesungen saß und dem die Cosa Nostra später den Ehrennamen ›Der freie Hund‹ gab? Dieser Morello?«

Morello lacht. »Präzise. Genau der. Wie geht es Topolina?«

Nun lacht Volteri. »Seitdem Ihre Generation nicht mehr den Hörsaal unsicher macht, gab es schon einige Topolinas. Die jetzige ist alt und weigert sich, den Weg in die Akademie auf sich zu nehmen. Doch Sie rufen sicher nicht an, um sich nach meinen Katzen zu erkundigen …«

»Nein, es geht um eine ehemalige Studentin, die jetzt meine Mitarbeiterin ist. Sie heißt Anna Klotze. Sagt Ihnen der Name etwas?«

»Anna Klotze, Anna Klotze? Mmh, nein. Es durchlaufen so viele Studentinnen meine Seminare. Mein Gedächtnis hat auch nachgelassen. Fluch des Alters. Aber an diesen Namen würde ich mich bestimmt erinnern.«

Am Nebentisch bemerkt Morello einen alten Mann, der ihn ansieht und zum Gruß an seine Baseballmütze tippt. Morello nickt zurück und sagt ins Telefon: »Schade, Professor. Ich dachte, Sie können sich erinnern. Anna Klotze kommt aus derselben Stadt wie Sie. Aus Triest.«

»Was?«, brüllt Volteri aus dem Hörer. »Selbstverständlich kenne ich alle Studenten, die aus Triest kommen. Einmal im Semester lade ich alle zum Trost dafür, dass sie ihre schöne Heimatstadt verlassen mussten, zu einem Liptauer-Essen zu mir nach Hause ein. Sie wissen schon: Frischkäsecreme mit Anchovis, Zwiebeln, Kapern, Senf und Kümmel. Dazu frisches Roggenbrot.«

»Ja, ich habe gehört, im Norden hat man keine Hemmungen, solche Dinge zu essen.«

Volteri lacht. »Es ist vorzüglich, Sie verwöhnter Sizilianer. Im Gegenzug müssen die Studenten und Studentinnen mir die neusten Geschichten aus der Heimat erzählen. Ich mag diese Triester Abende immer sehr. Aber im Ernst: eine Anna …«

»Anna Klotze.«

»Nein, eine Anna Klotze war da nie dabei.«

»Wie sicher sind Sie?«

»Hundert Prozent.«

»In ihrer Personalakte ist ein Zeugnis mit Ihrer Unterschrift.«

»Unmöglich – eine Anna Klotze war da nie dabei.«

»Wie erklären Sie das Zeugnis?«

Morello hört durchs Telefon einen tiefen Atemzug. »Ein Zeugnis mit meiner Unterschrift. Mmh. Von mir ist sie sicher nicht.«

»Erklären Sie es mir.«

»Eigentlich recht einfach. Da hat jemand Ihrer Anna Klotze eine Biografie bei der Polizei verschafft. Eine Legende.«

Morello hört seinen früheren Professor durch das Telefon schwer atmen. »Sie sollten auf sich aufpassen, Morello.«

Dann legt er auf.

Morello weiß nicht mehr, wie lange er an diesem Tisch gesessen hat und die Via Giuseppe Garibaldi entlanggestarrt hat. Was ist hier los? Was für ein Geheimnis schleppst du mit dir herum, Anna? Willst du das überhaupt wissen, Antonio? Geht es dich etwas an?

Als er wieder den Kopf hebt, hat er noch keinen Schluck Weißwein getrunken. Die Melancholie ist verflogen.

Der alte Mann am Nachbartisch sitzt immer noch da. Als Morello wieder aus seinen Gedanken aufwacht, tippt jener erneut mit dem Zeigfinger an seine Mütze und lächelt zu Morello herüber. Er muss achtzig sein, vielleicht älter. Sein Gesicht ist braun gegerbt und von unzähligen tiefen Falten durchzogen. Erstaunlicherweise ist er glatt rasiert. Morello überlegt, wie dieser alte Mann morgens den Rasierer in seine tiefen Gesichtsfalten hineinbekommt, um die Bartstoppeln abzuschneiden. Eine kräftige Nase im Gesicht des Mannes dominiert dieses alte, schöne Gesicht. Der Mann trägt dunkle Hosen mit großen Seitentaschen aus einem derben

Stoff und ein Hemd in ähnlicher Farbe. Gerade rührt er Zucker in einen Espresso.

Er sagt: »Ich beobachte Sie seit zehn Minuten und muss betrübt feststellen, dass Ihnen der Weißwein nicht schmeckt. Eigentlich sehe ich lieber Menschen, die zu genießen wissen.«

»Zu diesen gehöre ich – normalerweise. Gestern Abend hat sich meine Freundin von mir getrennt, und gerade bekam ich eine merkwürdige Nachricht, die ich nicht richtig verstehe.« Morello hebt das Glas und prostet dem Mann zu.

»Sie sind kein Venezianer, nicht wahr?« sagt der alte Mann. »Wollen Sie sich nicht zu mir setzen?«

Morello steht auf und setzt sich zu ihm. Antonio, dein Vater ist nun fast so alt wie dieser Mann. Vielleicht sieht er auch so zufrieden und gelassen aus wie er. Ob er wohl auch irgendwo in Italien in der Sonne sitzt und sich mit Leuten vom Nebentisch unterhalten will. Er fehlt dir. Und spürst du, wie die Melancholie zurückkommt? Spürst du es, Antonio?

»Ich komme aus Sizilien«, sagt Morello.

Der Alte schmunzelt. »Man sieht es an Ihrer Coppola.«

Er reibt sein Ohr mit zwei Fingern und sagt: »Es sind nur ein paar Minuten von hier bis zum Riva dei Sette Martiri, dem Ufer der sieben Märtyrer. Eine der schönsten Promenaden Venedigs.«

»Ja, das weiß ich. Ich wohne nicht weit weg von hier. Und Sie?«

»Ich bin hier geboren in diesem Viertel. Castello.« Der alte Mann trinkt einen Schluck Espresso und lächelt ihn noch einmal an.

»Kennen Sie die Geschichte des Ufers der sieben Märtyrer?«

»Nein, leider nicht.«

Der Mann sieht Morello ernst an. »Nun sind die Faschisten wieder an der Macht. Hätten Sie das vor fünf Jahren für möglich gehalten? Nach allem, was in Italien während und nach dem Krieg passiert ist.« Er schüttelt den Kopf.

Morello bestellt einen Espresso. »Ich hoffe, die sogenannten Postfaschisten streiten sich mit den Berlusconi- und den LIGA-Leuten. Und dann können wir wieder einmal neu wählen.«

»Hoffentlich haben Sie recht. Doch der Unterschied zu den Linken oder Leuten der Mitte ist, dass die Faschisten machen, was sie angekündigt haben. Das sind Ideologen – keine Leute, die Kompromisse schätzen.«

»Hoffen wir, dass Sie nicht recht haben. Doch Sie wollten mit von den sieben Märtyrern erzählen. Vermutlich ist es keine Geschichte aus der Bibel.«

Der alte Mann schiebt die Baseballmütze etwas höher. »Die sieben Männer wurden von den Deutschen erschossen.«

Er zieht die Mütze wieder in die Stirn. Morello rückt seinen Stuhl etwas näher zu ihm hin. »Was war passiert?«

»Es war nachts. August 1944. Ein Kriegsschiff der Deutschen ankerte am Ufer. Damals hieß es noch Riva dell'Impero.«

»Riva dell'Impero?

»Ja. Mussolini hat das Ufer ausbauen lassen. Er träumte damals noch von seinem Imperium. Daher der Name.«

»Wusste ich nicht. Erzählen Sie weiter, bitte.« Die Bedienung bringt Morellos Espresso. Er hat eine perfekte Crema.

»Auf diesem Schiff haben die Deutschen gesoffen, bis sie gemerkt haben, dass ein Wachposten fehlt. Die deutschen Soldaten dachten sofort, dass er von Partisanen getötet worden sei. Sie haben sich eine Rache ausgedacht. Als Strafe ließen sie sieben Insassen des Gefängnisses Santa Maria Maggiore erschießen. Einer war übrigens ein Sizilianer. Alle natürlich Antifaschisten.«

Morello trinkt den Kaffee. »Bravo, ein sizilianischer Antifaschist in Venedig.«

»Ja, ein Sizilianer wie Sie. Am Sonnenaufgang des 3. August haben die deutschen Soldaten 500 Einwohner aus Castello zusammengetrieben, Männer sowieso, aber auch Frauen und sogar Kinder. Kinder – diese Schweine, stellen Sie sich das einmal vor. Alle mussten die Erschießung von sieben unschuldigen Männern miterleben. Diese Exekution war auch als Lektion für die Bewohner von Castello gedacht, das schon immer ein antifaschistisches Viertel war. Nach der Hinrichtung mussten Kinder mit Besen und Wassereimern die Blutspuren auf dem Ufer beseitigen.«

Der Mann legt eine Hand vors Gesicht. »Ich war eines dieser Kinder.«

Morello berührt den Arm des Mannes. »Was für eine schreckliche Geschichte. Doch wer hat den Wachmann getötet? Waren es Partisanen?«

»Nein. Einige Tage später fand man die Leiche des Deutschen im Wasser der Lagune. Er hatte keine Verletzungen. Der Mann war besoffen ins Wasser gefallen und ertrunken. Nach dem Krieg haben wir die Riva dell'Impero in Riva dei Sette Martiri umbenannt.«

Die junge Kellnerin kommt an dem Tisch. »Kann ich Ihnen noch etwas bringen, Signor Commissario?«

»Nein, ich möchte gerne zahlen, auch das, was ...« Morello zeigt auf die Tasse vor dem alten Mann.

»Ich heiße Federico. Danke für Ihre Einladung. Ich habe mehrere Male gehört, dass ein Kommissar aus Sizilien hier in Venedig arbeitet. Jetzt weiß ich auch, wer das ist.«

»Ich heiße Antonio. Wahrscheinlich wird nicht gut über mich geredet, aber ich mache einfach meinen Job.«

»Nein, nein. Sie täuschen sich. Hier in diesem Viertel wird gar nicht schlecht über Sie geredet. Das kann ich bestätigen.«

Morello ist überrascht. »Ja? Und was wird über mich gesagt, wenn ich fragen darf?«

»Dass Sie ein Kommissar sind, der nicht käuflich ist. Dass Sie der freie Hund sind.«

Der alte Mann steht auf und lächelt.

»Hier wohnen ziemlich viele freie Hunde. Die meisten mögen keine Polizisten. Aber Sie sind die Ausnahme, Signor Commissario. Buona giornata.«

»Buona giornata auch Ihnen.« Morello schaut zu, wie der alte Mann, gestützt auf einen Gehstock, langsam die Treppe der kleinen Ponte Nuovo hinaufsteigt und dann verschwindet.

## MORELLOS WOHNUNG

Mit zwei Tüten voller Obst und Gemüse kommt er in seine Wohnung zurück. Es ist dämmerig. In Silvias Wohnung brennt kein

Licht. Sie ist also tatsächlich nach Mailand abgereist. Er seufzt und schleppt seine Einkäufe in den dritten Stock.

Seine Wohnung glänzt. Der Boden ist gewischt worden. Nonna Angela, Claudios Großmutter, war also tagsüber hier. Auch in der Küche spiegeln die Kacheln, der Boden wurde gekehrt und gereinigt. Es riecht nach Zitronen und Spülmittel. Teller, Gläser und Besteck sind aufgeräumt. Nonna Angela hat wie immer ganze Arbeit geleistet. Morello packt die frischen Sardinen, Zitronen und Orangen aus und holt Brot, Pinienkerne, Petersilie, Rosinen, Semmelbrösel und getrocknete Lorbeerblätter aus dem Schrank.

Sein Handy klingelt. Auf dem Display erscheint: Giulia. Seine Schwester.

Er drückt auf die Lautsprechertaste und legt das Handy auf den Tisch. »Ciao, Giulia! Geht es Mama gut? Und wie geht es dir?«

Er gibt die Rosinen in eine kleine Schüssel und füllt sie mit heißem Wasser auf.

»Ciao, Antonio! Ja, Mama geht es gut. Sie fragt ständig, ob du uns vergessen hast.«

»Wie kann das sein? Ich habe vorgestern mit ihr telefoniert.« Er stellt den Backofen auf 180 Grad.

»Ich weiß. Doch sie vergisst manchmal, was wir ihr sagen.«

»Du musst sie zum Arzt bringen. Vielleicht hat sie diese deutsche Krankheit.« Er schneidet die Sardinen auf, klappt sie auf wie ein Buch, entfernt die Innereien, lässt die Schwänze jedoch dran.

»Was für eine deutsche Krankheit? Ach, du meinst Alzheimer. Etwas hat sie sicherlich: Sie ist alt, Antonio.«

»Wo ist Mama jetzt? Lass mich mit ihr reden.«

»Sie ist in der Küche. Warte …«

Er spült die Sardinen sorgfältig unter fließendem Wasser, tupft sie mit Küchenpapier trocken und legt sie fein säuberlich auf ein Schneidebrett.

»Antoniu, comu stai?« Die Stimme seiner Mutter klingt besorgt.

»Ich habe heute Nacht schlecht geträumt. Du warst tot, Antonio! Oh, wie schrecklich. Im Traum waren wir in einem Restaurant in Venedig, und du hast Spaghetti al Nero di Seppia gegessen … diese schreckliche Sache, die sie bei dir oben im Norden kochen, davon wurde die Farbe deines Gesichts ganz schwarz ... wie schrecklich! Du darfst in Venedig nicht im Restaurant essen, Antonio. Versprich es mir.«

»Mama, mach dir keine Sorgen um mich, bitte. Ich koche gerade.«

»Ah, das ist gut. Was gibt es bei dir?«

»Sarde a Beccafico. Gerade habe ich sie geputzt und getrocknet.«

»Bravo. Selbst kochen ist am besten. Hast du die Rosinen schon ins Wasser gelegt?«

»Ja, Mama. Der Ofen ist auch schon an.«

Er kippt Öl in eine Pfanne, wirft Semmelbrösel hinterher, eine Prise Salz dazu.

»Ich röstet gerade die Semmelbrösel.« Mit einem Holzlöffel rührt er sorgfältig um.

»Pass auf, dass du sie nicht verbrennst! Hast du einen Holzlöffel? Immer gut umrühren! Hast du schon die Rosinen ins Wasser gelegt?«

Morello verdreht die Augen. »Ja, Mama, habe ich schon. Du musst zum Arzt gehen.«

Er mischt die goldbraunen Semmelbrösel mit den Rosinen, Pinienkernen, gehackter Petersilie und Pfeffer in einer Schüssel zusammen.

»Wieso soll ich zum Arzt? Mir geht es gut.«

»Kontrolle, Mama. Nur zur Sicherheit. Du vergisst, was ich dir gesagt habe. Erinnerst du dich, dass ich vor zwei Tagen angerufen haben?«

Er wäscht seine Hände. Dann streicht er vorsichtig die Paste über die erste Sardine und rollt sie auf, dass der Schwanz nach oben schaut. »Mama? Bist du noch da?«

»Du hast auch immer vergessen, was ich dir gesagt habe. Schon mit sechs Jahren war das bei dir so. Aber deshalb habe ich dich nicht gleich zum Arzt geschleppt.« Die Stimme seine Mutter klingt nun resigniert. »Du muss die Sardinenrouladen in eine Auflaufform legen. Ein Lorbeerblatt zwischen jeden Fisch, Antonio.« Plötzlich ist sie still. Dann sagt sie leise: »Wann kommst du wieder nach Hause?«

»Bald, Mama …«

»Gut.« Die Stimme seiner Mutter klingt jetzt wieder mahnend. »Vergiss nicht, den Saft einer halben Orange über die Sardinenrouladen zu gießen, etwas Olivenöl dazu und dann in den Backofen mit 180 Grad. Du hast doch hoffentlich einen Backofen?«

»Ja, Mama. Habe ich.«

»Gott sei Dank. Nicht länger als 20 Minuten. Sonst werden die Rouladen trocken.«

Nachdem er die Sardinenrouladen in den Ofen geschoben und das Gespräch mit seiner Mutter beendet hat, nimmt Morello die Flasche Wein, öffnet sie und trinkt ein Glas.

Als Claudio klingelt, ist das Essen fertig. »Setz dich. Es gibt ein sizilianisches Abendessen. Sarde a Beccafico.«

»Ich gehe gerne eine Pizza holen, Commissario. Das macht mir nichts aus.«

»Nix Pizza. Setz dich. Ich habe mit dir zu reden.«

Unsicher setzt sich der junge Mann. Morello legt ihm eine Sardine auf den Teller. »Hör mir zu. Ich brauche deine Hilfe. Morgen kommt ein Trupp Polizisten aus Mestre nach Venedig. Sie wollen Taschendiebe ergreifen …«

# 6. TAG
## SAMSTAG

## QUESTURA

Perloni tänzelt aufgeregt wie ein Schüler vorm ersten Clubbesuch vor den Besuchern herum. In der Hand schwenkt er eine Liste. »Fünf Vorfälle sind heute zu erwarten, meine Herren. Fünf Vorfälle. Und ich erwarte, dass Sie zur Stelle sind und die Diebe festnehmen.«

Vor ihm sitzen vier Polizisten, die Perloni aus Mestre abgezogen hat. Morello, der an der Wand steht, sieht ihren Gesichtern an, dass sie in ihren Revieren dringend andere Aufgaben zu erledigen hätten. Ständig blicken sie auf ihre Armbanduhren.

»Sie sind heute Teil eines viel größeren Ganzen«, ruft Perloni. »Es geht um den Einsatz neuartiger polizeilicher Ermittlungstaktiken. Und Sie können später sagen, dass Sie dabei gewesen sind.«

Der Kollege rechts in der Reihe unterdrückt ein Gähnen.

»Ja, davon werde ich sicher noch meinen Enkeln erzählen können, dass ich bei diesem bahnbrechenden lebensgefährlichen Einsatz dabei gewesen bin«, sagt der Polizist links in der Reihe.

»Bitte, was sagten Sie?«, fragt Perloni irritiert.

»Ich sagte: Das wird sicher eine total spannende Sache«, sagt der Polizist mit ausdrucksloser Stimme. Die anderen Kollegen grinsen breit.

Perloni mustert den Mann skeptisch, dann greift er nach einigen Papieren.

»Leider«, sagt der Questore, während er die Papiere hochkant auf den Tisch klopft, »sind die Kräfte vor Ort« – ein verärgerter Blick streift Morello – »nicht in der Lage, mit so einer komplexen Software richtig umzugehen. Deshalb brauchen wir Sie. Es gibt einen Tag Sonderurlaub, wenn Sie die Aufgabe lösen.«

Nun heben sich einige interessierte Blicke. Perloni verteilt die Liste.

»Dieser Commissario« – wieder ein verärgerter Blick zu Morello – »wird Sie an die Örtlichkeiten führen, an denen wir die Täter erwarten. Er ist nicht Ihr Vorgesetzter. Er ist lediglich Ihr Guide. Sie handeln nach eigenem Ermessen. Wenn der heutige Tag erfolgreich ist – und daran zweifele ich nicht –, werden wir die Aktion fortsetzen.«

Morello registriert zwei erschrockene Blicke, ansonsten nur Regungslosigkeit.

»Bekomme ich auch eine Liste?«, fragt er Perloni.

Der Questore zögert.

»Sonst kann ich niemanden irgendwohin führen.«

»Ähm, nun gut. Hier bitte.«

Auf dem Weg zum Markusplatz fotografiert Morello die Liste mit den fünf voraussichtlichen Tatorten und schickt das Bild an Claudio.

Erster Anlaufpunkt auf Perlonis Liste: Haltestelle Vaporetto Accademia.

Auf der Accademia-Brücke herrscht wie immer dichtes Treiben. Passanten eilen auf die andere Seite des Canal Grande. Touristen posieren am Geländer und heben die Smartphones für ein Selfie.

Morello informiert die Beamten: »Für die, die es nicht wissen: Hier bezahlen viele Vaporetto-Kunden die Tickets mit Karte. Der Trick ist, dass jemand bei den Bezahlenden die PIN ausspioniert.«

Einer der Polizisten fährt fort: »Dann werden Portemonnaie oder Brieftasche gestohlen mit den Bank- oder Kreditkarten – und die

Diebe können lustig von jedem Bankautomat Geld abheben bis zum Limit.«

Morello nickt. »Genau so läuft das ab. Wir müssen also diejenige Person finden, die die PIN ausspäht. Und die möglichen Opfer beobachten, bis sie beklaut werden.«

Die Polizisten verteilen sich und geben sich betont unauffällig. Morello muss grinsen, und wenige Augenblicke später sieht er auch schon einen jungen Mann, der sich unweit von den weiß-gelben Ticket-Automaten niederkniet, um die Schnüre seiner weiß-roten Sportschuhe zu binden. Dabei wandert sein Blick mehrmals in Richtung der Automaten, wo zwei Frauen gerade ihre Eingaben machen.

Morello sucht den Blickkontakt zu den Polizisten aus Mestre, zwei von ihnen nicken ihm zu. Eine der Frauen an den Automaten ist fertig, steckt ihre Karte ins Portemonnaie, wendet sich nach rechts. Der Typ mit den Sportschuhen erhebt sich und will ihr folgen.

In diesem Augenblick erscheint Claudio auf der Szene, in einem leuchtend roten Hoodie, die Kapuze über den Kopf gezogen. Er überholt den Typ mit den weiß-roten Sneakers – und Morello kann sehen, dass Claudio im Vorübergehen etwas sagt, nur wenige gezischte Worte, worauf die weiß-roten Sneakers sofort die Richtung und das Tempo wechseln: Wie ein Spaziergänger bewegt sich der junge Mann auf den Kai zu und winkt einem abfahrenden Vaporetto hinterher.

»Wie soll man bitte hier am Markusdom Taschendiebe in flagranti erwischen? Viel zu viele Menschen. Ich sehe gar nichts. Und für mich sehen die jungen Männer hier ohnehin alle verdächtig aus.« Morello und die vier Beamten stehen an der Piazzetta. »Es gibt auch jede Menge Taschendiebinnen – und Leute, die zu zweit oder in kleinen Gruppen arbeiten. Oft mit sehr raffinierten Tricks. Da muss man schon ganz genau hinschauen«, erwidert Morello.

Die Polizisten aus Mestre beobachten eine halbe Stunde lang die Szenerie. Doch durch das Gewusel der Menschenmenge dringen keine Hilfeschreie von Personen, die bestohlen wurden. Keine verzweifelten Touristen, die hektisch ihre Taschen und Tüten durchsuchen. Keine plötzlich wegrennenden Menschen.

»Ich glaube, ich hab einen«, sagt ein Beamter. »Auf zwei Uhr: Jeans, grüner Pulli, schwarze Kappe mit Aufschrift Superfox. Der hat jetzt in den letzten fünf Minuten drei Mal versucht, Leute anzurempeln. Bisher aber ohne Erfolg. Könnt ihr ihn sehen?«

Während die Kollegen noch suchend umherblicken, hat Morello den Mann ausgemacht. Und im selben Augenblick ist auch Claudio da, der an dem Mann vorbeigeht. Und wieder in Sekundenbruchteilen dem Mann eine Mitteilung macht, der sofort reagiert: Denn er breitet nun die Hände aus in großer Gestik, dreht sich und schwankt durch die Menschenmenge, rempelt etliche Leute an und singt lauthals: »*Staje luntana da stu core, / a te volo cu 'o penziero:/ Niente voglio e niente spero / Ca tenerte sempe a fianco a me! / Si' sicura 'e chist'ammore / Comm'i' só' sicuro 'e te ... / Oje vita, oje vita mia ... / Oje core 'e chistu core ... / Si' stata 'o primmo ammore .../ E 'o primmo e ll'úrdemo sarraje pe' me! – Du bist fern von meinem Herzen. / Ich flieg' zu dir in Gedanken / Ich will nichts von dir / Doch eins möcht' ich gern, / dass du immer bei mir bist / Sei dir dieser Liebe sicher, / wie ich dir versprechen will. / Oh Leben, oh mein Leben, oh Herzlieb zu meinem Herzen, du warst die erste Liebe / und wirst die erste und die letzte sein!*«

»Meine Güte, das ist doch nur ein Besoffener«, sagt einer der Beamten. »Unglücklich verliebt. Sehen Sie das anders, Commissario – oder warum lachen Sie?«

Morello schaut dem Mann nach und sagt: »Sehe ich auch so. Ein glücklicher Betrunkener.«

»Kein Taschendieb. Ein Satz mit X: War wohl nix«, seufzt der Beamte.

»Und nun: der Manteltrick. Ist in solchen Touristenrestaurants sehr beliebt«, sagt Morello, als sie sich zu fünft an einem der hinteren Tische niedergelassen haben.

»Manteltrick?« Die Polizisten machen einen genervten und frustrierten Eindruck.

»Sì! Frau oder Mann gehen mit Mantel, Steppjacke oder Jackett durch das Lokal. Die Gäste sitzen an den Tischen, so wie wir, speisen und unterhalten sich. Meistens hat irgendeine Frau ihre Handtasche über die Lehne ihres Stuhls gehängt, im Glauben, dass ihr kein Dieb so nahe kommen wird.«

»Und?«

»Frau oder Mann mit Mantel sind auf der Höhe des betreffenden Tischs angelangt, stolpern plötzlich, fangen sich jedoch wieder und haben den Mantel dabei über die Stuhllehne gelegt. Sie entschuldigen sich wortreich, wünschen weiterhin guten Appetit und nehmen den Mantel wieder auf – inklusive der Handtasche darunter. Glaubt mir: Bevor einer am Tisch nach diesem Vorfall das Fehlen der Tasche bemerkt, vergeht einige Zeit.«

Die Beamten nicken anerkennend. »Clevere Tour.«

»Mal sehen, ob wir jetzt wenigstens einen dieser Mantelträger erwischen.« Die vier schauen sich um.

Wie auf ein Stichwort hin erscheint ein junger Mann, der eine Military-Fleecejacke über dem Arm trägt, und durchquert das Lokal.

»Wenn man vom Teufel spricht … das muss einer dieser Typen sein«, flüstert ein Beamter.

Von einem der Seitentische kommt plötzlich ein lauter, freudiger Ruf. »Hi, Frederico, du hier? Ich dachte, du wärest noch in Neapel bis November.« Der Mann mit der Fleecejacke über dem Arm hält abrupt an, dreht sich um und sieht einen leuchtend roten Hoodie auf sich zukommen. Eine Sekunde später liegen die Männer sich in den Armen. Fast eine halbe Minute lang.

»Toll, dass du wieder hier bist! Komm, darauf müssen wir einen trinken!« Beide Männer gehen Arm in Arm nach vorne an die Bar.

»Leute, wir brechen hier ab. Die anderen Tatorte schaffen wir nicht mehr rechtzeitig.«

Morello blickt in enttäuschte Gesichter.

»Keinen einzigen Taschendieb erwischt, geschweige denn, überhaupt einen gesehen. Eure tolle Software kann man komplett vergessen. Und euer Chef, dieser Perloni, wird im Dreieck springen. Garantiert.«

Sie gehen gemeinsam zum Kommissariat zurück. Einer der Beamten aus Mestre wendet sich an Morello: »Commissario – auf ein Wort!«

»Ja, bitte?«

Der Beamte blickt ihn an. »Der Typ in dem roten Hoodie im Restaurant …«

»Ich weiß nicht, wen …«

»Der den Typ mit der Jacke umarmt hat. Ich könnte schwören, nein, ich bin mir sicher, dass der an allen unseren Athena-Tatorten war. Und erzähl mir bitte keine Märchen: Ich bin mir ebenso sicher, dass du ihn auch gesehen hast.«

Morello blickt zur Seite und zögert einen Moment. Dann legt er seinen Arm auf die Schulter des Mannes: »Was ist dir lieber: bis an das Ende deiner Amtszeit Taschendiebe zu jagen, die dir der Computer aussucht – oder vernünftige, selbstverantwortliche Polizeiarbeit zu leisten?«

Der Beamte nickt. Nach einer Weile schaut er zu seinen Kollegen. »Bleibt die bange Frage: Wer überbringt die Botschaft? Wie sagen wir's dem Chef?«

Morello reibt sich das Kinn. »Wie du vielleicht gemerkt hast, ist Perloni ein großer Fan von mir und wahnsinnig gut auf mich zu sprechen. Da habe ich keinen Kredit mehr. Daher wäre ich euch sehr dankbar, wenn ihr das übernehmen könntet.«

## DER WEG ZUR PARTY

Wieso ist sein blauer Anzug jetzt zu eng? Gut, er hat ihn ein Jahr lang nicht mehr getragen. Du hast zugenommen, Antonio. Nicht zu fassen. Vielleicht solltest du abends nicht mehr kochen. Sondern ... sondern, was? Du musst doch etwas essen. Mit leerem Bauch ins Bett gehen. Das werden schreckliche Nächte werden. Er steht vor dem Spiegel im Bad. Der mittlere Knopf seines Jacketts, Cazzo! Er geht einfach nicht durchs Knopfloch. Er hält die Luft an, zieht den Bauch ein, aber da ist nichts zu machen. Er zupft an dem Stoff, zieht nach rechts, zieht nach links. Vergebens. Noch ein Versuch. Bauch einziehen. Luft anhalten. Am Stoff ziehen. Den Knopf langsam zum Knopfloch drücken. Noch ein Stück. Nur ein kleines Stückchen noch. Mist, das wird nichts. Er hört ein leises, knirschendes Geräusch. Der Faden, der den Knopf hält, ist gerissen. Nicht komplett, der Knopf wackelt, aber er hält noch. Oh Wunder, jetzt endlich gleitet dieses eigenwillige Ding durch die Öffnung. Wie sieht es aus? Ein bisschen eng. Zugegeben, es spannt ein wenig. Aber er geht schließlich nicht zu seinem Vergnügen auf diese Party. Es geht hier nicht um eine Modenschau. Er besucht einen Tatverdächtigen. Trotzdem: Du hast zugenommen, Antonio. Du isst zu viel. Und sei mal ehrlich: Wann hast du zuletzt Sport getrieben? Mmh, ist das jetzt die Zeit für gute Vorsätze? Eher nicht. Er nimmt seine Coppola, wischt zweimal mit dem Handrücken darüber und drückt sich die geliebte Mütze auf den Kopf. Noch einmal betrachtet er sich im Spiegel. Dann verlässt er das Haus.

Auf der Via Giuseppe Garibaldi macht er das erste Mal Rast und trinkt an einer Bar einen Doppio Espresso. Der Kaffee belebt ihn. Bestimmt regt er auch seine Verdauung an, und vielleicht wird er auf diesem Weg etwas abnehmen. Er überlegt, ob er noch einen Doppio bestellen soll. Er verwirft den Gedanken, bezahlt und geht. An der Fondamenta della Tana bleibt Morello vor der zwölf Meter hohen roten Backsteinmauer des Arsenale stehen. Diese riesige Umfassung umzäunt das Herzstück der früheren venezianischen Macht. In die Mauern sind mit dicken Eisengittern gesicherte Rundbogenfenster eingelassen. Als Venedig auf dem Höhepunkt seiner Macht war und das östliche Mittelmeer beherrschte, schufteten hier 16.000 Menschen in einer riesigen Fabrik, die bereits früh arbeitsteilig organisiert war. Es gab Werkstätten zur Herstellung von Seilen. Es gab Werkstätten, die Segel produzierten. Andere stellten

Ruder, Kanonen oder Schießpulver her. Alles griff wie ein großes Uhrwerk ineinander. Alle Arbeitsabläufe waren sorgfältig geplant zu einem einzigen Zweck: der Produktion von Kriegsschiffen. Arsenale produzierte pro Tag ein komplettes Schiff – seefertig gebaut, ausgerüstet und bewaffnet.

An der Ecke der Calle Nuova hält Morello kurz an und beobachtet eine Gruppe junger Frauen und Männer, die vor dem Eingang einer Kneipe stehen. Gerade humpelt ein alter Mann aus dem Eingang und bringt ihnen eine neue Flasche Wein. Über der Tür leuchtet ein Schild: Kommunistische Partei, Sektion Sette Martiri. Daneben eine rote Fahne, Hammer und Sichel mit einem gelben Stern. Da die Tür offen steht, kann Morello einen Blick in das Innere erhaschen. An der Wand strahlt ein von zwei Kerzen beleuchtetes Porträt des früheren Parteichefs Enrico Berlinguer, das dem Raum – wie eine Ikone – sakrale Atmosphäre verleiht. Außerdem hat das abgebildete Gesicht eine verblüffende Ähnlichkeit mit dem von Jesus Christus auf dem Bilderstock draußen, direkt neben dem Eingang. Morello lächelt und geht weiter.

Auf der Ponte dell'Accademia stehen wie immer Touristen und Liebespaare, die den Canal Grande und sich selbst fotografieren. Es ist ein schöner Blick. Die Sonne geht gerade unter, doch der Himmel leuchtet noch über der Stadt und schenkt allen genügend Licht – den einen für ein unvergessliches Foto, den anderen für einen vielleicht ebenso unvergesslichen Kuss. Auch Morello stoppt für einen Moment. Von hier aus sieht er die imposanten Kuppeln der Basilica di Santa Maria della Salute. Ihm fällt ein, dass er diese Stadt hasst. Er ist nicht freiwillig hier. Er will so schnell wie möglich zurück nach Sizilien. Das alles ist wahr. Doch jetzt zieht er sein Smartphone aus der Tasche, sieht sich um, um zu prüfen, ob jemand ihn beobachtet, den er kennt. Dann fotografiert er den Anblick.

Die Souvenirläden in der Calle de la Toletta haben bereits die Rollläden heruntergelassen. Bars und Restaurants locken die Vorübergehenden mit frisch zubereiteten Meeräschen und Stockfisch, mit Meerspinnen, Risotto al Nero di Seppia und selbstverständlich immer und überall mit Sarde in saòr. Antonio, was ist mit deinem

Hunger? Du willst doch bestimmt etwas essen. Es ist doch deine Zeit, Antonio. Geh in eines dieser verführerischen Lokale. Morello schüttelt die innere Stimme ab. Bei dem Millionär Gabbia wird es wohl etwas zu essen geben. Unwillkürlich beschleunigt der Commissario seinen Schritt.

War dieses Gerüst schon immer da?

Morello kann sich nicht erinnern. Das Gerüst erhebt sich hinter einer kleinen Steinbrücke an der Ecke der Calle dei Cerchieri. Es steht auf fünf gelben Fußplatten, und die Vertikalrahmen ragen bis zum Dach eines alten dreistöckigen Hauses hinauf. Zwei diagonale Längsverstrebungen halten die aufrecht stehenden Rahmen zusammen und verhindern so, dass das Gerüst in sich zusammenbricht. Drei schwere Bretter ermöglichen den Handwerkern, auf jedem Stockwerk Fassadenarbeiten auszuführen. In eines der Bretter ist eine einen Meter große Auslassung geschnitten, durch die eine Leiter ragt, die vom Boden zum ersten Brett führt. Es ist eine wuchtige Konstruktion, die schnell aufgebaut werden kann, weil die Rohre einfach ineinandergesteckt und durch Kippstifte gehalten werden. Morello wundert sich, dass das Gerüst nur an einer Stelle mit einem Dübel und einer Ringösenschraube an der Außenwand verankert ist. Doch sicher steht dieses Haus, wie nahezu alles andere in Venedig, unter besonderem Schutz und Beobachtung der Denkmalbehörde, die es nicht gerne sieht, wenn Löcher in die alten Fassaden gebohrt werden.

Doch so beruhigend die Standsicherheit des Gerüstes auch sein mag, die beiden Männer, die am Ende der Konstruktion stehen, sind es nicht. Morello mag sich nicht ausdenken, was ihre mit Steroiden und Training erzeugten Muskelberge gekostet und welche Mengen an Anabolika und Testosteron die beiden schon geschluckt haben. Standesgemäß sind ihre Augen mit Sonnenbrillen nahezu rundum verglast. Selbstverständlich steckt jeweils ein Spiralkabel hinter dem Ohr. Einer von ihnen hält ein blinkendes Funkgerät in

der Hand. Immerhin, das erkennt Morello mit einem Blick: Schuss-
waffen tragen sie nicht.

Ohne eine Spur von erkennbarer menschlicher Regung schauen sie
ihm entgegen, bis er vor ihnen steht. Heute sei hier kein Durchgang, erklärt der eine mit minimaler Anstrengung von Mund und .
Lippen. Morello kann ihn kaum verstehen. Er wolle zu der Party,
die sie bewachen, erklärt der Commissario mit einem Lächeln. Der
Bodyguard sagt etwas, von dem Morello nur Mühe das Wort »Einladung« identifizieren kann. Morellos knurrender Magen erinnert
ihn daran, dass er möglichst schnell zu der Party möchte. Deshalb
erklärt er den beiden Männern mit all seiner sizilianischen Höf-
lichkeit, er habe eine persönliche Einladung des Hausherrn. Die
Antwort ist weniger höflich. Der Typ bewegt immer noch kaum
seine Gesichtsmuskeln, doch Morello kann Bruchteile von Sätzen
identifizieren und hört Worte wie: kein Durchgang ohne Smoking,
er sehe aus wie in Penner, seltsame Mütze, der Haupteingang sei
am ... und Typen wie er ...

Jetzt hat er genug. Er zieht seinen Dienstausweis hervor und hält
ihn dem Wortführer mit der undeutlichen Aussprache unter die
Nase. Die beiden starren darauf, als könnten sie nicht lesen oder
wüssten nicht, was das deutlich erkennbare Wort »Polizei« auf dem
Ausweis bedeutet. Dann geht jener mit dem Funkgerät einige Meter
zurück, spricht etwas in das Gerät und tritt zur Seite.

Der Weg zur Party ist frei.

Als er den Eingang des Palazzos erreicht, blendet ihn das Licht
von Dutzenden Scheinwerfern. Von der Seite und von oben leuchten sie jeden Zentimeter der Anlegestelle aus. Es ist so hell, dass
er eine Hand über die Augen legt, um sie vor dem grellen Licht zu
schützen. Er taumelt zwei Schritte vor. Er spürt eine Berührung
an seinem rechten Arm. Sanft, aber entschieden. Sehr entschieden.
»Commissario, schön, dass Sie da sind. Ich bringe Sie zum Eingang.«

Der Druck an seinem Arm verstärkt sich. Morello nimmt die Hand von den Augen. Neben ihm steht ein junger Mann mit rötlichem Vollbart und lächelt ihn an. Auch er trägt einen schwarzen Anzug und Spiralkabel hinter dem Ohr. Sicher begleitet er ihn über die Plattform. Aus der Dunkelheit des Canal Grande flammen einige Blitzlichter auf. Ein Zwanzigmeterboot legt grade an. Dahinter ankert eine Vielzahl von kleinen Booten, Sandali, ein Motorboot und sogar zwei Gondeln, von denen aus Paparazzi Fotos schießen.

»Commissario, schauen Sie zu mir.«

»Commissario, den Kopf etwas mehr nach links!«

Der Druck an seinem Arm verstärkt sich. Er wird weggezogen.

Dann stehen sie vor dem Eingang. »Cazzo – bei Ihnen geht es zu wie auf dem roten Teppich.«

Der rötliche Vollbart lacht und deutet auf den Boden. »Sie stehen auf einem roten Teppich, Commissario. Die Paparazzi sind schon seit heute Morgen da und fotografieren ununterbrochen jeden Gast, der hier ankommt. Es ist jedes Jahr dasselbe. Leider dürfen wir sie nicht vom Canal Grande vertreiben.«

»Das darf nur die Polizei.« Morello fixiert den jungen Mann mit einem Blick. »Was machen Sie denn im Hauptberuf?«

Der Rotbart legt den Kopf in den Nacken und lacht laut. Laut und herzlich. Irgendwie sympathisch. Dann sagt er: »Gruppo di Intervento Speciale, Anti-Terrorspezialeinheit der italienischen Carabinieri, Commissario. Wir alle verdienen uns in unserer Freizeit etwas hinzu.«

Er leitet Morello durch die Eingangshalle zu der breiten Treppe. Dort steht ein weiterer Mann im schwarzen Anzug. Jung und gut trainiert.

»Ich gehe mit Ihnen nach oben. Folgen Sie mir.«

»Einen Moment! Schauen Sie«, sagt Morello und zieht sein Handy aus der Tasche. Er wischt darauf herum, bis er das Phantombild von dem Mann findet, dem Anna Klotze angeblich das Genick gebrochen hat. »Kennen Sie diesen Mann?«

Während er diese Frage stellt, beobachtet er genau das Gesicht seines Begleiters. Der Rotbart beugt sich vor, um besser auf das Display sehen zu können. Dann schüttelt er den Kopf. »Habe ich noch nie gesehen.«

Dabei blinzelt er nur zweimal.

## PALAZZO GABBIA

Über die breite Treppe erreicht Morello den langen Flur, den er schon von seinem ersten Besuch bei Filiberto Gabbia kennt. Zwei Paare stehen am Ende des Ganges, die beiden Männer im Smoking, die Frauen in langen Abendkleidern, und unterhalten sich, große Champagnerkelche gekonnt mit zwei Fingern balancierend. Doch was ist das? Die goldenen Blumen! Die aus Goldfäden gestickten Blumen der Tapete scheinen sich unter dem sanften Licht der Deckenbeleuchtung von ihrem dunklen Hintergrund losgelöst zu haben. Scheinbar schwerelos schweben sie durch die Luft. Sie sind nicht mehr länger Bestandteil der Tapete. Ein hypnotischer Effekt: Zwischen den weißen Türen schweben gestickte goldene Blumen. Faszinierend. So etwas hat er noch nie gesehen.

Aber vielleicht sieht nur er die schwebenden Blumen. Hast du Halluzinationen? Die beiden Paare beachten ihn nicht. Morello schüttelt den Kopf. Er geht grußlos an ihnen vorbei.

Auch hier, im großen Saal, entsteht ein ähnlich zauberhafter Effekt wie im Flur. Die Wände sind mit schwerer rubinroter Wandtapete bedeckt, auch auf ihr befinden sich goldgestickte Blumen, die nun eine plastische Form angenommen haben und zu schweben scheinen. Aber das eigentliche Wunder in diesem Saal ist der Kronleuchter. Ein Wunderwerk aus Murano. Kaskaden von buntem Glas erzeugen die Illusion, als fiele von der Spitze des Leuchters ein sich ausbreitender rot-blau-gelb-weißer Wasserfall. Die einzelnen Glühlampen sind nicht zu sehen. Doch sie werfen ein tausendfach gebrochenes Licht in den Saal und nehmen dem Raum seine Größe, verwandeln ihn in ein kleineres, in ein menschliches Maß.

Auf seiner linken Seite sieht Morello die beiden großen Fenster, in deren Mitte die große, doppelte Flügeltür auf den Marmorbalkon führt. Er öffnet die Tür und betritt den großen Balkon. Noch nie hat er einen so fantastischen Blick auf den Canal Grande gehabt. Hunderte von Lichtern strahlen eine unendliche Reihe von Palazzi an. Morello sieht die gut beleuchtete Vaporetto-Haltestelle, von der aus die Passagiere zum Campo San Samuele gebracht werden, wo auch die gleichnamige Kirche steht. Dieser kleine Campo ist einer der wenigen mit einem direkten Zugang zum Canal Grande. Er wird von zwei Palazzi begrenzt: vom Palazzo Grassi, der dank seiner Größe und weißen Fassade mit nur einem Scheinwerfer ausreichend gut beleuchtet ist, und vom Palazzo Malipiero. Ein spektakulärer Anblick.

Morello beugt sich vor, um den Eingang des Palazzo Gabbia zu sehen. Ein Schwarm kleiner Boote, ausgerüstet mit LED-Lampen, kleinen und größeren Halogen-Scheinwerfern und jeder Art von Beleuchtung bis hin zur Taschenlampe, dümpeln vor dem breiten Steg des Palazzo. Paparazzi. Gerade steigen aus einem Wassertaxi ein Mann und zwei Frauen. Die drei bleiben auf der Holzplattform vor dem Eingang stehen, drehen sich um und lassen sich wie Hollywood-Stars von den Paparazzi fotografieren. Blitzlichtgewitter. Weitere Wassertaxis nähern sich. Die meisten der Gäste treffen jetzt ein. Morello geht zurück in den riesigen Saal und biegt nach rechts in den angrenzenden Raum, in dem eine lange Reihe weiß gedeckter Büfetttische aufgebaut ist. Er freut sich auf die Fischgerichte, deren Aromen den Raum erfüllen. Mit ihm steuert eine Frau auf das Büfett zu. Ihre schwarzen langen Haare liegen lose auf ihren breiten Schultern. Ihr kurzes schwarzes Kleid hat einen Reißverschluss, der über den ganzen Rücken reicht. Die langen Beine sind von schwarzen transparenten Strümpfen bedeckt. Als Morello sich ihr nähert, kann sich ihr Parfüm für einen Moment gegen den Fisch durchsetzen: Er nimmt den Duft von Rosen wahr.

Während sie zur Kopfseite des Raumes geht, wo die Getränke angeboten werden, widmet sich Morello den fast zwanzig Meter langen Büfetttischen mit den Speisen. Er schließt die Augen und genießt den Duft der Meeresfrüchte und ihrer Gewürze: frisches Olivenöl, Zitronen, Thymian, Rosmarin. Auf großen Platten liegt alles, was das Meer zu bieten hat: Garnelen in allen Größen, gebraten, ge-

schmort, in Knoblauch- oder Sahnesoße, Gebirge von unterschiedlichen Austern, Tintenfisch in allen Variationen, Calamari-Salat,
Sarde in saòr, Canapés mit Kaviar, Lachs, frischer Thunfisch, Bac-
calà Mantecato. Morello zieht es zu dem Turm mit den Tellern. Ein
Mann in weißer Kochuniform erscheint wie aus dem Nichts, nimmt
einen dieser wunderbar großen Teller und blickt Morello fragend an.
»Guten Abend! Der Fisch duftet herrlich. Was können Sie mir emp-
fehlen?«
»Guten Abend, Signore! Als erstes Fischgericht haben wir Risotto
al Nero di Seppia und Schie con Polenta Bianca.«
»Schie? Was ist das?«
Der Koch hebt den Deckel eines Warmhaltebehälters. »Das sind
unsere kleinen Schrimps, die hier in Venedig gefangen werden.«
»Dann gerne Schie con Polenta. Und was noch?«
Der Koch öffnet einen weiteren Behälter und deutet voller Stolz
auf den Inhalt. »Da haben wir die frittierten Moeche. Eine absolute
Spezialität aus Venedig.«
Morello schaut in den Metallbehälter und sieht viele kleine ge-
bratene Krabben. Er schüttelt den Kopf. »Nein, danke! Schie con
Polenta reicht völlig.«
»Aber, aber! Signor Commissario, Sie müssen unbedingt die Moeche probieren.«
Morello wendet sich nach links und erkennt jetzt die Frau wieder,
die mit ihm zum Büfett ging: Es ist Eleonora Grittieri, die ihn mit
einem strahlenden Lächeln begrüßt. Wieder kann er ihr Rosen-
parfüm wahrnehmen. Ihre schwarzen Augen leuchten. Sie sieht
entspannt aus, auch wenn ihr Lächeln einige erste Falten nicht verdecken kann.
»Frau Grittieri! Freue mich, Sie zu sehen. Ich wusste, dass auch Sie
hier sein werden.« Morello nimmt den Teller mit Polenta und Schie,
den der Kellner ihm reicht.
Eleonora Grittieri schaut Morello an. »Aha! Und woher wissen Sie,
dass Sie mich hier antreffen werden?«
»Berufsgeheimnis. Aber fragen Sie mich bitte nicht, wie und
warum.«

Eleonora Grittieri lacht und trinkt einen Schluck aus ihrem Glas
»Also, dann nehme ich an, Sie sind hier ... aus beruflichen Grün-
den? Sie ermitteln. Deshalb tragen Sie auch Ihre berühmte Mütze.
Stimmt's?«
Morello lächelt. »Was empfehlen Sie? Welcher Wein passt gut zu
diesem Gericht?«
»Da wäre ein guter Tocai di Lison genau das Richtige. Kommen Sie,
wir holen Ihnen ein Glas.«
Beiden gehen ans Ende des Saales, und Eleonora Grittieri bestellt
ein Glas Wein für Morello und einen weiteren Champagner für sich.
Sie stoßen an. Morello registriert, dass Eleonora Grittieri ihn

weiterhin erwartungsvoll anschaut und auf eine Antwort wartet.
»Also gut, ich wurde von Filiberto Gabbia eingeladen. Stört es Sie,
dass ich hier bin?«
»Nein, nein, absolut nicht! Im Gegenteil. Ich freue mich, Sie zu
sehen, Commissario ... Und ich freue mich noch viel mehr, wenn
Sie mich einmal besuchen.« Eleonora Grittieri gibt Morello eine
Visitenkarte. »Ich wohne nicht mehr in dem Palazzo, wo ... Sie
mich damals besucht haben.«
Morello wirft einen schnellen Blick auf die Visitenkarte und steckt
sie in seine Hosentasche.
»Danke. Wie geht es Ihrer Tochter?«
»Sehr gut! Sie lebt jetzt in London und beschäftigt sich mit Mode.
Nun ja ...«
Morello probiert etwas von seinem Teller, dann zieht er seine
Augenbrauen hoch und blickt Eleonora Grittieri an. »È buonis-
simo.«
»Danach müssen Sie unbedingt die Moeche probieren. Das Beste
und Teuerste, was man in Venedig essen kann.«
»Sie meinen diese ... frittierten Krebse? Wieso teuer? Sind doch
nur Krebse ...«
»Ja. Krebse haben einen Rückenschild – ohne Rückenschild nen-
nen wir sie Moeche. Sie werden nur zweimal im Jahr in der venezianischen Lagune gefangen, zwischen April und Mai und zwischen Oktober und November. In diesem Zeitraum verlieren die

Krebse ihre alten Rückenschilde – und bevor sie neue Schilde bilden, werden sie gefangen, lebendig in einen großen Topf mit geschlagenen Eiern, Pfeffer und Salz geworfen. Man wartet zwei Stunden, bis die Moeche die ganzen Eier gefressen haben, und frittiert sie dann.«

Morello blickt auf. »Faszinierend – das klingt ja wahnsinnig appetitlich ...« Er greift nach einer Serviette. »Nichts für mich! Mir reicht das, was ich gerade esse. Aber danke für den Tipp!«

»Signor Commissario! Ich freue mich, dass Sie gekommen sind.« Plötzlich steht Filiberto Gabbia zwischen Morello und Eleonora Grittieri.

»Danke für die Einladung ... ich muss Ihnen ein Kompliment machen: Der Wein, das Essen – wirklich ausgezeichnet.«

Morello isst weiter, ohne dem Gastgeber die Hand zu schütteln. Er fixiert seinen Teller, aber ihm entgeht nicht, dass Filiberto Gabbia Eleonora Grittieri fast unmerklich ein Zeichen gibt – mit einer leichten Kopfbewegung.

Eleonora Grittieri berührt Morellos Arm. »Also, dann noch einen schönen Abend, Signor Commissario! Genießen Sie die Party. Ich möchte jetzt tanzen.«

Morello sieht Eleonora Grittieri nach, die sich, leicht schwankend, in einen Nebenraum begibt, aus dem sanfte Jazzmusik zu hören ist.

Aus dem Augenwinkel beobachtet Morello seinen Gesprächspartner. Gabbia ist bemüht, mit einer aufgesetzten Bescheidenheit selbstbewusst und locker zu wirken. Sein Smoking sitzt perfekt. Und doch spürt Morello bei ihm eine nur mühsam verdeckte Anspannung.

Morello lächelt, nickt und trinkt einen Schluck

Filiberto Gabbia hebt seine Hand, und wie aus dem Nichts steht Afrore, die Haushaltsgehilfin, mit einem Tablett voller Champagnergläser vor ihm.

Gabbia deutet mit einer großspurigen Geste auf die schmalen Gläser. »Wie wäre es nach dem Wein noch mit einem Champagner, Signor Commissario?«

Morello schüttelt den Kopf. »Nein, danke. Aber dieser Wein ist sehr gut. Ich trinke gerne Wein.« Er wendet sich an Afrore. »Guten Abend.«

Afrore grüßt Morello mit gesenktem Kopf und einem kleinen Lächeln, das sofort wieder erlischt. Sie reicht Gabbia einen Champagnerkelch. Er nimmt ihn und mit einer herrischen Handbewegung bedeutet er Afrore, sich zu entfernen. Er nickt Morello zu und hebt das Glas. »Salute!«

Sein Lächeln wirkt gezwungen, unnatürlich. Mit einem einzigen Schluck schüttet Gabbia den Champagner hinunter, als wäre es Wasser.

»Signor Commissario, wie sieht es aus? Haben Sie Neuigkeiten zu den Ermittlungen?« Filiberto Gabbia stellt das leere Glas auf einen kleinen Tisch. Auch Morello stellt seinen Teller ab. Er beugt sich vor und betrachtet für einen kurzen Moment das Glas

»Ist alles gut, Commissario? Wollen Sie noch etwas essen?«

»Nein, danke! Wegen der Ermittlung? Ja, da gibt es eine sehr interessante Entwicklung, aber eigentlich darf ich nicht …« Morello kommt näher und stellt sich vor den Tisch. Er legt die rechte Hand auf die Schulter Gabbias, der ihn völlig überrascht anschaut. Mit der linken Hand greift Morello schnell hinter seinem Rücken nach dem leeren Champagnerglas und lässt es in seine Jackentasche gleiten.

»Also gut, Ihnen kann ich es ja sagen. Aber bitte größte Diskretion! Ja, wir haben … vielleicht doch denjenigen gefunden, der Paolo Salini getötet hat.«

Gabbias Augen werden größer. »Das ist ja interessant.«

Morello blickt nach links und rechts, dann tritt er sehr nah vor Gabbia. »Es ist ein Mann … offenbar ein Geistesgestörter, der genau an diesem Tatort jede Nacht herumwandert und behauptet, es gehöre alles ihm …« Morello wechselt von dem verschwörerischen Tonfall in einen lautstarken pathetischen Vortrag: »Das müssen Sie sich mal vorstellen! Der turnt da nachts durch die Gegend und dann rastet er völlig aus und singt …« Jetzt wechselt Morello in eine hohe Stimmlage: »Alles gehört mir, alles! Die Brücke, die Canali und ganz Venezia! Alles gehört mir.« Morello unterstreicht seine Worte mit großen Gesten. Und beobachtet aus dem Augenwinkel die Reaktion Gabbias.

Filiberto Gabbia lacht, schaut sich jedoch nervös nach allen Seiten um, als wäre es ihm unangenehm, dass andere im Saal die theatralische Vorstellung Morellos mitbekommen.

»Dann haben Sie den Fall also gelöst? Paolo wurde von diesem Verrückten getötet? Ohne Anlass ... einfach so?«

»Ich denke, ja. Paolo Salini saß auf der Bank, um sich auszuruhen. Als der Verrückte ihm sagte, dass die Bank ihm gehöre, hat Salini ihn wahrscheinlich weggejagt. Und der Verrückte hat irgendeinen Gegenstand ergriffen, der da zufällig herumlag, und hat Salini damit getötet. Solche Fälle gibt es leider immer wieder. Ich bin in der Wohnung dieses Geistesgestörten gewesen – und da habe ich mehrere Hinweise gefunden, die bestätigen, dass er die Tat begangen hat.«

»Also ein klarer Mordfall? Da bin ich sehr froh, Signor Commissario. Wir Bürger von Venedig brauchen gute Commissari wie Sie. Ich hoffe, Sie werden weiter hier in Venedig arbeiten – und wer weiß? Vielleicht werden Sie sich irgendwann mal ein bisschen unsere venezianische Kultur assimilieren.«

»Da muss ich Sie leider enttäuschen. Ich werde bald wieder nach Sizilien zurückkehren und dann aus dem Polizeidienst aussteigen.«

Filiberto Gabbia zieht die Augenbrauen hoch und schaut Morello überrascht an.

»Nein – wirklich? Und was werden Sie da in Sizilien machen – ohne Ihre Arbeit?«

»Wissen Sie, Signor Gabbia, als Commissario verdient man nicht gut. Man ist nur ein Beamter. Nicht mehr und nicht weniger als ein kleiner Polizeibeamter. Eine lebenslange Plackerei – und wofür? Für eine Rente, die heutzutage gerade mal reicht, um zu überleben. Nein, das will ich nicht. Ich werde mir ein schönes Haus am Meer kaufen und ein Boot – und den Rest meines Lebens in der Sonne Siziliens verbringen.«

»Oha, dafür braucht man aber einiges an Kleingeld. Sie sagten doch eben, dass man als Commissario nicht gut verdient.«

»Ja, für mein zukünftiges Leben brauche ich etwas Geld. Eigentlich viel Geld. Sehr viel Geld. Aber – wissen Sie: Im Leben gibt es

manchmal Glücksfälle, die man ergreifen muss ... und genau das
habe ich getan.«
Filiberto Gabbia kann seine Nervosität kaum noch verbergen.
»Haben Sie im Lotto gewonnen? Eine Erbschaft? Oder haben Sie
etwa einen Schatz gefunden?«
Morello blickt nun Gabbia direkt in die Augen.
»Gefunden ... trifft es ganz gut. Man sucht etwas anderes – und
plötzlich findet man einen Schatz.«
»Kann es sein, dass dieser ...« Gabbias Stimme bricht weg, er muss
sich räuspern: »Also dieser Schatz – kann es sein, dass dieser Schatz
jemandem gehört?«

264  »Kann sein! Natürlich gehört er irgendwem. Aber niemand weiß,
wem. Deshalb ist es ja ein Schatz. Niemand ist da, der diesen Schatz
beansprucht. Wie das Sprichwort sagt: Was gefunden wird, wird
nicht gestohlen.«
»Verstehe«, sagt Gabbia mit fast tonloser Stimme. Sein Oberkörper
wirkt wie erstarrt. Das Gesicht wird rot. Und nun schwenkt sein
Blick von rechts nach links durch den Saal, als suchte er Hilfe. Er
schwankt und stützt die Hand auf den Tisch.
»Geht es Ihnen gut, Signor Gabbia?«
»Ja ... Alles gut, danke. Ich bin nur müde ... das hier alles zu orga-
nisieren, die Gäste, das Essen ... viel Arbeit.«
»Das verstehe ich.« Morello räuspert sich. »Hören Sie, Signor Gab-
bia, vielleicht können Sie mir ja helfen. Ich hab da ein Problem,
das hängt zusammen mit .... Also, das betrifft diesen gefundenen
Schatz. Und ich glaube, dass auch Sie ein Problem haben mit diesem Schatz. Stimmt's?«
Filiberto Gabbia fixiert Morello mit versteinerter Miene. Dann sagt
er leise: »Ich bin ganz Ohr, Commissario.«
»Mein Problem ist, dass ich den Schatz nicht mitnehmen kann.
Verstehen Sie wieso?«
Die Mundwinkel Gabbias verziehen sich. Fast lächelt er. »Ich verstehe Sie sehr gut, Commissario. Mit einem Koffer voller Bargeld
würden Sie überall auffallen. Sie könnten eine so große Summe niemals bei einer Bank einzahlen. Sie müssten es immer verstecken. Es

bestünde immer die Gefahr, dass Sie überfallen werden. Sie wissen ja, die Welt ist schlecht.«

Morello wendet sich für einen kurzen Moment ab. Er fürchtet, dass er grinst und Gabbia dies bemerkt. Du hast ihm ein Stück Brot hingehalten, Antonio. Und er hat hineingebissen. Nun weißt du, was in dem Koffer war: Geld, viel Geld.

Morello lächelt Gabbia an.»Exakt. Das ist mein Problem. Wie ich Ihnen bereits gesagt habe, möchte ich einfach nur nach Sizilien gehen und den Rest meines Lebens in einem schönen Haus am Meer verbringen und die Sonne genießen.«

Morello blickt zur Seite und im beiläufigen Ton eines Small Talks sagt er zu Gabbia.»Ich schlage einen Tausch vor: Sie besorgen mir ein Strandhaus in Sizilien, und ich gebe Ihnen meinen Schatz. Sie arbeiten mit Immobilien, es wird für Sie nicht schwierig sein, ein schönes Haus am Meer zu finden. Was sagen Sie dazu?«

Filiberto Gabbia lächelt schräg. Und starrt auf einen imaginären Punkt auf dem Terrazzoboden. Schließlich nickt er.»Sie haben Glück … ich habe da tatsächlich etwas.«

Morello klopft ihm auf die Schulter.»Gut. Dann schlage ich vor: morgen gegen zehn Uhr. Auf dem Campo San Samuele. Sie bringen mir einen Vertrag zu einem schönen Haus am Meer, und ich übergebe Ihnen den Pilotenkoffer. Einverstanden?«

»Einverstanden. Der Campo befindet sich gleich gegenüber meines Palazzos.«

»Ich weiß. Wir haben also einen Deal?«


## SCARPA


»Ach, hier steckst du, Filiberto … ich habe dich überall gesucht.« Ein Mann mit einem breiten Lächeln umarmt Filiberto Gabbia. »Ich habe eine fantastische Nachricht …«

Gabbia windet sich aus der Umarmung. Er verzieht die Mundwinkel, als er den Mann Morello vorstellt.»Das ist Giulio Scarpa, mein bester Freund seit Kindertagen.«

»Hallo. Ich bin Commissario Morello.«

Scarpa blickt Morello irritiert an. Er ist etwa 1,80 groß, schlank. Nicht muskulös, aber gut trainiert. Alles sieht gut und natürlich bei ihm aus, bis auf die Hautfarbe: leicht gebräunt. Als besuchte er regelmäßig das Solarium. Die Haare sind schwarz und kurz geschnitten, vielleicht fünf Zentimeter mit Seitenscheitel. Ein trendiger Schnitt. Kein Smoking. Sein Anzug ist senfgelb und sehr auffällig. Er trägt kein Hemd, sondern einen leichten Pullover in Dunkelblau. Die Schuhe sind groß, mindestens 44. Handgefertigte, dunkelblaue Sneaker aus Krokodilleder.

Er versucht, seine Überraschung zu überspielen. »Ah, Sie sind also

der berühmte Commissario Morello. Endlich lerne ich Sie kennen. Wie sagen die Leute hier? ›Der freie Hund‹ ... Sind Sie aus beruflichen Gründen hier? Was hat mein Fili jetzt schon wieder angestellt?« Er grinst, doch weder Morello noch Gabbia reagieren auf seine Äußerung.

»Ich bin eingeladen worden – von Signor Gabbia.«

Giulio Scarpa zieht die Augenbrauen hoch und dreht sich mit einem kurzen, strengen Blick und einem angedeuteten Kopfschütteln zu Filiberto Gabbia. Morello spürt die Spannung zwischen den beiden Männern.

»So, so!« Scarpa wendet sich wieder an Morello. »Und? Wie gefällt Ihnen die Party?«

»Sehr viele nette Leute hier. Wahrscheinlich jede Menge Nachkommen von Dogen«, sagt Morello bewundernd und blickt sich um. Scarpa kneift die Augen zusammen.

Morello breitet die Arme aus. »Nachfahren von Dogen, Sie verstehen?« Er deutet auf Filiberto Gabbia. »Wir stehen hier vor einem leibhaftigen Nachfahren. Ganz große Ehre! Wir dagegen, Sie und ich: Wir sind hier nur die Barnabotti.«

»Nein, Commissario, wenn Sie gestatten: Ich gehöre nicht zu den Barnabotti«, faucht Scarpa. »Ja, ein paar Dogennachkommen sind tatsächlich hier. Filiberto auf jeden Fall. Aber auch in meinem Familienstammbaum war ein Doge ...«

Filiberto Gabbia unterbricht Scarpa: »Ach nein, jetzt geht das schon wieder los … Diese wilde Story mit eurem angeblichen Dogen ist überhaupt nicht bewiesen!«

»Ist es doch! Die Historiker haben jetzt gerade … Schau, das wollte ich dir zeigen!« Er zieht ein Papier aus seiner Jackentasche. Begeistert entfaltet er das Schriftstück und überreicht es Filiberto Gabbia.

Der Gastgeber wirft einen Blick auf das Blatt Papier, macht eine missbilligende Grimasse und gibt Scarpa das Blatt zurück.

»Ein Blatt Papier. Das beweist gar nichts.«

»Doch! Das ist der Beleg dafür, dass Domenico Orseolo nach Ravenna ging und dass er dort eine Familie gründete. Und aus dieser Familie stammen meine Vorfahren. Er war zwar nur einen Tag Doge. Dann wurde er abgesetzt. Aber er war Doge. Hier steht es – schwarz auf weiß.«

Gabbia legt seinem Freund einen Arm um die Schulter. »Ja, ja. Ist ja gut. Diese Eintagsfliege wurde aus dem Dogenverzeichnis gestrichen, weil er ein Verbrecher war. Zählt also nicht. Aber darüber unterhalten wir uns später. Ich will Ihnen etwas zeigen, Commissario. Kommen Sie.«

Filiberto Gabbia und Giulio Scarpa, gefolgt von Morello, verlassen den Saal und treten in den Flur.

Gabbia öffnet die linke Seite der ersten weißen Flügeltür auf der gegenüberliegenden Seite des Flures und bedeutet Morello und Scarpa mit einer einladenden Handbewegung einzutreten. In dem Raum ist es stockdunkel. Gabbia schließt die Tür hinter sich und schaltet das Licht ein.

## BILLARDSAAL

Vier rechteckige LED-Panels beleuchten als einzige Lichtquelle die Mitte des Raumes. Unter den Strahlern steht ein riesiger Tisch: Das, was sich auf diesem Tisch befindet, ist mit einem weißen Tuch verhüllt. Morello bückt sich und sieht, dass die an allen Seiten weit überragende Tischplatte auf einem Billardtisch liegt. Dessen Spielfläche und die Banden sind mit einer schweren roten Decke abgedeckt, deren gefranste Ränder herunterhängen.

Der rechteckige Raum ist nicht groß, Morello schätzt ihn auf dreißig Quadratmeter. An der Kopfseite des Raumes unter einer großen runden Wanduhr mit geschnitztem Holzrahmen und römischen Ziffern steht ein Queue-Halter mit acht Billardstöcken, Kugeln und Triangel. Uhr und Wandhalter sind die einzigen Gegenstände an den Wänden. Keine Bilder, keine Fenster. Trotzdem ist die Luft frisch und trocken. An den Wänden rechts und links große Sofas im klassischen Stil, die mit weißem, mit Goldfäden besticktem Stoff bezogen sind. Neben jedem Sofa steht ein hölzerner Wagen mit Gläsern und Flaschen aller Art: Whisky, Grappa, Scotch.

Ein klimatisierter Billardraum – und ein Raum, in dem man laut sprechen kann, ohne gehört zu werden.

»Möchten Sie etwas trinken, Commissario?« Filiberto Gabbia hält eine Flasche Whisky hoch.

»Nein, danke. Warum sind wir hier?«

Scarpa gestikuliert nervös mit dem Arm und deutet auf die Wanduhr. »Filiberto, für Spielchen haben wir keine Zeit. Du weißt so gut wie ich: In genau dreißig Minuten werden unsere Investoren hier sein. In diesem Raum.« Er wendet sich an Morello: »Signor Commissario, wir wären Ihnen sehr dankbar, wenn Sie uns jetzt allein ...«

Gabbia fällt Scarpa ins Wort: »Halt den Mund!« Er blickt Giulio Scarpa wütend an. »Hör zu: Du bist mein bester Freund, aber wage es nie wieder, mir zu sagen, was ich tun soll!«

Giulio Scarpa wird sofort still und starrt vor sich auf den Boden. Morello kann sehen, wie er rot anläuft. Seine Augen werden klein.

Gabbia gießt sich ein halbes Glas Whisky ein und tritt neben den Billardtisch, Morello gegenüber. »Sie vertrauten mir Ihren Wunsch an, nach Sizilien zurückzukehren – und ich vertraue Ihnen meinen Plan an.«

Gabbia trinkt sein Glas auf einmal aus und greift nach dem weißen Tuch.

»Filiberto!« Giulio Scarpa tritt schnell neben Gabbia und hält dessen Hand fest, die das weiße Tuch ergriffen hat. »Tu es nicht! Es ist ein Fehler, den Plan zu verraten an einen ... an jemanden, der nicht zu unserer Gruppe gehört!«

Filiberto Gabbia brüllt Giulio Scarpa an. »Lass mich sofort los! Du Idiot! Das ist *mein* Plan!«

»Das ist *unser* Plan! Auch ich habe Geld in dieses Projekt investiert – mehr als deine paar Cent. Und hör auf, mich zu schikanieren! Du musst mich und meinen Familiennamen endlich respektieren!«

Gabbia lässt das Tuch los und fährt sich mit beiden Händen über den Kopf. »Respekt hat nicht nur mit Geld zu tun. Mein Vorfahre war ein Doge. Das allein verschafft einem Familiennamen Respekt!«

Morello stellt sich zwischen die beiden Streithähne. »Meine Herren, ich denke, es ist besser, wenn Sie beide auf Abstand gehen.« Morello legt die linke Hand auf Scarpas Arm und bedeutet ihm mit der anderen Hand, sich hinzusetzen. »Bitte! Auch wenn ich keine Uniform trage, bin ich immer noch ein Polizist, und ich dulde keinen Streit und keine Aggression vor meinen Augen.«

Giulio Scarpa lässt sich widerwillig auf dem Sofa nieder und wendet sich an Gabbia. »Hast du gehört? Er ist Polizist. Einmal Polizist – immer Polizist.«

»Ja, er ist Polizist. Ein Polizist, der aber lieber sein Leben in einem schönen Haus am Meer verbringen will. Nicht wahr, Commissario?«

Morello nickt.

Gabbia breitet seine Arme aus und schaut Giulio Scarpa an. »Wir haben nichts zu verbergen. Was wir dem Kommissar zeigen werden, ist absolut legal. Deswegen habe ich ihn eingeladen.«

Giulio Scarpa schüttelt resigniert seinen Kopf. »Du bist so wahnsinnig naiv, Filiberto ...«

»Bleib sitzen und schau, wie ein moderner Doge sich verhält gegenüber der Staatsgewalt.« Filiberto Gabbia zieht das weiße Tuch ab und lässt es auf den Boden fallen.

Auf dem Tisch steht ein riesengroßes Modell – wie Morello sofort erkennt, ein Ausschnitt des nordöstlichen Stadtkerns Venedigs: der östliche Teil von Cannaregio, die Piazza San Marco und das ganze

Viertel Castello bis zur Insel St. Pietro di Castello. Morello hält den Atem an: Das Modell ist detailliert gestaltet. Jedes noch so kleine Gebäude und jeder bekannte Ort ist bis in die feinsten Einzelheiten abgebildet: die Piazza San Marco, die Basilica di San Marco mit ihren fünf Kuppeln. Morello kann sogar die vier Pferde auf dem oberen Teil des Eingangs der Basilika erkennen. Der Dogenpalast und die beiden Säulen, die eine mit dem Löwen als Symbol des heiligen Marcus, die andere mit der Marmorstatue des heiligen Theodor. Eine vom Modell abgesetzte Fläche am Kopfende des Tisches zeigt einen Kartenausschnitt des nördlichen Venedigs: den Flughafen Marco Polo und einen Teil der Inselgruppe nördlich der Friedhofinsel San Michele.

Morello tritt nah an den Tisch. Er beugt sich über das Modell und kneift die Augen zusammen. »Hier, das ist mein Platz. Doch wo ist das Haus mit meiner Wohnung? Auch die Kirche fehlt. Und die Gebäude daneben? Das sieht vollständig anders aus, als es in Wirklichkeit ist. Da wohnen doch noch viele ältere Leute …?«

Gabbia tritt neben ihn. »Sie meinen die ehemalige Sanguinetti-Kaserne? Für die alten Leute findet die Stadt eine Lösung. Und die Kirche braucht man danach auch nicht mehr. Ich frage Sie: Wer von den jüngeren Leuten geht heutzutage noch in die Kirche? Und Ihre Wohnung? Was kümmert Sie das? Sie wollen doch zurück nach Sizilien. Wie Sie sehen: Alles rund um die Grünfläche wird zu einem der größten, luxuriösesten und modernsten Hotels in Venedig!«

Morello sieht genauer hin. Dort, wo seine Kirche steht, erhebt sich ein gigantisches zehnstöckiges Gebäude in Form eines Hufeisens aus Stahl, Glas und Beton. Alles auf dem maßstabsgetreuen Modell ist anders als das, was Morello jeden Tag vor seiner Tür in San Pietro di Castello sieht. Das Einzige, was bleibt: der Glockenturm und das grüne Campo, umringt von dem futuristischen Gebäude.

Gabbia sagt: »Ist es nicht großartig. Das Hotel wird über 500 Zimmer und Suiten verfügen. Zwei Konferenzzentren, drei Wellnessbereiche. Vier Bars und vier Restaurants. Es ist weitaus größer und moderner als das Hilton Molino Stucky Hotel.«

»Sie wollen die Kirche, die Wohnungen … Sie wollen das alles abreißen lassen? Wegen eines Luxushotels?« Morello beugt sich vor. Er sieht den Glockenturm, seinen täglich nervenden Wecker, perfekt reproduziert. Zwei Stockwerke des Turmes sind weiß gefärbt, und das dritte, kleinere Stockwerk besteht auf jeder Seite aus drei offenen Bögen, an den Ecken begrenzt von Säulen: Von allen vier Seiten aus kann man die Glocken sehen. Die Kuppel auf der Decke dieses kleineren Stockwerks trägt ein Kreuz aus Metall, genau wie das Original. Morello richtet sich wieder auf und schaut Gabbia mit großen Augen an. »Unglaublich … und ausgerechnet der Glockenturm, das Einzige, was sinnvollerweise aus San Pietro di Castello entfernt werden sollte, bleibt?«

Gabbia lacht. Er holt sich erneut einen Whisky. »Das, mein lieber Commissario, das ist die Zukunft.« Er nimmt sich einen Billardstock aus dem Wandhalter. Gabbia geht am Tisch entlang und zeigt mit der Spitze des Queues auf die Karte oberhalb des Modells: »Unser Flughafen. Am Flughafen Marco Polo wird ein neues Terminal für jene speziellen Gäste gebaut, die mit Privatflugzeugen anreisen. Wir brauchen für diese Personen eine Reihe neuer Hangars, in denen sie ihre Maschinen ein paar Tage, eine Woche oder länger parken können. Wir bauen ein Terminal für die neue U-Bahn, die Sublagunare. Wissen Sie, was das bedeutet, Commissario?«

»Selbstverständlich. Es bedeutet langwierige politische Genehmigungsverfahren – und … jede Menge Geld für die Leute an den richtigen Stellen.«

»Richtig! Es bedeutet Geld. Geld. Und noch einmal Geld. Eine Menge Kapital, das nach Venedig fließen wird dank der Infrastruktur, die es den reichsten Männern der Welt ermöglicht, problemlos in ihren Privatjets nach Venedig zu kommen. Männer wie Jeff Bezos, Bernard Arnault, Bill Gates, Larry Page und der Typ, der Twitter gekauft hat. Milliardäre aus Russland, wenn ihre Konten wieder freigegeben sind, China, Indien, Arabien.«

Morello starrt gebannt auf das Modell. Plötzlich sieht er auch einen großen Hotelbau in St. Marta. Genau dort, wo Alvaro Camozzo wohnt. Er schlägt die Hände zusammen. »Das ist schrecklich. Entsetzlich.«

Gabbia verzieht das Gesicht zu einem schrägen Lächeln. »Es ist großartig, Commissario. Wir verändern Venedig vollständig. Wir heben es auf das höchstmögliche Niveau. Es wird ein Paradies sein. Für einige jedenfalls. Und jetzt präsentiere ich das absolut innovativste Projekt der Welt: die Sublagunare. Schauen Sie genau hin, Commissario! Unter der Lagune wird eine der schnellsten U-Bahnen der Welt fahren. Sie wird den Flughafen Marco Polo mit dem Arsenal in kürzester Zeit verbinden.«

Gabbia zeigt auf den Flughafen Marco Polo. Von dort führt eine rote Linie durch die Lagune mit markierten Haltestellen, die letzten auf der Strecke sind Murano, Fondamenta Nuove, Ospedale und Arsenale.

Er umkreist mit dem spitzen Billardstock die Fläche des Arsenals. »Eine Innovation, um die uns die ganze Welt beneiden wird. Sehen Sie, Commissario?« Er strahlt über das ganze feiste Gesicht. »In wenigen Jahren wird Venedig eine Zitadelle des gehobenen Lebensstils sein. Luxuswohnungen, Casinos, private Schwimmbäder, Clubs, exklusive Bars und Restaurants, Wellnesszentren und Bankfilialen. Eine Mischung aus Disneyland und Las Vegas. Ein Besuch in Venedig wird nur möglich, wenn Sie ein komplettes Paket buchen. Transport nur mit privatem Taxi oder Sublagunare ...«

Morello unterbricht Gabbia. »Und die Vaporetti?«

»Die wenigen Vaporetti, die verkehren werden, sind für venezianische Angestellte und Arbeiter bestimmt und können von diesen kostenlos genutzt werden. Tagestouristen werden keinen Zutritt mehr haben. Wir werden ein neues Venedig erschaffen. Mein Vorfahre Francesco Gabbia regierte Venedig von 1752 bis 1762 als Doge. Er machte Venedig zu einer der mächtigsten Städte der Welt. Mein Urgroßvater Akille Gabbia war Teil der venezianischen Gruppe, die diese Stadt in der ersten Hälfte des letzten Jahrhunderts in ein industrielles Kraftzentrum verwandelte. Ich, Filiberto Gabbia, werde Venedig in ein Wirtschaftsimperium verwandeln!«

Gabbia geht zu Giulio Scarpa, der seinen Kopf in die Hände gelegt hat und seine Augen mit den Handflächen verbirgt. Gleichzeitig schüttelt er den Kopf. Gabbia legt ihm einen Arm um die Schulter.

»Du kannst jetzt den zweiten Teil unseres Plans erläutern.« Dann taumelt er weiter bis zu der Wand am anderen Ende des Raums und versucht den Billardstock in den Queue-Wandhalter zu stellen, aber der Stock fällt auf den Boden.

Er geht zurück zu dem hölzernen Barwagen, greift wieder nach der Flasche Whisky und lässt sich auf das Sofa fallen. »Commissario ... was Giulio jetzt erzählen wird ... es ist seine Erfindung. Ich kann so etwas nicht erklären, das ist ... viel zu theoretisch, viel zu philosophisch für mich. Als Architekt stehe ich auf konkrete Dinge.« Er gießt sich Whisky ein und trinkt.

Giulio Scarpa steht auf, schaut auf die Wanduhr und wendet sich an Morello. »Wir haben noch zehn Minuten Zeit, bevor unsere Gruppe sich hier vollzählig versammelt. Ich gebe Ihnen eine kurze Zusammenfassung, wie unser neues Venedig verwaltungstechnisch und politisch organisiert sein wird.« Er greift nach dem Billardstock am Boden.

Morello setzt sich neben Gabbia, der die Augen geschlossen hat. »Da bin ich aber sehr gespannt. Wird wieder ein Doge regieren? Mit allem Brimborium, den es in der Vergangenheit gab? Der Große Rat, die Grandi, die Nobili und die Barnabotti? Sie wollen eine ... futuristische Stadt mit mittelalterlichen Strukturen verwalten?«

»Nein. Wir wollen das futuristische Venedig verwalten wie ein modernes Fürstentum«, sagt Giulio Scarpa und dreht den Billardstock virtuos in der Hand.

»Also doch wie im Mittelalter.« Morello lacht.

Scarpa stoppt die Drehung und hält den Stock fest. »Nein, absolut nicht. Sondern wie die Fürstentümer von heute! Moderne Fürstentümer wie die von Monaco, Andorra und Liechtenstein. Eine konstitutionelle Monarchie. Der Souverän trägt den Titel eines Fürsten und hat die Funktion eines Staatsoberhauptes. Wussten Sie, dass das Fürstentum Monaco das reichste Land der Welt ist? Dort gibt es keine Einkommensteuer, sondern nur eine Mehrwertsteuer. Die Wirtschaft stützt sich ausschließlich auf die Unterhaltungsindustrie, den Qualitätstourismus, das Glücksspiel und den Immobiliensektor. Wir werden unsere eigene Polizei und unsere eigenen Gesetze haben. Keine Penner, keine Bettler, keine Betrüger, keine Kriminalität.«

Morello fragt.»Und wer wird Fürst?«

Scarpa lässt den Stock wieder rotieren.»Der wird gewählt.«

Gabbia steht plötzlich auf.»Ja, er wird gewählt, aber nur aus dem Kreis derer, die mindestens einen Dogen in ihrer Familie als Nachkommen haben.«

»Selbstverständlich. Und auch ich gehöre zu diesem Kreis!« Scarpa nimmt den Stock in die linke Hand und zieht aus seiner Tasche wieder das Dokument und fuchtelt damit herum.»Das ist die Urkunde, die meine Abstammung von dem Dogen Domenico Orseolo belegt. Um das zu bekommen, habe ich jahrelang recherchieren lassen und eine Menge Geld ausgegeben!«

Gabbia lächelt schräg.»Pure Geldverschwendung! Aber gehen wir davon aus, dass dieses Dokument authentisch ist. Es bleibt das Problem, dass dein Vorfahr ein Verräter war – und sein Familienname wurde für immer für öffentliche Ämter in Venedig gebannt.«

Giulio Scarpa wird rot im Gesicht und stampft mit dem Stock auf. »Er war kein Verräter! Der Patriarch von Torcello hat ihn im Jahr 1031 als Doge bezeichnet.«

»Ja, aber er hat nicht die Bestätigung von der Volksversammlung erhalten. Und deine Scheißvorfahren mussten nach Ravenna fliehen, nach nur einem Tag als Doge.« Filiberto Gabbia lacht hämisch. Morello wird schlecht. Sein Kopf dröhnt. Er kann die keifenden Stimmen der beiden nicht mehr ertragen und verlässt den Billardraum. Morello schließt die Tür hinter sich und lehnt sich im Flur mit dem Rücken an die Wand. Und atmet tief durch. Einmal, zweimal. Was ist passiert? Worin war er da gerade eingetaucht? War das real oder ein Albtraum? So ein Tagtraum wie die schwebenden Blumen an den Wänden? Die ganze irreale Szenerie dieses Palazzos … Er schließt die Augen und konzentriert sich. Nur langsam gelingt es ihm, einen klaren Gedanken zu fassen. Venedig soll zu einem riesigen Disneyland werden. Das Modell, die ganzen Pläne – alles das ist real. Ein Venedig der Superreichen. Ohne die venezianischen Einwohner. Die dürfen nur kommen und die Sklavenarbeit ver-

274

richten – und müssen dann wieder in ihre Behausungen außerhalb zurückkehren. Das Ganze für viel Geld, für sehr viel Geld. Aber das allein ist nicht die Triebfeder der beiden streitenden Männer im Billardraum. Es geht ihnen nicht um die Finanzierung der Projekte, nicht um das Vertrauen der Investoren, nicht um den Einkauf des Wohlwollens der Politiker, nicht um die ungeheuren Bestechungssummen. Das alles ist längst geplant, kalkuliert und schon im Gange. Das vorrangige Ziel dieser beiden durchgeknallten Möchtegern-Dogen ist: Sie wollen die Fürsten sein, sie wollen an der Spitze dieses neuen Fürstentums stehen.

Und – Gabbia hat natürlich recht: Alles ist legal! All das, was Gabbia ihm gezeigt hat, ist legal. Es ist erlaubt, verrückte Pläne zu haben. Doch die Fassade der selbstsicheren Arroganz Gabbias zeigt Risse – wenn etwas in seiner Planung nicht so reibungslos funktioniert, wie er das gern hätte. Und Morello ist sich jetzt sicher: Paolo Salini war eines der Rädchen in dieser riesigen Maschinerie, die längst angelaufen ist. Salini war ein Geldbote. Aber der Geldschatz, den er überbringen sollte, ist nie angekommen.

## DIE MAGIE DES GELDES

Eine Frau nähert sich. Etwa 1,70 groß. Sie trägt einen Hosenanzug in hellem Blau, unter dem Jackett eine weiße Bluse. Schuhe in der gleichen Farbe wie das Jackett. Ihr Haar ist schwarz und kurz geschnitten. Ebenfalls schwarz: ihre Augen, groß und rund. Ihr Gesicht erinnert Morello an die Hauptdarstellerin in »Die fabelhafte Welt der Amélie«. Doch die Frau ist älter, Morello schätzt sie auf etwa fünfzig Jahre. Ihr Mund ist schmal. Kopfhaltung und Gesichtsausdruck vermitteln Ernst, Durchsetzungsvermögen, Entschlossenheit. Keine Anteilnahme, sondern kühle Distanz, fast etwas Militärisches.

Sie geht auf die Flügeltür des Billardraums zu und greift nach der Klinke.

»An Ihrer Stelle würde ich noch ein paar Minuten warten, bevor Sie diesen Raum betreten.«

»Wieso?« Die Frau schaut Morello neugierig an. Morello, immer noch mit dem Rücken an der Wand, deutet mit einer Kopfbewegung in Richtung der Türe vor ihm. »Na ja ... die beiden Männer da drin ... haben gerade eine heftige ... nennen wir es Diskussion.«

»Aha. Haben Sie die Männer belauscht oder waren Sie in dem Raum und Zeuge des Streits?«

»Ja, ich war drin ... ich bin übrigens Commissario Antonio Morello.«

Die Frau zieht ihre Augenbrauen hoch. Aber sie vermeidet jegliche überraschte Reaktion. Anscheinend ist sie gewohnt, mit eigenwilligen Menschen und unerwarteten Situationen umzugehen.

»Oh, sehr angenehm! Ich heiße Rita Ferretti. Ich leite die Banca Italiana in Mailand.« Sie schüttelt Morellos Hand.

»Wollen Sie etwa den Irrsinn der beiden dort drin finanzieren?«

Die Frau lächelt und schaut zur Tür. »Ach, wissen Sie: Der Herr Gabbia hat einen großen Plan. Was mich interessiert, ist, ob das Geld, das ich investiere, Gewinne abwirft. Ich bin Bankerin.«

Sie tritt auf Morello zu und deutet auf die Tür. »Entschuldigen Sie bitte, aber ich muss da jetzt rein. Wegen der beiden Männer da drin, streiten sie noch?«

»Ich fürchte ja.«

Sie lacht. »Möchten Sie Zeuge eines Zauberkunststücks werden?«

»Sehr gern!« Neugierig stellt sich Morello vor die Tür und verschränkt die Arme.

»Sobald ich diese Tür öffne, werden die beiden Männer da drin beste Freunde sein. Simsalabim.« Sie schnippt mit den Fingern.

»Da bin ich aber gespannt. Ich bezweifle, dass hier Charme oder geballte Frauenpower irgendetwas ausrichten können.«

Innerhalb des Bruchteiles einer Sekunde verschwindet das Lächeln aus dem Gesicht der Frau. Sie wird ein anderer Mensch. Ihre Lippen sind zusammengepresst. Auf der Stirn ernste Falten. Die Augen sind plötzlich klein.

Sie öffnet die Tür und bleibt im Eingang stehen, beide Hände an ihren Hüften.

Sofort verstummen die lauten Stimmen der Männer – um dann Sekundenbruchteile später und völlig unisono in einem fröhlichen Tonfall auszurufen:»Oh, Signora Ferretti – willkommen in Venedig!« Morello schaut die Frau verblüfft an, die sich jetzt wieder zu ihm umdreht und lächelt.»Das, mein lieber Commissario – das nennt man die Magie des Geldes.« Mit einem heiteren Zwinkern schließt sie die Tür hinter sich.

## DER UNBEKANNTE

Immer noch benommen durchquert er den Büfettsaal. Am Eingang zum Tanzsalon bleibt er stehen und lehnt sich gegen den Türrahmen. Tausende bunte Steine glitzern und blenden ihn; Terrazzo Veneziano auch hier. An den Wänden hängen Gemälde, geschmückt mit vergoldeten Stuckrahmen. Zwischen den Bildern befinden sich riesige, mit Bronzerahmen verzierte Spiegel. Am Ende des Salons steht ein Podium, auf dem eine vierköpfige Jazzband *Dune Mosse* von Zucchero spielt. Morello sieht, wie sich auf der Tanzfläche mehrere Paare zusammengefunden haben und sich langsam im Rhythmus der Ballade wiegen.

Er schüttelt den Kopf, um die Gedanken an den irrwitzigen Plan zu vertreiben, von dem er gerade gehört hat. Er schaut nach oben. Ein großer Kronleuchter, ähnlich dem im großen Saal, erleuchtet dezent den Salon. Und auch die Decke, die fast völlig eingenommen wird von einem riesigen Fresko, ist umgeben von vergoldetem Stuck. Im Mittelpunkt dieses Freskos steht ein Mann mit der eigenartigen Kopfbedeckung der venezianischen Dogen. Er ist mit einer Tunika bekleidet, die mit Blumen in roten und grünen Farben verziert ist. Der Doge sitzt auf einem von vier weißen Pferden gezogenen Wagen. Unterhalb des Wagens in den Ecken vier schöne Frauen.

»Das ist ein Doge!«, sagt eine sanfte Stimme hinter seinem Rücken.

»Und Ihre Mütze – das ist eine sizilianische Coppola.«

Morello senkt seinen Kopf und dreht sich um. Vor ihm steht ein älterer Mann, dessen exaktes Alter er nicht schätzen kann. Etwa

1,70 groß, schlank, vielleicht siebzig Kilo schwer. Perfekt sitzender Smoking. Dünne, glatte schwarze Haare, nach hinten gekämmt. Breite Stirn, runde schwarze Augen, eine lange, nach unten gebogene Nase, der Mund schmal und klein. Ein dreieckiges, blasses Gesicht: oben breit und unten schmal, auf dem eine Brille mit erstaunlich großen, viereckigen Gläsern sitzt. Das Kinn endet spitz und mit einem kleinen Grübchen. Als er mit seiner linken Hand auf das Fresko zeigt, wird eine goldene Rolex sichtbar. »Der da auf dem Wagen – das ist ein Doge!«

»Dachte ich mir. Die Dogen tragen diese … lustigen Mützen«, sagt Morello.

»… sagt der Mann, der mit Inbrunst die sizilianische Coppola trägt!« Der Mann lässt den Arm sinken und lächelt Morello an.

»Dieses Fresko hier ist die Nachschöpfung eines sehr bekannten Werkes von Giovanni Battista Tiepolo mit dem Titel ›Olympus und die vier Kontinente‹. Es handelt sich um ein prächtiges und riesiges Fresko, das die Decke der Ehrentreppe in der Residenz des Fürstbischofs von Greiffenclau in Würzburg ziert. Jede Frau verkörpert einen der damals bekannten vier Kontinente. Europa wird durch die erste Frau der Welt dargestellt, die einen Doktortitel erhielt: Elena Lucrezia Corner Piscopia. Venezianerin. Sie schloss ihr Studium an der Universität Padua 1678 mit einer Arbeit über Aristoteles ab. Die rechte Hand der Frau deutet auf einen Globus und ein aufgeschlagenes Buch. Sehen Sie?«

»Ja, wunderbar! Die Frau ist sehr schön.« Morello betrachtet ihre Gestalt. Ihre Haut ist hell, die Haare sind schwarz und lockig. Das Gesicht lang und schmal. Auch ihre Augen sind schwarz. Die Frau sitzt auf einem roten Stuhl. Sie trägt einen kurzen Umhang über einem langen schwarzen Kleid.

Morello mustert den Unbekannten. »Sind Sie Kunsthistoriker? Oder Maler?«

»Nein. Ich bin … ich bin eine Art Antiquitätenhändler.« Er wendet sich ab und hustet mit vorgehaltener Hand. Dann fährt er fort: »Amerika wird repräsentiert von einer Kriegerin, deren Oberkörper nackt ist. Neben dieser Frau ein schwarzes sattelloses

Pferd, ungeduldig, als wartete es darauf, dass die Kriegerin es besteigt.«

Morello richtet seinen Blick auf die Kriegerin. Dunkles, langes, glattes Haar, das teilweise ihre Brust bedeckt. Der Kopf ist geschmückt mit bunten Federn. Ihr Gesichtsausdruck ist ernst, ihre Augen sind geschlossen, trotzdem zeigt sie mit ihrer linken Hand, die zwei Pfeile hält, in eine Richtung, als ob sie auf eine Gefahr deuten will. In der rechten Hand trägt sie einen großen Bogen. Ein rotes Tuch ist um ihre Taille geknotet.

»Unglaublich«, sagt Morello leise. »Wer weiß, wie viel Zeit der Künstler gebraucht hat, um dieses Fresko zu malen ... Hoffentlich nicht zwanzig Jahre wie dieser andere Maler ...« Morello überlegt kurz. »Wie hieß dieser Maler, der das größte Gemälde der Welt schuf – und am Ende ist er abgestürzt und war tot?«

Der Mann lächelt. »Sie wollen mich prüfen, Commissario. Der Maler hieß Giovanni Antonio Fumiani. Das Gemälde heißt: Il Martirio e l'Apoteosi di San Pantalon. Er soll vom Gerüst gestürzt sein, als er letzte Arbeiten an dem Gemälde ausführte.«

Morello nickt und schaut wieder nach oben. »Der asiatische Kontinent wird durch eine Frau auf einem majestätischen Elefanten dargestellt.«

Die dritte Frau hat einen Turban um den Kopf gewickelt. Das Gesicht ist rund. Die Augen sind dunkel und mandelförmig. Ihr Mund ist geschlossen, ihr Blick ist ernst, entschlossen. Sie trägt eine kurze helle Jacke über einem langen blauen Kleid.

Der Mann berührt kurz Morellos Schulter. »Diese Frau ist eine Prinzessin, die ein Todesurteil über einen Sklaven fällen soll. In ihrer rechten Hand hält sie ein Zepter, während ihre linke Hand auf einen halb nackten Sklaven zeigt, der neben einem Grabstein auf dem Boden liegt. Die vierte Frau mit der dunklen Hautfarbe steht natürlich für Afrika. Sie sitzt auf einem Kamel, das auf dem Boden hockt ...«

»Eigenartig. Ich dachte, Elefanten seien das Symbol für Afrika – und Kamele für die arabischen Länder.«

»So ist es heute, aber vergessen Sie nicht, dass damals die Welt eine andere war.«

Die afrikanische Frau trägt einen weißen Kopfschmuck, der nicht nur ihr Haar, sondern auch ihre Brüste bedeckt. Sie hat, wie Amerika und Asien, einen halb nackten Oberkörper. Der lange Hals ist mit mehreren bunten Halsketten geschmückt. Um die Arme und Handgelenke breite Goldreifen. Das Gesicht der Frau ist rund, ihre Augen sind dunkel und offen. Der Mund ist geschlossen, die Lippen sind groß und fleischig. Sie trägt große, kreisförmige goldene Ohrringe. Neben dem Kamel liegt ein großer schlafender Löwe, daneben sitzt ein Affe, der einen Strauß streichelt, während ein gelbrot-grün gefärbter Papagei im Begriff ist, davonzufliegen.

Morello wendet sich an den Kunstexperten:»Hat diese Szene eine Bedeutung?«

Der Mann wendet sich zur Seite und hustet bellend. Mit einer Hand bedeutet er Morello, auf seine Antwort zu warten. Mit der anderen zieht er ein Taschentuch hervor und hält es sich vor den Mund, bis der Husten abklingt. Als der Mann das Taschentuch wieder einsteckt, sind rote Flecken auf dem Stoff.

Morello geht einen Schritt auf ihn zu.»Brauchen Sie Hilfe? Soll ich einen Arzt rufen?«Er greift nach seinem Handy in der Hosentasche. Der Mann schüttelt den Kopf und hebt eine Hand.»Nein, nein! Nicht nötig. Ich habe einen Arzt.«

»Geben Sie mir die Nummer. Oder den Namen. Ich rufe ihn an.«

Der Unbekannte schüttelt erneut den Kopf. Er hustet noch einmal. »Mein Arzt ist nicht hier.« Er macht eine Geste, die irgendwohin deutet.»Er ist – zu Hause.«

Dann hat er sich wieder unter Kontrolle.»Entschuldigen Sie! Wo waren wir stehen geblieben? Ach ja: Sie wollen wissen, was diese Szene darstellt. Kann ich Ihnen sagen: Sehen Sie dort den knienden Mann?«

Morello nickt bestätigend.»Ja. Ein Weißer. Und er trägt einen Dreispitz.«

»Er kniet, und man kann sein Gesicht nicht sehen, aber man kann mit einiger Sicherheit davon ausgehen, dass es ein Europäer ist.«

»Woran sehen Sie das?«, fragt Morello.

»Seine Kleidung!« Sein Gesprächspartner deutet auf den Mann:»Er ist angezogen mit einer bestickten Jacke über einem weißen Hemd mit Rüschenkragen, Röhrenhosen und knielangen Stiefeln.«

Er lässt die Hand sinken. »Zusammen mit Dreispitzhut ist das die typisch europäische Mode um das Jahr 1600. Der Mann überreicht mit ausgestreckten Händen eine goldene Schatulle an die Frau, die das Geschenk freudig entgegenzunehmen scheint. Das bedeutet: Afrika empfängt die Europäer mit offenen Armen.«

Morello schaut den Mann mit einem skeptischen Blick an. »Das bessere Zubehör für den Europäer in Afrika wäre wohl eine Peitsche.«

Der Mann lächelt. »Gewalt und Geld haben damals die Welt regiert – und heute ist es nicht anders.« Er mustert Morello. »Es gibt Dinge auf der Welt, die nicht schön sind. Trotzdem sind sie da und fordern ihr Recht. Ihre Coppola bedeutet, dass sie Sizilianer sind.«

»Ich komme aus Cefalù. Und Sie? Ich höre ganz entfernt einen Dialekt, den ich kenne.«

»Auch ich wurde in Sizilien geboren, lebe aber seit mehr als dreißig Jahren abwechselnd in Padua und Venedig und bin oft im Ausland. Als Antiquitätenhändler reise ich viel, und wenn ich hier in Venedig bin, studiere ich die venezianische Kultur und Kunst.«

»Wenn Sie so lange zwischen Venedig und Padua gelebt haben, dann sind Sie sicherlich dieses hier ...«, Morello lässt seine Arme kreisen, »in all seinen Spielarten gewohnt.«

Auf der Stirn des Mannes tauchen Falten auf, seine Augen verengen sich. »Wenn Sie wissen wollen, ob es mir gefällt, dieses ... Luxusleben, dann lautet die Antwort: Ja – mir gefällt das. Mir gefallen die Palazzi, das Essen, das Casino. Die unglaubliche Kunst, die Gemälde und Bilder ... und als ich noch jung war, auch die Frauen.«

Wieder muss er husten.

»Sagen Sie mir: Wenn man lange genug in Venedig lebt, wird man dann irgendwann ein Venezianer?«

Der Mann lacht. »Ein Sizilianer bleibt immer ein Sizilianer, auch wenn er einen Großteil seines Lebens außerhalb von Sizilien verbringt. Machen Sie sich keine Gedanken, Sie werden sicherlich nie ein Venezianer werden.«

Morello nickt. »Wir Sizilianer erkennen uns immer. Wir sind uns auf geheimnisvolle Weise ähnlich. Ich sehe Sie zum ersten Mal, und trotzdem habe ich nach wenigen Minuten das Gefühl, Sie zu kennen. Ein wenig, zumindest. Sie sind mir sympathisch. Warum gehen Sie nicht zurück nach Sizilien? Haben Sie dort noch Verwandte?« Der Mann nickt und lächelt. »Vielleicht werde ich das tun ... obwohl mein Schicksal mich dazu gezwungen hat, allein zu bleiben. Wie das Schicksal auch Sie gezwungen hat, allein zu sein, Commissario.« »So, Sie glauben, ich bliebe für immer allein?« Morello tritt einen Schritt zurück. »Woher wissen Sie, dass ich Commissario bin?« Der Mann lacht. Er legt Morello einen Arm um die Schulter. »Die Welt ist klein, Commissario. Viel kleiner, als Sie denken.«

Dann geht er.


### PERLONI


»Commissario! Was zum Teufel machen Sie denn hier?« Morello erwacht wie aus einer Trance. Sein geheimnisvoller Gesprächspartner ist nicht mehr zu sehen. Stattdessen steht, mit hochrotem Gesicht, Attilio Perloni, der Questore, vor ihm, neben ihm seine Frau und ein Mann in mittlerem Alter. »Nicht zu fassen! Statt sich um Ihren Fall zu kümmern, treiben Sie sich hier herum und vergnügen sich? Wie sind Sie hier überhaupt reingekommen?« Morello starrt Perloni verständnislos an. *Wie das Schicksal auch Sie gezwungen hat, allein zu sein.* In seinem Kopf hallen diese Worte nach wie ein nicht enden wollendes Echo. Dieser Mensch wusste, dass er Polizist ist. Weiß er auch von der Ermordung Saras und ihres ungeborenen Kindes? *Wie das Schicksal auch Sie gezwungen hat, allein zu sein.* Morello schaut sich um, wo der Mann sich befindet, aber er kann ihn nicht ausmachen. Er hört nicht mehr, was Perloni und seine Frau sagen. Er hört keine Musik. Er hört nichts. Er läuft in die Mitte des Ballsaals. Männer und Frauen tanzen. Eine Frau kommt mit wiegendem Schritt auf ihn zu und lächelt ihn an. Sie streckt ihre Hand aus und fordert Morello auf, mit ihr zu tanzen. Morello schaut die Frau ausdruckslos an. Da! Hinter der Frau sieht er einen Mann, der ihm den Rücken zuwendet und tanzt. 1,70 groß, schlank, Smoking. Dunkle glatte Haare, nach hinten gekämmt. Das muss er sein. Mit festem Schritt, die Arme durch die tanzende Menge schwingend, erreicht er den Mann. Mit einem Arm packt er ihn fest an der Schulter und zieht ihn zu sich heran. Der Mann verliert das Gleichgewicht und stolpert in einen anderen Mann. Wie Dominosteine fallen die beiden zu Boden. Eine Frau neben Morello schreit schrill quiekend auf. Einer der anderen Tänzer brüllt Morello an:»Was machen Sie denn da? Was soll das?« Wieder ein anderer:»Hilfe, ein Verrückter! Ruft die Polizei!« Die Jazzband bricht ihr Spiel ab. Sofort bildet sich ein Kreis um Morello und die beiden Männer am Boden.

Morello ist erstarrt. Vor ihm auf dem Boden liegen zwei Männer, die ihn ängstlich anstarren. Keiner von ihnen ist der geheimnisvolle Sizilianer. Morello blickt auf: um ihn herum nur wütende Gesichter von empörten Frauen und Männern, die ihn beschimpfen. »Lassen Sie mich durch! Ich bin der Questore Attilio Perloni. Wir sind die Polizei.« Der Questore bahnt sich einen Weg in das Zentrum des Kreises und stellt sich neben Morello. »Der Mann ist einer meiner Untergebenen, leider. Das Ganze hier ist sicherlich ein bedauerliches Missverständnis. Bitte entschuldigen Sie! Tanzen Sie bitte weiter. Mein Untergebener wird diesen Ort sofort verlassen.« Wie ein Lehrer, der einen Schüler aus der Klasse verweist, greift Perloni Morello an dem Arm und führt ihn aus dem Ballsaal. Der Bandleader zählt ein, und die Musiker beginnen wieder zu spielen.


## BALKON, PALAZZO GABBIA


Morello steht mit gesenktem Kopf vor Perloni auf der Balkonterrasse des großen Saals.

Der Questore stapft vor ihm hin und her. »Was glauben Sie eigentlich, wer Sie sind? Sie haben einen Streit mit zwei Männern – im Haus der Familie Gabbia! Mitten auf einem Fest. Was haben Sie sich dabei gedacht? Wollen Sie meinen Ruf ruinieren?«

Morello hebt den Kopf.»Nein, Signor Questore. Kein Streit. Nur eine Verwechslung. Ich wollte einen Mann finden, mit dem ich ...« Perloni stellt sich vor Morello und brüllt ihn an.»Unterbrechen Sie mich nicht!«

Morello senkt wieder den Kopf und spricht leise:»Sie haben mir eine Frage gestellt, Signor Questore.«

»Meine Geduld ist am Ende. Seitdem Sie in Venedig sind, habe ich wegen Ihnen nur Ärger. Nichts als Ärger. Sie haben immer noch nicht begriffen, dass diese Menschen ...« Er zeigt auf das große Fenster rechts von der Tür, von dem aus man in den großen Saal sehen kann. Morello blickt in die Richtung, die Perloni zeigt – und sieht hinter dem großen Fenster Perlonis Frau stehen, neben ihr der Mann, der auch schon im Ballsaal die beiden begleitete.

Perlonis Frau strahlt, winkt zurück und deutet die zeigende Handbewegung ihres Mannes als Einladung an sie und ihre Begleitung, auch auf die Terrasse zu kommen. Sie öffnet die Tür, und beide stellen sich neben Perloni und Morello.

»Attilio, mein Bärchen – du musst aufpassen! Ist das hier nicht viel zu kalt für dich?« Sie wendet sich an Morello:»Sie müssen der berühmte Commissario Morello sein! Attilio hat mir schon so viel von Ihnen erzählt. Kommen Sie.« Sie zieht ihn am Arm und führt ihn von Perloni weg.»Ich will Ihnen einen guten Freund vorstellen.« Perloni hebt die Hand und will etwas sagen, doch seine Frau hat Morello schon vor dem Mann positioniert:»Darf ich bekannt machen: Franco Zanca, der Fraktionsvorsitzende der LIGA im Regionalparlament von Venetien. Wie wir alle wissen: Ohne seine Zustimmung läuft hier gar nichts.« Sie klopft Zanca lachend auf die Schulter.»Und das hier ist Antonio Morello, Commissario, der beste Mitarbeiter meines Mannes.« Elvira Perloni strahlt ihren Mann an, der die Augen verdreht, sich abwendet und den Kopf schüttelt.

»Ach, komm, Bärchen. Sei nicht so grantig. Wisst ihr was? Ich hole uns allen etwas zu trinken.« Sie verlässt die Terrasse.

Zanca mustert Morello mit kritischem Blick.»So, so, Antonio Morello – der freie Hund mit der Coppola. Ja, Ihr Ruhm ist auch bis zu uns gedrungen. Was war denn da eben los im Ballsaal? Zwei Männer am Boden, allgemeine Panik? Was haben Sie hier vor? Polizeiarbeit? Ermitteln Sie?«

»Signor Zanca«, sagt Perloni, »Commissario Morello hat leider keinen Respekt vor der venezianischen Kultur. Ständig sieht er Verschwörungen, überall das Wirken der Mafia – und höher gestellte Personen an der Spitze der Gesellschaft sind grundsätzlich Bösewichte oder führen etwas im Schilde. Da ist er unbelehrbar, vergisst allen Anstand und agiert wie ein Elefant im Porzellanladen. Sein Benehmen ist unentschuldbar …« Er blickt auf Morello. »Ich will ja gar nicht bestreiten, dass er Erfolg hatte und wichtige Fälle gelöst hat … aber ich denke, es ist besser, wenn er demnächst nach Sizilien zurückkehrt.«

»Das mit dem Erfolghaben ist ja immer so eine Sache«, sagt Zanca mit leiser, aber schneidender Stimme und blickt Perloni an.

Perloni erstarrt und blickt Franco Zanca an: »Was bitte meinen Sie?«

Franco Zanca tritt an das Geländer und schaut auf den Canal. »Ich spreche von Athena! Die Sache mit der Software, die wir finanziert haben – die hat Ihre Abteilung doch bisher komplett gegen die Wand gefahren, wie man heute so sagt. Viel Lärm um nichts – habe ich gehört. Sie haben da eine enorme Summe verbrannt, Questore.«

Perloni wischt sich mit dem Taschentuch die Stirn. »Signor Zanca, ich versichere Ihnen, dass wir mit vollem Einsatz …«

Zanca macht mit der Hand eine abwehrende Bewegung. »Lassen Sie's gut sein. Das hier ist nicht der passende Ort, um über diese Dinge zu sprechen. Vielleicht müssen wir da ganz anders rangehen. Mit Leuten, die sich auskennen … Es ist an der Zeit, dass wir das Amt des Questore neu …«

Perloni fällt ihm ins Wort. »Signor Zanca, ich bitte Sie! Wir arbeiten mit Athena, und sicher gab es einige Startschwierigkeiten, aber die sind bald Geschichte, wenn alle da mehr Praxis haben werden. Glauben Sie mir, schon sehr bald werden wir …«

»So, meine Herren! Hier kommen die Getränke.« Elvira Perloni kommt, im Gefolge eine Servierdame, die ein Tablett trägt mit Champagnerkelchen, Aperol-Gläsern und verschiedenen Mixgetränken. Perloni und Zanca nehmen den Champagner. Elvira Perloni greift nach einem Glas Aperol Spritz.

In diesem Moment werden beide Flügel der Ausgangstür geöffnet, und die Gäste der Party strömen auf die Terrasse. Elvira Perloni hakt sich bei ihrem Mann ein: »Ah, wir sind hier genau richtig! Wie schön: Jetzt beginnt gleicht das Feuerwerk! Kommt, vom Geländer aus haben wir den besten Blick.«

Morello nutzt dieses Geschehen zur Flucht. Er drängelt sich gegen die entgegenkommenden Menschen zurück in die große Halle. Und beobachtet die Menschen auf der Terrasse. Von Gabbia, Scarpa und der Bankerin Rita Ferretti keine Spur.

In dem Büfettsaal sind die Angestellten der Cateringfirmen dabei, leere Warmhaltebehälter und einige der Tische abzubauen, um das Büfett neu zu ordnen. Kellner tragen etliche Kästen mit Leergut in Richtung Haupteingang. Morello blickt sich um. Sonst ist niemand zu sehen. Im großen Saal hat man das Licht des Kronleuchters gedämmt, um das Feuerwerk besser zur Geltung zu bringen. Von der Terrasse dringt das Stimmengewirr bis in den Flur. Morello hält sich dicht an der Wand und nähert sich der Tür des Billardzimmers.

Morello hört, wie eine der hinteren Türen geöffnet wird und gleich wieder ins Schloss fällt. Jemand nähert sich. Er bleibt stehen und stellt sich neben eine Wandsäule.

Jetzt kann Morello die Person erkennen. Es ist die dunkelhaarige Haushälterin von Gabbia.

Sie geht in den Büfettsaal, nimmt einen Teller und belädt ihn. Sie kommt mit dem aufgetürmten Teller zurück – und geht an Morello vorbei zurück in den hinteren Abschnitt der Empfangshalle. Sie öffnet eine der Türen und geht in den dahinterliegenden Raum.

Morello wartet hinter der Wandsäule. Nach wenigen Minuten verlässt sie das Zimmer und verschwindet. Den Teller hat sie nicht mehr bei sich.

Von der Terrasse kommen erste »Aaaahs« und »Oooohs« als Reaktion auf dumpfe Explosionslaute. Morello wartet noch einen Moment, blickt sich um, dann geht er zu dem Zimmer, in das die Frau den Teller gebracht hat.

## AREA

Vorsichtig öffnet er die Tür: im Verhältnis zu den anderen riesigen Räumen des Palazzos ein kleines Zimmer. Einfache Möbel, zwei Wandschränke, ein Tisch mit zwei Stühlen und ein größeres Bett. Offenbar der Wohnbereich für Personal.

»Guten Abend. Wer bist du denn? Auch einer von diesen super- reichen Snobs? Mama nennt die Leute so. Ich weiß nicht, was das bedeutet. Aber ich darf heute ganz lange aufbleiben.« An dem Tisch sitzt ein etwa sieben Jahre altes Mädchen, das ein orthopädisches Kunststoffkorsett trägt. Auf dem Boden liegen zwei Krücken.

»Guten Abend, ich bin Antonio. Und du kannst beruhigt sein: Ich bin kein Snob!« Morello tritt an den Tisch. »Darf ich mich setzen, junge Dame?«

»Ja, gern. Ich bekomme hier nicht viel Besuch. Mama sagt, ich soll hier sitzen und still sein. Ich bin nicht gern still. Du hast eine total komische Mütze auf. Erzähle mir eine Geschichte, bitte!«

Morello lacht. »Ich bin auch nicht gern still. Doch erst musst du mir deine Geschichte erzählen. Und du musst weiteressen, sonst ist deine Mutter böse auf mich.«

»Na gut.« Das Mädchen nimmt einen großen Bissen. Dann sagt sie: »Ich bin die Area. Bald darf ich nach Amerika. Da werde ich operiert, und die machen meinen Rücken wieder gesund, dann brauche ich das nicht mehr zu tragen.« Sie zeigt auf das Kunststoffkorsett. »Und jetzt musst du erzählen.«

# 7. TAG
## SONNTAG

### CAMPO SAN SAMUELE

Wenige Minuten vor zehn Uhr. Die letzten Oktobertage zeigen sich von ihrer freundlichen Seite. Die Temperatur beträgt fünfzehn Grad. Und es regnet nicht, obwohl der Himmel in vielfachen Schattierungen dunkelgrau gefärbt ist.

Heute Morgen ist Morello früh aufgestanden. Sogar vor dem Glockenläuten. Er ist nach Mestre gefahren und hat das Champagnerglas mit den Fingerabdrücken von Filiberto Gabbia bei der Spurensicherung der Polizia scientifica abgegeben. Sie sollen herausfinden, ob die Fingerabdrücke dieselben sind, die man auf dem Rohrbogen am Tatort gefunden hat.

»So schnell wie möglich, wie immer, Commissario?« Der leitende Beamte der Spurensicherung trägt einen Schnäuzer wie Freddie Mercury und eine gelbe Kunstlederjacke. »Machen wir. Ihr Mordfall hat natürlich Priorität.« Er seufzt. »Wir haben hier endlos zu tun, etliche Mitarbeiter haben sich krank gemeldet. Corona, Sie verstehen? Ich rufe Sie sofort an.«

Der Campo San Samuele ist menschenleer. In der Mitte des Campo stehen ein paar Sitzbänke unter jungen Bäumen. Am Uferrand ein kleiner Holzkiosk, der geschlossen ist, seine rückwärtige Seite steht fast unmittelbar am Canal Grande. Das Gebäude der Vaporetto-Haltestelle mit dem Anlegeponton befindet sich wenige Meter entfernt vom Palazzo Grassi. Am Eingang hängt ein Schild: *Heute kein Halt der Vaporetti bis 14:00 Uhr.*

Auf dem Canal Grande fährt ein Schnellboot in Richtung Ponte dell'Accademia. Morello beobachtet das langsam fahrende Boot, bis sein Blick auf den Palazzo Gabbia fällt. Er kann die Balkonterrasse sehen, auf der er gestern Abend gestanden und die spektakuläre Aussicht auf den Canal Grande genossen hat.

Morello inspiziert den Campo. Halbrechts vor der Kirche und dem hohen, spitzen Glockenturm steht ein dreistöckiges Haus. Die Rollläden sind heruntergelassen. Nirgendwo Licht. Auf der rechten Seite des Campo steht der Palazzo Malipiero, auf der linken Seite der Palazzo Grassi. Der Campo hat drei Zugänge: die Calle de le Carrozze, die am Palazzo Grassi vorbeiführt, die Calle Malipiero, die Morello benutzt hat. Und der dritte Zugang ist der Canal Grande.

Morello trägt einen Koffer, den er auf eine der Bänke in der Platzmitte abstellt.

Morello ist sich sicher, dass Filiberto Gabbia über den Canal Grande kommen wird. Mit dem Boot braucht Filiberto Gabbia dafür nicht mal fünf Minuten. Morello setzt sich neben den Koffer und schaut gespannt auf seine Armbanduhr: fünf Minuten vor zehn.

Auf dem Kanal nähert sich ein schnelles und luxuriöses Motorboot. Neben der Vaporetto-Haltestelle legt es an. Gabbia ist nicht allein. Ein muskulöser Mann steht am Steuer, schaltet den Motor aus, nimmt eine Leine und vertäut das Boot. Zwei weitere Männer sitzen weiter hinten.

Filiberto Gabbia steigt aus dem Boot und geht auf Morello zu. »Bravo! Ich sehe, Sie haben den Koffer mitgebracht.«

Mit einer Kopfbewegung deutet Morello in Richtung Boot. »Ich sehe, Sie sind nicht allein gekommen.«

Gabbia lächelt schräg. »Bei manchen Geschäften genügen gute Manieren, um Verträge abzuschließen. Bei manchen nicht. Los, ich will das Geld sehen.«

Morello greift nach dem Koffer, hält ihn waagerecht und lässt die Schlösser aufschnappen. Er öffnet den Deckel einen kleinen Spalt weit: Einige Geldbündel sind zu sehen.

»Geben Sie mir den Koffer.«

Morello schließt den Koffer wieder und legt seine Hand darauf.

»Haben Sie für mich ein schönes Haus gefunden?«

»Leider nein. Ich befürchte, Sie werden kein schönes Haus mehr brauchen.«

Morello lächelt ihn an. »Aha, der moderne Doge hält sein Wort nicht. Warum überrascht mich das nicht?«

»Sehen Sie, Signor Commissario: Dieser Campo, der Canal Grande, diese Kirche, die Palazzi ... kurz gesagt: das ganze Venedig, diese einzigartige und wunderschöne Stadt wurde gebaut von meinen Vorfahren, den Dogen ... ergo: Alles, was Sie hier sehen und auch die Stelle, wo Sie gerade stehen: All das gehört mir. Also geben Sie mir jetzt ...«

Morello unterbricht Gabbia. »Sehe ich anders. Stein, Keramik, Ziegel, Kacheln, Holz, Beton, Sand, Eisen und Stahl ... aus diesen Materialien ist diese Stadt entstanden. Das heißt: Arbeiter, Architekten, Handwerker, Bildhauer, Künstler und Arbeiter aller Art haben Venedig gebaut. Diese Stadt gehört daher allen Menschen. Was Ihre Vorfahren getan haben, war, Menschen auszubeuten und zu zwingen, für ein trockenes Stück Brot zu arbeiten, während Ihre verfluchten Dogen in der Opulenz und dem Reichtum von Luxuspalästen lebten. Sie sind nicht derjenige, den diese Stadt braucht. Sie sind nur ein arroganter, zynischer, gieriger Mann, der wie Ihre Vorfahren sich auf Kosten armer Menschen bereichern will. Ihr Disneyland-Plan wird nicht aufgehen. Ein Mensch ist bereits wegen Ihrer Gier gestorben.«

Gabbia lacht. »Ihr Idealismus in allen Ehren. Ganz ehrlich: Ich habe Mitleid mit Ihnen, Signor Commissario. Wirklich! Sie gehören zu denjenigen, die glauben, dass die Welt von anständigen, guten Menschen bevölkert wird. Sie glauben an Gerechtigkeit, an Ehrlichkeit, an gute Politik. Wie naiv! Aber sieh dich um, sieh dir die Realität des Lebens an! Wir befinden uns im Krieg, Signor Commissario. Und Kriege werden mit Waffen gewonnen, und Waffen kosten Geld. Das gilt auch für all die Dinge, die man zum Leben braucht. Elektrizität, Gas, Brot, Benzin. In Kriegszeiten wird immer alles teurer. Dafür braucht man Geld, viel Geld, Signor Commissario. Alles dreht sich ums Geld! Wenn Sie Geschäfte machen wollen, müssen Sie Geld investieren. Können Sie sich vorstellen, wie viel Geld wir bereits investiert haben, um Venedig zu dem Paradies zu machen, das ich Ihnen in dem Modell gezeigt habe? Fast eine Milliarde Euro allein für Planungen, Genehmigungen, Vorbereitungen. Seit zehn Jahren sammele ich Gelder von vermögenden venezianischen Familien. Für dieses Projekt habe ich mein gesamtes Vermögen, praktisch alles, was ich besitze, verpfändet – sogar den dritten Stock meines Palazzos. Gestern Abend hat uns Frau Ferretti eine Investition ihrer Bank in Höhe von mindestens 20 Milliarden Euro zugesichert. Zuzüglich der Investitionen einiger Investmentbanken und verschiedener Hedgefonds werden wir insgesamt über 40 Milliarden verfügen. Und vielleicht reicht das immer noch nicht.«

»Certo. Sie müssen auch die Politiker bezahlen. Zum Beispiel, um die Genehmigungen für den Ausbau des Flughafens zu bekommen. Das war die Aufgabe von Paolo Salini, nicht wahr? Und natürlich haben Sie die beiden Männer in Salinis Wohnung geschickt, um das Geld zu finden.«

Gabbia zieht seine Schulter hoch und breitet die Arme aus. »Es tut mir leid wegen Ihrer Kollegin, aber ich brauche dieses Geld dringend. Es ist die erste Rate einer äußerst großen Summe, die ich an die LIGA zahlen muss.«

Filiberto Gabbia hebt kurz seine rechte Hand. Morello sieht, wie die drei Männer aus dem Boot aussteigen, näher kommen und sich neben Gabbia positionieren.

»Ach ja. Jetzt sind die Faschisten an der Regierung, zusammen mit Berlusconi und Salvini. Jetzt können die Mafia, die organisierte Kriminalität und miese Typen wie Sie feiern und triumphieren. Jetzt haben Sie freie Bahn: Ihre Projekte werden künftig vom Staat mitfinanziert. Also wieder Korruption, überteuerte Baukosten, das ganze alte Spiel. Ab und an werden Bomben gezündet, um Leute zu vernichten, die nicht käuflich sind. Und um andere einzuschüchtern. Und irgendwann werden Gesetze durchgesetzt, die sich gegen die Menschenrechte richten – wie bei eurem Idol Mussolini. Sie halten sich für einen modernen Dogen – aber Sie sind lächerlich. Absolut lächerlich.«

»Es ist mir wirklich völlig egal, was Sie über mich denken. Aber Ihnen dürfte klar sein, dass ich Sie jetzt nicht mehr gehen lassen kann. Das Geld in dem Koffer gehört mir – und das Projekt Disneyland wird durchgeführt.«

Gabbia zeigt mit einer Kopfbewegung in Richtung Morello: Sofort stürzen sich die drei Männer auf Morello. Zwei halten ihn fest. Der dritte öffnet den Koffer und prüft den Inhalt. Er nimmt ein Geldbündel, biegt es und hält es Gabbia hin, während er die Scheine an seinem Daumen entlangschnellen lässt. Alle sehen: Nur obenauf befindet sich ein Geldschein – darunter ein Stapel weißes Papier. Dasselbe bei dem nächsten und übernächsten Bündel. Der Mann lässt seine Arme sinken.

Morello stößt einen lauten Pfiff aus. Aus dem kleinen Holzkiosk springen Anna Klotze und Mario Rogello, ihre Waffen im Anschlag: Sie zielen auf die beiden Männer, die Morello festhalten. Alvaro Camozzo stürmt aus der Calle de le Carrozze herbei und richtet seine Pistole auf Filiberto Gabbia. Aus der Calle Malipiero kommt Ferruccio Zolan, seine Waffe bedroht den Muskelprotz, der immer noch den Koffer festhält.

Für einen Moment lang sieht es so aus, als wäre es den Beamten gelungen, Filiberto Gabbia und seine drei Leibwächter festzusetzen. Doch plötzlich wirft der muskulöse Mann den Koffer mit voller Wucht gegen Zolan, der sofort zu Boden geht. Für den Bruchteil einer Sekunde sind Anna Klotze und Mario Rogello abgelenkt – die zwei Männer, die Morello festhalten, springen los: der eine auf Mario und der andere auf Anna Klotze. Morello rennt und wirft sich auf den Mann, der den Koffer geworfen hat. Nur Alvaro Camozzo hält seine Pistole weiterhin auf Filiberto Gabbia gerichtet. Alvaro zittert am ganzen Körper. Gabbia grinst und nähert sich ihm langsam.

Alvaro flüstert: »Halt! Bleiben Sie stehen! Bitte. Sonst schieße ich!« Doch Gabbia lächelt Alvaro an und stellt sich direkt vor die Mündung seiner Waffe. »Komm schon, schieß doch endlich.«

Alvaros Hände zittern. Schweiß rinnt ihm von der Stirn in die Augen, als ob es auf seinen Kopf regnen würde. Instinktiv schließt er die brennenden Augen, doch bevor er den Abzug der Waffe drücken kann, trifft ihn ein harter Handkantenschlag ins Gesicht. Er sinkt zu Boden. Filiberto Gabbia reißt ihm die Waffe aus der Hand, hebt sie und schießt auf Morello. Der Commissario wirft sich zur Seite. Im Fallen sieht er den rennenden Schatten und braucht eine Sekunde, um zu verstehen: Es ist Gabbia, der zum Kai sprintet. Er rafft sich auf und rennt hinterher. Doch Gabbia ist schon in das Boot gesprungen und löst das Halteseil. Als Morello am Wasser ankommt, schießt das Schiff mit einem hochtourigen Aufheulen davon.

Zolan steht langsam auf. Und richtet seine Pistole auf den Mann, der den Koffer geworfen hat. Der Gangster hält sofort inne und hebt die Hände.

Morello kommt fluchend zurück. Ferruccio Zolans Gesicht ist leichenblass. Mit seiner Hand drückt er auf seinen linken Oberschenkel. Innerhalb weniger Sekunden ist sie voller Blut. Auf der Hose weitet sich ein immer größer werdender dunkelroter Fleck. Ferruccio will einen Schritt nach vorne machen, doch er stolpert. Morello nimmt seine Pistole, schießt zweimal in die Luft und brüllt: »Hände auf den Rücken – oder ich schieße in eure Scheißköpfe! Keinen Mucks mehr!«
Neben ihm bricht Zolan zusammen.


## KOMMISSARIAT, BÜRO LOMBARDI


Morello stellt ein kleines Aufnahmegerät auf den Schreibtisch des Vice Questore. »Hier finden Sie alles, was Sie für den Erlass eines Haftbefehls gegen Filiberto Gabbia benötigen.«
Lombardi sitzt hinter seinem Schreibtisch, schaut Morello mit offenem Mund an und hört ihm aufmerksam zu.
»Es dreht sich alles um Gabbia … um ein Projekt, aus Venedig eine Art Disneyland zu machen. Gabbia hat Salini angewiesen, einige

Politiker zu bestechen, um die erforderlichen Stimmen zusammen-
zubekommen, die nötig sind, um den Ausbau des Flughafens von
Venedig zu genehmigen. Er hat den Boxer zu Salinis Wohnung ge-
schickt und er hat auf Zolan geschossen. Der Mann ist verzweifelt.
Ich bin sicher, dass er, wenn wir ihn gefunden haben, alles gestehen
wird, was wir schon wissen, und auch das, was wir immer noch
nicht wissen.«
Lombardi atmet tief durch. »Sie sind ein sehr guter Kommissar.
Und Ihr Team … Questore Perloni will Sie belob…«
Morello unterbricht ihn.
»Ich gehe jetzt ins Krankenhaus, Zolan zu besuchen.« Er verlässt
das Büro, bevor Lombardi noch etwas sagen kann.

## KRANKENHAUS SANTI GIOVANNI E PAOLO

»Oh, mon petit chéri!«
Die korpulente französiche Krankenschwester ordnet Kranken-
akten, als Morello am Tresen der Station erscheint. Sie strahlt ihn an:
»Ihrem Kollegen geht's schon wieder viel besser. Nur unser Essen –
das scheint er nicht zu mögen. Offenbar ein Gourmet. Aber in die-
ser Beziehung sind wir Franzosen ja sehr tolerant. Zimmer 107!«
Morello öffnet langsam die Tür und tritt in das Zimmer. Er sieht
Zolan, der auf dem Bett sitzt und eine große Tasche durchwühlt.
Auf einem Stuhl, an dem zwei Krücken lehnen, sitzt ein weiterer
Patient, ein älterer Mann mit bandagiertem Kopf, der auf den an
der Wand gegenüber angebrachten Fernseher schaut.
»Ferruccio?«
Zolan dreht sich um und lächelt Morello an.
»Commissario! Das ist ja klasse … schön, Sie zu sehen!« Er zeigt
auf einen Stuhl neben seinem Bett. »Bitte! Setzen Sie sich.«
Morello setzt sich und beobachtet Zolan neugierig, wie er der gro-
ßen Tasche ein Besteck, ein Glas, eine Flasche Wasser, zwei Teller
und einen großen Thermobehälter in Edelstahloptik entnimmt.
»Wie geht es dir, Ferruccio? Was haben die Ärzte gesagt?«

»Mir geht es gut, Commissario. Es war nur ein Streifschuss, der meinen Oberschenkel getroffen hat. Es gibt keine Komplikationen. Aber ich werde ein paar Tage hierbleiben müssen.«

Er schraubt den Behälter auf, und ein intensiver Geruch von Tagliatelle al Salmone breitet sich im Raum aus. Zolans Nase nähert sich dem Behälter, er zieht den Duft tief ein. »Glauben Sie mir, Commissario: Niemand auf der Welt kann dieses Gericht so gut kochen wie meine Frau. Wollen Sie mal probieren?«

Morello schüttelt lachend den Kopf. Er freut sich, dass es Zolan gut geht, dann schaut er zu dem alten Mann mit dem bandagierten Kopf. Er isst mit einem traurigen Gesichtsausdruck Brühe aus einem Teller mit einem Löffel.

»Das ist Delmo. Lebt völlig allein.«

»Was?« Morello schaut wieder Zolan an.

Zolan spricht leise. »Er lebt allein. Ist auf einer Treppe ausgerutscht und hat sich das Bein gebrochen, dazu eine leichte Gehirnerschütterung und am Kopf einige heftige Wunden. Musste genäht werden. Armer Kerl.« Zolan schüttet eine Portion Nudeln, die noch dampfen, auf einen der Teller.

Morello steht auf. »So, Ferruccio: dann mal guten Appetit! Das duftet ja fantastisch. Ich werde mir auch etwas zu essen holen.«

Er geht zur Tür und öffnet sie.

»Commissario?«, ruft Zolan. Morello dreht sich um und sieht, wie Zolan Delmo den Teller mit den Nudeln reicht. »Was denken Sie? Haben wir unsere Sache gut gemacht?«

»Ja, Ferruccio. Haben wir. Sehr gute Arbeit. Das ganze Team.«

Vor dem Krankenhaus bleibt Morello stehen. Er atmet tief durch und lächelt. Dein Instinkt hat dich nicht betrogen, Antonio.

Sein Handy klingelt. Es ist der Schnauzbart aus der Spurensicherung. »Volltreffer, Morello! Ganz klare Übereinstimmung von Zeige- und Mittelfinger bei Rohrbogen und Glas. Gratulation, Sie sind auf der richtigen Spur.«

Jetzt hast du ihn, Antonio. Gabbia ist Salinis Mörder. Das ist der Beweis.

Wenige Meter vor ihm landet eine Möwe. Sie hackt mit dem Schnabel auf eine zerknüllte Pommestüte ein. Es gelingt ihr, die Tüte zu öffnen, doch sie ist leer. Mit einem verärgerten Schrei hebt sie wieder ab.

Morello blickt ihr nach. Ich habe den Beweis – aber kein Motiv. Warum musste Salini sterben? Und wo ist das Geld?

# 8. TAG
## MONTAG

## CHIOGGIA

Mit seinem Boot ist Gabbia auf der Lagune südwärts geflohen bis 1

nach Chioggia. Er hat es im Hafen vertäut und ist zu Fuß die Via S. Marco auf und ab gelaufen, bis er sicher ist, dass in der kleinen Seitenstraße keine Polizei auf ihn wartet. Er besitzt hier ein kleines, hübsch eingerichtetes Haus, das er hin und wieder als Liebesnest benutzt, wenn sich eine Affäre ergibt.

Für eine Nacht ist er hier sicher. Doch morgen wird dieser verfluchte Sizilianer bestimmt eine Liste all seiner Immobilien auf dem Schreibtisch liegen haben. Dann wird er auch hier anrücken und alles durchsuchen.

Natürlich schläft er in der Nacht nicht.

Er ist der Nachkomme eines Dogen, einer großen Familie. Er ist ein Geschäftsmann. Ein italienischer Geschäftsmann. Was hat er falsch gemacht? Die ganze Nacht liegt er wach und grübelt.

Doch so sehr er seine Gehirnwindungen auch verbiegt, es fällt ihm kein Fehler ein. Alles lief so, wie es in Venedig nun einmal läuft. Für einen Gefallen muss man bezahlen. Für einen bestimmten Beschluss der Regierung auch. Alles war ausgehandelt. Salini sollte das Geld übergeben. Dann geschah ein Unglück. Es kam wie aus heiterem Himmel. Er hat keine Schuld. Irgendjemand hat Salini aufgelauert und das Geld gestohlen, das für die LIGA bestimmt war. Ein Unfall. Unvorhersehbar. Dann ein zweites Unglück. Dieser sizilianische Kommissar. Wie war noch einmal sein Spitzname: Der freie Hund? Mein Gott, ein Metzgerhund ist er. Er hat ihn reingelegt. Wenn dieser Morello mal etwas mit seinen Zähnen gepackt hat, dann lässt er nicht mehr los. Jetzt hat er sich in ihn verbissen. Aber er weiß genau, dass die anderen aus der Gruppe die Frage der Schuld anders beurteilen. Sie haben ihm Geld anvertraut, und er hat ihnen ein Milliardengeschäft verdorben. Sie denken, er sei unfähig gewesen, die Summe der LIGA zu übergeben. Ihre Abgeordneten haben die Abstimmung verschoben. Jetzt wird das ganze Geschäft platzen.

Er hat alles auf diese Karte gesetzt. Er hat Schulden. Schulden bei Scarpa. Schulden bei der Bank. Er ist bis ans Lebensende ruiniert, wenn aus ihrem Plan nichts wird.

Ein Prepaid-Handy liegt neben ihm.

Gestern Abend hat er lange mit seinem Anwalt gesprochen.

Nun wartet er auf den Rückruf seines Freundes Giulio Scarpa. Giulio muss ihm helfen. Er wird ihm helfen. Dessen ist er sich ganz sicher. Er hat ihm immer geholfen. Sein bester Freund. Plötzlich hat er einen salzigen Geschmack im Mund. Es dauert einen Augenblick, bis er begreift, dass er von den Tränen kommt, die ihm übers Gesicht laufen.

Giulio, ruf an! Ich muss hier weg.

Das Gespräch mit seinem Anwalt gestern Abend war nicht ermutigend gewesen. Der Jurist hatte sich seinen Bericht angehört. Dann hatte er tief geseufzt. Dann hatte er ihm empfohlen, zur Polizei zu gehen und sich zu stellen. Ja, es gebe einen Skandal. Ja, es gebe ein Urteil in erster Instanz. Vier, fünf Jahre Gefängnis. Nein, keine Bewährung. Sein bisheriges Leben? Das sei futsch, sagte der Anwalt. In der zweiten Instanz könne man den Prozess hinauszögern, über die Grenze von zwei Jahren hinweg. Dann komme er frei. Dieses Gesetz sei schließlich für Leute wie ihn gemacht worden. Aber sicher sei auch das nicht. Versuchter Mord an einem Polizisten. Das würde teuer. Habe er denn noch Geld? Da wurde der Tonfall des Anwalts etwas lauernd. Auf jeden Fall müsse er damit rechnen, für drei, vier Jahre ins Gefängnis zu kommen. Das sei jedoch besser als ... Nein, die Aktion mit dem Commissario sei nicht besonders – da hatte der Anwalt einen Moment gezögert, als müsste er mit einem Atemzug etwas Mut tanken – intelligent gewesen.

Gabbia hatte dem Anwalt aufgetragen, eine andere Lösung zu suchen. Da hatte dieser gezögert und gefragt, ob er bereit sei, gegen seine Freunde auszusagen. Das Wort »Kronzeuge« fiel. Die Idee: alles Giulio Scarpa in die Schuhe schieben. Er, Gabbia, sei nur der Handlanger gewesen. Wäre er dazu bereit? Das gebe Strafminderung. Schwer zu sagen, wie viel. Er solle sich die Sache bis zum nächsten Morgen überlegen.

Aber selbst wenn er ins Gefängnis wandert, darf das Projekt nicht sterben. Der Umbau Venedigs zu einem Disneyland für reiche Leute wird ihn von allen Schulden befreien. Und reich und glücklich machen. Er könnte den Palazzo komplett zurückkaufen. Drei Jahre Gefängnis, dann Millionär sein. Das ist nicht seine Lebensplanung gewesen, aber er brächte drei Jahre irgendwie hinter sich. Doch dazu müsste er das verschwundene Geld finden. Leider hat er keine Ahnung, wo es ist. Oder vielleicht doch Kronzeuge werden. Den Kopf retten. Aber verschuldet sein bis ans Lebensende.

Er braucht seinen Freund Giulio. Ohne ihn wird er das Geld nicht finden.

Warum ruft er nicht an? Weiß Giulio denn nicht, in welcher Lage er ist? Wieso lässt er mich hängen? Kronzeuge, noch einmal spukt dieses Wort in seinem Kopf herum.

Da blinkt das Handy. Er nimmt das Gespräch an. »Filiberto, ich habe einen Plan«, sagt sein Freund. »Ich hole dich aus der Sache raus. Hör mir gut zu …«

Noch immer liegt die Lagune im Dunkel der Nacht. Filiberto Gabbia steuert sein Boot durch den nächtlichen Canal Grande. Am Rio San Barnaba legt er an. Er zieht die Leinen straff und steigt aus. Der Campo sieht ohne Menschen trostlos aus. Alle Bars, alle Restaurants, alle Geschäfte liegen noch in tiefer Dunkelheit. Neben einer Mülltonne schläft ein Obdachloser in einem schmutziggrauen

Trenchcoat. Er redet im Schlaf. Gabbia zieht den Kragen seines Mantels hoch und rückt den Hut tief in die Stirn. Er schaut auf sein Handy. Immer noch keine Nachricht von Giulio Scarpa.

Er stellt sich in den Schatten eines Hauseingangs und wartet.

Mein Gott, worauf wartet Giulio noch?

Er steht jetzt schon über fünf Minuten hier und wartet. Kann Giulio sich nicht vorstellen, wie es ihm geht? Kronzeuge – wieder kommt ihm dieser Begriff in den Sinn. Er würde ungern gegen seinen besten Freund aussagen. Sehr ungern.

Aber was soll er tun, wenn dies die einzige Möglichkeit ist, seinen Kopf zu retten? Hatte Giulio nicht gesagt, dass er eine Idee hat? Er würde gerne seine Frau anrufen. Er möchte ihr sagen, dass alles wieder gut wird. Dass dies alles nur ein vorübergehender Albtraum ist. Er würde gern mit seinen Kindern reden. Morgen ist Papi wieder bei euch. Dieser verfluchte Commissario. So ein verlogener Bulle. Wie kann so jemand ohne Ehre und Anstand überhaupt Polizist werden?

Warum meldet sich Giulio nicht?

Dann endlich summt das Handy: *Alles wird gut. Ich hol dich raus. Gehe sofort zur Fondamenta de la Toletta, Nummer 1312. Dort warte auf mich.*

Gabbia zögert nicht. Er zieht noch einmal den Kragen hoch. Mit schnellen Schritten geht er durch die Passage Sotoportego del Casin dei Nobili, durch die er auf dem Weg nach Hause so oft gegangen ist. Er überquert die Ponte Lombardo, und dann steht er schon auf der Fondamenta de la Toletta, die parallel zu einem schmalen Kanal verläuft. Auf der anderen Seite ist es nur noch ein kurzes Stück zu seinem Palazzo, zu seiner Frau und den Kindern. Er vermisst sie, vor allem die beiden Kinder.

Die Hausnummer 1312 ist ein ganz normaler Eingang mit einer braunen Holztür und einem Messingknauf. Daneben ist ein vergittertes Fenster in den hellrosa venezianischen Backstein eingelassen.

Wo ist Giulio?

Er geht einige Schritte vor. Er geht einige Schritte zurück. Warum lässt ihn sein Freund warten? Versteht er denn nicht, in welcher Situation er ist? Gabbia schaut noch einmal aufs Handy. Keine neue Nachricht. Am Haus auf der anderen Seite des schmalen Kanals ist ein großes Gerüst angebracht. Trotz des frühen Morgens machen sich schon einige Arbeiter darauf zu schaffen. Warum kommt sein Freund nicht?

Ein Boot tuckert vorbei. So früh am Morgen? Ein kleines Müllboot. Es fährt zu seinem Einsatzort. Drei Arbeiter sitzen auf der Ladefläche und rauchen.

Als das Schiff verschwunden ist, summt das Prepaid-Handy. Hektisch drückt er auf den grünen Knopf. »Giulio, wo bleibst du?«

»Ich bin schon da, Filiberto. Schau mal in das Fenster vor dir.«

In zwei Schritten steht er vor dem vergitterten Fenster. Doch dahinter ist es dunkel. Er sieht nichts als eine Spiegelung des Gerüsts des Hauses auf der anderen Seite des schmalen Kanals. Er legt die Hände rechts und links an seinen Kopf und versucht, in das Innere des Hauses zu blicken.

Ergebnislos. Hinter dem Fenster ist es dunkel.

Die Spiegelung des Gerüstes bewegt sich jedoch plötzlich.

»Giulio, ich sehe nichts.«

Ein merkwürdiges Geräusch liegt in der Luft.

»Dann dreh dich um.«

Gabbia, beunruhigt von dem lauter werdenden Geräusch, fährt herum.

Er sieht gleichzeitig zweierlei. Auf dem Flachdach des Hauses gegenüber steht sein bester Freund, ein Telefon am Ohr und winkt ihm zu. Vier Männer sitzen neben ihm. Mit den Füßen haben sie das Gerüst von der Wand weggestoßen. Es ist nun eine große dunkle, bewegliche Wand, die kippt und stürzt. Auf ihn zu. Er müsste rennen. Er weiß es. Rennen, so schnell er kann. Doch sein Verstand begreift die Situation nicht. Sein Hirn sendet vor Verblüffung keinerlei Fluchtimpuls zu den Beinen. Alles wirkt falsch. Das Gerüst kippt, noch langsam, gewinnt aber schnell an Tempo. Sehr schnell. Es fällt direkt auf ihn zu.

»Giulio ...«, krächzt er ins Telefon. Er will rennen. Gleichzeitig weiß er plötzlich sehr klar, dass er es nicht mehr schaffen wird. Aus dem Telefon hört er Scarpas Stimme: »Fahr zur Hölle, du falscher Freund.«

Das Letzte, was Filiberto Gabbia sieht, ist, wie sein bester Freund das Telefon dreht, um ein Foto von ihm zu machen. Dann trifft ihn die erste Stahlstange.

## FONDAMENTA DE LA TOLETTA

Gabbias Leiche ist kein schöner Anblick. Eines der Gerüstteile hat ihn an der Stirn getroffen und seinen Schädel aufgerissen. Aus der klaffenden Öffnung sickert immer noch Blut und Gehirnmasse auf die Fliesen des Fußweges. Der Rest seines Körpers wirkt äußerlich unverletzt. Doch die Bretter, Rohre und Stangen, die auf Gabbia eingeprasselt sind, scheinen keinen einzigen seiner Knochen heil gelassen zu haben. Seine Arme und Beine sind in so absurden Winkeln abgespreizt, als wäre Gabbia ein Zirkusartist gewesen. Seine Augen sind weit aufgerissen und zeigen nur eines – Entsetzen.

Commissario Morello steht nachdenklich vor dem Toten und betrachtet den Tatort. Mit dem Fuß kickt er einen Metallverschluss zur Seite. Darunter liegt ein zersplittertes Handy. Morello geht in die Hocke und hebt es auf. Vorsichtig schiebt er es in eine durchsichtige Beweissicherungstasche. Er reicht sie Alvaro, der mit blassem Gesicht neben ihm steht.

»Falls du dich übergeben musst, spuck in den Kanal. Nicht auf den Tatort.«

Alvaro nickt heftig und verzieht den Mund.

Anna Klotze tritt neben ihn. »Ich habe mit dem Gerüstbauer gesprochen. Das Gerüst war durch eine Verschraubung an der Außenmauer verankert. Diese Befestigung wurde entfernt. Der Gerüstbauer sagt, er war es nicht.«

Morello nickt. »Jemand hat ihn umgelegt. Meinen Hauptverdächtigen.« Er kratzt sich am Kopf. »Wir stehen wieder am Anfang.«

Aus Alvaros Richtung hört er ein würgendes Geräusch.

»Nicht auf den Tatort«, schreit Morello.

Anna Klotze reißt dem jungen Bootsführer die Plastiktüte mit dem zersplitterten Handy aus der Hand. Mit zwei langen Schritten steht Alvaro am Rande des Kanals und beugt den Oberkörper nach vorne. »Frühstück für die Fische«, sagt Anna Klotze und hebt den durchsichtigen Beutel gegen das frühe Morgenlicht. »Ein billiges Prepaid-Handy«, sagt sie. »Wieso hat so ein reicher Kerl ein so billiges Handy?«

Morello klopft den Oberkörper des Toten ab, greift dann in die Manteltasche und zieht ein nagelneues iPhone 14 hervor. »Er hat auch ein teures Telefon. Doch als ihn das Gerüst erwischte, telefonierte er mit einem Gerät, bei dem wir den anderen Teilnehmer nicht identifizieren können.«

»Jammerschade«, sagt Anna Klotze. »Wie gehen wir vor?«

»Um ehrlich zu sein: Ich weiß es nicht. Gabbia war mein Hauptverdächtiger.« Morello schüttelt den Kopf. »Dieser Mord passt in keine unserer Theorien.« Morello sieht nachdenklich zu der Plastiktüte mit dem zerbrochenen Telefon. »Er hat mit jemandem telefoniert, als das Gerüst ihn erschlug.«

»Mit jemandem, der wahrscheinlich ebenfalls ein Prepaid-Handy benutzt hat«, vervollständigt Anna Klotze seinen Gedanken.

»Was würdest du anstelle des Täters mit einem solchen Handy machen?«, fragt Morello.

»Zerbrechen. Dann wegwerfen. So schnell wie nur irgend möglich«, sagt Alvaro, der mit blassem Gesicht zu ihnen zurückgekehrt war. »Irgendwo in die nächste Mülltonne.«

»Nehmen wir an, er hat mit seinem Mörder telefoniert. Hier. An diesem Tatort. Wo würde der Täter das Handy entsorgen?«

Alle Blicke drehen sich zum Kanal. »Neben meinen Kotzbrocken«, sagt Alvaro leise. »Oder in einem der Müllbeutel, die heute Morgen abgeholt wurden.«

»Ich organisiere die Taucher«, sagt Anna Klotze.

Morello greift zum Handy. »Frau Bellomi, hier spricht Commissario Morello. Wir brauchen Ihre Hilfe.«

# AUF DER LAGUNE

Carla Bellomi steht wie Kate Winslet in »Titanic« an der äußersten Spitze des Polizeibootes. Der Fahrtwind pfeift ihr ins Gesicht und formt ihr oranges Haar zu einer interessanten Igelfrisur. Alvaro jagt das Boot mit hoher Geschwindigkeit an einer kleinen Flotte von beladenen Müllbooten vorbei, die alle Kurs auf die künstliche Insel Sacca San Biagio nehmen, die am Ende der Insel Giudecca aufgeschüttet ist. Dort wird Venedigs Müll gesammelt und sortiert.

Alvaro fährt neben eines der beladenen Schiffe. Die Müllfrau starrt hinüber, winkt dem Bootsführer zu. Dann schüttelt sie den Kopf und streckt die Hand aus wie ein berittener Feldherr. Vorwärts. Weiter.

Alvero gibt Gas. Das Polizeiboot schießt nach vorne und nimmt Kurs auf das nächste Müllschiff, und die Prozedur wiederholt sich.

Kurz vor der Hafeneinfahrt gibt Carla Bellomi das erlösende Zeichen. Sie reckt ihren Daumen in die Höhe. Alvaro legt längsseits an, und Morello hebt das Megafon.

Mit einem Satz springen sie nacheinander aufs Müllschiff. Morello, Mario Rogello, Carla Bellomi und drei uniformierte Polizisten. Bellomi begrüßt den Kapitän und sagt zu Morello: »Dieses Schiff hat die Müllsäcke in der Gegend eingesammelt, wo das ... das Unglück geschah.«

Morello starrt auf die Ladefläche des Bootes. Hunderte von grauen Müllbeuteln türmen sich meterhoch. Es stinkt bestialisch.

Mario hält sich ein Taschentuch vor den Mund. »Da haben wir keine Chance.« Er deutet auf den Berg aus Mülltüten. »Darin die Reste eines Handys zu suchen, ist wie eine Nadel im Heuhaufen zu finden.«

Morello schüttelt den Kopf. »Ein Heuhaufen riecht anders, Mario.«

## KOMMISSARIAT, VERHÖR FRANCO ZANCA

Der Verhörraum wirkt zu klein und zu schäbig für diesen Mann. Blaues Tuch von Armani umhüllt ihn. Ein milder Zitronenduft säuselt aus seiner Richtung in die Nase von Morello und Anna Klotze. Der weitgehend kahle Kopf wird ergänzt von einem sorgfältig gestutzten Vollbart. Er sieht sich in dem Raum um, betrachtet die wenigen Tatortfotos, die Morello an die Wand gepinnt hat. Dies tun auch die beiden Anwälte, die ihn rechts und links flankieren. Einer ist jung, Anfang dreißig; der andere wirkt mit seinem verrunzelten Gesicht alt und erfahren. Franco Zanca, Fraktionschef der LIGA im Regionalparlament von Venetien, studiert das Organigramm der »Gruppo veneziano 2.0«, das Viola gezeichnet hat. Er hebt seine Augenbrauen, als er »Übergabe von Bestechungsgeld in unbekannter Höhe« unter dem Namen von Salini liest. Die schmale Nase kräuselt sich. Der Mann empfindet Abscheu, und er versteckt dies nicht. Stattdessen flegelt er sich mit weit abgewinkelten Beinen auf seinem Stuhl an der Breitseite des Tisches. Anna Klotze, die ihm gegenübersitzt, runzelt die Stirn. Er demonstriert Macht. Er versucht, die beiden Polizisten zu dominieren. Fehlt nur noch, dass er sich an den Eiern kratzt.

Morello lächelt.

»Signor Zanca, wir danken Ihnen für Ihre Zeit«, sagt er. »Auch dafür, dass Sie diesen Termin so schnell ermöglichen konnten.«

Der Politiker der LIGA starrt ihn an und zuckt mit der Schulter.

»Mein Mandant möchte zum Ausdruck bringen, dass er schockiert ist vom Ableben des Herrn Gabbia, den er gut kannte.«

»Das bringt er ganz ausgezeichnet zum Ausdruck. Wir wissen mittlerweile, dass Herr Gabbia versucht hat, mit einer großen Summe eine Entscheidung des Parlaments zu beeinflussen. Es geht um den Ausbau des Flughafens und den Bau einer U-Bahn nach Venedig, Lido und so weiter.«

»Ich habe kein Geld bekommen.« Franco Zanca beugt den Oberkörper nach vorne. Morello sieht, wie er die Beine zusammennimmt. Die Dominanz schwindet.

»Ich weiß, Signor Zanca, Sie haben kein Geld bekommen. Ich verstehe Ihre Empörung. Der Bote wurde beraubt und erschlagen. Seither ist das Geld weg.«

»Mein Mandant wollte damit sagen, dass er nicht bestechlich ist«, sagt der ältere Anwalt, lehnt sich zurück und steckt die Daumen unter seine Anzugsweste. »Oder haben Sie irgendeinen gegenteiligen Beweis?«

»Noch nicht«, sagt Morello sanft. »Noch nicht. Sie sollten wissen, dass uns nur noch eine Zeugenaussage aus dieser Gruppe fehlt«, Morello deutet auf das Organigramm, »und wenn wir diese haben, nehme ich Sie fest.«

Zancas Oberkörper schießt nach vorne. »Weißt du überhaupt, mit wem du es zu tun hast, du Stück sizilianische Scheiße? Wir haben jetzt die Macht in Italien. Du glaubst, mir drohen zu können, du ...« Seine beiden Anwälte sind aufgesprungen. Der jüngere klopft Zanca auf die Schulter, als hätte er sich verschluckt. Der ältere redet leise und beruhigend auf den Politiker ein. Gemeinsam zerren sie ihn vom Stuhl hoch. Zancas Kopf ist rot angelaufen. Er deutet mit dem Finger auf Morello. »Ich mach dich fertig, glaub mir, ich mach dich fertig. So schnell, dass du gar nicht ...«

Dann haben ihn seine Anwälte aus der Tür geschoben.

### KOMMISSARIAT, VERHÖR SCARPA

»Signor Scarpa, herzliches Beileid zu Ihrem Verlust. Ich weiß, Sie und Signor Gabbia waren enge Freunde. Sein Tod muss eine schlimme Nachricht für Sie sein. Umso mehr bin ich Ihnen dankbar, dass Sie sich so schnell Zeit für dieses Gespräch nehmen konnten.« Die Vorhänge im großen Verhörraum sind vorgezogen. Die Sonne schickt ihre Strahlen durch die schmalen Ritzen zwischen den einzelnen Stoffbahnen und hüllt den Raum in ein diffuses Licht. An der Wand hinter Morello hängen Fotos von beiden Tatorten. Daneben hat Viola Cilieni einen Rolltisch mit einem großen Bildschirm in den Verhörraum geschoben. Anna Klotze sitzt an dem Laptop und überprüft die Verbindung zu dem Gerät. Mario hat sich auf einen Stuhl hinter dem Unternehmer gesetzt. Scarpa mustert das Organigramm der »Gruppo veneziano 2.0« und findet sein eigenes Foto. Er betrachtet es interessiert.

Dann nimmt er den Kopf ein kleines Stück zurück und betrachtet Morello. »So wie Ihre Kollegen aufgetreten sind, hatte ich nicht den Eindruck, als hätte ich eine Alternative.«

»Oh, das tut mir leid. Waren sie unhöflich?«

»Nun, sagen wir, sie waren sehr bestimmt.« Er deutet ein Lächeln an.

Morello sagt: »Bei Mordermittlungen geht es bei uns immer ein wenig hektisch zu.«

Giulio Scarpas Blick wird leer. »Er war so ein fröhlicher Mensch.

Sie wissen ja, wir kennen uns schon seit Kindertagen. Es ist alles … nicht leicht zu verstehen. Sind Sie tatsächlich sicher, dass Filiberto … dass er tatsächlich *umgebracht* wurde?«

Morello nickt und breitet einige Fotos vor ihm aus. »Schauen Sie, das ist die Verankerung in der Außenwand des Gebäudes. Sie hält das Gerüst.« Er deutet auf ein Foto. »Hier sehen Sie, dass diese Vorrichtung entfernt wurde. Man musste das Gerüst nur noch umkippen.«

»Schrecklich.« Scarpa faltet die Hände. »Er hat sich viele Feinde gemacht mit seinen Projekten. Es waren sicher linksradikale, arbeitslose Träumer, die Venedig wieder in eine romantische Kleinstadt verwandeln wollen.«

»Sehr schrecklich. Wir gehen davon aus, dass das Opfer seinen Täter gekannt hat.«

»Tatsächlich? Woher wissen Sie das?« Scarpa lehnt sich etwas zurück. Seine Augenlider sind nach oben gezogen. Der Mund steht ein kleines Stück offen.

»Sie wirken überrascht?«

»Ja sicher. Dann könnte ich den Täter auch kennen.«

Morello nickt. »Aus diesem Grund reden wir mit Ihnen. Wir haben bei der Leiche ein Telefon gefunden. Die Verbindung zu einem anderen Telefon war von ihm noch nicht unterbrochen worden. Er wurde von dem Gerüst erschlagen, während er telefonierte.«

Morello legt ihm ein weiteres Foto vor. »Das war das Handy, mit dem er telefoniert hat.«

Scarpa beugt sich über das Bild und sieht dann wieder hoch. »Es besteht nur noch aus Bruchstücken. Die Chipkarte? Wissen Sie, mit wem er telefoniert hat?«

»Schwer zu sagen. Die Karte ist auf einen indischen Provider zugelassen. Die Nummer, mit der er telefonierte, wurde ebenfalls in Indien vergeben. Wir werden nicht herausfinden, wer es war.«

Der Zeuge atmet aus und lehnt sich im Stuhl zurück.

»Der erste Ermordete, der Buchhalter Paolo Salini, trug bei seinem Tod einen Pilotenkoffer bei sich. In diesem Koffer befand sich eine

große Geldsumme. Das hat Signor Gabbia kurz vor seiner Flucht mir gegenüber leichtsinnigerweise zugegeben. Dieses Geld war als Bestechungsgeld an die Partei LIGA gedacht, damit sie Ihren Plänen zum Umbau Venedigs in eine Art Disneyland zustimmt. Diese Bestechung ist eine Straftat.«

Nun lehnt sich auch Morello in seinem Stuhl zurück und fixiert Scarpa.

»Davon höre ich in diesem Augenblick zum ersten Mal.«

»Sind Sie sicher?«

Scarpa sieht Morello geradewegs in die Augen. Ganz leise sagt er: »Wollen Sie mich beleidigen?«

Morello hebt beide Hände. »Hier geht es nicht um Beleidigung. Wir gehen davon aus, dass der Mörder Signor Gabbia sehr gehasst haben muss. Oder dass er eine Rechnung mit ihm offen hatte. Im wahrsten Sinne des Wortes. Es könnte um sehr viel Geld gegangen sein.«

»Gehasst? Na, dann werden Sie mich wohl nicht verdächtigen. Fili und ich, na ja, Sie kennen die Geschichte, wir sind zusammen aufgewachsen. Wir sind, äh, waren Blutsbrüder. Und das alles hier …
Ich kann es nicht länger aushalten.«

Giulio Scarpas Arm beschreibt einen Halbkreis, der das Verhörzimmer umfasst oder vielleicht auch den ganzen Weltenkreis. Er versteckt sein Gesicht in den manikürten Händen.

Morello beobachtet ihn. »Brauchen Sie ein Taschentuch, Signor Scarpa?«

Scarpa schüttelt den Kopf.

Morello sagt: »Sein Mörder hat einen Fehler gemacht.«

Scarpa hebt den Kopf. »Einen Fehler?« Die gepflegten Hände liegen sprungbereit auf dem Tisch. Er sieht Morello mit glasklaren Augen an. »Was für einen Fehler?«

»Er telefonierte mit ihm, während das Gerüst auf den armen Signor Gabbia fiel.«

»Woher wissen Sie das?«

»Die Leitung des Telefons von Herrn Gabbia war noch offen. Er hat das Gespräch nicht unterbrochen.«

Scarpas Stimme zittert leicht. »Mit wem hat er telefoniert?«

Morello lächelt. »Ich sagte bereits, er hat ein Handy eines uns unbekannten indischen Providers benutzt. Wir wissen es nicht.«

Giulio Scarpa atmet hörbar aus. Dann suchen seine Augen irgendeinen Punkt an der Decke des Verhörraums und finden ihn nicht.

»Sie meinen sicherlich nicht den indischen Provider, wenn Sie sagen, der Mörder habe einen Fehler begangen.«

Morello schüttelt den Kopf. Er gibt Anna Klotze ein Zeichen. Sie tippt zweimal auf die Tastatur des Laptops. Auf dem Bildschirm hinter Morello erscheint ein Foto. Es sind die Splitter eines zertrümmerten Handys.

Der beste Freund des Toten drückt beide Augen zusammen, um besser sehen zu können. »Das sieht ziemlich übel aus«, sagt Scarpa. »Da scheint nichts mehr heil geblieben zu sein.«

»Falsch«, sagt Morello. »Unsere Forensiker haben nicht einmal zaubern müssen. Der Speicherchip funktionierte noch.«

»Der Speicherchip? Was sagt Ihnen der Chip aus dem Handy meines Freundes?«, fragt Scarpa lauernd.

»Signor Gabbia hat gestern Abend zweimal mit seinem Anwalt gesprochen. Einmal eine halbe Stunde, einmal zwölf Minuten. Außerdem hat er gestern und zum Zeitpunkt seines Todes mit einem Funktelefon gesprochen, das auf denselben indischen Provider zugelassen ist wie sein eigenes.«

Giulio Scarpa rutscht auf seinem Stuhl hin und her, als fände er die richtige Sitzposition nicht. Mit der flachen Hand fährt er sich über

die Stirn. Seine Augen sind nun weit offen, die Pupillen wirken vergrößert.

Morello fragt:»Geht es Ihnen gut? Brauchen Sie mehr Wasser?«
Scarpa schüttelt den Kopf. Er trinkt einen Schluck. Danach hat er
sich wieder im Griff. Den Kopf hält er hoch, die Lippen sind zusammengekniffen.»Das ist alles sehr interessant, Commissario. Sie
leisten sicher gute Arbeit. Aber ich muss jetzt der Familie Gabbia
beistehen. Mich um die Beerdigung kümmern. Auch um meine
Firma. Wie Sie sicher wissen, habe ich in Filibertos Unternehmen
investiert. Jetzt muss ich schauen … Sie verstehen?« Er will sich
vom Stuhl hochdrücken, doch eine energische Handbewegung Morellos unterbindet den Versuch.

»Bleiben Sie sitzen. Wir kommen jetzt zum größten Fehler des
Mörders.«

Giulio Scarpa gleitet zurück auf seinen Stuhl, lehnt den Kopf zurück und schließt die Augen.

»Der Mörder«, fährt Morello fort,»hat sein Handy zerbrochen.
Unsere Experten sagen, dass er es wahrscheinlich zertrat.« Morello
schweigt. Die beiden Männer sehen sich in die Augen.»Verständ-
lich, dass er das Telefon so schnell wie möglich loswerden wollte.«
Anna Klotze bedient den Laptop. Auf dem Bildschirm erscheinen
Bruchstücke eines blauen Funktelefons.

»Ich bewundere die Arbeit der Kollegen, die diese Reste aus Hun-
derten stinkenden Mülltüten herausgefischt haben«, sagt der Commissario leise.

Plötzlich ist es still im Verhörraum. Es ist, als wäre die Luft plötzlich
schwer geworden. Scarpa starrt auf den Bildschirm.

»Das Handy wurde zerstört – ziemlich sicher mit dem Absatz zer-
treten. Dann stopfte es der Besitzer in einen der Müllbeutel, die
überall herumstanden und die demnächst abgeholt werden würden. Es war nicht einfach, aber wir haben es gefunden. Und siehe
da: der Speicherchip war heil.«

Anna Klotze wechselt das Bild. Nun sieht man in Großaufnahme
den Chip des Telefons.

Morello hebt langsam seine Tasse und trinkt einen Schluck Kaffee. Sorgsam stellt er sie zurück auf den Unterteller. Dann sieht er Scarpa an. Der Zeuge hält die Augen gesenkt und fixiert irgendeinen Punkt auf der Tischplatte. Das Schweigen im Raum hält an, dehnt sich aus. Jeder im Raum spürt, wie drückend und gewitterschwer die Atmosphäre im Verhörzimmer plötzlich geworden ist.

»Wir konnten ihn auslesen«, sagt Morello.

Giulio Scarpas Gesicht glänzt. Es ist von einem feuchten Film bedeckt. Der Mund steht leicht offen. Seine Augen wandern vom Bildschirm zu Morello und wieder zurück. Mit der rechten Hand löst er den Krawattenknoten und öffnet den obersten Knopf seines Hemdes.

»Der Mörder hat sein Opfer gehasst.« Morello wiederholt den Satz, den er am Anfang des Verhörs verwendet hat.

Scarpa lehnt sich zurück. Er wischt sich mit einer schnellen Geste erneut den Schweiß von der Stirn.

»Der Mörder muss Ihren besten Freund so gehasst haben, dass er ein Foto von dem Toten geschossen hat.«

Auf dem Bildschirm erscheint ein Foto. Der Tote liegt unter einem Gewirr von Gestängen, Rohren, Brettern und Metallteilen. Die Wunde an seinem Kopf blutet rot und ist deutlich zu erkennen.

»Um Gottes willen.« Giulio Scarpa haucht es mehr, als er es spricht. Sein Gesicht ist weiß. Die Augen sind weit aufgerissen, die Brauen nach oben gezogen. Er hat Angst.

»Der Mörder hat das Foto in seine persönliche Cloud bei dem indischen Provider geschickt.«

Giulio Scarpas Stimme klingt heiser: »Und? Konnten Sie ihn identifizieren?«

Morello sieht ihn lange an. »Sie wissen, dass dies nicht möglich ist.«

Scarpa atmet für alle hörbar aus. Mit zwei Fingern streicht er über seine Nasenflügel. »Nun, dann brauchen Sie mich hier wohl nicht mehr.«

Der Commissario nickt. Giulio Scarpa steht auf. »Das war eine spannende Unterhaltung, Signor Morello.« Er sieht so erschöpft und verschwitzt aus, als wäre er einen Halbmarathon gelaufen.

Er streckt Morello die Hand hin. Morello ignoriert sie.

»Na gut«, sagt Scarpa. »Wir müssen keine Freunde werden.«
Er geht zur Tür und greift nach der Klinke. Als er sich umdreht, hat
er seine Gesichtsfarbe und seine Fassung zurückgewonnen. »Halten Sie mich auf dem Laufenden, Commissario. Ja? Machen Sie
das?« Er klingt erleichtert, fast heiter.
»Ich glaube, Sie haben etwas übersehen, Signor Scarpa«, sagt Morello und steht auf.
»Etwas übersehen? Was soll das sein?« Scarpa hat die Tür bereits
geöffnet. Er runzelt die Stirn.
»Sehen Sie das Fenster? In dem Haus rechts neben dem Toten?«
Scarpa kneift die Augen zusammen. »Ich kann nichts erkennen.«
»Kommen Sie näher. Schauen Sie sich die Spiegelung in dem
Fenster an.«
Scarpa lässt die Klinke los. Langsam gleitet die Tür zurück ins
Schloss. Dann geht er, jeden Schritt abwägend, zu dem großen
Bildschirm, bis er direkt davorsteht. Er beugt den Kopf nach vorn.
Kaum mehr als zwei oder drei Zentimeter trennen seine Nase von
dem Bild vor ihm. »Tut mir leid, Commissario. Beim besten Willen.
Man kann nichts erkennen.«
»Sie haben recht. Man sieht eine Spiegelung, aber keine Details.«
Morello sieht Scarpa ernst an. »Wir haben eine fleißige Polizeischülerin in unseren Reihen, die sicher bald eine tüchtige Kriminalpolizistin sein wird. Sie wird uns jetzt eine aufschlussreiche Vergrößerung zeigen.«
Morello dreht sich zu Viola Cilieni. »Bitte.«
Das Foto auf dem Bildschirm ruckelt. Das Fenster neben dem
Toten wird nun in den Mittelpunkt gezogen. Die Spiegelung auf
dem Fenster wird nun groß und größer. Einzelne Personen auf dem
Dach des Hauses nehmen Gestalt an. Die aufrechtstehende Figur
eines Mannes, der ein Handy vor sich hält, wird deutlich. Nun
zoomt sein Gesicht heran.
»Ich finde, Sie sind ganz gut zu erkennen. Finden Sie nicht?«, sagt
Morello leise.
Scarpa sieht sich gehetzt um. Mario verstellt ihm bereits den Ausgang.

»Ich möchte wissen, wie die vier anderen Männer heißen und wo wir sie finden«, sagt Morello. Und dann: »Ich verhafte Sie unter dem dringenden Tatverdacht des Mordes an ihrem besten Freund Filiberto Gabbia.«

## KOMMISSARIAT, VERHÖR RITA FERRETTI

Rita Ferretti hört Morello mit zur Seite geneigtem Kopf aufmerksam zu. Sie sitzen in seinem spartanischen Büro. Als die Vorstandsvorsitzende der Mailänder Banca Italiana zur Tür hereinkam, sah sie sich mit einem kurzen, abschätzigen Blick in diesem Büro um und verzog das Gesicht. Morello kam es vor, als betrachtete sie sein Büro als eine Art Erdloch, in dem irgendwelche primitiven Wesen hausen. Doch sie hatte sich sofort wieder im Griff. Entschlossen ging sie die wenigen Meter zu Morellos Schreibtisch, besah sich den hölzernen Besucherstuhl, wischte mit einer schnellen Geste über die Sitzfläche und lächelte Morello an. Dann setzte sie sich. Sie öffnete die Handfläche und gab ihm ein Zeichen, das nur als »Dann erzählen Sie mal« gedeutet werden konnte.

Als der Commissario die Darstellung der Ereignisse beendet hat, schüttelt sie den Kopf und seufzt tief. »Sie sagen mir also, dass Gabbia und Scarpa Politiker der LIGA bestechen wollten, um Venedig in eine Art Disneyland für Superreiche zu verwandeln. Und dieser ... dieser ...«

»Salini, Paolo Salini. Er war der Geldbote und die erste Leiche«, erinnert Morello.

»Und Gabbia hat ihn umgebracht. Dann hat er das Geld geraubt, aber später hat er es überall gesucht?« Sie runzelt die Stirn. »Ergibt diese Geschichte irgendeinen Sinn?«

»Noch nicht wirklich«, gibt Morello zu. »Doch auf der Party, Frau Ferretti, auf der ich die Freude hatte, Sie kennenzulernen, habe ich ein Champagnerglas mit den Fingerabdrücken von Herrn Gabbia eingesteckt. Ein kleiner, hoffentlich entschuldbarer Diebstahl.

Unser Labor hat eine eindeutige Übereinstimmung mit einem Abdruck festgestellt, der an der Tatwaffe gefunden wurde. Damit ist Filiberto Gabbia des Mordes an seinem Steuerberater überführt. Doch das Geld ist verschwunden. Und solange wir nicht wissen, wo es ist und zu welchem Zweck es verwendet werden sollte, ist der Fall nicht abgeschlossen.«

»Und solange der Fall nicht abgeschlossen ist, lässt das Innenministerium Sie nicht zurück nach Sizilien, nicht wahr?«

»Meine Bewunderung für Sie steigt. Sie sind gut informiert.«

Sie legt das rechte Bein über das linke und macht gleichzeitig mit der rechten Hand eine abwehrende Geste. »Vielleicht ist das das Gemeinsame an unseren Berufen: Wir müssen Bescheid wissen. Sie suchen nun also das Geld?«

Morello beugt sich nah zu Rita Ferretti und sieht ihr in die Augen.

»Haben Sie es?«

Augenblicklich verwandelt sich ihr Gesicht. Zunächst werden die Augen größer, ihr Mund verzieht sich, und Morello blickt in ein verblüfftes Gesicht.

Dann lacht sie.

Sie lehnt sich in dem erbärmlichen Holzstuhl vor Morellos Schreibtisch zurück und lacht erst leise, gewissermaßen in sich hinein, dann lauter, und schließlich so, dass ihr ganzer Körper geschüttelt wird. »Sie sind lustig, Commissario«, stößt sie hervor. Sie versucht den Lachanfall zu kontrollieren, aber es gelingt ihr nicht. Sie zieht ein Taschentuch aus ihrer Handtasche und wischt sich die Augen trocken. »Sie sind lustig. Ich habe jeden Tag mit Summen zu tun, die nicht in einen Pilotenkoffer passen. Glauben Sie wirklich, ich gäbe mich mit Dingen ab wie die Bestechung von drittrangigen Politikern?«

»Vermutlich nicht. Erzählen Sie mir Ihre Version der Gruppo veneziano 2.0. Vergessen Sie dabei nicht Ihre eigene Rolle.«

Sie reibt sich noch einmal die Augen. Dann wird ihr Gesicht hart. »Diese beiden venezianischen Gockel! Man soll über Tote nichts Schlechtes sagen, ich weiß. Doch: Gabbia ist ... war ... ein Trottel. Er hat das beachtliche Vermögen seiner Eltern in Windeseile durchgebracht. Geschäftlich gesehen hatte er zwei linke Hände und einen dicken Hintern, mit dem er Dinge umstieß, jedes Mal, wenn er sich umdrehte. Das Besondere an ihm war, dass er sich für den größten Geschäftsmann aller Zeiten hielt, während er sein Erbe ruinierte. Er musste den Palazzo seiner Familie verkaufen, bis auf den dritten Stock. Und selbst der ist mit erheblichen Hypotheken belastet. Erstaunlicherweise kratzte das sein Eigenbild nicht an. Es war riesengroß. Schließlich gab es in seiner Familie vor Urzeiten einen Dogen. Doch die reale Performance – eine Katastrophe! Zum Schluss war er pleite. Er hatte niemanden mehr, der ihm Kredit gab.«

»Außer seinem Freund Scarpa.«

Rita Ferretti wiegt den Kopf hin und her. »Scarpa ist eine andere Nummer. Sehr gutes Elternhaus.« Sie hebt die rechte Hand und reibt Finger und Daumen gegeneinander. »Verschiedene Industriebeteiligungen. Scarpa hat einen Riecher für gute Geschäfte. Er brachte Gabbia auch auf die Idee mit den Vermietungen.«

»Ich höre.«

Die Bankerin beugt sich vor. »Scarpa erkannte, dass Gabbias einzig verbliebenes Kapital seine Abstammung war. Um diese Sache baute er eine Geschäftsidee für seinen Freund. Gabbia klapperte die anderen vornehmen Familien Venedigs ab und überredete sie, ihm ihre Palazzi für einige Monate im Jahr zu überlassen. Das funktionierte, weil viele der alten venezianischen Familien knapp bei Kasse sind. Deren Palazzi vermietete er an reiche Amerikaner, Russen …« Ferretti lacht. »Nein, ich korrigiere: an Russen zuletzt natürlich nicht, doch die Scheichs sind eingesprungen. Gabbia vermietete sie an jeden, der genug Geld hatte. Und es funktionierte. Und da kamen die beiden Freunde auf eine glänzende Idee. Warum machen wir diese Geschäfte nur mit einzelnen Palästen? Warum machen wir es nicht mit der ganzen Stadt so? Alle wollen nach Venedig. Bauen wir die Stadt in ein großes Luxusresort um. Ab diesem Zeitpunkt kam die Banca Italiana ins Spiel. Also ich. Wir rechneten. Wir fanden heraus, dass die Renditen fantastisch sein würden.«

Rita Ferretti schenkt Morello einen langen Blick. »Der Flughafen müsste um neue Hangars für Privatflieger erweitert werden. Von dort sollte eine U-Bahn direkt nach Venedig gebaut werden. Neue Hotels überall. Investitionen, als würden die Pyramiden neu gebaut. Ein fantastischer Plan. Und dann verstolperten die beiden Idioten alles.« Sie seufzt.

»Ich sag Ihnen, wie es ist. Diesen beiden Idioten stand ihr Ego im Weg. Abstammung. Dogen. Dieser ganze venezianische Mist. Wenn zwei Frauen die Sache in die Hände genommen hätten, sähe die Lage heute ganz anders aus. Es hätte keine Toten gegeben, kein Bargeld in Pilotenkoffern und solche albernen Dinge.« Sie sieht sich empört um. »Ich kann Ihnen ein Lied davon singen. Männern steht ihr Ego im Weg. Frauen sind heute einfach besser. Wollen Sie wissen, warum?«

»Ich höre.«

In einem Ton von tiefer Überzeugung sagt Rita Ferretti: »Uns Frauen wird von klein auf eingebläut: Wenn du etwas erreichen willst, musst du zehnmal besser sein als ein Mann. Was ist das Ergebnis dieser Erziehung?« Sie blinzelt Morello schelmisch an und beantwortet die Frage selbst: »Das Ergebnis ist, dass wir tatsächlich zehnmal besser sind.«

»Wie die neue neofaschistische Regierungschefin?«, fährt es Morello heraus. Er bedauert die Bemerkung sofort.

»Es ist die Regierung, die wir brauchen.« Sie richtet sich auf. »Wir haben lange dafür gearbeitet, dass diese Regierung kommt. Und nun haben wir sie. Und, ja: Es ist besser, eine Frau führt diese Regierung als die egogesteuerten alten Männer, die wir sonst hatten.« Rita Ferretti grinst Morello an. »Sie mögen die neue Regierung nicht. Egal. Glauben Sie mir, Frauen machen es besser. Im Guten wie im Bösen.«

»Mit Politik kennen Sie sich aus, nicht wahr?«

Ihr Oberkörper schießt nach vorne. Die Augen funkeln. »Sparen Sie sich Ihre Anzüglichkeiten, Commissario. Für Leute wie mich ist die Politik ein Taxi. Brauche ich eines, dann rufe ich es. Es bringt mich dorthin, wo ich hinmuss. Ich bezahle den geforderten Preis. Ich gebe ein ordentliches Trinkgeld. Dann gehe ich wieder weg.«

»Nun, in diesem Fall ist das Trinkgeld noch immer verschwunden.

Ich bin froh, wenn ich mit der Lösung dieses Falls Venedig vor den Plänen dieser Wahnsinnigen bewahren kann.«

»Seien Sie nicht albern, Commissario. Die beiden Trottel haben es vermasselt. Das stimmt. Aber die Idee ist in der Welt. Und diese Idee verspricht viel Geld. Außerdem, der Umbau hat längst begonnen. Und für den großen Wurf, den die beiden venezianischen Trottel geplant und vermasselt haben, suchen wir neue Partner.« Sie steht auf. »In dieser Stadt ist so viel Geld zu verdienen. Hier wird nichts bleiben, wie es ist. Alles nur eine Frage der Zeit.«

Sie sieht auf ihre Uhr. »Wie geht es unserem Freund Scarpa?«

Morello lehnt sich zurück. »Er singt. Er will Kronzeuge werden. Wenn wir von ihm hören, dass das Bestechungsgeld doch von Ihnen stammt, nehme ich Sie fest.«

Sie steht auf. »Sie sind richtig süß, Commissario. Doch auch nur ein Mann. Ihnen steht Ihr Ego genauso im Weg wie allen anderen.«

Dann geht sie.

# DIE FOLGENDEN TAGE

## KOMMISSARIAT

Auf Ferruccio Zolans Schreibtisch steht ein Blumenstrauß und ein riesiger Kuchen. Er sieht blass aus und humpelt noch ein wenig. »Innendienst«, sagt er leise. »Innendienst habe ich immer gehasst. Aber jetzt bin ich froh, zumindest das tun zu können.« Mario kommt mit einem Tablett mit gefüllten Spumantegläsern herein. Sie stoßen an.

Morello gibt ihm einen Überblick über die Lage. »Scarpa kooperiert. Er singt schöner als eine Amsel im Frühling. Er möchte als Kronzeuge geführt werden. Seine Anwälte wollen erreichen, dass sein Anschlag mit dem Gerüst nur als versuchter Totschlag gewertet wird. Sie verhandeln mit dem Staatsanwalt, nicht unsere Sache. Er hat uns die Namen einer Gruppe von Männern verraten, die für Gabbia die Drecksarbeit gemacht haben. Einer von ihnen, der Boxertyp, wurde von Gabbia in Salinis Wohnung geschickt, als er von dem Politiker Franco Zanca morgens einen wütenden Anruf bekam, dass Salini am Treffpunkt tot auf der Bank lag und kein Geld zu finden war. Dort wurde er von Anna Klotze überrascht. Es kam zum Kampf. Anna tötete ihn. Die anderen schleppten seine Leiche weg. Sie entsorgten sie in einem Krematorium in der Nähe von Padua, mit dem sie kooperieren. Harte Brocken, aber auch sie plaudern nun ganz freundlich mit uns.«

»Was machen wir mit Zanca?«, fragt Ferruccio Zolan.

»Bereite du den Haftbefehl vor.«

## MORELLO VOR DER TAFEL

Morello steht vor der Tafel und kratzt sich am Kopf. Mmh, er weiß nun viel mehr als vor einer Woche. Salini sollte Bestechungsgeld an den Politiker Zanca übergeben. Stattdessen wurde der Steuerberater erschlagen und das Geld geraubt. Doch wer war es? War es Gabbia? Hier verknoten sich seine Gedanken. Einerseits sind seine Fingerabdrücke auf der Tatwaffe. Andererseits: Gabbia hatte das Geld nicht. Er suchte es verzweifelt. Die misslungene Übergabe ruinierte sein großes Projekt: der Umbau Venedigs in eine Art Disneyland für Reiche. Etwas passt nicht zusammen. Aber er kann den Widerspruch nicht auflösen. 319

| Wer? | Was? | Wann? | Wo? | Wie? | Womit? | Warum? |
|------|------|-------|-----|------|--------|--------|
| Täter | Straftat? | Tatzeit? | Tatort | Tathergang | Tatwerkzeug | Motiv |
| Gabbia? Seine Fingerabdrücke sind auf der Mordwaffe. | Mord | Ca. 5 Uhr | Fondamenta de la Pescaria | Streit zwischen Salini und dem Mörder. Mit zwei Hieben erschlagen. | Ein zufällig herumliegender Rohrbogen. | Geld. Gabbia sucht das Geld. Es ist verschwunden. |

Es klopft und Ferruccio Zolan tritt ein. »Wir haben den Haftbefehl für Zanca.«


## PALAZZO FERRO FINI

Vor der hohen weißen Fassade des Palazzo Ferro Fini, dem Sitz des Regionalparlaments Venetiens, wehen die Europafahne und die Flaggen Italiens und Venetiens. Ein kalter Herbstregen peitscht auf den Canal Grande und in die Gesichter von Morello, Anna Klotze und Mario Rogello, als das Polizeischiff vor dem Landesteg hält. Sie steigen steifbeinig aus dem Boot.

Mario fühlt sich sichtbar unwohl. »Ich habe noch nie jemanden festgenommen, der eine Krawatte trägt«, hatte er in der morgendlichen Besprechung gesagt. »Das fällt bestimmt auf uns zurück.« Zolan hatte ihm den Haftbefehl direkt vor die Nase gehalten und gesagt, ein Haftbefehl sei ein Befehl. Unwillig hatte Mario sich geschüttelt, und nun stand er vor dem Gebäude.

Am Eingang zeigen sie ihre Ausweise, passieren ungehindert die Sicherheitsschleuse und bahnen sich den Weg zum Sitzungssaal. Franco Zanca wird blass, als Morello die Tür zum Sitzungssaal aufreißt und eintritt. Er hält das weiße Papier am ausgestreckten Arm hoch in die Luft. Zanca sitzt an der erhobenen Seite des ovalen, zweireihigen Sitzungssaals. Er murmelt immer dieselben Worte, als Morello ihm Handschellen anlegt: »Das kann nicht sein, das kann nicht sein.« Drei anwesende Journalisten erwachen aus ihrer Lethargie und schießen die Fotos ihres Lebens.

### REISEBÜRO

Zur gleichen Zeit stürmen einige bewaffnete, uniformierte Polizisten das Reisebüro am Campo San Maurizio. Ferruccio Zolan humpelt hinter ihnen in den schlecht belüfteten Raum und zeigt dem erschrockenen Mann hinter dem Tresen den Durchsuchungsbefehl. Er deutet auf den Computer. »Wir brauchen deine Kundendatei. Und dich nehmen wir vorläufig auch mit.« Er denkt an seine Kinder, als er die Handschellen etwas enger stellt, als es eigentlich erlaubt ist.

### FRIEDHOFSINSEL SAN MICHELE

Die Beerdigung von Paolo Salini ist eine traurige Angelegenheit. Nur seine Schwester und Morello tragen ihn auf der Insel San Michele zu Grabe. Es regnet. Es ist kalt.

»Es war also dieser Gabbia«, sagt Antonella Salini, als sie neben-

einander im Vaporetto zurück nach San Marco fahren.»Der Mann, für den er gearbeitet hat.« Sie schüttelt den Kopf.»Warum?«
Auch Morello schüttelt den Kopf. Soll er von den Reisezielen ihres Bruders berichten? Es würde dieser Frau noch einen Schlag versetzen.
»Warum schütteln Sie den Kopf, Commissario?«
Morello lenkt den Blick vom Wasser der unruhigen Lagune zurück zu der Schwester Salinis.»Ich hing meinen Gedanken nach.«
Sein Blick wird starr. Kann das sein? Das Vaporetto wird gerade von einem alten Kahn überholt, der mit deutlicher Geschwindigkeit an ihnen vorbeizieht. Morello kneift die Augen zusammen. Der Typ hinter dem Steuer sieht aus wie Claudio. Cazzo, in so einem schnellen Boot. Das kann nicht sein. Jetzt sieht er, wie der Typ sich vorbeugt und zweimal mit der Hand auf den Staudruckmesser klopft. Mit einem entschuldigenden Blick zu Antonella Salini zieht er sein Handy heraus, steht auf, geht ins Freie zur Bugspitze und wählt Claudios Nummer. Er beugt den Oberkörper nach vorne und sieht, wie der Typ auf dem Kahn ein Telefon ans Ohr hebt.
»Claudio, wieso ist dein Bruchkahn plötzlich so schnell? Vor ein paar Tagen tuckerte er nur ganz langsam daher. Du überholst gerade das Vaporetto, in dem ich sitze, als wärst du Lewis Hamilton.«
Claudio dreht sich um und winkt zum Vaporetto herüber:»Mein Schiff hat einen neuen Motor. Vom Feinsten. Das verdanke ich Ihnen, Commissario. Tausend Dank.« Er drosselt den Motor.
»Mir? Ich erinnere mich nicht, dir Geld gegeben zu haben.« Claudios Kahn fällt zurück und ist nun auf gleicher Höhe wie Morello. Der junge Mann winkt ihm zu.
»Alle Taschendiebe Venedigs haben mir eine Tageseinnahme gespendet. Weil ich sie vor Ihren Kollegen aus Mestre gewarnt habe. Und wir nun, äh, ich meine, weil sie nun auch diese Polizisten kennen. Ist das nicht toll?«
Als Morello sich kopfschüttelnd wieder neben Frau Salini setzt, fällt ihm etwas ein.»Was machen Sie eigentlich mit der Wohnung Ihres Bruders?«
Sie zuckt mit den Schultern.»Ich weiß es noch nicht. Wahrschein-

lich verkaufe ich sie.« Antonella Salini lächelt ihn an. »Haben Sie Interesse? Wollen Sie sich fester an diese Stadt binden?«

Morello grinst sie an. »Nein, ich werde Venedig bald verlassen. Aber einer meiner Mitarbeiter sucht dringend eine Mietwohnung für sich und seine Familie. Ein guter Mann.«

»Ach, das ist doch wunderbar. Er soll sich bei mir melden.«

## BEFRAGUNGEN (1)

Wo ist das Geld? Was hast du übersehen, Antonio? Gabbia hat Salini erschlagen. Warum? Er kann sich keinen Grund vorstellen. Es gab zwischen den beiden keinen Konflikt. Und Gabbia hatte das Bestechungsgeld nicht, das Salini geraubt wurde. Er war selbst auf der Suche danach. Er wusste, dass Rita Ferretti und auch sein bester Freund ihn fallen lassen würden, wenn er das Bestechungsgeld nicht wiederbeschaffen konnte. Er war panisch. Er ging in die Falle, die er, Morello, ihm gestellt hatte. Deshalb musste er sterben. Doch wo ist das Geld?

Sie hatten Gabbias Wohnung auf den Kopf gestellt. Nichts.

Wenn er das Bestechungsgeld nicht findet, ist der Fall nicht abgeschlossen. Wenn der Fall nicht angeschlossen ist, wird er ewig in dieser verfluchten Stadt hängen bleiben.

Er liest die Akten erneut. Mittlerweile kennt er alles auswendig: Tathergang, Motiv, Tatwaffe, Tatzeitpunkt, Täter, Tatablauf. Alles ist geklärt, nur das verfluchte Geld fehlt.

Er befragt erneut Scarpa. Er besucht erneut die Zeugen. Carla Bellomi, die Müllarbeiterin, hat zwei neue Tattoos. Sie schlängeln sich unter dem Ärmel ihres T-Shirts heraus. Drachen oder Schlangen, etwas in dieser Art, vermutet Morello. Sie sitzen in ihrer Wohnung auf Sant'Elena. Obwohl sie das Fenster gekippt hat, riecht es nach ihrem Beruf. Doch ihre Aussage ist klar und unverändert. Sie hat den Toten gefunden. Es gab keinen Pilotenkoffer. Nein, sie hat ihn nicht an sich genommen. Würde sie sonst noch Abfälle einsammeln. Jeden Morgen? »Commissario, ich bitte Sie.«

Die Blumenfrau bricht in Tränen aus, als er sie befragt. Sie hat Salini so oft die Pest an den Hals gewünscht, dass sie sich nun schuldig fühlt. Wenigstens ein bisschen. Schnipp, schnapp. Ihre Schere schneidet dabei unermüdlich ins Leere.

Der Weinhändler hat einen Räumungsverkauf angekündigt. Er wird es jetzt mit Obstsäften versuchen. Seine finanzielle Lage? Renato Tabian lacht bitter.

Wo ist das Geld?

Maria Polia, Salinis frühere Putzfrau, hat eine neue Arbeitsstelle gefunden. Sie putzt nun bei einer deutschen Schauspielerin, die eine Zweitwohnung in San Marco besitzt und oft zwischen zwei Engagements nach Venedig fliegt. »Ich darf nur putzen, wenn sie da ist.« Sie beugt sich zu ihm herüber. »Wohl damit ich nichts klaue, pah!« Bei Salini habe sie gerne gearbeitet. »Das Beste war, dass ich ihn nie gesehen habe. Schade, dass er tot ist.«

## ENOTECA LA COLOMBINA

»Das ist noch nicht das versprochene Schlussinterview«, sagt er zu Elena Parisi und hebt das Glas. »Mir fehlt in diesem Fall noch etwas Entscheidendes: das Geld. Ich weiß noch nicht einmal, wie hoch die Bestechungssumme tatsächlich war.«

»Und ohne Geld keine Heimkehr nach Sizilien?«, fragt die Journalistin. Es ist Abend, und nach einem kleinen Spaziergang sitzen sie nun in der Enoteca La Colombina. Es war kalt geworden. Die Temperatur war unter zehn Grad gesunken, Morello hatte seine Mütze tief auf den Kopf gedrückt. Elena Parisi hatte ihn glücklicherweise nur wenige Minuten warten lassen. Sie tranken in einer Bar einen Aperol Spritz. Als sie dann durch das Getto spazierten, hakte sie sich bei ihm ein. Er spürte unter ihrem grünen Mantel ihren warmen, beweglichen Körper. Es fühlte sich gut an. Seltsam, dass er Silvia nicht vermisst.

»Wusstest du, dass das Wort ›Getto‹ genau an diesem Ort entstanden ist?«, fragt sie ihn, als sie am Jüdischen Museum vorbeigehen. »Von Venedig aus fand der Begriff dann den Weg in alle anderen Sprachen. Hier war früher eine Gießerei. Und das venezianische Wort für Gießerei war ›Geto‹. Deshalb hieß das Viertel schon so, bevor die Juden hierherzogen.«

»Das wusste ich nicht«, sagt Morello und zieht sie etwas näher zu sich. Sie sieht kurz zu ihm hinab und schmiegt sich ein wenig fester an ihn. »Kalt ist es heute Abend«, sagt sie.

Als sie den großen offenen Platz, den Campo di Ghetto Nuovo, überqueren, bleibt Elena Parisi unvermittelt stehen. Sie löst sich von Morello. »Die Deutschen haben 1943 alle mitgenommen, niemand hat überlebt. Die italienische Polizei hat sie nicht geschützt.«

Sie gehen schweigend eine Weile nebeneinanderher. Dann steuert sie ihn von der belebten Calle del Pistor in eine Seitengasse und kurz danach sitzen sie im La Colombina, im »Täubchen«. Der Wirt persönlich empfiehlt ihnen eine Flasche Lugana-Weißwein und serviert venezianische Sardinen und Scampi in saòr als Vorspeise. Danach: frische Meerbrasse auf Zucchini. Sie hat einen Block und einen Bleistift vor sich gelegt und hört ihm zu.

»Das Geld«, sagt er zu ihr. »Es ist mir nach wie vor ein Rätsel, wohin das Geld verschwunden ist.«

»Was sagt Scarpa dazu?« Sie umfasst das Weinglas mit beiden Händen, als wollte sie sich daran wärmen. Morello unterdrückt das Bedürfnis, seine Hand auf ihre langen, mit Goldringen geschmückten Finger zu legen.

»Er hat Gabbia Geld geliehen. Insgesamt 500.000 Euro. Er wusste, dass es für die LIGA war. Er wusste auch, dass dies nur ein Teil der Bestechungssumme war. Ich vermute, der Rest, wie hoch er auch gewesen sein mag, kam von der Banca Italiana. Ich kann es leider nicht beweisen. Im Gegenzug würde die LIGA im Regionalparlament den Ausbau des Flughafens San Marco durchwinken und die U-Bahn von dort nach Venedig. Das war der Deal. Gabbia wollte alles kontrollieren. Er sah sich als eine Art künftiger Doge von Venedig. Er weihte auch seinen besten Freund Scarpa nicht in alle Pläne ein. Tatsächlich vermasselte er es. Sein Buchhalter Salini sollte das Geld übergeben, doch als die LIGA-Leute zum Treffpunkt kamen, fanden sie nur die Leiche Salinis und kein Geld.«

Parisis Handy summt. Mit einem Blick bittet sie Morello um Verständnis, dass sie das Gespräch annehmen muss. Morello hört, wie sie mehrmals ein entschiedenes »Sì, Sì« in das Gerät spricht. Dann: »Bring es auf der ersten Seite.« Sie beendet das Gespräch mit einem entschuldigenden Lächeln. Dann wird die Hauptspeise serviert, und ihr Gespräch wendet sich anderen Themen zu.

Als sie vor ihrer Haustüre auf dem Campo della Maddalena angelangt sind, neben der Kirche, die an die runde Struktur des Pantheons in Rom erinnert, entsteht ein kurzes Schweigen. Sie blicken auf die schwankenden Lichter auf dem Rio della Maddalena, und schließlich ist es Parisi, die die Stille zwischen ihnen beendet. »Mögen Sie auf einen Espresso mit mir nach oben kommen, Antonio?«

Morello senkt den Kopf. »Ich glaube nicht, ich bringe Frauen kein Glück. Jedes Mal, wenn ich näher mit einer Frau …«

Sie wirft den Kopf in den Nacken und sagt verärgert: »Mein Gott, Commissario, ich will dich nicht heiraten. Ich wollte nur zwei, drei nette Stunden haben. Mehr nicht.« Sie dreht sich um und sucht ihren Schlüssel in der Handtasche.

Morello rückt die Coppola zurecht und kratzt sich hinter seinem Ohr. »Elena, nun … Ich meine, wenn es so ist.«

»Vergiss es. Mir ist die Lust vergangen.« Sie schließt die Tür auf und dreht sich noch einmal um. Sie schenkt ihm einen langen Blick und schüttelt den Kopf. »Werde endlich ein Mensch, Antonio. Und lies morgen meine Zeitung. Die erste Seite wird dich interessieren.« Dann dreht sie sich um und geht ins Haus.


## BEFRAGUNGEN (2)


Anstatt nach Hause zu gehen, marschiert Morello ins Kommissariat.

*Werde endlich ein Mensch.*

Ist er denn kein Mensch? Doch, das bist du, Antonio. Du bist ein Mensch mit einem Ziel. Du willst den Boss der Bosse verhaften. Du willst Francesco Domenico Marino festnehmen. Du willst ihn vor

Gericht sehen, Antonio. Du willst dabei sein, wenn die Anklage ihm den Mord an deiner Frau und deinem ungeborenen Kind vorhält. Du willst ihm ins Gesicht sehen, wenn das Urteil gesprochen wird. Du willst ihn leiden sehen. Deshalb willst du zurück nach Sizilien.

Deshalb geht er jetzt, mitten in der Nacht, noch einmal in sein Büro. Er nimmt die Akten aus dem Schrank und liest alles noch einmal, die Zeugenaussagen, die Berichte der Gerichtsmedizin, die ellenlangen Berichte der Spurensicherung. Er liest die Meldedaten der Zeuginnen, die er heute Vormittag befragen will. Geburtsdaten, Adressen, bürokratische Angaben. Doch es ist spät. Alles verschwimmt vor seinen Augen. Hat er einen Plan? Er hat keinen. Er weiß nur, er hat etwas übersehen. Irgendetwas ist ihm entgangen, aber er weiß nicht, was es ist. Er sucht. Irgendwann schmerzen seine Augen. Er reibt sie mit den Knöcheln. Den Kopf legt er auf den Arm, und in diesem Zustand findet ihn am Morgen Anna Klotze.

Er spritzt sich im Waschraum Wasser ins Gesicht. Er betrachtet sein Gesicht im Spiegel. Rote Augen mit dunkelblauen Schatten darunter. Sehr cool, wirklich.

Die Tür geht auf, und Anna Klotze kommt herein.

»He, du weißt schon – das ist die Toilette für ältere Männer?«

»Mag sein. Ich begleite dich heute.«

»Es ist sinnlos.«

»Macht nichts. Ich begleite dich trotzdem.«

Manuela Bini und Ilaria Michetti machen gerade Pause, als Morello und Anna Klotze in ihrem Steuerbüro eintreffen. Sie sitzen an ihrem kleinen Tisch im Büro und trinken Kaffee und essen Cornetti.

»Commissario, setzen Sie sich mit Ihrer Kollegin zu uns.«

Sie tun es und erfahren, wie froh die beiden Frauen sind, dass sie nichts mehr an Salini bezahlen müssen. Zwei neue Kunden haben sie gewonnen, erzählen sie fröhlich. »Wir krabbeln langsam aus den Schulden heraus.« Morello und Anna Klotze sehen sich an. Hier ist das Bestechungsgeld nicht zu finden.

Schweigend in ihre eigenen Gedanken versunken, laufen sie durch die Gassen Dorsoduros. An der Fondamenta della Pescaria bleiben sie stehen. Auf der kleinen Wiese hinter dem Gebäude der Finanzpolizei flattert kein Absperrband mehr. Ein junges Paar in Parkas kuschelt sich frierend auf der Bank aneinander, auf der vor ein paar Tagen der Buchhalter erschlagen wurde. Ein schwarzer Pudel hebt sein Bein an dem Busch, in dem sich Morello vor Aurelio versteckt hatte. Die Baustelle, von der Salinis Mörder den Rohrbogen aufgehoben hatte, ist verschwunden. Neue, sauber glänzende Platten sind verlegt worden, die sich von den alten, abgetretenen abheben, als wären sie eine besonders vornehme Verwandtschaft.

Das Leben geht weiter. Es lässt sich durch nichts aufhalten, nicht einmal durch einen scheußlichen Mord. Nur dein Leben steht still, Antonio, und das schon sehr lange.

In einem Café im Stadtteil Santa Marta haben sie Glück und finden einen freien Tisch. Um sie herum schwatzen Studierende der nahgelegenen Universität.

Anna Klotze rührt nachdenklich in ihrem Kaffee. »Nun folgt der letzte Besuch. Glaubst du, er nützt unseren Ermittlungen?«

Morello zuckt mit den Schultern. »Dann ist meine Liste abgearbeitet. Ich habe dann mit jeder Person noch einmal gesprochen, die irgendwie in unseren Ermittlungen aufgetaucht ist. Danach …«

»… bleibt das viele Geld einfach verschwunden.« Anna Klotze stellt die leere Tasse ab.

Draußen auf einem Spielplatz werfen ein paar Jungs Bälle in einen Basketballkorb. Einer reckt beide Arme, um einen anderen vom Wurf abzuhalten. Auf zwei Schaukeln beugen sich zwei Mädchen angestrengt nach vorn und hinten und versuchen erfolglos, sie in Bewegung zu setzen. Eine rothaarige Mutter ermuntert ihr Kind, auf die große Rutsche zu steigen

»Du warst nie in diesem Fitnessstudio in Mestre«, sagt Morello leise. Sie richtet ihren Oberkörper auf. Ihre Augen sind zu schmalen Schlitzen zusammengezogen. »Du spionierst hinter mir her?«, fragt sie ebenso leise zurück. Doch ihr Ton klingt gepresst und gefährlich. »Du wagst es, hinter mir her zu spionieren?«
»In deinem Lebenslauf stimmt etwas nicht. In deiner Zeit an der Akademie in Rom hast du …«, sagt er und beobachtet ihr Gesicht. Sie unterbricht ihn und beugt sich ihm weit entgegen. »Schau mich genau an, Antonio. Und hör mir jetzt genau zu.« Ihr Gesicht schiebt sich ihm noch weiter entgegen, sodass ihre Augenpaare nur wenige Zentimeter voneinander entfernt sind: »Fuck you!

Area öffnet die Wohnungstür. Das Korsett umschließt noch immer den mageren Oberkörper. Unter die Achseln hat sie zwei Krücken geklemmt. Ihr Gesicht strahlt, als sie Morello erkennt. »Wir fahren nach Amerika«, sagt sie und lacht. »Dann brauche ich keinen Panzer mehr.« Sie wendet sich um und ruft: »Mama, Mama, da ist der nette Mann wieder.« Dann schwingt sie sich auf den Krücken erstaunlich schnell ins Wohnungsinnere. Im Türrahmen erscheint die Haushälterin. Sie nickt kurz und sieht die Besucher fragend an. Sie trägt ein einfaches dunkelblaues Kleid, über das sie eine grüne Schürze gebunden hat. Am auffallendsten ist jedoch ihr dichtes, wildes schwarzes Haar, eine Mähne, die ihr bis auf die Schultern reicht und die mit einem breiten roten Band nur mühsam zusammengehalten wird.
»Frau Bregu«, sagt Morello, »das ist meine Kollegin Anna Klotze. Wir haben noch ein paar Fragen. Dürfen wir reinkommen?«
Der Körper der Frau richtet sich auf, kaum merkbar spannt er sich an. Ihre Gesichtszüge sind plötzlich wie eingefroren, die Pupillen geweitet. Ihre Haltung drückt nur eines aus: Wachsamkeit.
Morello kennt diese Haltung. Einfache oder gar arme Leute, insbesondere Migrantinnen, haben meist nichts Gutes zu erwarten, wenn die Polizei vor ihrer Tür steht. Morello lächelt. Er will nicht, dass Frau Bregu sich vor ihnen fürchtet. Ängstliche Zeugen reden nicht.

»Seien Sie unbesorgt«, er.»Wir haben nur ein paar Fragen zu Ihrem
früheren Arbeitgeber, Signor Gabbia.«

Sie nickt kurz. Es ist eine Aufforderung an ihn, die Frage zu stellen.

»Dürfen wir hereinkommen?«

Afrore Bregu tritt zur Seite. Ihre gespannte Haltung bleibt.

Sie folgen ihr in eine kleine Küche. An zwei Wänden stehen weiße
Einbauschränke, die bis zur Decke reichen. An die freie Wand
drückt sich ein Herd. Vor dem Fenster steht eine Spüle. Auf dem
Ablaufbrett liegen zwei Teller, drei Tassen, zwei Gläser, Besteck. Aus
dem ragt ein silberner Topf. Auf der Anrichte neben der Spüle stapelt sich weiteres schmutziges Geschirr, Pfanne, Knoblauchpresse,
Käsereibe, Salatbesteck.

»Oh«, sagt Anna Klotze,»wir kommen zu einem ungünstigen Zeitpunkt.«

Sie sieht sich um und zieht vom Griff des Herdes ein Abtrockentuch
und wirft es Morello zu.»Wir helfen Ihnen.«

Sie krempelt ihre Ärmel hoch, greift den Spüllappen, der im Becken
schwimmt und reibt den Topf sauber. Morello trocknet einen Teller
ab und reicht ihn der Frau.

Er wundert sich, wie jung sie ist. Bei seinem ersten Besuch bei Gabbia hatte er sie auf dreißig geschätzt. Doch aus den Unterlagen der
Meldebehörde, die er letzte Nacht durchgegangen war, weiß er, sie ist
erst vierundzwanzig Jahre alt.

Er nimmt den zweiten Teller und reibt ihn trocken.»Frau Bregu,
meine Kollegin und ich ermitteln immer noch im Fall Salini. Wie
Sie vielleicht aus der Zeitung oder dem Radio wissen, gilt der Fall
als geklärt. Herr Gabbia, Ihr Arbeitgeber gilt als Täter. Ich will von
Ihnen wissen, ob sie im Hause Gabbia einmal etwas Ungewöhnliches gehört oder gesehen haben, etwas, das die Polizei interessieren könnte. Hat Herr Gabbia vielleicht einmal eine große Geldsumme erwähnt? Oder …«

Klack, Klack, Klack – die kleine Area humpelt auf einer Krücke in die
Küche. In der freien Hand trägt sie einen fast vollständig zerfetzten
Teddybären, den sie innig an sich drückt. Sie streckt ihn Morello ent-
gegen, der ihn nimmt und bewundernd hochhebt.

Bevor er etwas sagen kann, wechselt ihre Mutter einige strenge Worte auf Albanisch mit ihr. Das Kind seufzt, schenkt Morello einen verschwörerischen Blick und – klack, klack, klack – hinkt mühsam auf eine Krücke gestützt aus der Küche.

Afrore Bregu wendet sich zu Morello. Ihre Augen sind wie dunkler Samt. Es ist keine Regung darin zu erkennen. Nur die gespannte Haltung versteht er als deutliches Abwehrzeichen.

Anna reicht ihm einen Suppenlöffel. Er trocknet ihn ab und reicht ihn Frau Bregu. »Herr Gabbia wusste nicht, dass Sie Italienisch verstehen und sprechen. Doch ich weiß es seit unserer ersten Begegnung. Denn sie lächelten, als ich mich für Ihren ausgezeichneten Kaffee bedankte.

Sie haben mich genau verstanden. Sprechen Sie auch Italienisch?«

»Sì.« Es ist eine raue Stimme, die das ausspricht.

»Ich bitte Sie, erinnern Sie sich. Haben Sie jemals gehört, dass Herr Gabbia mit seinem Steuerberater über eine große Geldsumme gesprochen hat? Oder ein Telefonat? Irgendetwas, was uns helfen könnte.«

Afrore hebt den Kopf. Morello schaut noch einmal in diese dunklen, fast schwarzen Samtaugen. Eine große Müdigkeit steht jetzt in diesem Gesicht. Sonst kann er nichts darin lesen. Doch plötzlich verändert sie sich. Die Augen werden schmaler, und sie hebt den Kopf. Nur wenige Zentimeter. Dann reckt sie das Kinn vor. Sein Körper reagiert sofort. Ein stechender Schmerz im Herz. Schwindel. Er hält sich mit einer Hand an der Spüle fest. Für eine Sekunde? Für zwei? Er weiß es nicht. Er kennt diesen Ausdruck. Er weiß präzise, was er bedeutet: Ich gebe dir nicht nach. Ich kämpfe. Der Gesichtsausdruck von Afrore Bregu ist exakt derselbe wie der von Sara, wenn sie sich gestritten haben.

Jetzt weiß er, dass er hier, in dieser kleinen Küche, das Rätsel lösen kann. Doch wie? Er hat keine Ahnung.

Er nimmt von Anna Klotze eine Tasse und reibt sie trocken. »Sie fahren nach Amerika? Ihre Tochter wird endlich operiert. Das freut mich sehr. Darf ich fragen, wie Sie so schnell das Geld für die Operation beschaffen konnten?«

Ein leises Lächeln huscht über Afrore Bregus Gesicht. Nur kurz. Eine

Mikrosekunde. Morello kennt diese Art des Lächelns. In Saras Gesicht bedeutete es: Du Anfänger legst mich nicht herein.

Sie antwortet mit ihrer rauen Stimme. »Frau Gabbia hat mir geholfen. Ich half ihr. Gab ihr Trost. Die Beerdigung. Die Leute, die kamen. Sie mussten essen. Ich machte sauber. Kümmerte mich um sie. Um alles. Sie musste viel weinen. Die Kinder. Als Dank gab sie mir Geld.« Sie sieht ihn an und fährt im gleichen Tonfall weiter. »Ich habe gespart für diese Operation. Viele Jahre. Nun ist es genug. Wir fahren übermorgen.«

Morello nickt. »Sie sind sehr jung, Frau Bregu. Ich habe in Ihren Unterlagen gelesen, Sie sind erst vierundzwanzig.« In der Nacht hatte er über ihren Meldeunterlagen gesessen und gerechnet. Zunächst glaubte er das Ergebnis nicht. Er rechnete noch einmal.

Morello legt das Handtuch zur Seite, geht zum Fenster, öffnet es und zieht die Luft tief ein. In seinem Kopf schütteln sich Puzzlestücke dieses Falles zusammen. Plötzlich driften sie auseinander und legen sich neu zusammen. Sie fügen sich. Jedes einzelne findet seinen Platz. Alles passt zusammen.

Er dreht sich um. Müde und schwer fühlt er sich nun. »Sie müssen jung gewesen sein, als Sie Ihre Tochter zur Welt brachten. Nicht wahr?«

Ausdruckslos folgt ihm Afrore Bregus Blick.

»Sehr jung«, sagt er und schließt das Fenster.

Keine Reaktion.

Es ist jetzt so still in der Küche, als hätte jemand der Welt den Ton abgedreht. Morello sieht durch das Fenster hinaus auf den Spielplatz. Anna Klotze trocknet sich die Hände ab. Sie zieht ihr Handy aus der Gesäßtasche und geht aus dem Zimmer. Afrore Bregu rührt sich nicht. Sie hat den Oberkörper zur Seite gedreht und sieht zum Commissario.

Dann setzt sie sich an den Küchentisch.

Morello setzt sich ihr gegenüber. »Sie müssen so jung gewesen sein, dass die Vermutung naheliegt, es geschah nicht freiwillig.«

Die Stille steht weiter im Raum. Tonnenschwer. Nur eine Küchenuhr tickt leise.

Anna Klotze kommt zurück in die Küche. Sie setzt sich. »Frau Gabbia gab der Zeugin Geld. Mehr als sonst.« Anna Klotzes Stimme bricht. »Genug für den Flug. Aber nicht für die Operation.«

Die Küchenuhr tickt.

»Frau Bregu, ich habe in den letzten Tagen eine Menge über das Leben des Herrn Salini erfahren. Ich sage Ihnen wahrscheinlich nichts Neues: Er war kein guter Mensch. Er fuhr jedes Jahr einmal in Urlaub in Länder wie ... Und er war dreimal in Albanien.«

Ihr Kinn reckt sich noch einmal einen Millimeter nach vorne. Ach, Sara.

Jedes weitere Wort fällt ihm schwer. »Wenn ich einen Abgleich des Erbgutes Ihrer Tochter mit dem des Herrn Salini anordnen würde, wäre das Ergebnis eine hohe Übereinstimmung, nicht wahr?«

Immer noch keine Reaktion. »Sie suchten ihn. Sie fanden ihn. Afrore, Sie brauchten Geld für die Operation von Area. Doch Salini war nicht nur böse. Er war auch geizig. Seine Religion war Geld. Er hob immer zum Monatsanfang 700 Euro in bar ab. Er gab es Ihnen. Zu wenig. Er vermittelte Ihnen auch den Job bei Gabbia, nicht wahr? Er wollte nichts mit Ihnen und Area zu tun haben. Er wollte keine Verantwortung übernehmen. Wahrscheinlich drohte er Ihnen.«

Immer noch zeigt ihr Gesicht nichts als Entschlossenheit. Er bewundert sie dafür. Morello steht auf und geht zum Fenster.

Auf dem Spielplatz schaukeln die beiden Mädchen jetzt Seite an Seite. Mutter und Vater schubsen sie an, und die Kinder jauchzen vor Vergnügen. Die rothaarige Mutter setzt ihr Kind auf die Rutsche und fordert es mit ausgestreckten Armen auf, herunterzurutschen.

Er sagt: »Gabbia war ein Idiot. Er glaubte, Sie verstünden kein Italienisch. Er besprach in Ihrer Gegenwart vertrauliche Dinge. Sie hörten, wie er Salini den Auftrag gab, Geld zu übergeben. Viel Geld. Sie wussten wann und wo. War es so?« Morello geht wieder an den Tisch und setzt sich vor Afrore.

Ihre Augenlider flackern. Ansonsten ist sie so ruhig wie zuvor. Plötzlich fühlt er sich müde. Müde und traurig. »Sie waren am Tatort. Sie wollten, dass er Ihnen etwas abgab von dem vielen Geld in dem

Pilotenkoffer. Er weigerte sich. Er wollte Sie wegschicken. Sie gingen nicht. Er wurde handgreiflich. Sie mussten sich verteidigen. Sie waren wütend. Sie nahmen den Rohrbogen und schlugen zu.«

Nun sieht er, wie ihre Augen feucht werden. Sie steht auf und nimmt von der Anrichte eine Handvoll Besteck und wirft es in das Spülbecken. Mit einer Bürste schrubbt sie ein Messer.

Morello dreht sich zu ihr um. »Frau Bregu, auf der Party nahm ich ein Sektglas mit. Herr Gabbia hatte daraus getrunken. Ich wollte wissen, ob seine Fingerabdrücke mit denen auf dem Rohr übereinstimmen. Das Labor meldete einen Volltreffer. Seither gilt Gabbia als Salinis Mörder. Doch ich hatte etwas Wesentliches vergessen: Sie reichten ihm den Champagnerkelch. Ihre Abdrücke waren ebenfalls auf dem Glas.«

Afrore Bregu trocknet das Messer ab.

Morello atmet tief ein. »Wenn wir Ihre Fingerabdrücke nehmen, werden wir feststellen, dass sie mit denen auf dem Rohrbogen übereinstimmen. Sie haben Salini erschlagen.«

Stille.

Schreckliche Stille herrscht in der Küche.

Afrore Bregu legt das Handtuch zur Seite. Sie hält das Messer in ihrer rechten Hand. Dann sagt sie leise und mit heiserer Stimme: »Was geschieht mit dem Geld, wenn Sie es finden?«

»Es geht in die Staatskasse und vermindert den Schuldenberg der italienischen Regierung ein klein wenig. Kaum spürbar.« Morello fährt sich mit beiden Händen durchs Gesicht. »Nehmen wir an, Sie hätten das Geld, Frau Bregu. Was würden Sie damit machen?«

Er steht auf und nimmt ihr das Messer aus der Hand. Und legt es auf den Küchentisch.

»Was würden Sie mit dem Geld machen?«

»Ich würde Area gesund machen. Sie soll laufen und springen, wie jedes andere Kind.«

»Und mit dem Rest?«

»Sorge ich dafür, dass in meiner Heimat …« Sie ringt einen Augenblick mit ihrer Fassung. Ihre Augen werden feucht. Sie schüttelt einmal kurz den Kopf, als wollte sie jede Sentimentalität vertreiben. Als sie wieder spricht, ist ihre Stimme metallhart.»... nie wieder Männer wie dieser Salini das tun, was er getan hat. Nie wieder.«

Afrore Bregus Augen sind weit aufgerissen. Ihr Blick haftet nicht auf Morello und auch nicht auf Anna Klotze, sondern sie scheint weit in die Ferne zu schauen.»Er wollte mich wegjagen. Saß da auf seiner Bank mit dem Koffer an seiner Hand und ist völlig ausgerastet, als er mich sah. ›Hau ab‹, ›Verschwinde!‹, hat er gerufen. Immer wieder. ›Du darfst nicht hier sein, hau bloß ab‹, schrie er. Wie ein Verrückter. Saß da und schrie. Aber gehen wollte ich nicht. Ich wusste, in dem Koffer war Geld. Ich wollte nicht gehen, ohne dass er bezahlte. Er griff mit der linken Hand nach einer Latte ... Er schlug nach mir. Aber ich konnte doch nicht gehen, oder? Er musste bezahlen. Jetzt. Als er wieder nach der Latte griff, nahm ich irgendetwas und dann ...«

Morello dreht den Küchenstuhl um und setzt sich so, dass er die Arme auf die Lehne legen kann.

»Frau Bregu, ich verstehe Sie. Doch für mich hängt von der Aufklärung dieses Falles viel ab. Finde ich das Geld, ist der Fall gelöst und ich werde nach Sizilien versetzt. Dorthin möchte ich unbedingt zurück, denn ich suche den Mörder meiner Frau und meines Kindes, das noch nicht geboren war. Verstehen Sie?«

334

## DORSODURO

Sie gehen schweigend durch die engen Gassen von Dorsoduro. Anna Klotze stellt den Kragen ihrer Jacke hoch. Der Winter hat nun endgültig die Herrschaft über die Stadt übernommen. Nebelschwaden steigen aus den Kanälen auf, wabern durch die Stadt und nehmen ihnen die Sicht.

Ohne den Kopf zu wenden, sagt Anna Klotze:»Du weißt, dass du mich zur Mitwisserin einer schweren Straftat gemacht hast, Commissario? Strafvereitlung im Amt. Kostet uns beide den Job. Und nicht nur das.«

»War es richtig, Anna?« Morello bleibt stehen.»Ich weiß es nicht. Es fühlt sich besser an. Doch der Polizist in mir ringt mit dem Menschen.«Er sieht auf die Auslagen eines Kioskes.»Erst gestern Abend hat mir jemand gesagt, ich solle wieder ein Mensch werden.«

Nun ist auch Anna Klotze stehen geblieben.»Du bist ein Mensch. Ich bin froh, dass wir diese Frau nicht verhaftet haben. Ein guter Polizist muss zuerst ein guter Mensch sein. Habe ich das nicht schon öfter von dir gehört?« Sie macht eine kleine Pause.»Mir ist vollkommen klar, welches Opfer du gebracht hast. Der Commissario bleibt in Venedig. Keine Rache an Francesco Domenico Marino, dem Boss der Bosse.«

»Vorläufig.«

Sie lacht.»Natürlich, nur vorläufig. Komm, wir haben eine Menge Berichte zu schreiben.«

»Warte einen Augenblick. Elena Parisi hat mir geraten, heute ihre Zeitung zu lesen.«

Er geht zum Zeitungsstand und zieht die *La Voce Della Laguna* von einem Stapel. Morello erstarrt, als er Foto und Schlagzeile auf der ersten Seite sieht.

### Ist der Boss der Bosse in Venetien?

Francesco Domenico Marino ist in Venetien, in der Provinz Treviso, aber auch in Venedig, wo er einen Palast besitzt und sich einen Passierschein zum Betreten des Casinos beschafft hat. Dies berichtet ein festgenommener Mafioso, der Überläufer Emanuele Merenda. Gestützt wird diese Aussage von dem ebenfalls verhafteten Salvatore Baiardo. Beide haben bei der Anti-Mafia-Brigade der Carabinieri ausgesagt. Nach Angaben von Baiardo sei Domenico Marino schwer erkrankt. Er warte nur darauf, verhaftet zu werden, sagte der Zeuge.

»Lies das«, ruft Morello.»Marino ist in Venedig.«

Anna Klotze reißt ihm das Blatt aus der Hand und überfliegt die Zeilen.»Scheiße, woher wissen die Zeitungsleute das?« Sie geht einige Schritte, zieht ihr Handy aus der Tasche und telefoniert. Morello sieht ihr nach und schüttelt den Kopf.

Als sie zurückkommt, sagt er:»Ich habe ihn gesehen. Auf Gabbias Party. Er hat mit mir gesprochen. Er kannte mich. Antiquitäten-händler sei er, hat er gesagt. Marino ist in der Stadt. Er ist krank. Als er mit mir sprach, hatte er einen Hustenanfall. Er spuckte Blut in ein Taschentuch. Vor allem: Ich weiß, wie er aussieht.« Er nimmt ihr die Zeitung aus der Hand. »Schau mir in die Augen, Anna. Auf welcher Seite stehst du?«

»Ich stehe auf der richtigen Seite, Antonio.«

Er dreht sich um und geht.

»Ich jage den Boss der Bosse.«

Vier Monate später wird Francesco Domenico Marino, der Boss der Bosse, todkrank im Privatkrankenhaus La Maddalena in Palermo verhaftet.

ENDE

# NACHWORT

Gerade als wir das Manuskript dieses Buches in den Satz geben wollten, meldeten die Agenturen eine Sensation: Nach dreißig Jahren auf der Flucht wurde Matteo Messina Denaro, der Boss der Bosse in Sizilien und die Vorlage für Morellos erbitterten Feind, unsere Figur des Mafiabosses Francesco Domenico Marino, in einem Krankenhaus in Palermo verhaftet.

Bereits einige Wochen zuvor hatten italienische Medien berichtet (nicht nur die von uns erdachte *La Voce Della Laguna),* Denaro sei sterbenskrank und halte sich womöglich in Venedig auf, wo er einen Palazzo besitze.

Denaros kaum ernst zu nehmender Fluchtversuch während seiner Festnahme, der demonstrative Jubel der neofaschistisch geführten Regierung bei ihrem gleichzeitigen massiven Versuch, die lebenslängliche Haftstrafe für schweigende Mafiosi abzuschaffen – all das lässt uns vermuten, dass Morellos Kampf gegen die Cosa Nostra noch nicht zu Ende ist, sondern eine neue Wendung erfährt.

Leider ebenfalls wahr sind die Pläne der für Venedig Verantwortlichen, eine U-Bahn durch die Lagune zu bauen. Diese *Sublagunare* soll den Flughafen Marco Polo in Zukunft schneller mit Venedig, dem Lido und den anderen Inseln verbinden. Dieser ökologische Wahnsinn ist – sorry – nicht von uns ausgedacht. Er ist nur ein Meilenstein im Umbau Venedigs in ein Museum oder in ein Disneyland für Reiche, so wie Gabbia und Scarpa es geplant haben. Diese Umwandlung selbst ist jedoch bereits in vollem Gange.

Wir sagen Dank und verbeugen uns vor Marion Butsch für eifrige

Tatortrecherchen am Tatort Salini. Sie könnte eine prima Kollegin von Anna Klotze werden. Für einen wichtigen Hinweis bedanken wir uns bei Eva und Goggo Gensch.

Der Weg einer Geschichte bis zum fertigen Roman ist nie Sache allein der Autoren. Mehr als bei unseren früheren Büchern war die Entwicklung der »Falschen Freunde« Teamarbeit.

Wir danken herzlich Ivonne Schubert und Petra von Olschowski für die Durchsicht des Manuskripts.

Großen Dank schulden wir unseren beiden Lektoren Lutz Dursthoff und Nikolaus Wolters. Dir, lieber Lutz, für deine ruhige, besonnene und gleichzeitig beharrliche Art, uns auf offene Fragen oder Fehler im Text hinzuweisen, deine Übersicht, dein Sprachgefühl, deine Geduld und die Zeit, die du für diesen Roman aufgewendet hast.

Früher als bei anderen Morello-Geschichten ist Nikolaus Wolters in den Entstehungsprozess dieses Buches eingesprungen. Wir danken dir, lieber Nikolaus, für die Ideen, die du beigesteuert hast, für deine Unermüdlichkeit, die wir auch dann spürten, wenn unsere Reserven bereits auf Null standen. Manchmal glaubten wir, du kennst Morello, Anna Klotze (vor allem Anna Klotze) besser als wir. Hab vielen Dank für die erhebliche Lebenszeit, die du (zu unterschiedlichen Tages- und Nachtzeiten) in diesen Roman gesteckt hast. Es war uns eine Freude, mit dir zu arbeiten.

Venedig/Berlin/Stuttgart, im März 2023
Wolfgang Schorlau, Claudio Caiolo

### Pasta alla Trapanese

Wolfgang war zunächst dagegen, dieses Rezept in »Falsche Freunde« abzudrucken. Claudio, sagte er, Tomaten in Nudeln zu schneiden, ist nichts Besonderes. Das mache ich jede Woche einmal. Das ist zu banal für unser Buch. Ich erklärte ihm die Besonderheit dieses Gerichtes. Vergebens. Er blieb stur. Also habe ich es für ihn gekocht. Und siehe da, jetzt will er unbedingt, dass unsere Leser:innen Pasta alla Trapanese kennenlernen. Es ist viel mehr, als Tomaten in Nudeln zu schneiden. Es ist die Verbindung von heiß (Pasta) und kalt (Soße). Wichtig ist, dass die Haut der Tomaten abgezogen wird und die Pastasoße Zeit bekommt, im Kühlschrank durchzuziehen.

*Zutaten für zwei Personen*

| | |
|---|---|
| 200 g italienische Pasta: Spaghetti, Tortiglioni oder Penne Rigate | 3 Knoblauchzehen (möglichst frisch), längs geschnitten |
| 1½ Espressotassen gutes Olivenöl | 4 große frische Tomaten |
| 15 Blätter Basilikum, längs geschnitten oder gerupft | ¼ Teelöffel Salz und frisch gemahlener Pfeffer nach Geschmack |

*Vorbereitung:*

Tomaten kreuzweise einschneiden. Eine Minute in heißes Wasser legen. Haut ablösen. Tomaten vierteln.

Knoblauch, Basilikum, Olivenöl und Tomatenstücke in einer Schüssel mit einem Viertel Teelöffel Salz mischen und zehn Minuten in den Kühlschrank stellen.
Die Pasta entsprechend der Zeitangabe auf der Packung kochen. Al dente in der Regel 9–10 Minuten, sonst 11 oder 12 Minuten. Die Pasta in einem Sieb abtropfen lassen, die Soße darübergeben und sofort servieren.
Ich verwende bei dieser Pasta keinen Parmigiano Reggiano. Wolfgang wollte jedoch nicht auf ihn verzichten.
In beiden Fällen wünschen wir Buon Appetito.

## Pasta con le Zucchine Fritte (Pasta mit frittierten Zucchini)

Auch dieses Gericht musste ich Wolfgang erst vorkochen, bis er seine Vorbehalte aufgab. Auch dieses Rezept ist einfach und köstlich zugleich.

*Zutaten für zwei Personen*

| | |
|---|---|
| 200 g italienische Pasta, am besten Spaghetti | 2 Espressotassen gutes Olivenöl |
| 3 kleine Zucchini | 2 Knoblauchzehen, nicht zerteilt |
| | ½ Teelöffel Salz |

*Zubereitung*

Zucchini waschen und schälen. In einen halben Zentimeter dicke Scheiben schneiden und salzen.
Olivenöl in eine große Bratpfanne bei mittlerer Hitze geben. Knoblauch dazugeben. Eine Minute braten, bis das Öl dessen Geschmack angenommen hat. Die Knoblauchzehen entfernen. (Auf diese Weise kann man den typischen Knoblauch-Atem vermeiden, der nur entsteht, wenn Knoblauch verzehrt wird.)
Die Zucchinischeiben in die Pfanne legen und so lange braten, bis sie goldbraun sind. Die Scheiben umdrehen. Ist auch die zweite

Seite braun, die Zucchini aus der Pfanne nehmen. Das Öl in der Pfanne lassen.

Die Pasta entsprechend der Zeitdauer auf der Packung kochen. Al dente in der Regel 9–10 Minuten, sonst 11 oder 12 Minuten. Die Pasta in einem Sieb abtropfen lassen und in die Pfanne geben.

Die Hälfte der Zucchinischeiben dazugeben. Eine Minute braten lassen.

Auf die Teller verteilen und die andere Hälfte der Zucchini darübergeben.

Parmigiano Reggiano passt sehr gut dazu!

Buon Appetito!

# Liebe Leserin, lieber Leser,

ich freue mich, dass Sie offenbar bis zur letzten Seite
bei dieser Geschichte dabei geblieben sind.

Wenn Sie hin und wieder Neuigkeiten über meine Arbeit
erfahren wollen, schicken Sie mir doch einfach eine E-Mail
an news@schorlau.com.

Fügen Sie Ihre Postleitzahl hinzu, wenn ich Sie über
Lesungen in Ihrer Nähe informieren soll.
Es wäre schön, wenn wir uns dann sehen.

Mit den besten Grüßen,
Wolfgang Schorlau

www.schorlau.com

# Morello ermittelt in Sachen Prostitution und gerät in große Gefahr

Commissario Morello weiß, dass er in Sizilien nicht vor der Mafia sicher ist, der er immer wieder in die Quere gekommen ist – doch er muss alles versuchen, um eine junge afrikanische Frau zu retten, die dort von der nigerianischen Mafia zur Prostitution gezwungen wird.

Leseproben und mehr unter www.kiwi-verlag.de

# Kommissar Morello
# im Visier der Mafia

Commissario Antonio Morello, genannt »Der freie Hund«, hat in Sizilien korrupte Politiker verhaftet und steht nun auf der Todesliste der Mafia. Um ihn zu schützen, wird er nach Venedig versetzt. Er hasst die Stadt vom ersten Augenblick an. Zu viele Menschen, trübes Wasser, Kreuzfahrtschiffe, die die Luft verpesten und die Stadt gefährden – selbst der Espresso doppio, ohne den er nicht leben kann, schmeckt ihm in Sizilien besser. Doch Venedig ist eine große Verführerin.

# Die gesamte Dengler-Reihe
# bei Kiepenheuer & Witsch

# Weitere Titel von Wolfgang Schorlau bei Kiepenheuer & Witsch

Schorlau erzählt die Geschichte einer ungewöhnlichen Freundschaft zwischen einem Jungen aus begüterten Verhältnissen und einem Kind aus dem Waisenhaus: Von Verrat und Liebe und von den gesellschaftlichen Umwälzungen der sechziger und siebziger Jahre.

Vor der Kulisse einer der aufregendsten Metropolen der Welt erzählt Wolfgang Schorlau eine außergewöhnliche Liebesgeschichte.

»Sympathisch unprätentiös und belebend kommt das Buch daher – wie ein guter Çay.« *Stuttgarter Zeitung*

Leseproben und mehr unter www.kiwi-verlag.de